自然与自由

——庄子哲学研究

李大华 著

商务印书馆

2020年·北京

图书在版编目(CIP)数据

自然与自由:庄子哲学研究/李大华著.—北京:商务印书馆,2013(2020.2重印)
ISBN 978-7-100-10505-7

Ⅰ.①自… Ⅱ.①李… Ⅲ.①庄周(前369~前286)—哲学思想—研究 Ⅳ.①B223.55

中国版本图书馆CIP数据核字(2013)第294858号

权利保留,侵仅必究。

自然与自由
——庄子哲学研究
李大华 著

商 务 印 书 馆 出 版
(北京王府井大街36号 邮政编码100710)
商 务 印 书 馆 发 行
三河市尚艺印装有限公司印刷
ISBN 978-7-100-10505-7

2013年12月第1版　　开本880×1230　1/32
2020年 2 月第3次印刷　印张13 3/4
定价:46.00元

序　言

　　对庄子的学习和研究，可以回溯到许多年前，在写大学毕业论文的时候，就选择了《齐物论》作为"研究"对象，专业本来是文学，我却选择了庄子哲学。记得在以后的工作中，还曾对那篇论文做了一次全面的修改，并将修改稿寄给了萧萐父先生看过，萧先生回了信，说了些鼓励的话，并提出如何在研究方法上提高。由于稿子在搬家过程中丢失了，我也不记得写了些什么。不过，这倒可表明我对庄子这个人及其哲学的喜爱。后来做了哲学专业的研究生，虽则学术研究范围有过"泛滥"的过程，只是总也没有离开过道家。

　　在做了这么多年的学术工作之后，现在又回到出发点，重新做庄子的研究，这似乎是一个情结，其实也是一种需要。理由有两个：第一，我在做隋唐道家与道教研究的时候，许多思想问题都是围绕着老子、庄子所提出的问题展开的，诸如"道德"、"性命"、"心斋"、"坐忘"、"物化"等等，尽管研究的专注点是隋唐时期，却又不时地在把问题还原到老庄那里，也就是说，做隋唐道家及道教的研究，其实也还是在做老庄的研究。这让我感觉到，除非在中国哲学的"源头"上弄清楚问题，否则便不能在研究"流变"中具有彻底性。第二，庄子思想具有的影响力远不在于他的时代，而在于他所处的时代之后，即便在今天，我们当中有谁敢说自己超越了庄子？由此，我希望把对于庄子哲学问题的思考继续下去。而近些年给学生开设庄子哲学、庄子艺术精神的课程，并写过一本通俗的《庄子的智慧》，这也为我对庄子的思考保持一种连续性提供了方便。

在方法上，我有自己的一些理解。

第一，尊重前人的研究，但不泥前贤。本书参照了前人的诸多研究成果，但并不铺陈，只列举出与己相关的内容。所谓相关的内容，一是那些能够支持自己观点的关键性证据，二是与自己观点相反的证据。对于重复的内容，皆不予列出。读者从书中可以看到，在正文内，或者脚注中，都有较强的选择性，之所以举出相反的例证，也是便于读者辨别。我以为重视前人的研究，就是对前人的一种尊重方式，并不是数出他们的研究，或者以同意他们的意见的方式来表达对他们的尊重。只是需要表达对前人的不同意见时，一般也都说明了理由。

第二，在文献上，主要是在内外杂各篇的使用上谨慎从事，即在做正式研究前，先做文献的辨别工作，在这个方面花的时间并不少。首先，考察了前人对内外杂篇研究结论的可靠性。具体做法是，在承认内外杂三分的基础上，破除三分格局，即以内篇为内核，相信外杂未必不真。在这方面，我运用了矛盾排除法，对所有的结论进行了以怀疑为前提的"洗涤"，对于互相抵牾的结论予以排除；只有"洗到"无可置疑的时候，才确信为真。其次，在辨别外杂各篇的真伪过程中，借助了词语、精神类似与"三言"的分辨方法。一些特别的词语乃是个性化的表达，尤其是同时代的人们都未采用这些词语的情形下。这些词语的出现是比较隐微的，不易被人察觉，跟踪内篇里面的这些词语在外杂篇中的表现，可以起到鉴别作用。精神类似法，就是在普遍不怀疑的事实基础上，拿外杂篇与内篇做比较，这并不是什么新发明，乃是借助前人的做法，诸如王夫之所做的那样，只是将其系统化而已。"三言"为典型的庄子式的哲学表述方式，因为它比较艺术化，所以形成了他人无法复制和超越的一种"独绝"，这会使得被辨别的对象变得清晰起来。

第三,解释学的方法对于庄子的研究是必需的,但这并不能代替以其他方法对于庄子哲学的研究。为了避免误解庄子,或者对庄子的各种观点妄加论断,需要历史的同情与历史的还原。尽管无论我们怎么还原,也不可能还原为庄子本人的,但我们可以尽可能地接近于庄子本人。如果不能理解庄子,包括他的立场、观点、情绪及生活方式,也就不可能真正了解他的思想,所以,在"述庄"时,应当像庄子所述,应当成为庄子的一个真诚的解读者。但是,研究者不仅仅是述庄者或解读者,也是庄子问题的研究者,而且,后者才是真正的目的。由此说来,意识到研究者与庄子之间的距离,才可能将其作为研究对象,从而,研究也才是可能的。这里所说的研究,一是要揭开庄子的某些隐微之义,庄子的某些隐微之义只是因其无端涯之辞,或者隐喻的方式,被遮蔽了起来,他不想把话说得分明,这是他的方式;有一些则因其特殊的社会洞察力,产生了预见,但问题在他的时代并没有展开,故而他的论述也并不是充分和展开的。二是庄子讲出了许多思想,但他未必意识到这些思想将会产生怎样的思想史及艺术与文化史的意义,诸如他的相对主义思想、艺术精神等,甚至他的某些思想会被人误解为诡辩、消极、宿命等,也是他所没有料及的,而研究者就是要说出其存在的价值,以及它们与被误解的东西之间的差别。三是庄子提出的某些困结,诸如道与言之辩、吾与若之辩、真人与真理之辩、鯈鱼之辩、道德远近之辩,作为相对主义者,他并不想独断论述,或许这是他留给世人的问题。古今的人们在这些问题上的疑惑,也正表明它们所具有的问题性与可解释性,而研究就应当顺着庄子的指引,继续思考下去。所以,研究也就是要试图发现价值,阐述存在意义。

最后我想说,本书意在继续思想,无意标立新异,如果说某些观点有违时流,那也只是思想的结果。

第一章 《庄子》内外杂篇的问题及其研究方法

一 内篇、外篇与杂篇

现今我们能够见到的《庄子》的各种版本都是三十三篇,这其实是晋人郭象注解的《庄子》,其中内七篇,外十五篇,杂十一篇。然而,这却不是西汉的司马迁所见到的《庄子》的面目。司马迁在《史记·老庄申韩列传》里说:

> 其著书十余万言,大抵率寓言也。作渔父、盗跖、胠箧,以诋訾孔子之徒,以明老子之术。畏累虚、亢桑子之属,皆空语无事实。

就是说,司马迁所见到的《庄子》没有内、外、杂篇之分。从字数看来,现今的三十三篇《庄子》总共有六万多字,而司马迁见到的《庄子》"十余万言",远比现在的篇幅大。

《汉书·艺文志》记载:

> 庄子五十二篇。

此外,东汉时高诱在《吕氏春秋·必己》注中说道:

> 庄子名周,宋之蒙人也。……著书五十二篇,名之曰庄子。

这个五十二篇的《庄子》应当就是司马迁所见到的"十余万言"的《庄子》了。①

而陆德明《经典释文·序录》则说:

> 庄生独高尚其事,优游自得,依老氏之旨,著书十余万言,以逍遥自然、无为齐物而已,大抵皆寓言,归之于理,不可案文责也。然庄生宏才命世,辞趣华深,正言若反,故莫能畅其弘致;后人增足,渐失其真。故郭子玄云,一曲之才,妄窜奇说,若阏弈、意脩之首,危言、游凫、子胥之篇,凡诸巧杂十分有三。《汉书·艺文志》庄子五十二篇,即司马彪、孟氏所注是也。言多诡诞,或似《山海经》,或类占梦书,故注者以意去取。其内篇众家并同,自余或有外而无杂。唯子玄所注特会庄生之旨,故为世所贵。徐仙民、李弘范作音,皆依郭本,今以郭为主。
> 崔譔注十卷,二十七篇(清河人,晋议郎,内篇七,外篇二十)。向秀注二十卷,二十六篇(一作二十七篇,一作二十八篇,亦无杂篇,为音三卷)。司马彪注二十一卷,五十二篇(字绍统,河内人,晋秘书监。内篇七,外篇二十八,杂篇十四,解说三,为音三卷)。郭象注三十三卷,三十三篇(字子玄,河内人,晋大傅主簿。内篇七,外篇十五,杂篇十一,为音三卷)。李颐集解三十卷,三十篇(字景真,颍川襄城人,晋丞相参军,

---

① 孙以楷《庄子通论》:"现存三十三篇郭象删定本《庄子》约六万五千字,篇均近二千字。以此推算,五十二篇为十万五千字左右,与司马迁所见到的十余万言《庄子》相符。可见,司马迁所见到之《庄子》正是《汉志》所录有内外杂篇之分的五十二篇本。"(东方出版社1995年版,第33、34页)

自号玄道子,一作三十五篇,为音一卷)。孟氏注十八卷,五十二篇(不详何人)。王叔之义疏三卷(字穆□,琅邪人,宋处士,亦作注)。李轨音一卷。徐邈音三卷。

《史记》、《汉书·艺文志》和陆德明《经典释文》的陈述引出了三个方面的问题。

(一)《庄子》的篇幅

《庄子》原文有多少篇,无从了解。① 《汉书》和《吕氏春秋》高诱注表明的就是五十二篇。陆德明认定司马彪、孟氏所注释的五十二篇本就是《汉书》所记载的五十二篇本,因为篇幅上正好符合。而郭象的三十三篇本正是从司马彪的五十二篇本删减来的,这正如陆德明引郭象所称述的那样,"一曲之才,妄窜奇说,若阏弈、意脩之首,危言、游凫、子胥之篇,凡诸巧杂十分有三"。陆德明的这种判断为大家所接受。但近代学者马叙伦《庄子义证》对此提出了疑议,他怀疑郭象所删减的五十二篇本就是司马迁以及《汉书·艺文志》的《庄子》的旧书,理由是郭象对于《让王》、《盗跖》、《渔父》三篇,只是简括大意,尤其对《说剑》一篇,不置一词,这不符合郭象注解《庄子》的一贯做法,或许郭象也怀疑这是庄子的作品。② 不过,这个怀疑只是对司马彪注释的五十二篇本的怀疑,问题是:即便是司马迁《史记》以及《汉书·艺文志》所称述的那个原文,也不

---

① 王叔岷《庄子管窥》:"庄子原为若干篇,不可知。"(中华书局2007年版,第86页)
② 马叙伦《庄子义证·自序》:"然象自《让王》、《盗跖》、《渔父》三篇,最括大诣,余篇皆详为之注,独说剑不置一辞。余疑郭本亦非故书。"(民国丛书第五编,上海书店据商务印书馆1930年版影印)

能排除郭象对上述四篇的怀疑。所以,这个问题不只涉及陆德明的判断问题,更涉及《庄子》书的真伪问题。我们留待后面再谈论它。

从陆德明所引郭象语亦明了,郭象认定后人"妄窜奇说","巧杂十分有三",从而将当时流传于世的五十二篇本删定为目前的三十三篇本,由此亡佚了十九篇。① 既然五十二篇本"言多诡诞,或似《山海经》,或类占梦书",不合庄子的本来面目,那么郭象删定《庄子》就是正当的了,就像孔子删诗书一样。只是那些被删掉的篇目也即"逸文",是否皆非庄子作,或者一概不合于庄子,倒是个问题。如果逸文对研究《庄子》有价值的话,那些逸文散落在哪里?近人马叙伦和王叔岷二先生,从《吕氏春秋》、《韩非子》、《淮南子》等各类书中,分别辑佚一百二十八条和一百七十六条可备参阅。②

(二) 内、外、杂篇的关系

《史记》和《汉书·艺文志》都没有说《庄子》有内、外、杂篇,而崔譔注十卷,二十七篇,其中内篇七,外篇二十;向秀注二十卷,二十六篇(一作二十七篇,一作二十八篇),无杂篇;司马彪注二十一卷,五十二篇,其中内七篇,外二十八篇,杂十四篇。内七篇"众家并同",没有疑议,分歧只在外杂篇。崔譔、向秀都有外篇而无杂

---

① 〔日〕池田知久《庄子——"道"的思想及其演变》:"郭象编撰了三十三篇本以后,从五十二篇本外篇、杂篇、解说凡四十五篇中亡佚了十九篇。……这十九篇是由司马贞《史记索隐》、洪迈《容斋续笔》、王应麟《困学纪闻》等复原了《畏累虚》、《阏弈》、《意脩》、《危言》、《游凫》、《子胥》、《惠施》的篇名,后来由孙志祖《读书脞录续编》、翁元圻《困学纪闻注》加上了《马捶》的篇名。"(台湾"国立"编译馆 2001 年版,第 49 页)

② 见马叙伦《庄子义证》(民国丛书,上海书店影印)和王叔岷《庄子管窥》(中华书局 2007 年版)。

篇。司马彪注本已不完存，崔譔、向秀的注本是什么样的面目也不可知。这三人各自所注解的是什么样的《庄子》？日本学者武内义雄的《庄子考》对此有一个专门的研究，他认为，郭象以二十七篇为中心，用了一个增减法，即从五十二篇本的外篇二十八篇中抽取了二十七篇本中重复存在的上述十二篇，加上五十二篇本外篇中的《天道》、《刻意》、《田子方》三篇，决定由十五篇组成外篇。另外，从五十二篇本杂篇十四篇中抽取了在二十七篇本中也重复存在的上述八篇，加上五十二篇本杂篇中的《让王》、《说剑》、《渔父》三篇，决定由十一篇组成杂篇。① 依照武内义雄的结论，郭象是以他自己的判断决定取舍，删除了五十二篇本中的十九篇，却完全保留了崔、向的二十七篇本，并以这种方式恢复了内、外、杂篇的三分格局。②

《庄子》真的存在一个内、外、杂的三分格局吗？至少《史记》、《汉书·艺文志》的记载没有这个意思。司马迁在论及《庄子》的时候，自然是注重阐述其学派的基本主张，但如果《庄子》具有三分格局的话，他这样的史学家不大可能忽略而不提及的。学界大多也认为三分格局不是庄子的本意。③ 如马叙伦就相信外杂篇的设置

---

① 见池田知久《庄子——道的思想及其演变》，还说："《骈拇》《马蹄》《胠箧》《在宥》《天地》《天运》《缮性》《秋水》《至乐》《达生》《山木》《知北游》十二篇是三十三篇本的外篇，《庚桑楚》《徐无鬼》《则阳》《外物》《寓言》《盗跖》《列御寇》《天下》八篇是三十三篇本的杂篇。换言之，二十七篇本的外篇二十篇，在三十三篇本中分为十二篇和杂篇八篇。"（台湾"国立"编译馆2001年版，第46页）

② 孙以楷认为："李颐、崔譔、向秀注《庄子》皆取内外篇，不注杂篇，三分体例遂成二分体例。……郭象据《汉志》旧本，又恢复了内外杂三分体例，从而打破了各篇原有次序，并赋予内外杂篇以新的含义。"（《庄子通论》，东方出版社1995年版，第40页）这一说法值得怀疑，《汉书·艺文志》并没有提到内外杂三分格局，郭象是如何依据《汉志》旧本"来恢复三分体例的？他应当是看到司马彪的三分体例，而不是《汉志》的三分体例。

③ 虽如此说，但不绝对，有的人对此只是表示了怀疑，如马其昶《庄子古文序》："分篇次第出自庄子与否，殆不可考。"

带有随意性,至少郭象所认定的"杂"未必就是杂。① 叶国庆认为,不仅外杂篇,即便是内外篇的区别也不是绝对可靠的。② 刘笑敢引王叔岷语,郭本内外篇之区别,只是"随意升降","以私意去取"。③

郭象对内外杂的问题没有任何的交代,成玄英却有一个理解:

> 所言《内篇》者,内以待外立名,篇以编简为义。……《内》则谈于理本,《外》则语其事迹。事虽彰著,非理不通;理虽幽微,非事莫显;欲先明妙理,故前标《内篇》。《内篇》理深,故每于文外别立篇目,郭象仍于题下即注解之,《逍遥》、《齐物》之类是也。自《外篇》以去,则取篇首二字为其题目,《骈拇》、《马

---

① 马叙伦说:"陆氏所谓内篇众家并同,自余或有外而无杂者,竟不验也。余是以知众家无杂者,徒分内外,不列杂名耳。非郭本所谓杂篇者,诸家皆无之也。由此以言,篇既分合不同,章亦失其旧次,安知郭本不以其所见而有易移?"(《庄子义证·自序》,民国丛书第五编,上海书店)

② 叶国庆先生更表示,不仅外杂篇,即便是内篇中的某些篇次也有相互移入移出的情形。他据武内义雄的研究,对此作了一个较翔实的证明:"据唐荆溪《辅行口诀庄子》内篇有'雨为云乎,云为雨乎,孰降施是'及'夫无形故无不形,无物故无不物。不物者能物物,不形者能形形。故形形物物者非形非物也。夫非形非物者,求之于形物,不亦惑乎。'今查郭注本,上段云云则在《天运篇》(武内义雄《庄子考》),下段则无之。此则郭本有移内篇作外篇者。……即篇的章节,各家所见亦不同,今本《庄子》某篇某章常有误从他篇移来的,亦有某篇某章误移入他篇的……"又说:"陆德明《音义齐物论》:'夫道未始有封'句,引崔氏云:'齐物七章,此连上章,而班固说在外篇。'此则外篇之文有插入内篇了。此种区分,看来后人以为没有意义的,所以有人便用己意,另为序次。如《古今南华内篇讲录》卷一为《南华要旨》,卷二为《寓言》,卷三为《逍遥游》,卷四为《齐物论》,卷五为《养生主》,卷六为《人间世》,卷七为《德充符》,卷八为《大宗师》,卷九为《应帝王》,卷十为《天下篇》。《南华摸象记》以《寓言》为第一篇,而删去《渔父》、《说剑》、《盗跖》三篇。据此种种,即今本《庄子》内外杂之区别,并不是绝对的标准。吾人若以此区别为准,而品评其价值,便不可信了。"(《庄子研究论集》,台湾木铎出版社1982年版,第1—12页)

③ 刘笑敢:《庄子哲学及其演变》,中国社会科学出版社1988年版,第30—31页。

蹄》之类是也。……《内篇》明于理本,《外篇》语其事迹,《杂篇》杂明于理事。《内篇》虽明理本,不无事迹;《外篇》虽明事迹,甚有妙理;但立教分篇,据多论耳。①

成玄英的这段话对内外杂篇三者的关系作了一个明澈的解释,内篇是"理本",外篇是"事迹",杂篇是"杂明"理本和事迹;内篇各篇的篇名是以其内容来命名的,外、杂篇是以每篇篇首字来取名的。看起来成玄英似乎是在为《庄子》书的结构作注解,其实他只是在对郭象分篇的《庄子》作注解,因为《庄子》三分结构的根源不在战国时候的庄子那里,而是在汉代的庄学者那里。这不能怪成玄英,因为《庄子》流传到唐代的时候,就是这个三分的格局。

究竟内外篇的区分是如何产生的?对此,唐兰先生认定:"这分别是起于刘向删除复重的时候。"②张成秋《庄子篇目考》也持同样的观点,认为《庄子》一书"必经刘向父子之通盘整理"。③池田知久也认为是刘向将司马迁所见的《庄子》十余万言整理成五十二篇,并分成内、外、杂的三分格局:

可以认为最早把五十二篇本分为"内篇七,外篇二十八,杂篇十四,解说三"的也不外乎是刘向。——因为刘向以秘府

---

① 郭庆藩:《庄子集释》,中华书局1961年版,第6、7页。(以下引用该书,不再注明出版社名称与出版时间)

② 唐兰:《老聃的姓名和年代考》,《古史辨》第四册,第342页,民国丛书第四编,上海书店。

③ 《庄子篇目考》:"吾意以为当系刘向父子。《汉书·序》曰:书缺简说,礼坏乐崩,……于是建藏书之策,置写书之官,下及诸子学说,皆充秘府。是知刘安门下所辑之《庄子》,当武帝元朔五年倾(西元前一二四)已充秘府。"

内所藏的"十余万言"为中心,加上从外边收集来的资料整理编辑成五十二篇本,当时除了首次设置内篇、外篇、杂篇的区别之外,也构思了以三个字组成的内篇七篇的篇名以及众多的外篇、杂篇各篇的篇名,而且在这些篇名的下面,从杂然堆积之中分别挑选了适当的文章进行了适度的安排。①

张恒寿认为,"在先秦时代,还没有将某一种书全部分为内书、外书的明确记载",《庄子》内外篇之分应当始于淮南王刘安,因为刘安似曾整理过《庄子》书。② 孙以楷认同张恒寿的推断,认为"司马迁所见到之《庄子》正是《汉志》所录有内外杂篇之分的五十二篇本。因此,刘向删定《庄子》并分为内外篇之说,是不能成立的"。不过,他不认同张恒寿推论的前提,认为内传、外传并不是起自汉代,如《左传》即《春秋内传》,《国语》即《春秋外传》。在班固的《汉书·艺文志》里面,就有《公羊传》、《公羊外传》、《公羊章句》、《穀梁传》、《穀梁外传》、《穀梁章句》以及《公羊杂句》等。而《汉书》只是"实录","均未见有体例上的调整或增益"。③

笔者赞同张、孙二先生的推断,相信是刘安将《庄子》分成内外篇的。这里却要提出一些新的理由:第一,没有证据表明刘向编撰过《庄子》,他的《别录》记录了《庄子》五十二篇本的内、外、杂篇,至多只能表明他看到了已经分篇的《庄子》。第二,对于刘安则有众多的证据指向他与《庄子》之间的特殊关系。刘安组织编写的《淮

---

① 《庄子——"道"的思想及其演变》,台湾"国立"编译馆2001年版,第42页。作者在"注释"中进一步解释道:"刘向编辑的书本中,另外还有《晏子》也被分成《内篇》和《外篇》,《管子》被分成《经言》《外言》《内言》《短语》《区言》《杂》《管子解》《轻重》八类,这些分类也当是刘向所作的工作吧。"(第67页)
② 张恒寿:《庄子新探》,湖北人民出版社1983年版,第24页。
③ 孙以楷、甄长松:《庄子通论》,东方出版社1995年版,第33、34页。

南子》中大量引用《庄子》,《淮南子》中有《庄子》逸文十数条,如此特殊的关系,使得王叔岷先生得出了这样的结论:"治庄子诚不可不治淮南子。"①刘安在编排自己的《淮南子》时,使用了《淮南子内篇》和《淮南子外篇》的次第。《汉书·艺文志》记载了刘安《淮南内》二十一篇,《淮南外》三十三篇。用内外篇的形式安排书的结构,无非出于两种情形:一是书的卷帙浩大,不得不分一个次序,内外杂也就是一种分类法;二是书的内容本身有主次,有的部分谈论理,属形上的,有的谈论事,属形下的,如果没有一个清楚的分类法,谈理的、形上的就会被淹没在谈事的、形下的文章当中了,《淮南子》正是这种情形。刘安在安排《淮南子》的结构时,极有可能顺势将《庄子》做了类似的安排,而这不是一般"好事者"可以完成的。至于刘安是否怀疑到《庄子》书中被后人塞进去了许多不似庄子的作品,然后才有意分出内外杂的分别,使人有个内外的概念,尚不得而知。第三,《吕氏春秋》中也有不少与《庄子》书内容相同之处,如《求人》、《精通》、《长利》、《必己》、《贵生》、《慎人》等篇,甚至其中也有庄子逸文,何以人们从不怀疑是吕不韦编辑了《庄子》的内外篇呢?因为秦时还没有开这个先河,《吕氏春秋》自身也没有分出个内外杂的结构。学术著作虽然是思想家个人独立思考的结果,却也还是存在一个风尚的问题,先秦时期没有分内外篇的风尚,所以,各类的显学都不如此;汉代开了这个风尚,后来者就不绝如缕,

---

① 王叔岷:《庄子管窥》,中华书局 2007 年版,第 65 页。在该书中,作者提出了进一步的证据:"淮南子齐俗篇全发挥庄子齐物论篇,人间篇全发挥庄子人间世篇。并治二书所当留意者也。至于所举庄子逸文,存于淮南中者仅十一事,庄子、淮南子并逸者一事;尚颇有在疑似之间者,兹略而不论。昔郭象裁定庄子为三十三篇之时,疑其'或出淮南'者,皆'略而不存'。(见日本高山寺旧钞卷子本庄子天下篇末郭象后语)则淮南子中所存庄子逸文必甚多,惜已不可塙考矣!"(同上书,第 82、83 页)

我们看到的《汉志》中所出现的内外杂、章句的形式,都受这种风尚的影响,以致晋人葛洪在安排自己书的结构时,也采用了内篇、外篇的形式。① 在这个意义上,笔者不同意孙以楷"司马迁所见到的《庄子》正是《汉志》所录有内外杂篇之分的五十二篇本"的说法,司马迁见到的应该是不分内外杂篇的《庄子》。

三分格局还只是涉及《庄子》全书的结构,每篇的篇名又如何来的?是《庄子》本来就有的,还是后学者编撰的结果?苏轼有个说法:

> 凡分章名篇皆出于世俗,非庄子本意。②

张恒寿说:

> 三字名篇是西汉初年的特殊趋向。③

依照上述论断,《庄子》的所有篇名都是后人所为,内篇都是以三字命名,外杂篇则一律用开篇的二字或三字命名。然而,庄子当初写作文章的时候没有为自己的作品命名吗?或者是有命名,却被后人改易了?依照常理,后一种情形不可能。前一种情形有可能,却不必定如此。可是看先秦百家著作,鲜有对自己的文章不加名称的,《论语》、《孟子》没有对每篇著述命名,那是因为他们是以言谈录的形式,说出自己想要表达的东西,他们并没有动手写过一

---

① 葛洪的《抱朴子内篇》"言神仙方药",《抱朴子外篇》"言人间臧否"。
② 《庄子祠堂记》,见焦竑:《庄子翼》,台湾广文书局1979年印行。
③ 张恒寿:《庄子新探》,湖北人民出版社1983年版,第31页。

篇著作。《庄子》不同,除了外、杂篇里存在类似情形,内篇则纯属个人写作的著述,庄子为何不给自己的著述命名?先秦的诸子,如墨子、商鞅、荀子、韩非子等都给自己的著述命了篇名,而且,《墨子》、《商君书》的篇名还都是以内容来命名的,唯独庄子不为?在众多的著述当中,如果不给予分篇命名,那么文章就是杂乱的,这等于说战国以前的人们没有学会分类。所以,苏轼的判断属于猜测。此外,张恒寿先生的推断也只有猜测性质。先秦诸子的著述的确多以两字名篇,只有《论语》和《孟子》中有三字命篇的情形(因为这些都属三字的人名,如公冶长、卫灵公、梁惠王等),但两字命篇的情形在汉代也很普遍,西汉陆贾《新语》、贾谊《新书》、桓宽《盐铁论》,乃至东汉扬雄的《太玄》、王充《论衡》、刘向《说苑》、《新序》都以二字命篇,只有董仲舒的《春秋繁露》里面出现了三字篇(如《五行对》、《山川颂》),更多的还是四字篇(如《阳尊阴卑》、《天道无二》、《感天所生》、《天地阴阳》等),这并不代表西汉时期出现了三字篇的特殊趋向。所以,三字命篇既不是西汉初年的特殊趋向,也不是东汉的特殊趋向。如果我们将三字命篇的时限确定在东汉以后的某个时间,并以此来确立庄子命篇的时间,那就有违情实了。在这个意义上,我们不能排除先秦时期庄子依照文章内容的需要,做了三字命篇的事。

(三) 外内篇真伪问题

说庄子可能为自己的文章做了三字命篇的事情,却又不必然。也就是说,我们可以否定三字句非庄子所为的推断,却不能肯定是庄子所为。在这个基础上再来谈他的内外杂篇的真伪问题。内篇与外篇、杂篇,既然我们没有确定的证据表明它们的篇名与分章是庄子所为,那么,我们至多只能把它们看作郭象删定之后的既定事实,不能把它们当作庄子的既定事实。所以说,篇名不是要紧的,要紧的是各篇所包含的内容如何。换句话,我们不能以内外篇的分章与篇名来决定取舍,只能依据其内容的真实性。

学界认为,对《庄子》内外杂的内容的真实首先产生疑问的是苏轼。他在《庄子祠堂记》一文中对《庄子》的真伪首先提出了质疑:

> 然余尝疑盗跖、渔父则若真诋孔子者。至于让王、说剑,皆浅陋不入于道。反复而观之,得其寓言之终曰:"阳子居西游于秦,遇老子。老子曰:'而睢睢,而盱盱,而谁与居?太白若辱,盛德若不足。'阳子蹴然变容。其往也,舍者迎将,其家公执席,妻执巾栉,舍者避席,炀者避灶。其反也,舍者与之争席矣!"去其让王、说剑、渔父、盗跖四篇,以合于列御寇之篇,曰:"列御寇之齐,中道而反,曰:'吾惊焉,吾食于十浆,而五浆先馈。'"然后悟而笑曰:"是固一章也。"庄子之言未终,而昧者剿之以入其言。余不可以不辨。①

苏轼这番评述主要表达了三个意思:一是他对司马迁认为庄子"剽剥儒墨"的传统观点产生了质疑,在《庄子》书中对孔子最尖刻的要数《盗跖》、《渔父》,而这两篇是否真诋孔子,他有疑问;二是他对杂篇中的《盗跖》、《渔父》、《让王》、《说剑》真伪提出了质疑,他作了一个大胆的假设,认为这四篇是衍文,而且是在《寓言》篇中没有讲完的话中间被人加进了上述四篇,因此应当去掉这四篇,而把

---

① 《庄子祠堂记》,见焦竑:《庄子翼》,台湾广文书局 1979 年印行。

《寓言》和《列御寇》合起来成为一篇;①三是他认为《庄子》的分章命篇不是庄子本人所为。这段评论产生了很大的学术影响,自此,人们对《庄子》的真伪问题都要表示审慎的态度。清人董思凝为王夫之的《庄子解》作序的时候,表达了学界在这个问题上的困惑:

> 若让王以下四篇,自坡公以来,皆以为伪作,然其甚微之语,固有与内篇相发者,抑又安可废也?②

其实,如果我们依郭象删《庄子》文之事分析一下其意图,就可看到,他当时就对流行于世的《庄子》各篇的真伪表示了怀疑,这才删定它们。只是在他之后,人们长时期不大怀疑了,直到唐代陆德明才做了庄子真伪的提示。在苏轼之前有唐代的韩愈首先怀疑《庄子》杂篇真伪。关于《盗跖》篇,韩愈说:"讥侮列圣,戏剧夫子,盖效颦庄老而失之者。"关于《说剑》篇,韩愈说:"此篇类战国策士雄谭,意趣薄而理道疏,识者谓非庄生所作。"关于《渔父》篇,韩愈说:"论亦醇正,但笔力差弱于庄子。然非熟读庄子者,不能辨。"③然而,韩愈的这番怀疑并没有引起人们太多的关注。

---

① 马叙伦对苏轼的这个看法提出了质疑:"因谓让王、盗跖、说剑、渔父为后人羼入。夫今郭本篇章次弟之非旧观固然,如盗跖、渔父者,其名见于史记本传,则岂失其故篇而好事者补之邪?不然。司马迁去周之世仅百余年,即出伪作,亦秦汉之际所为。"(《庄子义证·自序》)而明代的焦竑则完全赞同苏轼的这个判断:"今以寓言、列御寇二篇合而读之,真可涣然冰释也。今案列子第二篇首载御寇馈浆事而即缀之以杨朱争席,正与子瞻之言合,岂子瞻作记亦因此而有瘠邪? 大氐庄子之奇自非后世所能乱,其文词格制之不同,故可望而知之也。"(《庄子翼·读庄子》,台湾广文书局1979年印行)

② 王夫之:《庄子解·序》,中华书局2009年版。

③ 池田知久《庄子——"道"的思想及其演变》据归有光、文震孟《南华真经评注》于各篇末尾所附评语。(台湾"国立"编译馆2001年版,第67、68页)作者强调:"历史上首次怀疑杂篇中的《盗跖》《说剑》《渔父》三篇的是韩愈,继之怀疑《盗跖》《渔父》《让王》《说剑》四篇的是苏轼以及追随自己的兄长怀疑相同四篇的苏辙。"(同上书,第44页)

第一章　《庄子》内外杂篇的问题及其研究方法

迄今，对《庄子》真伪问题，学界大概分为以下几种情形：

第一类，认为"古人书不必皆己作"，内、外、杂篇的分别既然只是后人所为，那么也就不必在意内外杂篇的区别，只需把它们统一起来看待，即把《庄子》一书看成是战国到汉初道家，尤其是庄子一派著作的总集。马叙伦、冯友兰、张恒寿、孙以楷、池田知久等人持此观点。

马叙伦说：

> 庄书果孰出于庄子所亲撰？无验也。司马迁称其书十余万言，今三十三篇者，固不及此数，而前人乃谓骈拇、马蹄、胠箧、缮性、刻意、盗跖、让王、说剑、渔父皆伪作，是将去其三之一也。余以为摘其伪，必有所验，苟无事据可依，而以意必之辞，未可信也。①

冯友兰说：

> 《庄子》是战国以至汉初道家，尤其是庄子一派著作的总集。②

张恒寿说：

> 现在的《庄子》书，可以说包含着从战国到汉初这一长时期中各派道家的作品。③

---

① 马叙伦:《庄子义证·自序》，民国丛书第五编，上海书店影印。
② 冯友兰:《中国哲学史新编》第二册，人民出版社1984年版，第108页。
③ 张恒寿:《庄子新探》，湖北人民出版社1983年，第145页。

孙以楷说：

> 《庄子》书非成于一时一人之手……①

池田知久列举了《荀子》、《吕氏春秋》、《韩非子》所引《庄子》书都在外杂篇的事实，认定重内篇、轻外篇的成见不正确，他说：

> 今天的通常说法认为，今本《庄子》三十三篇本中，内篇是庄子的自著，外篇、杂篇是庄子的门生或追随者之作，因此，内篇成书最早价值最高，外篇成书稍晚价值最低。但是，这种通常说法并不正确。②

第二类，坚持认为内篇是真，为庄子亲作，外、杂篇为庄子后学者所作。李卓吾、王夫之、锺泰、刘笑敢等人持此观点。

李卓吾说：

> 《南华经》若无《内七篇》，则《外篇》、《杂篇》固不妨奇特也。惜哉以有《内七篇》也。故余断以《外篇》、《杂篇》为秦、

---

① 孙以楷：《庄子通论》，东方出版社1995年版，第24页。
② 《庄子——"道"的思想及其演变》（台湾"国立"编译馆2001年版，第41页），作者为此进而提出了他的理由："为什么呢？第一，仅限于从《庄子》书的引用来看，在古时的战国末期至西汉武帝时期里，还没有内篇、外篇、杂篇的区别。《荀子·正论篇》引用的《庄子·秋水篇》，《吕氏春秋·去尤篇、必己篇》引用的《庄子·达生篇、山木篇》全部在三十三篇的外篇，《韩非子·难三篇》引用的《庚桑楚篇》在杂篇。《史记·庄子列传》列举的《渔父篇》《盗跖篇》《庚桑楚篇》在杂篇，《胠箧》在外篇。如同已经陈述的，假如当时已经有内篇、外篇、杂篇之分，他们不可能不举任何一篇内篇的篇名，而只举外篇、杂篇的文章和篇名。虽然比《史记》早四十年编撰的《淮南子》共引用了《庄子》一百零一条，但遍引的内篇、外篇、杂篇，并没有特别只重视引用内篇的事实。"（第41、42页）

汉见道人口吻,而独注《内七篇》,使与《道德经注解》并请正于后圣云。①

王夫之说:

唯游梁而遇惠子,与相辨论,故惠子之死,有"臣质已死"之叹,则或因惠子而有内七篇之作……②

又说:

外篇非庄子之书,盖为庄子之学者,欲引申之,而见之弗逮,求肖而不能也。以内篇参观之,则灼然辨矣。内篇虽参差旁引,而意皆连属;外篇则踳驳而不续;内篇虽洋溢无方,而指归则约;外篇则言穷意尽,徒为繁说而神理不鬯。内篇虽极意形容,而自说自扫,无所粘滞;外篇则固执粗说,能死而不能活。内篇虽轻尧舜,抑孔子,而格外相求,不党邪以丑正;外篇则恣戾诋诽,徒为轻薄以快其喙鸣。内篇虽与老子相近,而别为一宗,以脱卸其矫激权诈之失;外篇则但为老子作训诂,而不能探化其理于玄微。故其可与内篇相发明者,十之二三,而浅薄虚嚣之说,杂出而厌观;盖非出于一人之手,乃学庄者杂辑以成书。其间若骈拇、马蹄、胠箧、天道、缮性、至乐诸篇,尤为悁劣。读者遇庄子之意于象言之外,则知凡此之不足存矣。③

---

① 李贽:《续焚书·读南华》卷四,见《李贽文集》,北京燕山出版社1998年版,第456页。
② 王夫之:《庄子解》,见《老子衍 庄子通 庄子解》(以下简称《庄子解》),中华书局2009年版,第351页。
③ 同上书,第150页。

王夫之是在将内篇与外篇细致比较之后，从而坚信内篇为庄子所作，外篇为后人所作，甚至他相信杂篇比外篇更接近庄子的本意。王夫之虽然没有提供其他文献的证据，但他对《庄子》本身的分析是有力量的。

锺泰说：

> 故窃以为外、杂篇有可疑，而内七篇则无可疑；外、杂篇有非庄子自作，而内七篇则非庄子莫能为。①

不过，锺泰并没有就此说出理由，他只是说"七篇篇名，各有其意，与外、杂篇取篇首二三字为名者迥殊，是岂郭子玄辈所能臆造？"②

刘笑敢也坚守内外有别的观念，认为内七篇为庄子所作，外杂篇为后学者所作，不过，他不只是表明态度，他运用单音节和双音节词汇的变化规则，提出了一个论证：

> 在战国中期，在孟子及孟子以前的时代还没有人使用过道德、性命、精神这三个复合词，只是到了战国后期，大约在荀子生活的时代，这些概念才开始出现并流传开来。……这条界限告诉我们，外杂篇不可能是战国中期的作品，只有内篇才可能是战国中期的文章，而庄子恰好是战国中期人，所以只要我们不怀疑《庄子》书中包括庄子本人的作品，那么，我们也就无法怀疑内篇基本上是庄子所作，而外杂篇只能是各派后学所作了。这就是汉语词汇发展的一般规律和三个复合词概念演化

---

① 锺泰：《庄子发微》卷一，上海古籍出版社 2002 年版，第 2 页。
② 同上。

形成的具体历史留给我们的启示。①

刘笑敢的这种论证是否无懈可击,这里先不去置评,但他清楚地告诉了我们一个事实:一些关键词在《庄子》内篇中单音节词多,双音节词少;这些关键词在外篇中变成了双音节词。语言学史的一个共识是关键词的变化,往往表示了时代的变化,中国汉语词汇就是逐步从单音节变成双音节的。这个共识在这里正好成为了一种技术手段,借助于它,能够证明在一堆作品中,哪个是在先的,哪个是在后的,只要这种时间长度足够表明词语的变化过程,那么它的证明就是有效的。也就是说,刘笑敢的论证结果如果是有效的,那么,他可以确定《庄子》作品中内篇部分是在前的,外、杂篇部分是在后的。我们已经清楚,内、外、杂的三分格局并不是庄子的本意,内、外、杂的分章本身没有意义,有意义的只是它们的内容,内容如果是真,外、杂也可以是庄子的作品;内容如果不真,内篇也可以不是庄子的作品。而内容的真实性在这里只是通过技术表明的时间关系,在前的为真,在后的为伪。当然,刘先生自己也表明了一个预设的前提:不怀疑《庄子》书中包括了庄子本人的作品。

在内篇已经被认定是庄子本人作品的基础上,外、杂篇该如何看待?一个基本的做法是把外、杂篇统归类于庄子的后学所作。但是,这个做法并不能令人满意,如罗根泽先生把《庄子》外、杂篇分为"战国末年左派道家"的作品,"汉初右派道家"的作品,"庄子派所作"的作品和"老子派所作"的作品。② 刘笑敢把庄子后学分

---

① 刘笑敢:《庄子哲学及其演变》,中国社会科学出版社1988年版,第12页。作者还论述道:"内七篇绝没有道德连用之例,而在外杂篇中,道德连用已有十六处……内七篇中命字共十六处,无一性字,无性命一词,而在外杂篇中性命二字连用已有十二处,……内七篇精字两见,神字二十见,神字组成的词组有'神明',没有精神二字连用之例,而在外杂篇中,精神二字连用已有八例。"(同上书,第5—7页)

② 罗根泽:《〈庄子〉外杂篇探原》,《诸子考索》,人民出版社1958年版。

为"述庄派"、"黄老派"和"无君派"。①

第三类,认为内篇未必一定就真,外、杂篇未必一定就假,因此应该打破内、外、杂篇的界限。唐兰、王叔岷、叶国庆等人持此观点。唐兰说:

> 《人间世》、《德充符》、《大宗师》三篇对于孔子都称仲尼,独《大宗师·子桑户》一章却是例外地称孔子,可见这一篇是另一人的笔墨,……不是庄子原文。②

王叔岷说:

> 今本内、外、杂篇之区画,乃定于郭象。不可囿于郭氏之见,而以外、杂篇皆晚出于内篇者也。③

王叔岷认为对待《庄子》应有的态度是:破除内、外、杂篇的观念;参证《庄子》逸文。④

叶国庆说:

> 内外杂这种分别,据文义看来,内篇是表示重要的,外杂是表示次要的,(古书如《孟子》、《晏子春秋》,都有内外篇之

---

① 刘笑敢《庄子哲学及其演变》:"《庄子》内篇基本上是战国中期的作品,《庄子》外杂篇基本上是庄子后学的作品。庄子后学大体上包括述庄派、黄老派和无君派三个支派。庄子及其后学三派的总和,就是庄子学派。"(第98页)
② 唐兰:《老聃的姓名和时代考》,引自叶国庆《庄子研究》,见《庄子研究论集》,台湾木铎出版社1982年版,第21页。
③ 王叔岷:《庄子管窥》,中华书局2007年版,第88页。
④ 同上书,第20—22页。

分,)这是不是庄子本来便有这样分别呢?看来是没有的。序次也不是庄子定的。……这种分别既为后人所定,那么说内篇一定是真,外杂篇一定是假,未免近于武断了。①

不过,叶国庆还是相信内篇可信的多一些,外杂篇可信的少一些。而学者多有对内篇中《人间世》一篇是否庄子所作表示怀疑,因为这篇的前三章讲的是如何事父事君,以及如何才能保全自己的性命,这更像是儒家的言论,不符合庄子的一贯立场。

笔者认为,第一种观点失之笼统,毕竟《庄子》各篇中还是存在一个可信度的差别,内篇的可信度比外、杂篇的可信度高,而且,不分庄子本人作品与庄子弟子述庄的区别,会使我们在研究对象面前陷入徘徊,并丧失应有的清晰性,甚至不敢说庄子哲学是庄子的。应该以第二种观点为基础,同时兼容第三种观点。因为自刘安以降,内外篇的分类法,就是要确定一个在内的、基本的、核心的观点,然后作向外的、扩展的、推演的思考,即便是同一个作者也是如此,如刘安、刘向、葛洪等人都是如此。这是笔者的基本判断,在此基础上,我们开展一些以方法为路径的研究。

二 复合词的研究结果是否是可信的

在一般意义上,中国词汇经历了从单音节词到多音节的复合词的变化,尤其是实词,这样的变化意味着概念内涵的日益精确与复杂。这种变化为刘笑敢的研究所重视,他对《庄子》内外杂中的三组

---

① 《庄子研究论集》,台湾木铎出版社1982年版,第10页。

复合词作的统计分析,将这些概念与春秋时期诸子作品所作的比较研究,都表明了内篇与外杂篇的区别。在这个意义上,作为一种技术方法,它所检验的结果是不容置疑的事实了。不过,笔者在此则要提出,一种方法的可靠性要经历其他相关事实的考验之后,才是有效的。如果我们仅仅依靠已经关注到的事实,而不去考虑那些未关注到的事实,那么它的有效性就要打一个问号了。① 这里不妨在刘著的基础上,进一步分析一下。

性命、道德、精神这些词在《庄子》书中的确如刘著所述,但是,还有一些词,如仁义、性情、礼乐、功名、是非、利害等词,也分别出现在《庄子》书中。这些词都是并列结构,而不是偏正结构。如果是偏正结构的词,如仁人、圣贤、成心、道枢等,两个单音节词之间就存在着修饰与被修饰的关系;又如动宾结构的词,如革命(《易经·革》:"汤武革命,顺乎天而应乎人。")、物化等,看起来是两个单词组成的复合词,其实是表示了一句话或一个动作的完成,如分开了这两个词,彼此都没有完成意思的表达,这类的词不是我们考察的对象。另一些词,读音虽然为双音节,但表达的并不是复合之义,如逍遥、天下、万物等,分开两个词,就不再是那个意思了,这些词虽然在《庄子》书中反复出现,却不属考察对象;还有一些词,虽然属于复合之义,但它们的出现很早,如天地、国家、柔弱等,也就是较早出现在人们的话语中,并不跟随词语的一般历史

---

① 杨国荣《庄子的思想世界》:"用词的时代差异虽显示了某种历史的特征,但仅据是否运用某些复合词,同样也不足以遽断作者的归属或年代的先后,一个显而易见的事实是:《庄子》内篇中固然未使用'道德'、'精神'、'性命'等复合词,但并非完全不运用一切复合词,诸如'是非'、'天地'、'宇宙'、'有无'、'逍遥'、'仁义'、'阴阳'等复合词,在内篇中便甚为常见。同样,'道'、'德'、'精'、'性'等单个词,也大量地被运用于外、杂篇。"(华东师范大学出版社 2009 年版,第 9 页)

进程变化，也不在考察之列。只有两个意思相近或相反的实词，原本独立表达某个意思，后来合成起来，表达一个综合、交叉、依待而意义更深的意思，而且它们在《庄子》书中是作为基本词在使用，这才是考察的对象。先看"仁义"、"是非"：

其发若机栝，其司是非之谓也；……未成乎心而有是非，是今日适越而昔至也。……道恶乎隐而有真伪？言恶乎隐而有是非？……道隐于小成，言隐于荣华。故有儒墨之是非，以是其所非而非其所是。欲是其所非而非其所是，则莫若以明。……彼亦一是非，此亦一是非，果且有彼是乎哉？……是以圣人和之以是非而休乎天钧，是之谓两行。……其次以为有封焉，而未始有是非也。是非之彰也，道之所以亏也。……自我观之，仁义之端，是非之涂，樊然殽乱，吾恶能知其辩！（《齐物论》）

无人之情，故是非不得于身。（《德充符》）

而强以仁义绳墨之言术暴人之前者，是以人恶有其美也，命之曰灾人。（《人间世》）

意而子曰："尧谓我：汝必躬服仁义而明言是非。"许由曰："而奚来为轵？夫尧既已黥汝以仁义，而劓汝以是非矣。汝将何以游夫遥荡恣睢转徙之涂乎？"……颜回曰："回益矣。"仲尼曰："何谓也？"曰："回忘仁义矣。"（《大宗师》）

多方乎仁义而用之者，列于五藏哉，而非道德之正也。（《骈拇》）

"仁义"在内篇中运用了五次，"是非"运用了十三次。再看"利害"：

"子不知利害，则至人固不知利害乎？"……死生无变于

> 已,而况利害之端乎!(《齐物论》)
> 利害不通,非君子也。(《大宗师》)

"利害"一词在内篇中运用了四次。还有"礼乐"这个复合词在《大宗师》中用了一次。

这说明双音节的关键复合词已在内篇里面运用起来了。这种情况抵消了性命、道德、精神这些关键词所起到的证明作用,因为双音节的复合词在《庄子》内篇里毕竟已经熟练运用了,不能说内篇中不用复合词,而外杂篇才用。我们再把眼光放在老子、孔子、孟子与墨子的著述上。在《老子》中,"仁义"提到过一次:"大道废,有仁义。"(第十八章),其他《庄子》所用的复合词都不见用。在《论语》中,"仁义"、"是非"、"利害"、"礼义"这些复合词完全不见用,却有"礼乐"一词用了九次。《孟子》中"仁义"作为固定词用了二十四次之多,"是非"一词用了四次,"礼义"用了五次,没有利害、礼乐的用法(这可能是与孟子不大谈"乐"有关)。在《墨子》中,仁义、是非、利害等词分别用在《尚同》、《非乐》、《非命》、《小取》、《修身》等篇章中间(当然,《墨子》书也有墨子本人与墨学者的作品分辨的问题)。这些情况表明,在春秋、战国时期,学术活跃,在用词方面也有着比较大的变化,许多复合词出现了,先出现哪个词,后出现哪个词,并无规律可循,只是依了思想家们的注意力,如孔子喜谈"礼乐",墨子、孟子喜谈"仁义",这些词用的就多。如此说,并不排除语言学的一般通则,即春秋时期的著述,复合词用得相对少,战国中后期,复合词用得多,至于在《荀子》、《吕氏春秋》、《韩非子》等书中,我们所谈论的上述复合词的运用,已经流行起来了。

尽管如此,也不能回避刘笑敢等先生所提出的事实,即性命、道德、精神这三个词在内篇中没有用到,而在外、杂篇中多次用了。需要关注的是:在庄子本人与后学之间的时间,是否足以产生在语词方面的重大变化? 我想说,虽则语言变化一般是比较缓慢的,但在那个急剧变化的时代,语词快速变化完全可能实现。也就是说,《庄子》一书可能分出前后期出来,前者为庄子本人的时期,后者为庄子的学生记述或发挥庄子学说的时期。

在上述基础上,再来考虑另一种情况。《庄子》书里面出现的复合词除了可能表现为时间先后关系(如果我们能够肯定外、杂篇中也有庄子本人的作品,那么复合词出现在内、外篇中也就只表现为偶合,不说明其他任何问题),还会有其他的意味吗? 这种情况是完全可能的。以"道德"为例,在《老子》书里,道、德是其最关键的词,然而,这两个词甚至都在一句话里出现了,如"道生之,德畜之,……道之尊,德之贵,夫莫之命而常自然。"(五十一章)为何这两词不连用呢? 要知道,在老子那里,道与德绝对是两个东西,道是天地宇宙精神;德只是禀了道,把它转化为人的品性。所以,德就意味着后来人们所说的道德。在《论语》里面也是如此,孔子所说的"朝闻道,夕死可矣",这个道就不是德的意思。《庄子》内篇为何不说道德? 有两种可能情形:第一种,或许道德这个词于庄子在世时并没有合用;第二种,或许内七篇各有表述重点,道德没有到需要说出来的地步。具体来说,《逍遥游》的主题是自由自在与小大之辩的问题;《齐物论》讲相对主义与认知问题;《养生主》讲的是求道与游世的问题;《人间世》讲的是救世与修身的问题;《德充符》讲的是德性问题;《大宗师》讲的是道的问题;《应帝王》讲的是道治天下与自我超越的问题。其中最可能讲出道德概念的应该是《人间世》与《德充符》，可是庄子都没有讲，而接下来，外篇的第一篇《骈拇》就三次讲了道德，十四次讲了仁义，这个明显的反差使众多学者怀疑《骈拇》是庄子所作。从"道德"这个复合词的出现场合看来，三次都与关于仁义的论述相关联，如：

> 多方乎仁义而用之者，列于五藏哉！而非道德之正也。……故古今不二，不可亏也。则仁义又奚连连如胶漆缠索而游乎道德之间为哉，使天下惑也！……余愧乎道德，是以上不敢为仁义之操，而下不敢为淫僻之行也。

在外、杂篇中其他十三次道德的运用也多数与仁义相关，这表明道德这个复合词的出现是与仁义相涉的，它具有现今我们所说的道德的意义。当然，这不等于说《庄子》所说的道德以仁义为内涵，《庄子》所说的道德还是老子化道为德意思的延伸。

综合看来，双音节复合词在《庄子》内篇中已经出现，而且在庄子之前的老、孔、墨诸子那里都已经出现了，由这个事实可知，复合词出现的时代并不是在庄子之后的战国末期及其述庄派的时期。另外，尽管我们对从道、德、性、命、精、神单用到道德、性命、精神的连用所表现的时间关系有疑问，以及内、外、杂篇各自表述的主题内容有专属，我们依然不能否认一个事实，那三个关键词在内、外、杂篇中运用的区别。这个区别隐约地表达了一个先后关系，尽管并不能由此证明在后的不属于庄子的著作，却能够证明在先的属于庄子的著作。也就是说，这三个关键词的运用能够证实，却不能证伪。这就是上述三个关键词论证的意义。

三 矛盾排除法的运用

在看待《庄子》各篇时,人们习惯性地认内篇为庄子所作,认外、杂篇为非庄子所作,但是,又相信外、杂篇中某些篇章是庄子所作,尤其是《天下》篇,所有的庄学者对此都给予了很高的评价,大多学者认为非庄子本人不能写出,如王夫之《庄子解》说:

> 或疑此篇非庄子之自作,然其浩博贯综,而微言深至,固非庄子莫能为也。①

王夫之的观点具有广泛的代表性,大多数学者也都认为《天下》乃是庄子的"序例"或"叙篇",自述《庄子》书的本旨与周末学术之概要。历代解庄者,如郭象、王雱、林希逸、褚伯秀、陆长庚、焦竑、方以智、马骕、宣颖、姚鼐、梁启超、罗根泽、马叙伦等,皆与王夫之的观点相近。当然,也有学者坚持认为《天下》非庄子所作,如林云铭、陈昌寿、胡适、钱玄同、顾实、叶国庆、刘笑敢、严灵峰等人。不过,这不是笔者想要强调的。②

罗根泽在将外、杂篇归为庄子后学三派所作的同时,独以《天下》篇为庄子所作:

《天下篇》或是庄子所作,故除外。③

---

① 王夫之:《庄子解》,中华书局 2009 年版,第 351 页。
② 严灵峰:《〈庄子·天下篇〉的作者问题》,张丰乾编:《庄子天下篇注疏四种》,华夏出版社 2009 年版,第 335—337 页。
③ 罗根泽:《诸子考索》,人民出版社 1958 年版,第 283 页。

罗先生虽则用了"或是"的字眼，却在同一篇文章里面提出了《天下》为庄子所作的五个理由。① 于是，我们就不自觉地地陷入了一个难以自圆其说的境地，一方面认为外、杂篇不真，另一方面谈庄子哲学的时候又不能不用外、杂篇。对于这一点，罗根泽先生也留心到了，当然，他只把《天下篇》除外。② 其实，陷入逻辑矛盾的也包括罗先生在内。如果我们坚信《天下》是庄子所作，那么内、外、杂的界限就值得怀疑了。而且，单独以《天下》为庄子所作，却把外、杂篇的其他二十五篇归为非庄子所作，其理由是不充分的。

对于内、外、杂篇的这种复杂关系，王夫之下了这样的判断：

> 外篇文义虽相属，而多浮蔓卑隘之说；杂篇言虽不纯，而微至之语，较能发内篇未发之旨。盖内篇皆解悟之余，畅发其博大轻微之致，而所从入者未之及。则学庄子之学者，必于杂篇取其精蕴，诚内篇之归趣也。③

他的意思是，杂篇是近庄子的，外篇是远庄子的，杂篇的某些精蕴

---

① 这五个理由分别为：一、先秦各家都没有注意到哲学产生的原因，注意到的只有庄子。二、庄子哲学归于"一"，《天下篇》也说："神何由降？明何以出？圣有所生，王有所成，皆原于一。""天下大乱，贤圣不明，道德不一，天下多得一以察焉以自好。"三、批评某一种学说，是要客位的人才说得公允；介绍某一种学说，是要主位的人才说得真切。荀子、司马迁之论述庄子，都不很深刻，惟有《天下篇》之论述庄子，却独得要领，似庄子的自白。四、假使此篇是战国末年造出来的，对孟子、荀子不应当不论述。五、怀疑此篇非庄子作的理由有二：惠施、公孙龙不相及，而篇中论述了两人的辩论；篇中论及庄子，即自己论述自己。其实，篇中并没有惠施与公孙龙的互辩；自己论述自己是常有的事，庄子也不妨批评自己。(《诸子考索》，人民出版社1958年版，第310、311、312页)

② 《〈庄子〉外杂篇探源》："另一派的学者，一方面说外杂篇决不是庄子所作，即内七篇也有后人加入的材料，但他们研究庄子哲学的时候，却仍然要根据外杂篇。这真是宽宏大度，但未免失掉了逻辑的根据吧？"(同上书，第282页)

③ 王夫之：《庄子解》，中华书局2009年版，第270页。

之处，甚至超过了内篇，具有发明之义。依照这个逻辑，不仅外、杂篇的区分并无道理，而且，内、外、杂篇的区别也无甚意义了。只不过，他并不想破除内外杂的固有格局而已。

有关外、杂篇中自述庄子的问题，这成为之前有些论者认定外、杂篇非庄子本人所作的证据。在《庄子》书中，出现庄子本人的记述有九十条，其中内篇占了十条，外、杂篇占了八十条。作者在书写过程中不直述自己的名字，这只是一般的情形，通常在别人记述中出现书的主人的名字，可是这一条并不可看绝对了，因为这种情形同样也出现在内篇中了，其中人们不大怀疑的《逍遥游》中，"庄子"就出现了四次之多。人们容易把庄子与别人的对话，看成后人记载下来的结果，却忽略了庄子其实始终都在设定对话的场景，借对话表达他自己的言论，设想如果没有庄子与惠子的对话，他的许多思想都无法表达出来，有了惠子这个对手，他才借以完成了自己。所以，内篇述庄的情形抵消了外杂篇为后人所作的说法（至于连内篇也不相信，那么任何有关庄子的讨论也就失去了意义了）。

再说杂篇当中《让王》、《盗跖》、《说剑》、《渔父》的真伪问题。韩愈、苏轼、王夫之等皆相信非庄子本人所作，后代的学者也多沿用了他们的观点。他们的一个重要根据是郭象在注释《庄子》的时候，对这四篇不置一词，应该是郭象也怀疑是庄子的作品。对于《盗跖》，韩愈说："讥侮列圣，戏剧夫子，盖效颦庄老而失之者。"[①]对于《说剑》，韩愈说："此篇类战国策士雄谭，意趣薄而理道疏，识者谓非庄生所作。"[②]对于《渔父》，韩愈说："论亦醇正，但笔力差弱

---

① 见池田知久《道家思想的新研究——以庄子为中心》第 80 页的"注"引归有光、文震孟《南华真经评注》，中州古籍出版社 2009 年版。
② 同上。

于庄子。然非熟读庄子者,不能辨。"①苏轼则说:"然余尝疑盗跖、渔父则若真诋孔子者。至于让王、说剑,皆浅陋不入于道。"②王夫之说:"若让王以下四篇,自苏子瞻以来,人辨其为赝作。"③而且在这四篇的篇首都一概做了这样的评语:"赝编不置释,说见篇首。"④三者比较起来,韩愈的看法有点分别,他仍然认为《渔父》还是类似庄子的其他作品,只是笔力差了些,苏轼和王夫之则认为四篇都不是庄子的作品。就文献辨别的方法来说,以上三者都有道理,比如《说剑》当中明显存在问题,即赵惠文王与庄子根本就不在同一个时代,两者不可能谋面。但是,上述三者都难以排解自己的立场。三人都持有儒家的立场,对于那几篇骂孔子的文章,都表示极其不满,这就使得他们的看法的客观性打了折扣,部分抵消了客观的观点。对此,钱玄同和顾颉刚都曾表示过对苏轼观点的质疑,钱玄同在《论庄子真伪书》中说:

> 但像苏老大疑心盗跖、渔父、让王、说剑这几篇靠不住,拿它们太对不起孔二先生做理由,这却是不能成立的。⑤

顾颉刚说:

> 所以我对于苏轼疑盗跖等篇的话也表一部分的同情,为的是里边都骂孔子。但我的观点与苏轼的不同之处,他是说

---

① 见池田知久《道家思想的新研究——以庄子为中心》第80页的"注"引归有光、文震孟《南华真经评注》,中州古籍出版社2009年版。
② 《庄子祠堂记》,焦竑《庄子翼》,台湾广文书局1979年印行。
③ 王夫之:《庄子解》,中华书局2009年版,第270页。
④ 同上书,第326、332、338、340页。
⑤ 《古史辨》第一册,上海古籍出版社1981年版,第281页。

> 庄子不该骂孔子,我是说庄子不屑骂孔子,也想不到骂孔子,骂孔子是后来道家对付儒家的事情。①

庄子不该骂孔子,是三子的个人立场问题;而庄子是否可能骂孔子,则要把该篇的考订放在整个《庄子》书中去考察才是有效的。所以,儒家的立场至少部分地排除了他们观点的可信度。

解释与被解释似乎是破解庄子各篇真伪的一个方法,刘笑敢先生也曾运用这个方法来解释至人、真人产生的先后关系,并由此推测出《大宗师》、《齐物论》、《逍遥游》在先,《秋水》、《达生》和《田子方》在后,是学生发挥、解释老师思想的作品。② 如果这个逻辑关系可以确信的话,那么我们可以为辨别文献立规矩了。从一般思维过程看,这是成立的。总是先有观念、概念,而后才会有对观念和概念的解释,不可能观念和概念还没有出来,却有了解释。可是,这个逻辑关系被放置在具体历史事件中的时候,却出现了问题。就刘先生的推理来说,第一,很难排除一个思想家在一生的著述中,自己解释自己的观念和概念的情况,而且一个成熟的思想家都会完成对自己基本理念的解释,这也是他对自己的作品的负责

---

① 《古史辨》第一册,上海古籍出版社1981年版,第285、286页。
② 刘笑敢说:"内篇虽然极力渲染至人如何神奇和高超,但从未解释过这种'不热'、'不溺'、'不伤'的实质是什么。而外杂篇的作者却围绕着这个问题进行了解释或发挥。《秋水》曰:'至德者,火弗能热,水弗能溺,寒暑弗能害,禽兽弗能贼,非谓其薄之也,言察乎安危,宁于祸福,谨于去就,莫之能害也。'这是把'不热'、'不溺'的原因归之于机智和谨慎。……逻辑和历史的顺序都告诉我们,一个论题,总是先由先生提出来,而后由学生分别进行解释或发挥的,因此提出论题的必定是早出的先生的文章,而分别解答问题的,必定是后出的学生的作品。据此我们可以确信,提出不热不溺等论题的内篇,必定早于解释和发挥这一论题的外杂篇,因而内篇为庄子所作是可信的。同时这也证明《秋水》、《达生》、《田子方》三篇虽然没有使用道德、性命、精神这三个概念,但断定它们晚于内篇是可靠的。"(《庄子哲学及其演变》,中国社会科学出版社1988年版,第13、14页)

任。在《庄子》书中,我们不能够依据庄子在一些篇章里没有解释自己的概念,而在另外一些篇章里解释了这些概念,由此断定解释的篇章就属于后人的作品。第二,就至人、真人、神人的概念来说,我们可以看到比外、杂篇更精纯、更合理的解释。如"至人",《人间世》说:

> 古之至人,先存诸己而后存诸人。所存于己者未定,何暇至于暴人之所行!

《应帝王》说:

> 至人之用心若镜,不将不迎,应而不藏,故能胜物而不伤。

这两个解释乃是对至人的一个理解,远比《秋水》篇里面的那个解释要深刻。再看"真人",《大宗师》用了大量篇幅论说真人,不仅描述,甚至也对真人作了界定:

> 何谓真人?古之真人,不逆寡,不雄成,不谟士。若然者,过而弗悔,当而不自得也。若然者,登高不栗,入水不濡,入火不热,是知之能登假于道者也若此。
> 古之真人,其寝不梦,其觉无忧,其食不甘,其息深深。真人之息以踵,众人之息以喉。屈服者,其嗌言若哇。其耆欲深者,其天机浅。
> 古之真人,不知说生,不知恶死;其出不䜣,其入不距;翛然而往,翛然而来而已矣。不忘其所始,不求其所终。受而喜之,忘而复之。是之谓不以心捐道,不以人助天,是之谓真人。

若然者,其心志,其容寂,其颡頯。凄然似秋,暖然似春,喜怒通四时,与物有宜而莫知其极。

这比《刻意》、《秋水》、《田子方》、《徐无鬼》、《列御寇》、《天下》等篇要细详得多,可我们不能得出结论说《大宗师》是在后的,以上诸篇是在前的。

还有,如已经论述过的,《庄子》书中多次提到"庄子"本人的情形,我们也不能说叙述庄子的篇章就一定是后来人的作品。

四　精神类似法的运用

这种方法的运用建立在一个事实上,那就是庄子是有自己的作品的,而且我们可以辨别出他的一些基本作品,或者我们可以根据某种原则来辨别出他的作品,然后拿这些作品来衡量其他一些相关作品是否也是他的作品,在这么做的时候,我们实际上是以这些作品与他的基本作品相比较,看彼此的相似性有多大,或者拿这些原则来衡量作品的相似性,相似性越大,就越可能是他的作品。这有点像是家族类似。

(一) 寓言、重言与卮言

《寓言》:

寓言十九,重言十七,卮言日出,和以天倪。

《天下》:

> 以卮言为曼衍，以重言为真，以寓言为广。

苏轼叙说《寓言》："此庄子自叙其作书之旨，末以老子为宗，略取杨朱。"①王夫之说："此内外杂篇之序例也。……此篇与《天下篇》乃全书之序例。古人文字，序例即列篇中；汉人犹然，至唐乃成书外别为一序于卷首，失详说乃反约之精意。"②学者多以为然。③ 这里暂不置评这两篇是否庄子所作，只要看"三言"的形式是否是庄子的本色，如果是庄子的本色，可以拿它们作为标准来衡量《庄子》各篇是否庄子所作。这在方法上似乎成为了一个悖论：用不能确定是否庄子所作的作品来衡量其他作品是否庄子所作。其实仔细思量一下，情况并非如此。要知道，一个人的思维方式、写作风格，可以由他本人说出，也可以由别人、后人说出，只要能够说得准就行了，未必非他本人说出才有效。或者说，后人为前人立法并不是不可能。在《庄子》书的研究上分歧之大，难以尽述，却难得在"三言"问题上几乎所有的学者都认同"三言"是庄子的本色。那么，我们以此作为标准应当是可以的。

> 寓言十九，藉外论之。亲父不为其子媒。亲父誉之，不若

---

① 见王叔岷：《庄子校诠》（下），中华书局2007年版，第1087页。
② 王夫之：《庄子解》卷二十七，中华书局2009年版，第320页。
③ 马其昶、钱穆、王叔岷也都称引苏、王二者的观点。孙以楷甚至说《寓言篇》为公认的《庄子》早期的作品"（《庄子通论》，东方出版社1995年版，第15页）。这样说其实也很有问题。关于《庄子》各篇的真假，从来就没有一个完全一致的看法，如锺泰、叶国庆就不认为这两篇是庄子所作，锺泰说："以统篇言，作全书序例观，未免失之矣。"（《庄子发微》，上海古籍出版社2002年版，第648页）叶国庆引《四库提要》"古人一书无两序者"的说法，认为《庄子》不可能有《寓言》、《天下》两篇的序。（见《庄子研究论集》，台湾木铎出版社1983年版，第29、30页）

非其父者也；非吾罪也，人之罪也。与己同则应，不与己同则反；同于己为是之，异于己为非之。

重言十七，所以已言也，是为耆艾。年先矣，而无经纬本末以期年耆者，是非先也。人而无以先人，无人道也；人而无人道，是之谓陈人。

卮言日出，和以天倪，因以曼衍，所以穷年。不言则齐，齐与言不齐，言与齐不齐也，故曰无言。言无言，终身言，未尝不言；终身不言，未尝不言。

"寓言"，众家解释相近，"寓"义为寄，即假托他人以明事理之言。① 如果自己公开了对某件事情的态度，反倒不被人相信，像《庄子》书中鸿蒙、云将、肩吾、连叔等人所言皆是，所以说"籍外论之"。

"重言"，有三种不同的解释，一是世之所重者之言，又称为长者、老者之言；②二是重复之言；③三是"增益之言"。④

"卮言"，也有三种解释：一是"卮"为"支"，即支离无首尾之言；⑤

---

① 陆德明《经典释文》："以人不信己，故讬之他人，十言而九见信也。"成玄英《庄子疏》："寓，寄也。……故鸿蒙、云将、肩吾、连叔之类，皆寓言耳。"（见郭庆藩：《庄子集释》，中华书局1961年版，第947页）王先谦《庄子集解》："意在此而言寄于彼。"（中华书局1987年版）

② 郭象、成玄英、陆德明等皆作此解（俱见《庄子集释》），宣颖解为"引重之言"，义相近。（见王先谦：《庄子集解》卷七，中华书局1987年版，以下省略版本出处）

③ 郭庆藩引家世父："重，常为直容切。《广韵》：重，复也。庄生之文，注焉而不穷，引焉而不竭者是也。"（郭庆藩《庄子集释》卷九上）王夫之："乃我所言者，亦重述古人而非己之自立一宗，则虽不喻者无可相遣矣。"（《庄子解》卷二十七，第321页）

④ 孙以楷《庄子通论》："'重言'即为'增益之言'。为什么叫作'增益之言'呢？重言'所以已言'，'已'与'外'相对待，当指道中人，道中人说了道中话，所以'为真'。"（东方出版社1995年版，第8页）我想，孙先生作如此理解的一个关键是他把"已"字误解为"己"字，如此才能够形成他所说的"己"与"外"的对待关系。

⑤ 司马彪说："谓支离无首尾言。"（见郭庆藩：《庄子集释》卷九，第948页）

二是"卮"为"酒器",即日新之言;①三是"无心之言"。② 其实三种解释意思接近,都是说每日随意流露出来的话,没有个准,所以说是"曼衍"。

"寓言十九","重言十七",这两句话中道出了数量关系,引来了不少的猜测。郭象《庄子注》、成玄英《庄子疏》、陆德明《经典释文》皆解释为十之九、十之七,意谓言者十之九、十之七见信;③宣颖解释为十有其九、十有其七,意谓庄子的"寄寓之言,十居其九","引重之言十居其七",姚鼐进而解释说"就寓言中,其讬为神农黄帝尧舜孔颜之类,言足为世所重者,又十有其七";④吕惠卿解释为"寓言十九",非寓而言者十一,"重言十七",非重而言者十三;⑤又有人将"七"理解为"弌"(一)的坏字,于是,"重言十七"便成了"十一"了,因为十一与十九正好成为合数;⑥孙以楷独辟蹊径,认为上述理解都不对,"寓言十之又九条,重言十之又七条,卮言时常出现,以调和是非"。⑦ 而且,孙以楷还认为,《寓言》所指称的只是内

---

① 郭象作如此解释:"夫卮,满则倾,空则仰,非持故也。况之于言,因物随变,唯彼之从,故曰日出。日出,谓日新也,日新则尽其自然之分,自然之分尽则和也。"(郭庆藩:《庄子集释》卷九,第 947 页)
② 成玄英作如此解释:"卮,酒器也。日出,谓日新也。天倪,自然之分也。和,合也。夫卮满则倾,卮空则仰,空满任物,倾仰随人。无心之言,即卮言也,是以不言,言而无系倾仰,乃合于自然之分也。"(同上书,第 947 页)
③ 郭象《庄子注》:"寄之他人,十言而九信也。""世之所重,十言而七见信也。"成玄英、陆德明等与郭象同意。王叔岷《庄子校诠》第 1088 页:"《史记·庄子传》:'其著书十余万言,大抵率寓言也。'即'寓言十九'之意。"
④ 王先谦:《庄子集解》,台湾东大图书公司 2008 年版,第 256 页。
⑤ 锺泰《庄子发微》:"郭(象)以十九、十七属闻者言,吕(惠卿)以十九、十七属言者言。"(第 649 页)
⑥ 曹础基《庄子浅注》:"七,疑是'弌'的坏字(王焕镳老师说),十一与十九对合。九成是借他人之口说的,一成是作者直接说的。《庄子》一书实际也基本如此。"(中华书局 2007 年版,第 330 页)
⑦ 孙以楷:《庄子通论》,东方出版社 1995 年版,第 10 页。

七篇,并不包括外、杂篇,"十九"即是"十之又九","十七"即是"十之又七",据此,孙以楷举出了内篇中寓言十九例,重言十七例。

之所以有此理解上的分歧,在于这几句话具有可解释性。我们对待古书的解释并没有一个绝对不二的标准,只是寻求一个合理性,哪种解释最合理,就采取哪种,况且《庄子》是一本最具有可解释性的书。以上种种,我以为宣颖、姚鼐的解释更合理。以庄子所言十之九、十之七为见信,这有点匪夷所思,以庄子的性格,他不大可能说出这样的话,尽管他相信以寓言、重言的表达方式更容易让人接受。将"七"理解为"弌",以数的合数(满数为十)理解字的原型,富有想象,但猜想的成分太大。孙以楷将寓言、重言、卮言限定在内篇,并从数量叠加而不是比例关系理解十九、十七,并从内篇中找出了十九篇寓言、十七篇重言,有些新意,但这个推理需要的假定过多,如《寓言》《天下》不关外、杂篇,庄子自己的作品只有内篇,在内篇中找到确定的十九处寓言与十七处重言,其中还要将内篇记载庄周之事的文字设定为"为后学弟子所补缀",其中任何一个假定不确定,都使整个推理不成立,或许是为了数量的完全,所以要精确,但是,这样的精确就有问题了。我们至少可以想象,庄子说"寓言十九"、"重言十七"的时候,一定不是精确的,他不会像今天的人这么去数的。比较起来,宣颖、姚鼐的解释更符合历史的实情。因为在《庄子》书中,寓言与重言是难以划出一个界限来的,它们之间存在交叉与重合的情形,既然我们把寓言界定为寄托他者所言,重言为世之所重之言,那么我们可以说所有的重言都是寓言,只是有些寓言并不是重言,因为寓言中的许多人物是虚构的、反面的,或者并非古人或世人所敬重的。

再看寓言、重言与卮言,对寓言的理解几乎没有分歧,对重言的三种理解中,前二种意思相近,重言在重复前人所说的话,在借重的意义上,与"世之所重者"之言相融通,只是"增益之言"这一说似不可取。至于卮言,只要不离"言无言"与"曼衍"之义,就能把握庄子的神韵了。总起来看,这三言的共同之处都是"谬悠之说,荒唐之言,无端涯之辞"。借别人的嘴巴说自己的话,说这些话的人有真有假,然而假者不假,真亦不真,而所说的话没有边际,没有定准,无论方内或方外之事,都在论域之中。这样的言说不能不说是荒唐、谬悠与无端涯,而无论言或不言的真意也就涵括其中了。这就是庄子的神韵,拿这个神韵来检视《庄子》书及其佚文,不能不说是一个可以信得过的标准。

(二) 以庄子哲学核心内容来检视其他篇章

池田知久在他的《道家思想的新研究》里,提出了一个方法:以《齐物论》作为最古部分,来考察其他各篇的真伪。[①] 不过,池田知久并没有说出多少道理,他的意思是,道是初期道家关注的核心内容,而后期道家关注的是现实社会生活,故而《齐物论》中南郭子綦与颜成子游关于道的问答就是《庄子》书中最古的部分。没有疑问的是,道是庄子哲学中的核心内容之一,但是,对于道,庄子一生都在追问,他可以在早期哲学中追问,也可以在晚期哲学中追问,要说对道的追问,《大宗师》才是最彻底的,《齐物论》表达的主要是相对主义思想方法问题。我的意见是,在《庄子》内七篇里面一定要

---

① 池田知久说:"从精读全部《庄子》三十三篇,从中推测最早的部分,将确认为是庄子本人所作的,从而确定这些部分的成书年代。如果将通过这样的方法所得到的结论记录在这里的话,那么,全部《庄子》中最早的部分就是开始以思索'道'这一终极性、根源性实在为中心的《齐物论》中的'南郭子綦、颜成子游问答'。"《道家思想的新研究——以〈庄子〉为中心》,中州古籍出版社2009年版,第20页)

分出一个先后关系,不仅没有意义,也没有根据。我们只需要根据庄子哲学的核心内容作为标准就行了。

我认为在内容方面,庄子的道论、相对主义和精神超越法可以作为检视是否庄子作品的标准。当我们这么说的时候,要考虑到另一种情况,如何甄别庄子的学生及其后来的人也讲求道论和相对主义方法论呢?我认为,对于前一种情况,毋需严格,既然"古人不著书"(章学诚语),孔子、孟子等人都是述而不作,而我们从来不怀疑《论语》、《孟子》记载的是孔子、孟子的作品,那么我们又何以怀疑记载庄子思想的作品不属于庄子呢?至于记载的是否准确,或者是否属于庄子的思想,我们只依照庄子哲学核心内容来衡量。对于后一种情况,我们实在不能排除,历史上这种情形很多,说得极端一点,如果现在出现了比庄子更像庄子的作品,如果真的出现这种情况,也只好认了。但是,这种情况还从来没有出现过。历史上出现的道家思想家,同样追求道论的,不计其数,具有庄子类似风格的,如《淮南子》、《坐忘论》、《玄真子内外篇》、《化书》等,即便这些著作不写明作者的名字,我们也难以把它们归为庄子的作品。这就像写诗的人何其多,人们不会把他人的诗归为李白的诗一样。庄子自有其独绝的地方,这是他人不能超越的,于是这就成了独白和绝唱。我们正是以这样的独白与绝唱来衡量哪些作品是属于庄子的。

要这么做,前提是要在《庄子》书中确立核心的篇章,以此来做"类似法"的推演。

在内七篇当中,论道与相对主义最为醇正的《逍遥游》、《齐物论》、《养生主》、《德充符》、《大宗师》应该是不疑之作。① 引起疑问

---

① 这里说"应该",意思是在一般事实上不疑它。可是学问总是于不疑处生疑,傅斯年就曾怀疑《齐物论》为庄子所作。顾颉刚也认为《逍遥游》"也有靠不住的地方"。(《论竹柏山房丛书及〈庄子内篇〉书》,见《古史辨》,上海古籍出版社1981年版,第17页)

的是《人间世》和《应帝王》这两篇。如张恒寿认为,《人间世》篇中的主要章节非庄子作品,认为该篇对当权派统治者的态度,前后不一。① 《应帝王》篇为"言帝王之道合应如此",②这或与庄子不言帝王之道的风格不合。甚至《养生主》篇在隋朝时也可能列在外篇。③ 可是,当我们觉得可以引起怀疑的观点讲得有道理的时候,却发现不应该怀疑它们为庄子所作的观点更有道理。

就《人间世》来说,虽然谈的是处世哲学,却与《逍遥游》、《齐物论》、《养生主》的立场不违,且内外关系是典型的庄子式的表达,如"先存诸己而后存诸人"、"内直而外曲"、"内直者,与天为徒"、"外曲者,与人之为徒也",这些表达与《逍遥游》"定乎内外之分,辩乎荣辱之境",《齐物论》"六合内外"的议论,属于同序列、同精粹的表达。《人间世》"乘物以游心,托不得已以养中",与《养生主》"游刃有余"的思想同出一辙;"人皆知有用之用,而莫知无用之用"与《逍遥游》"不龟手"之喻一理一事,相得益彰;至于"心斋"之语,更为庄子个性化的思想。如果怀疑它,不啻是怀疑庄子本身了。

再看《应帝王》,看起来是谈帝王如何治理天下,其"圣人之治"、"正而后行"以及"明王之治",与《逍遥游》"尧治天下之民"及"窅然丧其天下焉",在议论的话题和思维方法上完全在同一个水准上;"以出六极之外,而游无何有之乡"与《逍遥游》的逍遥之游,就是同一个人在两个场合下说了类似的话;至于"浑沌"的寓言,大概是非庄子说不出来的故事。

以此来看外、杂篇,如《秋水》篇"以道观之"、"以物观之"、"以

---

① 见张恒寿:《庄子新探》,湖北人民出版社1983年版,第84—100页。
② 林希逸:《南华真经口义》,云南人民出版社2002年版,第119页。
③ 王叔岷:《庄子校诠》(上):"又案隋释吉藏《百论疏》卷上之上云:'庄子外篇,十二年不见全牛。'则隋时旧本,《养生主》有列在外篇者。"(中华书局2007年版,第99页)

俗观之"、"以差观之"与《齐物论》的相对主义无异,其小大之辩与《逍遥游》相若,其"楚有神龟"、"惠子相梁"、"庄子游于濠梁之上"的超越精神及其独绝的寓言故事,与《逍遥游》、《齐物论》、《大宗师》所蕴含的精神不二。《在宥》、《山木》"物物者之非物"、"物物而不物于物"之论与《大宗师》"造化者"之论当为同一人所为,其"云将东游"、"虚己以游世"、"庄周游于雕陵之樊"的寓言故事,当为庄子本人所创造。由此以推,在《田子方》、《知北游》、《庚桑楚》、《徐无鬼》、《外物》、《列御寇》等各篇中都能找到与内篇精神的类似性,也即同一性。

(三) 以句式、态度来检视

杨树达《庄子拾遗》在解《大宗师》"嗟来桑户乎,嗟来桑户乎"句时说道:

> 庄子恒用"来"为语气词,人间世篇云:"尝以语我来",又云,"子其有以语我来",与此"来"字皆是。①

杨先生说的不假,庄子自有他所习惯的语气表达方式,不仅这个"来"字为他所习用,而且重叠式的嗟叹方式也是他的特点。然而,这仅仅可以说明庄子在这两篇里面所形成的独特表达句式,但并不能作为普遍有效的模式,如在内篇其他各篇里面都不再用这种句式了,在外杂篇中也找不到这种用法。

再看"已而"句。《齐物论》有言:

---

① 杨树达:《积微居读书记》,中华书局1962年版,第156页。

> 因是也,已而不知其然谓之道。

《养生主》:

> 以有涯随无涯,殆已;已而为知者,殆而已矣。

内篇里面的这两篇都用到了"已而"句,郭象在注《养生主》的"已而"时说:"已困于知而不知止,又为知以救之,斯养而伤之者,真大殆也。"成玄英疏为:"无涯之知,已用于前;有为之学,救之于后;欲不危殆,其可得乎!"①成玄英在疏《齐物论》的"已而"句时说:"已而者,仍前生后之辞也。"②可见郭象、成玄英对"已而"句的解释是一致的,都把"已"理解为"已经"。郭庆藩所引家世父对《养生主》的解释不同:"营营以求知,而极乎无涯,终乎殆矣。而此营营之知存于心,足以累性而害心。"③即他是以"已而"为"此"。杨树达更明确:"郭释'已'为'已既'之'已',非也。尔雅释诂云:'已,此也'。'已而为知'犹云'如此而为知'也。"④

在杂篇《外物》中也发现"已而"句式,如云:

> 任公子为大钩巨缁,五十犗以为饵,蹲乎会稽,投竿东海,旦旦而钓,期年不得鱼。已而大鱼食之,牵巨钩,錎没而下,骛扬而奋鬐,白波若山,海水震荡,声侔鬼神,惮赫千里。

"已而"句解释的分歧表明这个句式的非普遍性,如果这是一个大

---

① 俱见郭庆藩:《庄子集释》,第116页。
② 同上书,第73页。
③ 同上书,第116页。
④ 杨树达:《积微居读书记·庄子拾遗》,中华书局1962年版,第150、151页。

家习用之语,便不会有理解上的分歧;同样,在《齐物论》、《养生主》和《外物》中重复发现这个句式,表明它不是偶尔用错了词或笔误,它正是庄子个性化的语句。而且,我们会发现,《外物》篇极尽夸张的想象与"言而未尝言"及"反复相明"的论证方式,与内篇极其类似。在这个意义上,我们有理由相信《外物》是庄子本人的作品。

庄子个性化的句式,还可从他的叠用句及其诗化的表达中得到印证。如《逍遥游》"也"字的叠用:

野马也,尘埃也,生物之以息相吹也。

《齐物论》里"籁"字:

女闻人籁而未闻地籁,女闻地籁而未闻天籁夫!

《人间世》"已乎"、"殆乎":

已乎,已乎,临人以德!殆乎,殆乎,画地而趋!迷阳迷阳,无伤吾行!吾行郤曲,无伤吾足!

《德充符》的"忘"字:

故德有所长而形有所忘。人不忘其所忘而忘其所不忘,此谓诚忘。

又如《列御寇》中的"安"字:

圣人安其所安,不安其所不安;众人安其所不安,不安其所安。

尽管某些句式并不都重复,但辨得庄子这些个性化语句,可以借以辨得庄子的作品,也可从内、外、杂各篇中的类似或重合中,确证是否庄子所作。即便某些篇章不能全部认定为庄子所作,也可从中了知是否是庄子的思想,因为应该相信外、杂篇有些确实为弟子或后学者所为,但庄子那个"神"是学不来的,后人至多把庄子的原话加了些"料"进去,而如今的研究则要从乱相中"寻他千百度",找出其真实。

除此之外,还可从庄子的基本态度来看待。

庄子的态度,当以其对待仁义,对待自己与他人及其国家,对待生死的态度为准。对待仁义,《齐物论》说"大仁不仁",又说"自我观之,仁义之端,是非之涂,樊然殽乱,吾恶能知其辩",《人间世》说"强以仁义绳墨之言术暴人之前者",又说"子之爱亲,命也,不可解于心;臣之事君,义也,无适而非君也,无所逃于天地之间"。可是,在杂篇的《渔父》《盗跖》里,庄子对以仁义为宗的孔子嬉笑怒骂,俨然不似内篇里的庄子,这种差别正好需要研究对待。

对待自己与他人及其国家,《人间世》说"古之至人,先存诸己而后存诸人。所存于己者未定,何暇至于暴人之所行";《应帝王》说:"夫圣人之治也,治外夫?正而后行,确乎能其事者而已矣。"而在杂篇《天下》里则有"内圣外王"之说。

对待生死,《齐物论》说"死生无变于己,而况利害之端乎",《大宗师》说"不知说生,不知恶死",又说"孰知死生存亡之一体者,吾与之友矣"。外篇《天地》说"万物一府,死生同状"。《天道》说"知天乐者,其生也天行,其死也物化"(《刻意》说了与此相同的话);《至乐》说"庄子妻死,惠子吊之,庄子则方箕踞鼓盆而歌",又说"死生为昼夜";《达生》说"死生惊惧不入乎其胸中,是故遻物而不慴";《田子方》说"生有所乎萌,死有所乎归,始终相反乎无端,而莫知乎其所穷",又说"四支百体将为尘垢,而死生终始将为昼夜";《知北游》说"生也死之徒,死也生之始,孰知其纪……若死生为徒,吾又何患";杂篇《庚桑楚》说"孰知有无死生之一守者,吾与之为友";《徐无鬼》说"古之真人,得之也生,失之也死；得之也死,失之也生";《列御寇》说"庄子将死,弟子欲厚葬之。庄子曰:吾以天地为棺椁,以日月为连璧,星辰为珠玑,万物为赍送。吾葬具岂不备邪？何以加此"。如此等等,从这之中,可以窥见与内篇庄子生死态度相一致的篇章。

五 残缺的《庄子》,抑或完整的《庄子》

(一) 内、外、杂篇可否肢解开来

《庄子》一书自郭象将五十二篇删为三十三篇之始,就有了是否残缺的问题。苏东坡的《庄子祠堂记》再次引起了学者对这个问题的关注,不过,更为集中的讨论则是在 20 世纪上半叶,随着疑古思潮的风行,人们不仅怀疑老子其人其书,也怀疑庄子其人其书。顾颉刚在《论竹柏山房丛书及庄子内篇书》里说:

> 我觉得庄子内篇也有靠不住的地方,如"北冥有鱼"与"穷发之北有冥海者"一段词意重复。[①]

[①] 《古史辨》,上海古籍出版社 1981 年版,第 17 页。

胡适在对顾颉刚的《答书》里也说：

> 庄子内篇每篇的前一大段是真的。每篇的后面数小段大概是后人加上去的。①

傅斯年在那篇著名的《谁是〈齐物论〉之作者》论文中提出：

> 今日考订古籍，仅可有《庄子》一书之问题，不可有庄子一人之问题；仅可以一篇为单位，不可以一书为单位。古者诸子著书，自吕刘诸家之外，多以篇为单位，集众篇以为一书者，后人之作为，每非著者及生可见之事。②

傅文意谓对待《庄子》，只能在每一篇的基础上讨论它，而不能把整个《庄子》拿来讨论。在这个前提下，傅文专门考察了《齐物论》。他认为，慎到才是《齐物论》的作者。《庄子·天下篇》里说："古之道术有在于是者，彭蒙田骈慎到闻其风而悦之。齐万物以为首，曰，天能覆之，而不能载之；地能载之，而不能覆之；大道能包之，而不能辩之。……"这正是说明"慎到著书，曾以《齐物》一篇为首也"。而《史记·孟子荀卿列传》说"慎到著《十二论》"，其首篇就是《齐物论》。③

---

① 《古史辨》，上海古籍出版社1981年版，第18页。
② 傅斯年：《中国古代思想与学术十论》，广西师范大学出版社2006年版，第145页。
③ 傅文还提出了佐证，认为《荀子·非十二子》中"尚法而不法，不循法而好作"，《荀子·天论》中"慎子有见于后，无见于先，……有后而无先，则群众无门"，《吕览·不二》"陈骈贵齐"等文献表明，田骈与慎到同道齐名之人，"田骈既贵齐，慎到亦必贵齐，贵齐之义，正托于《齐物论》以传于今耳"。而如今的《慎子》内篇已杂采群书，外篇乃纯系伪造，所以"不足深论"。（同上书，第148、149、151页）

不过,这篇论文完成的时间是"民国二十五年五月六日",同年六月二十一日作者在附记里面,就已经在怀疑自己的这篇"蓄之十年,以为不移之论"的力作了,他说:"《庄子杂篇》中与《齐物论》之思想相应者甚多,不可以偶合,然则《齐物论》之思想与庄生后学者相混久矣,《天下篇》所论,仅见其始耳。甚矣治学之宜毋意毋必也。"①

依照顾、傅二先生的观点,不仅《庄子》外、杂篇可以甩掉不论,即便内篇也残缺了。顾颉刚的观点,是从怀疑论的角度出发的,凡是在《庄子》内篇中有疑问的地方,他都把它肢解掉。从怀疑的角度看,《逍遥游》里面的"北溟有鱼"和"穷发之北有冥海",的确是重复之意;内篇各篇的尾端的章节,都与开头部分不连属,似乎是后人硬贴上去的。可是,反过来想,庄子借用"汤之问棘"再次论北溟之大鱼,以达到"反衍"或反复以明,这是庄子特有的方式;至于内篇的后段,总有一个寓言故事来结尾,我们至多只能怀疑庄子本人不一定如此安排,没有理由怀疑是庄子所作,因为那是一种思想与艺术的绝唱,无人能够复制,这也是艺术理论经常讲的艺术的个性与独绝。况且,即便至今,作为哲学的文章常有这种情况,它并不追求形式上的完整性。

傅先生的出发点依旧是"古人不著书",所以只能以篇来论长短。然而随着考古发现,尤其是郭店竹简的发现,这种说法之站不住脚已经是不证自明的了,既然《老子》在战国中期就有了,就没有理由说庄子不可以完成他的著述,而只能写成零散的篇章。至于傅先生说《齐物论》思想与庄生后学"相混久矣",则未免处理简单了。首先,他把外、杂篇笼统地看作非庄子所作,或者说跟庄子没关系。如果说他意识到外、杂篇中有庄子的作品,或者其中有庄子

---

① 傅斯年:《中国古代思想与学术十论》,广西师范大学出版社2006年版,第153页。

的思想,那么就难说外、杂篇中与《齐物论》思想相吻合的诸多方面只是受《齐物论》的影响了。如果撇开外、杂篇,仅从内篇找与《齐物论》的关系呢?除了上面已经谈到的"已而"这个句式在《齐物论》与《养生主》,及杂篇中的《外物》中都存在之外,还可从思想方面发现诸多相同之处。《齐物论》中一个基本思想是"相待",亦即事物的性质与人们认识的相对性,如"天下莫大于秋毫之末,而大山为小;莫寿于殇子,而彭祖为夭"。而这也是《逍遥游》的基本思想之一,在《逍遥游》里表述为"小大之辩",所谓"小知不及大知,小年不及大年,……而彭祖乃今以久特闻,众人匹之,不亦悲乎!"再如"道论",《齐物论》中的"道行之而成,物谓之而然","道未始有封,言未始有常",与《大宗师》"道有情有信,无为无形"句,有着割不开的联系,如此等等。

我的意见是,不仅不能将内篇肢解开,也不能将外、杂篇从《庄子》中肢解开。尽管我们在作庄子作品的辨识时需要小心谨慎,但仍然不妨碍我们把《庄子》看作一个整体的存在,只是这个整体性是在经过我们细心的辨识之后,隐约而模糊地呈现出来的。这种整体从何而来呢?孔子说"吾道一以贯之"。何以人们不怀疑《论语》是孔子的作品呢?这不仅仅在于他被奉为圣人,而且在于他的立场、方法与表达的特殊性。庄子之道是否也是"一以贯之"?我认为在《庄子》书里那个"一"是存在的,这个"一"就是他的所有特性聚成的一贯与唯一性,在完整性方面,既然我们不要求孔子、孟子,也不必要求庄子。

依据以上方法,将内篇看作一个基本参照系,权量外、杂各篇。在作这番权量之前,可先说明权量的原则:第一,就像很难在内篇与外杂的某些篇章之间划出一道界限一样,我们也难以在可认定为庄子作品与不能认定为庄子作品之间划出一道类似的界限,能够认定的可以为真,然而不能认定的却不见得为假,如《秋水》、《庚桑楚》等篇,其文风看来很像庄子的作品,然而却找不到庄子的习用语句(像"已而"、"未始"等),再就是各段落之间并不连属,不像内篇诸篇那样连贯,就是说,具体段落(或章节)看来是真,而整篇文章看起来有点杂,使人生疑。第二,前人在研究庄子的时候,总体来说是缺乏方法,然而又要寻求方法,而方法并不十分有效,于是经常产生彼此南辕北辙的看法的情形。这里试图回归到最基本的事实上,除了能够确定的事实,对不能确定的,采取"综合观看"的办法,如同王夫之所做的那样,他并没有一些明确的方法,他只是根据他的综合观看,却大体不差。当然,如何观看是一个问题。我以为,庄子的文章虽则是哲学文章,其实也都是散文,而散文是一种艺术;如果以艺术的眼光观看庄子的文章,就能够看出其个性,而个性是他人无法替代的,如此,就能够看出哪些文章是最接近庄子的,且如此说是可靠的。第三,前人的研究,固守内、外、杂的三分格局,对外、杂篇,首先有了先入之见,不相信它们可能是庄子的作品,在看得很像的时候,也不敢说是庄子的作品,而打破这道界限之后,只要认为是真的,就说得出来了。

(二)《庄子》外、杂篇的真伪辨识

以下依照上述方法,对《庄子》外、杂篇作一个比较与辨识。

外篇部分:

《骈拇》:

句式:"是得人之得而不自得其得者也,适人之适而不自适其适者也。"(《大宗师》:"过而弗悔,当而不自得也。""是役人之役,适人之适,而不自适其适者也。")

立场:"吾所谓臧者,非仁义之谓也,臧于其德而已矣;吾所谓臧者,非所谓仁义之谓也,任其性命之情而已矣"。

评议:该篇有与内篇相仿的句式与立场,但双音节词甚多,诸如仁义、道德、性命、事业等,至少可以肯定是较晚时候出现的。[1]

《马蹄》:

立场:"道德不废,安取仁义!性情不离,安用礼乐!""毁道德以为仁义,圣人之过也。"

评议:该篇所用"天放"与内篇所用"天均"、"天倪"等有相类之功,似为庄子之词。文句的连属及其韵意之美,皆似内篇。却也两次用了双音节词"道德"。或为庄子后学所为。[2]

《胠箧》:

句式:"天下皆知求其所不知而莫知求其所已知者,皆知非其所不善而莫知非其所已善者。"

立场:"圣人之利天下也少而害天下也多。""圣人不死,大盗不止。"

评议:该篇大段引《老子》之文,阐发老子的思想,不似内篇,当为后出之文。

《在宥》:

句式:"世俗之人,皆喜人之同乎己而恶人之异于己也。同于己而欲之,异于己而不欲者,以出乎众为心也。"(《齐物论》:"使同

---

[1] 罗根泽认为《胠箧》、《骈拇》和《马蹄》这三篇为战国末年左派道家所作。(《诸子考索》,人民出版社1958年版,第284页)张恒寿《庄子新探》认为,这三篇"非庄子嫡系的作品",但"是自己创立议论",与《吕氏春秋》引证他书加以解说不同。(湖北人民出版社1983年版,第126、128页)问题是,"创立议论",正是庄子嫡系的作风,于此就难说"非庄子嫡系的作品"了。

[2] 王夫之以为该篇"非庄子之言"。(《庄子解》,中华书局2009年版,第151页)

乎若者正之,既与若同矣,恶能正之?使同乎我者正之,既同乎我矣,恶能正之?使异乎我与若者正之,既异乎我与若矣,恶能正之?使同乎我与若者正之,既同乎我与若矣,恶能正之?")

三言:"云将东游,过扶摇之枝而适遭鸿蒙。"

相对论:"物而不物,故能物物。明乎物物者之非物也,岂独治天下百姓而已哉!"

评议:该篇句式与内篇有相类之处,其相对主义哲学亦与内篇相当,其"云将东游"的寓言故事,乃庄子风格。但该篇"性命"双音节词运用了五次,且发挥老子"无为"、"绝圣弃智"思想,可知该篇出现于内篇之后的较晚时期。①

《天地》:

句式:"方且为物絯,方且四顾而物应,方且应众宜,方且与物化而未始有恒。"

"老聃曰:是胥易技系,劳形怵心者也。"(《应帝王》:"老聃曰:是于圣人也,胥易技系,劳形怵心者也。")

"藏金于山,藏珠于渊。"(《大宗师》:"夫藏舟于壑,藏山于泽,谓之固矣!……若夫藏天下于天下而不得所遁,是恒物之大情也。")

三言:"夫子曰:'夫道,覆载万物者也,洋洋乎大哉!君子不可以不刳心焉。'""黄帝游乎赤水之北,登乎昆仑之丘而南望。还归,遗其玄珠。""夫子问于老聃曰","子贡南游于楚"。

态度:"子非夫博学以拟圣,於于以盖众,独弦哀歌以卖名声于天下者乎?""至德之世,不尚贤,不使能,上如标枝,民如野鹿。"

相对论:"可不可,然不然";"忘乎物,忘乎天,其名为忘己。忘

---

① 王夫之认为,"此篇言有条理,意亦与内篇相近,而间杂老子之说,滞而不圆,犹未得乎象外之旨,亦非庄子之书也。"(《庄子解》,中华书局2009年版,第164页)

己之人,是之谓入于天。"

评议:该篇与内篇有相同的句式;重言及其寓言故事,皆为庄子所独有式;其相对论哲学思想亦与内篇一致。故此篇当属庄子所作。①

《天道》:

三言:"庄子曰:吾师乎,吾师乎!齑万物而不为戾;泽及万世而不为仁;长于上古而不为寿;覆载天地、刻雕众形而不为巧,此之谓天乐。"(《大宗师》:"吾师乎!吾师乎!齑万物而不为义,泽及万世而不为仁,长于上古而不为老,覆载天地、刻雕众形而不为巧。此所游已!")

评议:该篇有"庄子曰:吾师乎"一段文字似庄子之文,而这段文字与《大宗师》里的话如出一辙,可见是抄录了内篇之文;"若击鼓而求亡子焉",又与《天运》"若负建鼓而求亡子者邪"相同,疑该篇为后出之文;其他文字皆不与内篇相似,且文中"尊卑先后,天地之行也,故圣人取象焉",以及"形德"、"十二经"更非庄子之语,王夫之断定该篇为"汉人所造","且非善学庄子者之所拟作"。② 笔者以为王言甚是。

---

① 文中有曰:"通于一而万事毕,无心得而鬼神服。"曹础基《庄子浅注》:"《释文》说是老子作的,不知根据什么。这里所引的话见《西升经》,而《西升经》疑是伪书。"(中华书局1982年版,第162页)而《西升经》原文为:"故曰子能知一万事毕,无心德留而鬼神伏矣。"(见《道藏》第11册,第507页)笔者以为,或许是《西升经》借用了《庄子·天地》的话,经文中才会有"故曰"之说。

② 王夫之《庄子解》:"此篇之说,有与庄子之旨迥不相侔者,特因老子守静之言而演之,亦未尽合于老子;盖秦汉间学黄老之术,以干人主者之所作也。无为固老庄之所同尚,而庄子抑不滞于无为,故其言甫近而又远之,甫然而又否之,不示人以可践之迹。而此篇之说,滞于静而有成心之可师,故其辞卞急而烦委,以喉息鸣,而无天均之和。"(中华书局2009年版,第188页)"十二经,六经六纬。按纬书,汉人所造,则此篇非漆园之书明矣。"(同上书,第192页)

《天运》：

三言："商大宰荡问仁于庄子"；"帝张咸池之乐于洞庭之野"；"孔子行年五十有一而不闻道"；"孔子见老聃归，三日不谈"。

句式："以敬孝易，以爱孝难；以爱孝易，而忘亲难；忘亲易，使亲忘我难；使亲忘我易，兼忘天下难；兼忘天下易，使天下兼忘我难。"

立场："至仁无亲"；"三皇五帝之治天下，名曰治之，而乱莫甚焉"。

相对论："使道而可献，则人莫不献之于其君；使道而可进，则人莫不进之于其亲；使道而可以告人，则人莫不告其兄弟；使道而可以与人，则人莫不与其子孙。"

评议：该篇所出现的"三言"，皆有庄子式的发明之义，其中论音乐之美的文字，其意境之宏阔、辞藻之华美，为庄子式的独绝；该篇"难"字的叠用与递进，至于"兼忘我难"，当为庄子的句式；对于"道"的理解，更非好事者所能学。故该篇即便不是庄子所亲作，也当为弟子所记述。

《刻意》：

句式："故曰：圣人之生也天行，其死也物化。"（《齐物论》："不知周之梦为胡蝶与？胡蝶之梦为周与？周与胡蝶则必有分矣。此之谓物化。"《天地》："方且与物化而未始有恒。"《天道》："故曰：知天乐者，其生也天行，其死也物化。"）

评议：此篇有与内篇《齐物论》类似的句式和立场，但语言不似庄子内篇，如"仁义忠信"、"恭俭推让"、"朝廷之士"、"立大名"、"礼君臣"、"正上下"等皆非庄子习用语。句式中用"故曰"或引用庄子之语，与《天道》同。故而，此篇疑为庄子后学所作。

《缮性》：

立场："礼乐遍行，则天下乱矣。""文灭质，博溺心，然后民始惑乱，无以反其性情而复其初。"

评议：此篇有隐士的高尚之志，然而其文风不似内篇，疑为庄子后学所作。

《秋水》：

三言："井蛙不可以语于海者"；"公孙龙问于魏牟"；"庄子钓于濮水"；"惠子相梁，庄子往见之"；"庄子与惠子游于濠梁之上"。

句式："何为乎，何不为乎？夫固将自化"；"无以人灭天，无以故灭命，无以得殉名"。

立场："是故大人之行，不出乎害人，不多仁恩。"

相对论："然则吾大天地而小豪末，可乎"；"以道观之，物无贵贱；以物观之，自贵而相贱；以俗观之，贵贱不在己。以差观之，因其所大而大之，则万物莫不大；因其所小而小之，则万物莫不小。知天地之为稊米也，知（毫）〔豪〕末之为丘山也，则差数睹矣。"

评议：此篇的寓言故事皆为庄子的风格；其语言表达之妙趣与内篇相似，其相对论哲学之精思更是充实了《逍遥游》、《齐物论》和《大宗师》，但此篇文不连属，如非庄子亲作，至少可认定是弟子对庄子思想的记述。①

---

① 王夫之认为"此篇因《逍遥游》《齐物论》而衍之"。（《庄子解》，中华书局2009年版，第212页）罗根泽认为"为庄子一派的后学所作，毫无疑义"。（《诸子考索》，人民出版社1958年版，第293页）张恒寿表达了相同的看法，并说"到了《秋水》以下，便觉得内、外之分，有些模糊。大概这个感觉是比较普遍的"。（见《庄子新探》，湖北人民出版社1983年版，第180页）由此看来，方家对《秋水》以下的几篇有着相似的感觉，至于说既然内、外之分模糊，何以又肯定以下几篇都属于庄子派所作的呢？其实，方家在这个问题上是以一个先入为主的看法为前提，即外篇都非庄子的作品，所以，在分不清楚的情况下，只好说是根据内篇衍出来的作品，尽管非庄子作，却也还是可靠的。王叔岷则直认《秋水》为庄子的作品："如荀子《正论》篇云：'语曰坎井之蛙不可与语东海之乐。'此即引庄子外篇《秋水》之文也。荀子去庄子未远，则《秋水》虽在今本外篇而为庄子所作自可无疑。"（引自刘笑敢：《庄子哲学及其演变》，中国社会科学出版社1988年版，第30页）

《至乐》：

句式："今奚为奚据？奚避奚处？奚就奚去？奚乐奚恶？""今俗之所为与其所乐，吾又未知乐之果乐邪，果不乐邪？……吾未之乐也，亦未之不乐也。果有乐无有哉？""唯予与汝知而未尝死，未尝生也。若果养乎？予果欢乎？"

三言："庄子妻死，惠子吊之，庄子则方箕踞鼓盆而歌。""支离叔与滑介叔观于冥伯之丘，昆仑之虚，黄帝之所休。""庄子之楚，见空髑髅，髐然有形，……"

立场："故曰：至乐无乐，至誉无誉。"

相对论："咸池九韶之乐，张之洞庭之野，鸟闻之而飞，兽闻之而走，鱼闻之而下入，人卒闻之，相与还而观之。鱼处水而生，人处水而死。彼必相与异，其好恶故异也。"(《齐物论》："毛嫱丽姬，人之所美也；鱼见之深入，鸟见之高飞，麋鹿见之决骤，四者孰知天下之正色哉？自我观之，仁义之端，是非之涂，樊然殽乱，吾恶能知其辩！")

评议：此篇的寓言故事皆为庄子式的，不可复制；句式上，"奚"、"果"的反复叠用亦为内篇所习用；对于"乐"的辩论，也属《齐物论》相对论之特色。但此篇有老子"无为而无不为"的句式，疑此篇为后出之作，如非庄子所作，至少当为其弟子所记。①

《达生》：

句式："达生之情者，不务生之所无以为；达命之情者，不务知之所无奈何。""无入而藏，无出而阳，柴立其中央。三者若得，其名

---

① 罗根泽认为此篇"是老子一派的思想"，"而不是庄子派"。(《诸子考索》，人民出版社1958年版，第299、300页)但这个看法并没有足够的说服力，如果说在此篇能够找到一些与老子的关系的证据，那么同样能找到与庄子关系的更充分的证据。

必极。""数百步而出,被发行歌而游于塘下。"

三言:"痀偻者承蜩";"津人操舟若神";"桓公田于泽,管仲御,见鬼焉";"纪渻子为王养斗鸡";"孔子观于吕梁";"梓庆削木为鐻,鐻成,见者惊犹鬼神";"以己养养鸟"。

相对论:"忘足,屦之适也;忘要,带之适也;知忘是非,心之适也;不内变,不外从,事会之适也;始乎适而未尝不适者,忘适之适也。"

评议:寓言故事皆庄子风格,其想象之丰富、言语之夸张非他人能出其右;句式上的用韵、节奏皆为庄子的风格;其哲学相对论的表达与内篇相符;且篇前论理,篇后寓言连缀,似成整体。但文中有老子语"为而不恃,长而不宰",且"昔者海鸟止于鲁郊"之寓言故事与《至乐》篇类似,不知孰先孰后,或为同出乎?故不排除弟子记述的可能。①

《山木》:

句式:"人能虚己以游世,其孰能害之";"入兽不乱群,入鸟不乱行。鸟兽不恶,而况人乎"。

三言:"庄子行于山中,见大木,枝叶盛茂";"市南宜僚见鲁侯,鲁侯有忧色";"北宫奢为卫灵公赋敛以为钟,为坛乎郭门之外";"庄子衣大布而补之,正緳系履而过魏王";"庄周游于雕陵之樊,睹一异鹊自南方来者";"阳子之宋,宿于逆旅"。

相对论:"物物而不物于物,则胡可得而累邪。"(《大宗师》:"伟

---

① 王夫之说:"此篇于诸外篇中尤为深至,其于内篇《养生主》《大宗师》之说,独得其要归。……内篇之旨,于此反要而语极也。……虽杂引博喻,而语脉自相贯通,且其文词沈邃,足达微言;虽或不出于庄子之手,要得庄子之真者所述也。"《庄子解》,中华书局 2009 年版,第 228、229 页)

哉,夫造物者将以予为此拘拘也。"《在宥》:"有大物者,不可以物。物而不物,故能物物。")

评议:此篇的各寓言故事皆精粹,非庄子莫属;其句式、语言也属于庄子的风格;其相对论哲学与《大宗师》、《在宥》相辅翼。但开篇至末尾皆为寓言,似无主题统属,其中引重言"大成之人曰",有与《老子》"自伐者无功"相同之句,却又非《老子》的原文("自伐者无功,自矜者不长"),有可能为庄子弟子记述。①

《田子方》:

句式:"若夫人者,目击而道存矣,亦不可以容声矣!""夫子步亦步,夫子趋亦趋,夫子驰亦驰,夫子奔逸绝尘,而回瞠若乎后矣!""夫哀莫大于心死,而人死亦次之。""是射之射,非不射之射也。"

"且万化而未始有极也,夫孰足以患心!已为道者解乎此。"
"由是观之,则凡未始亡而楚未始存也。"

三言:"颜渊问于仲尼曰";"孔子见老聃,老聃新沐";"庄子见鲁哀公";"列御寇为伯昏无人射"。

相对论:"万物亦然,有待也而死,有待也而生。吾一受其成形,而不化以待尽。""虽忘乎故吾,吾有不忘者存。""且不知其在彼乎,其在我乎? 其在彼邪,亡乎我;在我邪,亡乎彼。方将踌躇,方将四顾,何暇至乎人贵人贱哉!"

评议:此篇的寓言故事为庄子式的,有庄子特有的"未始"句式与绝句,且文风与内篇似,相对论哲学的表述亦与内篇不异,其中

---

① 王夫之说此篇"引《人间世》之旨,而杂引以明之"。(《庄子解》,中华书局2009年版,第240页)罗根泽说此篇"处处都是推衍庄子之意,而较庄子益周密详明,所以不是庄子所作,也不是与庄子无关者所作,而是庄子弟子或其后学所作"。(《诸子考索》,中华书局1958年版,第296页)

"有待"的观念与《逍遥游》相同,当为庄子作品。①

《知北游》:

三言:"知北游于玄水之上";"啮缺问道乎被衣";"人生天地之间,若白驹之过郤,忽然而已";"东郭子问于庄子曰:所谓道,恶乎在?""于是泰清问乎无穷,曰:子知道乎?""冉求问于仲尼曰:未有天地可知邪?""颜渊问乎仲尼曰"。

句式:"臭腐复化为神奇,神奇复化为臭腐。""天地有大美而不言,四时有明法而不议,万物有成理而不说。""被衣大说,行歌而去之。"(《达生》:"被发行歌而游于塘下。")"不形之形,形之不行,……彼至则不论,论则不至。"(《德充符》:"是必才全而德不形者也。")"不以生生死,不以死死生。死生有待邪?皆有所一体。有先天地生者物邪?物物者非物,物出不得先物也,犹其有物也。犹其有物也,无已!"

相对论:"汝身非汝有也,汝何得有夫道!""物物者与物无际,而物有际者,所谓物际者也。不际之际,际之不际者也。""道不可闻,闻而非也;道不可见,见而非也;道不可言,言而非也!知形形之不形乎!道不当名。""无古无今,无始无终。未有子孙而有子孙可乎?"(《大宗师》:"夫若然者,又恶知死生先后之所在!")

评议:此篇寓言故事类似内篇,有奇绝之感;句式上有庄子叠用与"反衍"的风格(《大宗师》:"反复终始,不知端倪");在相对论

---

① 罗根泽认为此篇与《德充符》、《齐物论》之间有"相袭"关系,但其解释并不能说明《田子方》袭《德充符》、《齐物论》,还是相反。(《诸子考索》,人民出版社1958年版,第297页)有学者认为《田子方》与《说剑》"纯系杜撰或误记"(孙以楷、甄长松著《庄子通论》,东方出版社1995年版,第76页),因为文中所述"庄子见鲁哀公"与史实不合,庄子距离鲁哀公一百多年,他不可能见到鲁哀公。有一种看法,此篇中的这段话是后人错窜进去的。笔者以为当然不排除后来的人错窜的可能,但是,"寓言无实",如果庄子只是借此来说理,而非说史,那么他并不妨碍这么做,只要没有像《说剑》那样(庄子与当时尚未出生的赵文王说剑),就不当有问题。

哲学上,其思维方式,尤其对道的追问有似内篇《大宗师》,其"有待"观念与《逍遥游》相似。只是,文中有两段直接引述《老子》的话:"故曰:失道而后德,失德而后仁,失仁而后义,失义而后礼。""故曰:为道者日损,损之又损之,以至于无为。无为而无不为也。"故疑为庄子弟子所记述。①

杂篇部分:

《庚桑楚》:

句式:"古之人,其知有所至矣。恶乎至?有以为未始有物者,至矣,尽矣,弗可以加矣!"

三言:"老聃之役有庚桑楚者。"

态度:"大乱之本,必生于尧舜之间,其末存乎千世之后。""以无有为首,以生为体,以死为尻。""至义不物,至知不谋,至仁无亲,至信辟金。"

句式:"身若槁木之枝而心若死灰。""学者,学其所不能学也;行者,行其所不能行也;辩者,辩其所不能辩也;知止乎其所不能知,至矣。""移是,今之人也,是蜩与学鸠同于同也。""正则静,静则明,明则虚,虚则无为而无不为也。"(《齐物论》:"形固可使如槁木,而心固可使如死灰乎?""故知止其所不知,至矣。")

相对论:"里人有病,里人问之,病者能言其病,病者犹未病也。"②"有不能以有为有,必出乎无有,而无有一无有。圣人藏

---

① 王夫之说:"此篇衍自然之旨。……其说亦自《大宗师》来,与内篇相为发明,此则其显言之也。"(《庄子解》,中华书局 2009 年版,第 258 页)罗根泽认为此篇、连同《至乐》、《庚桑楚》都是老子派的作品。(见《诸子考索》,人民出版社 1958 年版,第 299—303 页)张恒寿认为此篇为庄子派作品,并相信《秋水》、《至乐》、《达生》、《山木》、《田子方》、《知北游》都是庄子派作品,且基本上都是《吕氏春秋》以前的作品。(见《庄子新探》,湖北人民出版社 1983 年版,第 217—224 页)

② 郭庆藩:《庄子集释》"校"言,郭象本于"能言其病"后有"然其病",日本高山寺本无"然其病"三字。

乎是。""出怒不怒,则怒出于不怒矣;出为无为,则为出于无为矣。"

评论:在语言表述上,有内篇之风格;相对主义及其思维方式与内篇相仿,其"出怒不怒"与庄子"言而未尝言"的风格相似。但也有《老子》之文句:"无为而无不为。"或为庄子弟子所记述。①

《徐无鬼》:

句式:"二十五弦皆动,未始异于声,而音之君已。""相拂以辞,相镇以声,而未始吾非也,则奚若矣?""其求唐子也而未始出域,……夜半于无人之时而与舟人斗,未始离于岑而足以造于怨也。""而河以为未始其撄也,恃源而往者也。"

三言:"徐无鬼因女商见魏武侯";黄帝"至于襄城之野"而"适遇牧马童子";庄子与惠子论"善射";"运斤成风";"管子有病"。

态度:"爱民,害民之始也";"为义偃兵,造兵之本";"君虽为仁义,几且伪哉"。

相对论:"我悲人之自丧者,吾又悲夫悲人者,吾又悲夫悲人之悲者,其后而日远矣!"

评议:该篇有庄子独有的"未始"句,且连用五次;其寓言故事皆类似庄子的独绝;其"悲夫悲人之悲者"的相对主义类推法,与

---

① 王夫之《庄子解》杂篇乃"博引而泛记之谓",认为"此篇之旨,笼罩极大,《齐物论》所谓'休之以天均'也"。又说"庄子之旨,于此篇而尽揭以示人"。(中华书局 2009 年版,第 270、271 页)罗根泽认为《庚桑楚》为老子派的后学所作,也受到庄子的影响,却不能说是"庄子一派的思想"。(《诸子考索》,人民出版社 1958 年版,第 302、303 页)不过,这个看法缺乏理据。张恒寿根据与内篇的关系,认为《庚桑楚》为《庄子》书中是较早的作品",只不过,由于该篇与《老子》的特殊关系,他认为《庚桑楚》不易辨识孰先孰后,"反而有好些老出于庄后的疑迹"。(《庄子新探》,湖北人民出版社 1983 年版,第 236 页)

《齐物论》的反衍方法同。故该篇当为庄子所作。①

《则阳》：

句式："夫圣人未始有天，未始有人，未始有始，未始有物，与世偕行而不替"；"子乎，子乎！天下有大灾，子独先离之"；"已乎，已乎！且无所逃。此所谓然与然乎"。

三言："则阳游于楚"；"有国于蜗之左角者"；"孔子之楚，舍于蚁丘之浆"；"柏矩学于老聃"；"蘧伯玉行年六十而六十化"；"灵公有妻三人，同滥而浴"；"少知问于大公调"。

相对论："生而美者，人与之鉴，不告则不知其美于人也"；"未尝不始于是之，而卒诎之以非也，未知今之所谓是之非五十九非也"；"道，物之极，言默不足以载"。

评议：该篇有庄子独有的"未始"句式，其"已乎"句为内篇所习用（如《齐物论》："已乎，已乎！且暮得此，其所由以生乎！"《人间世》："已乎，已乎！临人以德。殆乎，殆乎！画地而趋。"）；其寓言故事有独绝之处，且相对主义哲学意味甚浓，非庄子不能为。②

---

① 罗根泽说："很疑心是道家的后学，杂采道家的零碎言论与故事而成？"（《诸子考索》，人民出版社1958年版，第305页）罗氏的理由是此篇"零碎"而无条贯，无中心思想。这与王夫之认为的"杂篇唯《庚桑楚》、《徐无鬼》、《寓言》、《天下》四篇为条贯之言"正相反。张恒寿认为此篇"有许多珍贵的史料和深妙的理论，同内篇中《逍遥游》、《齐物论》等篇的价值，相差不远"。（《庄子新探》，湖北人民出版社1983年版，第245页）其实详品内篇便清楚，王、罗二位所追求的条贯并不存在，内篇中除了《逍遥游》、《大宗师》的开篇有庄子正面论述，其他各篇都是从寓言故事开始的，即便《齐物论》也不例外，而且中间也并不都连贯，如《应帝王》中前面讲"应帝王"，后面列子、壶子与季咸的对话内容，皆与前面内容无涉，这可能是庄子的一种表达方式，他并没有着意寻求"条贯"。以后来人所意欲的完整性来权量《庄子》各篇，显然不适合，而应该在思想境界、语言艺术、个性风格等方面来权量才是适当的。

② 王夫之认为此篇"理则可通而文义不相属"，"要其于内篇之指，皆有所合，非《骈拇》诸篇之比也"。（《庄子解》，中华书局2009年版，第300页）陆西星《南华真经副墨》："此篇多有精到之语，却与内篇何异？"（中华书局2010年版，第382页）罗根泽认为此篇为"老庄混合派所作"，"既有的同于老子，有的同于庄子，当然是兼宗两家者所作"。（《诸子考索》，人民出版社1958年版，第307页）张恒寿认为此篇为庄子派所作，并认为此篇所说的"道"不同于老子所说的"道"。（《庄子新探》，湖北人民出版社1983年版，第257、265页）

《外物》：

句式："任公子为大钩巨缁，……已而大鱼食之，牵巨钩，錎没而下，骛扬而奋鬐，白波若山，海水震荡，……已而后世辁才讽说之徒，皆惊而相告也。"（《齐物论》："因是已，已而不知其然谓之道。"《养生主》："以有涯随无涯，殆已；已而为知者，殆而已矣。"）

三言："庄子家贫"；"儒以诗礼发冢"；"宋元君夜半而梦人被发窥阿门"；"去小知而大知明，去善而自善矣"；"惠子谓庄子曰：子言无用。……庄子曰：然则无用之为用也亦明矣"；"得鱼而忘筌"。

态度：戏谑口气与自嘲；人有能游，且得不游乎？不如两忘而闭其所誉；得鱼忘筌。

相对论：无用之用。

评议：该篇有庄子独有的"已而"句式；有庄子的相对论"无用之用"的哲学观点；有与《逍遥游》类似的游世观点；其寓言故事与内篇相类。此篇当为庄子所作。①

《寓言》：

句式："同于己为是之，异于己为非之。""言无言：终身言，未尝言；终身不言，未尝不言。""恶乎然？然于然；恶乎不然？不然于不然。恶乎可？可于可；恶乎不可？不可于不可。物固有所然，

---

① 罗根泽认为此篇乃西汉道家所作。(《诸子考索》，人民出版社 1958 年版，第 305 页)张恒寿认为篇首"外物不可必"一段文字与《吕氏春秋·必己》内容、文字相当，他不同意高亨《吕览》抄袭《庄子·外物》的看法，而认为后者抄袭了前者，故此篇出于刘安门客之手；而其余部分则又与《寓言》、《列御寇》等篇相类。张恒寿还举证，开篇有"人主莫不欲其臣之忠"句，"'人主'一词在《孟子》书中还未出现，到了《荀子》、《吕氏春秋》、《韩非子》等书中才成为习用之词"。(《庄子新探》，湖北人民出版社 1983 年版，第 268 页)的确，内篇中没有"人主"一词，在《徐无鬼》、《列御寇》中有"万乘之主"的称谓，而在《墨子·辞过》等篇中有"人君"的说法，如"冬则冻冰，夏则释燸，人君为饮食如此，故左右象之。……人君为舟车如此，故左右象之"。未知庄子果言"人主"否？笔者以为，即使篇前一段有疑之处，也当不改变整篇的属性。

物固有所可。无物不然,无物不可。""已乎,已乎!吾且不得及彼乎!"

三言:"孔子行年六十而六十化,始时所是,卒而非之。未知今之所谓是之非五十九非也。"

相对论:"与己同则应,不与己同则反;同于己为是之,异于己为非之。"

评议:方家皆以该篇为《庄子》一书的"序例",其行文风格、表述之精纯,及其句式、思想内容都与内篇不异。①

《让王》:

句式:"宪闻之,无财谓之贫,学而不能行谓之病。今宪贫也,非病也";"养志者忘形,养形者忘利,致道者忘心矣"。

三言:"尧以天下让许由";"子华子见昭僖侯";"楚昭王失国,屠羊说走而从于昭王";"孔子谓颜回曰:回,来!家贫居卑,胡不仕乎"。

态度:"夫天下至重也,而不以害其生,又况他物乎!唯无以天下为者可以托天下也";"道之真以治身,其绪余以为国家";"知足者,不以利自累也";"古之得道者,穷亦乐,通亦乐,所乐非穷通也"。

评议:此篇为郭象所不注,王夫之因此认为是"赝编"。② 其"三言"中屠羊说一例合于庄子。其态度与庄子一贯的态度无别,主张修养身心为先,治理国家为后,对儒家虽有调谐,却对儒家"穷

---

① 王夫之说:"此篇与《天下篇》乃全书之序例。古人文字,序例即列篇中;汉人犹然,至唐乃成书外别为一序于卷首,失详说乃反约之精意。"(《庄子解》,中华书局 2009 年版,第 320 页)

② 王夫之:《庄子解》,中华书局 2009 年版,第 326 页。

通之乐"也还是充满敬意。句式上,此篇"贫"、"病"之说与外篇《山木》同工异曲(《山木》:"贫也,非惫也。士有道德不能行,惫也;衣弊履穿,贫也,非惫也,此所谓非遭时也。")。

《盗跖》:

句式:"吾独不自知邪? 且吾闻之,好面誉人者,亦好背而毁之。"(《齐物论》:"自彼则不见,自知则知之。"《老子》三十三章:"知人者智,自知者明。")

三言:孔子欲见盗跖;无病而自灸;子张问于满苟得;无足问于知和。

态度:"盗莫大于子,天下何故不谓子为盗丘,而乃谓我为盗跖?"自然主义的主张,誉"有巢氏之民"、"知生之民",诽文武之道;主张全生全真知生养;"势为天子,未必贵也;穷为匹夫,未必贱也";"不以美害生","不以事害己"。

评议:此篇因郭象不曾解注,王夫之以为"赝编"。① 又因对孔子大不敬,与前此各篇对孔子的态度迥异,方家多以为非庄子之作。然盗跖之言,非庄子之言,盗跖之诅,非庄子之诅,如同被坏人骂了,就真的被折辱了么! 从文中的句式及其超越态度看,即使非庄子所作,亦当为庄派后学所为。

《说剑》:

评议:此篇明显与历史次序不合,郭象不为之作注,方家皆以为非庄子所作。

《渔父》:

评议:此篇亦为郭象所不注,王夫之以为是"赝编"。② 句式上

---

① 王夫之:《庄子解》,中华书局 2009 年版,第 332 页。
② 同上书,第 340 页。

找不到与内篇相似之处。只不过，其中"休影息迹"的寓言故事当属庄子的思想。

《列御寇》：

句式："遁天之刑。"(《养生主》："古者谓之遁天之刑")"圣人安其所安，不安其所不安；众人安其所不安，不安其所安。"(《德充符》："人不忘其所忘而忘其所不忘，此谓诚忘。")

三言："秦王有病召医"；"骊龙之珠"；"庄子将死，弟子欲厚葬之"。

相对论："以不平平，其平也不平；以不徵徵，其徵也不徵。"

态度：仲尼"方且饰羽而画，从事华辞"。

评议：三个寓言故事为庄子特色；句式上与《养生主》和《德充符》类似；其"以不平平"句，与《齐物论》相似。故此篇虽不一定为庄子本人所作，至少是学生的记述之作。①

《天下》：

评议：此篇在《庄子》书中的地位特殊，"其浩博贯综，而微言深至"，②论家多相信非庄子不能作。在学术史上，该篇的学术地位甚重，故而该篇与内篇的关系，兹不赘述。

---

① 王夫之以为此篇"《庄子》之绪言也。所引虽驳杂，有精粗之异，而要可相通。唯人心险于山川一段，往往杂见他书，盖申韩之流，苛察纤诡之说，既非夫子之言，抑与庄子照之于天之旨相抵牾，编录者不审不察而附缀之耳"。(《庄子解》，中华书局2009年版，第344页)张恒寿虽然认为此篇为"庄子后学的杂集"，却认为从所用的名物、词语方面看，有先秦色彩。"如'吾尝食于十饔(司马云，读浆)而先五饔先馈'句中的'饔'，作为售饔家的称谓，和《则阳》篇记'孔子之楚，舍于蚁丘之饔'的记述相同，在他书里比较少见。又如'敦杖蹙之乎颐'句中'敦'字，(司马云：敦竖也，)'先生既来，曾不发药乎？'句中的'药'字用法，都不是秦、汉时用语。"(《庄子新探》，湖北人民出版社1983年版，第282、283页)

② 王夫之：《庄子解》，中华书局2009年版，第351页。

鉴于以上分析,这里列出外、杂篇的三类情形:

第一类为庄子的作品:

外篇:天地、田子方

杂篇:徐无鬼、则阳、外物、寓言、天下

第二类为庄子弟子所述:

外篇:在宥、天运、秋水、至乐、达生、山木、知北游

杂篇:庚桑楚、列御寇

第三类为庄子后学的作品:

外篇:骈拇、马蹄、胠箧、刻意、缮性

杂篇:盗跖、让王、渔父

第四类为具有道家或杂家思想倾向的作品:

外篇:天道

杂篇:说剑

第一、二类作品是可以信赖的。第二类作品,不能肯定为庄子亲作,却可以肯定是其思想及活动的真实记述,只是在表达的时候,或许借助了如《老子》的思想及当时流行的双音节词语,如道德、性命、精神等。第三类作品中有一部分体现庄子的思想,使用时应当加以甄别。第四类作品与庄子思想差别较大,只是借助庄子之名,使用时须谨慎。

六　庄子与老子

庄子与老子的关系,在历史上本来没有悬念,"庄子之学不出于老子"是诸家都认同的看法,但是这个看法在现代疑古思潮的影响下产生了动摇。如顾颉刚在《论诗经经历及老子与道家书》一文中

说道:

> 老子决当如梁任公先生说,是战国末年的书。……至于"道家"二字,我好久疑惑,觉得这个名词起于汉代,非战国所有。……汉代所谓"道家",都是要把自己的心意越出于现实世界之外的;这种人贵于优游自得,决不能聚徒成党,与儒墨分席。所以我做这一篇,要证明的,是老子非孔子之师,道家非战国所立(老子也决不在庄子之前)。①

又有钱穆《庄老通辨》一书对庄老关系作了诸多的论证,他讲道:

> 则庄周言道,实为孔老中间之过渡。②
> 老子思想,则适为庄周书与《易》《庸》之过渡。③

然而,庄子与老子之间的关系越搅越浑。近人孙以楷则认为,《战国策·齐策》中有"颜斶曰:'老子曰:虽贵必以贱为本,虽高必以下为基,是以侯王称孤寡不榖'",《战国策·魏策》中有"老子曰:圣人不积,尽以为人己愈有,既以与人己愈多",这两句分别见于《老子》三十九章和八十一章。颜斶当齐宣王时(公元前342—323),由此认定在孟庄时代,《老子》已经成书,"同时也排除了庄周伪造《老子》书的可能性"。④ 这个看法不错,不过,《战国策》或为

---

① 《古史辨》,上海古籍出版社1981年版,第56、57页。
② 钱穆:《庄老通辨》,生活·读书·新知三联书店2002年版,第24页。
③ 同上书,第94页。
④ 孙以楷:《庄子通论》,东方出版社1995年版,第69页。

汉代刘向所作，那么在老庄之后者所作书的可靠性本身是需要论证的，如是，建立在此基础上的看法就难以服人了。

最有效的立论还是依据考古学所确定的事实。郭店竹简的发现，使得自梁启超以来所有老子出于庄子之后的观点不攻自破。既然竹简的年代可以确定在战国中后期，那么对庄子在老子之前的争论就显得没有意义了。第一，竹简既有三种抄写本，表明老子在当时已是流行的学说；第二，竹简中既无孟子言论，也无庄子言论，表明老子学说在他们之前。

虽然如此，考究《庄子》书中的老子言，或许能够说明某些问题。从老子言在内、外、杂的关系来看，其区别也颇有意趣。内篇中，所引老子皆不直接引文，而用意引，内篇中所说"老聃曰"，皆为寓言故事，并没有从《老子》书中引文。"无为"一词数次称引，但不言"老聃曰"，如：

彷徨乎无为其侧，逍遥乎寝卧其下。(《逍遥游》)

夫道有情有性，无为无形，可传而不可受，可得而不可见。(《大宗师》)

这是发挥老子"道常无为而无不为"(《老子》三十七章)，"其中有精，其精甚真，其中有信"(《老子》二十一章)等观念。

《应帝王》中用了"老聃曰"，不过，这也只是在寓言故事里的阳子居与老聃的问对中，且也不直接引用《老子》的原文：

阳子居蹴然曰："敢问明王之治。"老聃曰："明王之治：功盖天下而似不自己，化贷万物而民弗恃。有莫举名，使物自喜。立乎不测，而游于无有者也。"

这是发挥老子"功成而弗居","生而不有,为而不恃,长而不宰",以及"善贷且成"的观念。在我们所认定的庄子所作的《天地》中,也有意引老子思想的地方:

> 故曰:玄古之君天下,无为也,……故曰:古之畜天下者,无欲而天下足,无为而万物化,渊静而百姓定。

这是引重《老子》五十七章"故圣人云:我无为而民自化,我好静而民自正,我无事而民自富,我无欲而民自朴"的思想,但也不直接引原文。在《秋水》中,也出现了类似情形:

> 闻曰:道人不闻,至德不得,大人无己。

这是发挥《老子》三十八章"上德不德,是以有德"的思想。

但是在外、杂篇中直接引用《老子》原文的情形就多了。如《在宥》:

> 绝圣弃知,而天下大治。

《胠箧》:

> 故曰:鱼不可脱于渊,国之利器不可以示人。……故曰:大巧若拙。……故曰:绝圣弃知,而天下大治。

然而,这种情形也出现在《寓言》和《天下》中,《寓言》:

> 老子曰:"而睢睢盱盱,而谁与居!大白若辱,盛德若不足。"

《老子》四十一章:"大白若辱,广德若不足。"中间仅有"盛"与"广"字之别。

《天下》:

> 老聃曰:"知其雄,守其雌,为天下豁;知其白,守其辱,为天下谷。"

这段引文在《老子》二十八章中,前一段引文与王弼本、河上公本、傅奕本和马王堆帛书同,后一段引文与王、河、傅本不同,但与马王堆帛书本甲本相同。①

如此说来,我们面临一个困境,一方面我们认定了《寓言》、《天下》为庄子所作,另一方面我们看到了外、杂篇中引述《老子》文的情形。对此,我以为,内容和文风的一致性远大于文字的差别性,对此种情形的合理解释应当是:《寓言》与《天下》二篇较内篇写作晚一些,书的"序例"或"序言"总是在书写完了之后才动手写的。或许在庄子的早期,《老子》的思想尚且没有后来影响大,或许还在私下里传播,而到了庄子的后期,《老子》的各种书写本流行起来了,庄子在称引的时候也不避讳直接引述了。但有一点,无论庄子用什么口吻引《老子》,如"故曰"、"闻曰"、"老子曰"、"老聃曰",都是庄子的引重之言,也即"重言为真",庄子与老子的思想承传关系毋庸置疑。

---

① 王弼本、河上公本、傅奕本皆为"知其荣,守其辱,为天下谷"。马王堆帛书乙本"谷"字前多了一个"恒"字。

第二章 道的问题

一 道为何物

道家之为道家,道教之为道教,全由这个"道"字而来。后来儒家将自己的学统称为道学,佛教做法事称道场,甚至基督教传教称布道。"道"的本义其实简单不过,就是道路,《说文》:"所行道也,从辵从首,一达谓之道。"可是这个"道"字进入哲学、宗教领域之后,其意思变得晦暗难解了。那么这个"道"究竟为何物,它可以论说吗?这个开门见山的问题在一开始就难以回答,却又不能不回答,因为它是最基础的问题,全部老子与庄子的哲学都建立在这个基础之上。

(一)道可不可以言说

这个问题的答案在《老子》那里是否定的。《老子》说"吾不知其名,字之曰道"。又说"道可道,非常道。名可名,非常名"。老子的意思不是它没有名,所以给它起了一个名,而是它没有名,也不好用什么命名它,只好勉为其难地给它一个号——道。可是当你试图用这个名字来说它的时候,就有问题了,你能够说出来的就已经不是那恒常的道了,你能够称呼的也不是恒常的名了,这恒常的道、恒常的名恰恰是不能够拿出来说的。那么给它一个号又有什么意义？在老子那里其意思也十分明了：如果不给它一个名号，人们甚至不知道他在说什么，给一个名号，便于人们了解他在说什么；与此同时被提示的是，你却不要以为说的就是名号这个东西，那名号其实离它很远。这有点像是"形式指引"，①是一种"遥指"，甚至也不相当于"能近取譬"。这里表达的意义仅仅是让人知道所言及的对象。②

庄子在《齐物论》中这样说：

> 夫大道不称，大辩不言，大仁不仁，大廉不嗛，大勇不忮。道昭而不道，言辩而不及，仁常而不成，廉清而不信，勇忮而不成。……孰知不言之辩，不道之道？

"不称"意谓不可言称，也即不可名称；③"辩"谓分辨。④ 庄子的意思是说：真正的道是不可以名来称谓的，真正的分辨也是不可以言说的，那么谁能够知道不用言说的分辨，谁可以知道毋需名称的道？语言有其局限性，使其不足以表达道这样的对象。当庄子说

---

① 这里仅仅是借用海德格尔"形式指引"的说法，不意味着对等他的那个意思。
② 英国汉学家格瑞汉（Angus C. Graham）在他的《论道者》（DISPUTERS OF THE TAO）中对老子的话这样评论道："《老子》似乎只是在坦率地告诉我们，不能用语言表达的'道'是万物的本源，惟有祛除私心杂念才能发现它。然而，这并不完全是《老子》所要说的。《老子》这句话的意思是：言语的问题并非在于根本不适合，而是它们总不是完全适合；只有每个不恰当的表达都被往其他方向偏离的对立面所平衡，这才能帮助我们接近于'道'。正所谓'正言若反'。"（中国社会科学出版社2003年版，第255页）
③ 宣颖曰："无可名。"（见钱穆：《庄子纂笺》，台湾东大图书股份有限公司2006年版，第18页）
④ 前文"分也者，有不分也；辩也者，有不辩也"，郭象注为"分别"："夫物物自分，事事自别。而欲由己以分别之者，不见彼之自别也。"成玄英疏为："分辩"："分辩于事物者也！"（见郭庆藩：《庄子集释》，第86页）

"言辩而不及"的时候，就表明了语言本身的局限性，语言非但不能表达道，即便对待一般性的事物，它也是不足的，分辨的越是显明，就越有所不达。然而，庄子却还是借用了语言，用它来表达对于道的认定。这个认定是如此的特殊，它不说道是什么，而是说它不是什么，即凡是能够说出来的都不是道，只有那不能够说出来的，才是道。也就是一种不断地否定，说它不是这个，也不是那个，也不是那个的那个，到了无可否定的时候，就是它了。语言的问题始终都是庄子所要纠结的问题，这里我们暂不去讨论它，而把问题集中到对于道为何物的讨论上。通过庄子的表达，我们可以明了：道是一个否定性的存在，一个通过不断地否定而得到肯定的存在。否定只是为了表达一个肯定。否定在乎语言，而肯定在乎态度。在《知北游》和《徐无鬼》里面，有类似的表述：

> 视之无形，听之无声，于人之论者，谓之冥冥，所以论道而非道也。……道不可闻，闻而非也；道不可见，见而非也；道不可言，言而非也。知形形之不形乎！道不当名。（《知北游》）
>
> 彼之谓不道之道，此之谓不言之辩，故德总乎道之所一，……（《徐无鬼》）

无形、无声、无闻是从感受性上给予了否定；冥冥是从论域上，亦即理智上给予否定。只要人们论及道，所论之道就不是那个原本意义上的道了。"不当名"，是相对于道来说的，即名有所不胜任。

《则阳》中有一段大公调与少知的对话，大公调说：

> 万物殊理，道不私，故无名。无名故无为，无为而无不

为。……道不可有,有不可无。道之为名,所假而行。或使莫为,在物一曲,夫胡为于大方?言而足,则终日言而尽道;言而不足,则终日言而尽物。道物之极,言默不足以载。非言非默,议有所极。

"万物殊理"句,是说万物各有一个"理",理一旦落实到具体或个体的时候,它就不是一个普遍流行的理了,而落入具体或个体的理就是有"私"的。"私"这个词本身就有具体与个体的意义,"公"才是普遍流行的,因为它不落入具体与个体。在这个意义上,"有名"也就意味着有私,因为任何的名都会落实到某个或某类的事物上去,而个体或族类说到底都是私,无论你以什么样的名称谓,都必定有与这个名相对应的对象,对象又总是具体的,也即名总是有所名的,否则,名便没有任何实际意义。"道"是无私的,所以它"无名"。道不具有个体性,不具有私我性,甚至不能够以任何的"名"来称谓它,所以,它是公。两个"故"的叠用,表达了两次递进关系。不私故无名,已如上述。何以无名故无为呢?这要从后面的话中得到理解。无为是任万物之自为,万物的自为合乎事物本来的目的性,也就是利于万物本身的,既然如此,那看起来是无为的"无名",其实也就是"无不为"了。有为就有名,因为任何的"为"都有一个行为的担当者;而无为却没有一个行为的担当者,故无名才可以无为,一旦有名,那么就是有为了。①

"道不可有,有不可无"句,各家解释多不相同。郭象从"有自

---

① 郭象解释为"名止于实,故无为;实各自为,故无不为"。成玄英解释为"功归于物,故为无为,不执此(无)[为]而无不为"。(郭庆藩:《庄子集释》,第911页)笔者以为两者的解释都未尽庄子之意。

有"的独化观,认为这是"道故不能使有,而有者常自然也";成玄英从重玄观看待,认为"至道不绝,非有非无,故执有执无,二俱不可也"。① 林希逸认为:"不能离物,则是有也。谓之道可有乎?故曰'道不可有'。既曰有,则所谓有者何?可得而无之,言离不去也,故曰'有不可无'。"② 严复解释为:"道不可有,又不可无,故化。固不以为莫为,又不可以为或使。"③ 诸家所解,除了郭象之外,都认为道既不能从有的方面,也不能从无的方面去理解。不过,林希逸的解释更有合理性,他是说道不是悬空的,所以不能离开物去谈论它,所以是"有",可"有"并不是具体的有(物),所以要说个"无"字,有无之间,方为妙谈。

"道之为名,所假而行"句,乃是该段对话的落脚处。既然"道不当名","道"不私无名,有名就落入有限的局促,为何还是要有道之名呢?这个名其实只是勉强贴在其身上的号而已,并不代表它本身,所以才说它要借助于"道"这个名号,反言之,"道"只是它的假借。如果没有了这个假借,它就不方便流行大化。"行"是流行,也是其要贯彻的意志。

"或使莫为"句,"或使"局于实、"莫为"流为虚,④实与虚都还是局限于物,所谓"与物终始","胡为于大方"。

"言而足"句,则是对言论的局限发表的看法。假使言论足以

---

① 郭、成之解俱见郭庆藩:《庄子集释》,第 919 页。
② 林希逸:《南华真经口义》,云南人民出版社 2002 年版,第 389 页。
③ 见钱穆:《庄子纂笺》,台湾东大图书公司 2006 年版,第 225 页。
④ 前文有曰:"少知曰:'季真之莫为,接子之或使,二家之议,孰正于其情,孰偏于其理?'""大公调曰:'或之使,莫之为,未免于物而终以为过。或使则实,莫为则虚。有名有实,是物之居;无名无实,在物之虚。'"以大公调的看法,"或使"落入实、"莫为"流为虚,实与虚都未免陷于物,有名有实,在于占据空间,无名无实虽不占据空间,却还是在物的限定下的虚,所以是"物之虚",那个虚不是通透的和无限量的。

论及所欲论及的对象,那么可以通过不停地言说而臻于道;如果言论不足以论及所欲论及的对象,那么即便一天到晚说个不停,也只能是絮絮叨叨地说些具体的事物而已。无论是道,还是物,其极致之处都不是言或者不言(默)所能够承载的;倒是既不是言,又不是默,此种语境才可能达于所欲表达的境界。如此的方式,类似于《山木》中"竖子杀雁"的故事,在"其一能鸣"与"其一不能鸣"、"材与不材"两边,都不足以逃生的情形下,庄子选择了两者之间,既不是"能鸣"和"材",也不是"不能鸣"和"不材"。在陷入两难困境的时候,不是考虑选择这个,也不是考虑选择那个,而是选择在两难之外。

我们既已认定《则阳》为庄子所作,那么这篇对话所表达的当是庄子真切的观点。其中"少知"与"大公调"这二人都属虚设的人物,具有象征与隐喻之义,"少知"意谓无知、少知的人;"大公调"意谓公正又善于调顺事物的人,又是庄子欲以借重的人,他的话可谓"至重之言"。①

(二) 道是一个未分的浑沌

当庄子把道视为一个否定性的存在的时候,是从语言称谓考虑的,语言的否定并不意味不存在,只是这个存在非语言能够解释,用否定的方式,一是避免人们陷于语言的陷阱,二是对于道来说,也只能以否弃语言而又不得不用语言的方式,逐渐地迫近这个对象。但是,道不是无,不是绝对的虚空,而是实在。在《应帝王》

---

① 成玄英《庄子疏》为:"智照狭劣,谓之少知。太,大也。公,正也。道德广大,公正无私,复能调顺群物,故谓之大公调。假设二人,以论道理。"(郭庆藩:《庄子集释》,第909页)

中有这一段寓言故事:

> 南海之帝为儵,北海之帝为忽,中央之帝为浑沌。儵与忽时相与遇于浑沌之地,浑沌待之甚善。儵与忽谋报浑沌之德,曰:"人皆有七窍以视听食息,此独无有,尝试凿之。"日凿一窍,七日而浑沌死。

这段故事具有最为深刻的隐喻。① 唯其如此,从来解释它的隐喻之义的各各不同。② 大致可分为几类:成玄英认为浑沌只是一个"非无非有":"南海是显明之方,故以儵为有。北是幽暗之域,故以忽为无。中央既非北非南,故以浑沌为非无非有者也。"③李颐认为浑沌为清浊未分的自然:"清浊未分也。此喻自然。"简文认为浑沌表示的是一种合和的状态:"儵忽取神速为名,浑沌以合和为貌。神速譬有为,合和譬无为。"④林希逸认为它是元气:"堕肢体,黜聪明,则为浑沌矣。……浑沌即元气也。"⑤王夫之则认为它是"一真大宗":"知与不知,皆出于一真之大宗,而还以戕贼其宗。"⑥综合起来看,这则寓言故事极具可解释性,故而各家的解释都有其合理性,不便一以其意。然而,各自的出发点不同,又各自具有隐喻,所以,解释者本身也需要解释。成玄英仍旧是从有无双遣的重玄观

---

① 浑沌,又称为混沌,《山海经·西山经》郭注引浑沌作混沌,浑与混同。(引自王叔岷:《庄子校诠》上,中华书局2007年版,第302页)
② 庞朴《黄帝与混沌》一文认为:"对于混沌,人们有权充分发挥想象力,把它想象成自己所想象的任何事实。无论从宇宙生成来说,还是从哲学的架构来说,混沌都是真正的出发点。"(见庞朴:《一分为三》,海天出版社1995年版,第27页)
③ 成玄英:《庄子疏》,见郭庆藩:《庄子集释》,第309页。
④ 同上书,第310页。
⑤ 林希逸:《南华真经口义》,云南人民出版社2002年版,第129页。
⑥ 王夫之:《庄子解》,中华书局2009年版,第149页。

点来看待,其非有、非无之上的,为"玄","玄之又玄,众妙之门"。那个玄只是道的别名而已。李颐所说的"自然",也无非从过程和作用及状态方面来说,能够使万事万物自然而然发生的,只能是道,只是在原初状态上谓之自然,所谓"道法自然"。简文从纯状态去理解,儵忽作为"神速"的"有为",浑沌成为一种"合和"的"无为"。林希逸完全从修道实践来理解,把浑沌看作为未分阴阳的元气。王夫之则直指"一真大宗",即道本身。诸子之中,我取王夫之之义,直认"浑沌"为道。

浑沌首先是一个未分的物。① 庄子以南海、北海、中央三帝为喻,虽则只是象征意义,但它们都被赋予了实体与实在之义,且是一种人格化的实体与实在。这也是庄子特有的表现手法,在《庄子》书里,许多的动物、植物,乃至风、云、影子都被人格化,富有情性,这种随意与夸张当中其实隐藏了严肃的哲学含义。这未分的物,未有食听视息的感官,自然也无智识明觉的分辨,这是就他本身的情形而言;但他待人待物厚道笃诚,他接洽万物而不计其功,这是就他的德而言。庄子从南海、北海二帝对浑沌的感念态度中折射出其普济万类的大恩德,然而虽有如此的大恩德,他却没有常人所拥有的东西,这不合常人的情理,似乎也不公平。于是,南海、北海二帝试图依照人的形状给他凿出七窍,没想到的是,当七窍凿完时,浑沌却死了。杀死浑沌的不是别人,正是感恩的南海、北海二帝。为什么这二帝要杀死浑沌? 只因为他们二位依照常理去揣度浑沌,以为有食听视息的感官、智识明觉的分辨才是好,报恩之心愈切,其戕害愈深,以至于亲手杀死了浑沌。

从浑沌之象看上去,他(它)乃是没有窍穴的浑厚之物,庄子欲

---

① 《经典释文》引崔譔注云:"浑沌,无孔窍也。"

以表示他的无分别、无界定,这与《齐物论》里说的话相类似:

> 夫道未始有封,言未始有常,为是而有其畛也。请言其畛:有左有右,有伦有义,有分有辩,有竞有争,此之谓八德。

"封",郭象、成玄英理解为"封域",也即界限;而把"畛"理解为"分域"、"界畔",如成玄英所说"道无不在,所在皆无,荡然无际,有何封域也"。① 又如郭象所说"道无封,故万物得恣其分域"。② 这是从道之大来说的。然而,仅从道之大来理解是不够准确的。从庄子所表述的过程来说,是从无封域、无界畔说到有封域、有界畔,从无分别说到有分别,所以,不仅道大,道也是无分别的。"封"不仅向外无外,向内也是无内的,它是一个整体无差别的物。所有的差别都是从这无差别的物中生出来的。浑沌无食听视息的象征意义也在于此。再看《齐物论》的另一段话:

> 古之人其知有所至矣。恶乎至?有以为未始有物者,至矣,尽矣,不可以加矣。其次有以为有物矣,而未始有封也。其次以为有封焉,而未始有是非也。是非之彰也,道之所以亏也。

这里的"封",其差别、界际、区分的意味甚明,那个"物"指的正是浑沌之物,所有的差别、界际、区分,乃至是非都是从浑沌之物中分离出来的,分离的结果就是差别、界际、区分,以及是非越是分

---

① 成玄英:《庄子疏》,引自郭庆藩:《庄子集释》,第83页。
② 郭象:《庄子注》,引自郭庆藩:《庄子集释》,第84页。

明,道就越是亏损。这与"日凿一窍,七日而浑沌死"之喻完全吻合。只不过,庄子在这里是从认知的角度来说的,能看到这个道理的人可以称为"知有所至矣"。而王夫之《庄子解》对这个"封"字的理解也同于此:"有封者,物自物,我自我;……自有适有,而各据为心之所得,见为德而守为常以立其封,发若机括,而留如诅盟,皆八德之为也,道未始有之也"。①

再看《老子》里面对道的描述。《老子》说:"有物混成,先天地生,寂兮寥兮,独立而不改,周行而不殆,吾不知其名,字之曰道,强为之名,曰大。"我们已经说明,"混"与"浑"同。"混成"是就其原始状态而言的,也就是无分别、无界际,混成也可称为浑沌。只不过,老子的"混成"似乎含有道又具有自我完成的过程,但后面的话则实际上否定了这种蕴含,因为它"先天地生,寂兮寥兮",不仅在时间关系上超出了人们能够说的范围,也在状态上表明了它的深玄与不可测度。如此,这个"成"就只是个合理的猜测而已,既然任何事物都有起因、结果,道何以不是如此呢?

(三) 道是一个使物成为物的造物者

当庄子隐喻道是一个浑沌的时候,实际上意味着他把它当作一个"物",一个既有的存在者,对于任何现有的存在之物来说,它都是一个他者,是任何存在之物所不能范围和规约的,而且这个他者与现成的存在之物并不共同而平等地存在于现世,而是现成的存在之物都从他那里来。现成之物是"物",而它是"物物者",或曰"造物者",又曰"造化者"。《大宗师》里记述了子祀、子舆、子犁、子

---

① 王夫之:《庄子解》,中华书局 2009 年版,第 94、97 页。

来四人相交为友的故事,当时四人约定了彼此成为朋友的原则:"孰能以无为首,以生为脊,以死为尻,孰知死生存亡之一体者,吾与之友矣。四人相视而笑,莫逆于心,遂相与为友。"然而,这样的约定之后不久,就发生了常人所不愿意看到的事情,子舆生了一场怪病,自此变成了一个"曲偻发背,上有五管,颐隐于齐,肩高于顶,句赘指天"的丑八怪,就在大家惊诧不已的时候,子舆却心闲无事地爬到了水井旁边,看了看自己的样子,发出了这样的感叹:

> 嗟乎!夫造物者又将以予为此拘拘也。

这是对造物者的造化功能的感叹与膺服,又是自己淡定态度的表述。在这之后,又发生了子来有病的情形,子犁前去看望他,看到子来喘喘然将死的样子,子犁也同样赞叹造物者的伟力:

> 伟哉造化!又将奚以汝为?将奚以汝适?以汝为鼠肝乎?以汝为虫臂乎?

这之中理所当然地包含了这几个人对命运的无奈,而他们从容淡定的态度,也反衬了对造物者的敬仰。在《大宗师》、《应帝王》、《列御寇》、《天下》等篇中,都有追随"造物者"、以"造物者"为友的表述:

> 彼方且与造物者为人,而游乎天地之一气。(《大宗师》)
> 予方将与造物者为人,厌则又乘夫莽眇之鸟,以出六极之外,而游无何有之乡,以处圹埌之野。(《应帝王》)
> 夫造物者之报人也,不报其人而报其人之天,彼故使彼。

(《列御寇》)

  上与造物者游,而下与外死生无终始者为友。(《天下》)

  "与造物者为人"一句,其"人"与"偶"相类,"偶"意为"俱",而《天下》的这段话可为《大宗师》和《应帝王》"与造物者为人"的合理解释。① 意谓追随道,与道相伴而行,其意可与《山木》中"乘道德而浮游",以及"去国捐俗,与道相辅而行"相互解释。尽管在上述的表达中,这个"造物者"仍然是模糊不清的,甚至有些飘忽未定,但它作为一个万物的主宰,一个他者的存在,这是清楚的。"物物"的意思就是要主宰物,而不被物所主宰。那么它究竟是一个什么样的主宰者、他者?

  《知北游》说:

  有先天地生者物邪?物物者非物。物出不得先物也,犹其有物也。犹其有物也,无已!②

  这是对"物物者"最直接的诘问,却又是作者自己的反问。先天地生者=物物者,"先天地生者"与"物物者"是可以画等号的。这里的"者"的用法表达的正是一个他者,是一个先于物的存在。

---

  ① 郭象、成玄英对此句都没有明确的解释。王引之认为:"人,偶也;为人,犹为偶。"只是他把"偶"理解为"相人偶",以"相人偶为敬","人偶能辅周道治民者",则不当。(见郭庆藩:《庄子集释》,第 269 页)曹础基《庄子浅注》注释道:"为人,犹为偶。《淮南子·原道训》:'与造物者俱',《本经训》:'与造物者相雌雄',《齐俗训》:'上与神明为友,下与造化为人',意皆类此。"(中华书局 2007 年版,第 83 页)

  ② 宣颖曰:"'物物者非物',道也。"(见王叔岷:《庄子校诠》,中华书局 2007 年版,第 844 页)

"物物者非物",谓能够使物成为物的,不是物。而且,使物成为物,并非指万物自生之时,而是指物的开初之时,也即有物之时,如果不是物物者,就不可能有物。万物自生之时,便进入了时间,从物与物的因果关系看,任何的物之前都有物。当我们推量到极致的有物之初,同时也是时间之外,就不得不说"物出不得先物也",即不能在有物之初("物出")前存在着物。可是,人们习惯上还是从现有的时间关系去推量,感觉到物之前有物,有物之前也必有物,所谓"犹其有物也",其实是"无"。这个"无",郭象理解为"至道":"吾以至道为先之矣,而至道者乃至无也。既以无矣,又奚为先?"①郭象的理解影响了古今许多人,我则以为郭象的理解不准确,这个"无"相对于"有物"而言,"无"也就是"无物"。前面所说的"非物"则是"至道",成玄英也是如此理解的:"夫能物于物者,非物也。故非物则无先后,物出则是物,复不得有先于此物者。"②成玄英认为,凡是物,都有先后的时间关系;只有非物,才能超越先后时间关系。这个非物应该并且只能理解为"道"。③ 郭庆藩引述家世父对这段话的解释,坚守了"非物"即"道"的观点:"先天地者道也。既谓之生矣,是道亦物也。既谓之物矣,是其先物者又何自而生耶?物与物相嬗而不已,而推求物之始,以得其先物而生者,是物岂有已耶?有已,则或开而先之;无已,孰开而先之?是以谓之物出不得先物也。"④在他看来,从"生"的方面说,能够产生物的道一

---

① 引自郭庆藩:《庄子集释》,第 764 页。
② 同上。
③ 不过,当成玄英作了这番推量之后,他又回到了时间关系内的"自然",他说:"然则先物者谁乎哉? 明物之自然耳,自然则无穷已之时也。是知天地万物,自古以固存,无未有之时也。"(同上)
④ 同上。

定是某种东西,所以道也可以说是物;既然已经把道看成某种物,那么先于物而存在的东西("先物者")又从哪里生的呢?而物与物相生而传递,向上推求其源头,哪里可以穷尽呢?所以,庄子要说个物的产生不能在物之前("物出不得先物")的话。在《知北游》里面,也有过类似的话:"知形形之不形乎!"使有形成为有形的是无形的东西,这句话也可以理解为主宰有形的是无形的,无论哪种理解都不会改变在有形的东西背后的道的存在。而《齐物论》所说的"有以为未始有物者,至矣,尽矣,不可以加矣",表达的也是这个意思,在所有的物之前,有一个不可以物来说的东西——未始有物。

《在宥》又说:

> 夫有土者,有大物也。有大物者,不可以物。物而不物,故能物物。明乎物物者之非物也,岂独治天下百姓而已哉!出入六合,游乎九州,独往独来,是谓独有。独有之人,是之谓至贵。

这段话看起来是针对治国者("有土者")谈治道,似乎不是在哲学的意义讲的,其实还是在讲哲学问题。是说治国当有道("大物")可遵循,大物不同于物,也就不可以物的观点来看待它。能用物、主宰物而不为物用或不为物所主宰,所以能够使物成为物。下面几句话是从认知方面推演的。能够明白"物物者之非物"这个道理的,就不仅仅局限于治天下百姓了,而将自由地进出于宇宙、天地之间,成为独有之人。

从以上所有的表述看来,道都绝对是一个他者,一个先验的存在,一个绝对主宰者,然而,这个"物物者"却是一个"非物",即不能

用物来界说的存在。既已说它是非物,那么就可以"无"、"无名"称之了,《天地》:

> 泰初有无无,有无名。一之所起,有一而未形。物得以生谓之德;未形者有分,且然无间谓之命;留动而生物,物成生理谓之形;形体保神,各有仪则谓之性;性修反德,德至同于初。同乃虚,虚乃大。合喙鸣。喙鸣合,与天地为合。其合缗缗,若愚若昏,是谓玄德,同乎大顺。①

所以有的学者把它称为"绝对",或者"无无"。② 如果单从这里所描绘的事实看,似乎只是一个宇宙论的问题,但是,一个"无"字便打碎了宇宙论的链条,这里的"无"是一个抽象的结果,"无"意谓它不属于任何的实物,试图用元素、实物,或其他什么东西来说明它的努力,都是苍白无力的。这里所用的"一"字,颇具想象力,因为"一"不确定地代表任何东西,它只是表示世界总有一个开初、初始,你可以把它解释为"道",或者"浑沌",或者"自然",或者"阳"("一阳初生"),或者"元气"等等,如同《老子》所说的"道生一"的"一",似乎怎么解释都可以,又怎么解释都不尽意。

---

① 这段文字的断句分歧不小,司马彪断为"太初有无",《太平御览》一引司马彪言:"太古之初,上下未形,所有者无。"郭象、成玄英、王夫之、马叙伦、钱穆等皆依司马氏句,然而,清人林云铭断句为"泰初有无无":"泰初,造化之始初也,无无者,连无之字亦无处安着也。无名者,即老子所谓'无名,天地之始也'。"(引自王煜:《老庄思想论集》,台湾联经出版公司1979年版,第6页)

② 蒋锡昌《庄子哲学·道之分类》:"宇宙之本体,可以'绝对'二字括之。所谓'绝对'者,无形色,无大小,无生死,无古今;只觉混然一体,超越一切,决非他物所可比拟之谓也。庄子名此'绝对'曰'无无',曰'无名'。"(《民国丛书》第四编,上海书店)不过,以"绝对"来称谓"无无",似乎是受黑格尔"绝对精神"的影响,可是,庄子的"无无"不纯是个"绝对精神",因为它并不像黑格尔的"绝对精神"那么纯粹。

(四) 道是一个使万物有其则、
　　　使之完成的存在

《知北游》：

> 天地有大美而不言，四时有明法而不议，万物有成理而不说。……物已死生方圆，莫知其根也，扁然而万物自古以固存。六合为巨，未离其内；秋豪为小，待之成体。天下莫不沉浮，终身不故；阴阳四时运行，各得其序。惛然若亡而存，油然不形而神，万物畜而不知，此之谓本根，可以观于天矣。

大美、明法、成理都是说天地、四时、万物之间拥有某种自然的和谐、朗明的规则及其不必言说的道理，诸如万物有生有死，从而得以实现自身的圆成；万物翩然生生育育，本然如此。上下四方的宇宙虽然大，却也处于其内；秋豪之末虽然小，却也要资之以成形质。① 由此而往，天下万事万物升降沉浮，日新月异，阴阳四时运行，皆有其内在的次序。人们从这中间可体察到似乎有某种"若亡而存"、"不形而神"的作用，可感觉到万物得到如此这般的畜养，却说不出缘由。这些话看起来与荀子的《天论》所表达的意思有相似之处，庄子似乎是一个自然论者；而王夫之也的确从唯物自然论的

---

① 郭象注为"秋豪虽小，非无亦无以容其质"。成玄英疏为"六合虽大，犹居至道之中，豪毛虽小，资道以成体质也"。（俱见郭庆藩：《庄子集释》，第 736 页）王夫之《庄子解》："更有至微者。秋毫相积以成体，非小也。"（《庄子解》，中华书局 2009 年版，第 260 页）郭、王之注皆未尽其义，这里依成玄英的《庄子疏》。

立场作了理解,如他把这个过程理解成自然性的"无本无根"。①但是,从语义上分析,既已言六合为巨,何以"不离其内"?秋豪既已为小,何以"待之成体"?"其"、"之"相续,皆指称同一个对象——"本根"。只不过一个"无"字,便会使人想到这个"本根"是无的自然。再看《知北游》的下一段话:

> 孔子问于老聃曰:"今日晏闲,敢问至道。"
> 老聃曰:"女斋戒,疏瀹而心,澡雪而精神,掊击而知。夫道,窅然难言哉!将为汝言其崖略。夫昭昭生于冥冥,有伦生于无形;精神生于道,形本生于精,而万物以形相生。故九窍者胎生,八窍者卵生。其来无迹,其往无崖,无门无房,四达之皇皇也。……天不得不高,地不得不广,日月不得不行,万物不得不昌。此其道与!"

虽然道"难言",却还是"言其崖略",这表明虽然难言,却还是可以说出点内容的。不过,这里所说的依旧是一些原则,即并没有直接说出道是什么,而是在"生"的关系中来说它,"冥冥"、"无形"、"道"异名同实。什么是"冥冥",什么是"无形",什么是"道",还是不清楚,它们也是需要解释的,但是在那个"生"的关系中,人们可以窥测到道的存在。至于"天不得不高,地不得不广"等句,则是表

---

① 王夫之《庄子解》:"然而自古固存之大常,人固见为美,见为法,见为理,而得序;则存者存于其无待存也,神者神于其无有形也。意者其有本根乎?而固无根也。孰运行是?孰主张是?孰纲维是?沈浮以游,日新而不用其故,何根之有哉?名之曰本根,而实无本无根,不得已而谓为本根耳。"(中华书局2009年版,第260页)在《知北游》"孔子问于老聃"的解释中,王夫之这样写道:"精神生于道。道,无也;精神,有也。然则精神之所自生,无所以然之根,而一因乎自然之动。自然者即谓之道,非果有道也。"(同上书,第262页)

达了道在万千世界中的作用,天的角色在于高,地的角色在于广,日月的角色在于运行不息,万物的角色在于茂盛繁荣,而道恰恰就使它们成为它们自身,当宇宙中的所有事物完美地扮演好了它们各自的角色,那么宇宙就是自然和美的;当人世间的所有人与物都扮演好了各自的角色,那么人世间就是顺畅和谐的。

为何万物扮演好各自的角色,就会产生美与和谐的结果来?这就是万物本身存在的合目的性问题。这个合目的性,表现为万物的存在状态既有利于它们自身,也有利于他物,使得它们彼此融洽而不冲突地相处在这个世界上,产生诗画一般的生存境界。几个"不得不"的运用,意味着只有道才能够使得万物产生如此的合目的性。前面所说的"天地有大美"、"四时有明法"、"万物有成理",说的都是道的普遍存在所产生的合目的性。① 《刻意》说:

> 淡然无极而众美从之,此天地之道,圣人之德也。

《庚桑楚》:

> 夫春气发而百草生,正得秋而万宝成。夫春与秋,岂无得而然哉?天道已行矣。

《渔父》说:

> 且道者,万物之所由也。

---

① 刘笑敢认为道是"无目的性"的(见《庄子哲学及其演变》,中国社会科学出版社1988年版,第109页),笔者则以为不然。

"淡然无极"说的是道的品格与状态,"众美从之"说的是万物与道的关系,一个"美"字表达了万物之间已经存在着的美好和谐关系,而这些关系都归依到了道那里。春生秋成,这之间的有序和顺,都不是无缘无故的,都是天道使然。"万物之所由"则表达了万物存在的根源性。

上述思想都可以在《老子》那里找到根源,老子说"夫唯道,善贷且成"(四十一章)。"道者,万物之奥,善人之宝,不善人之所保。"(六十二章)只是《老子》没有《庄子》讲得那么具体生动。

(五)道是一个于物不遗的存在

道既然是一个使物得以完成的存在,那么它与物之间是一种什么样的关系?相对于万物来说,道既然是一个他者,超越于物、超越于时空的存在,它何以能够进入有限的、处在时空之内的物之中?

《知北游》里面这段对话是颇具典型意义的:

> 东郭子问于庄子曰:"所谓道,恶乎在?"庄子曰:"无所不在。"东郭子曰:"期而后可。"庄子曰:"在蝼蚁。"曰:"何其下邪?"曰:"在稊稗。"曰:"何其愈下邪?"曰:"在瓦甓。"曰:"何其愈甚邪?"曰:"在屎溺。"东郭子不应。庄子曰:"夫子之问也,固不及质。正获之问于监市履狶也,每下愈况。汝唯莫必,无乎逃物。至道若是,大言亦然。周遍咸三者,异名同实,其指一也。"

对于"道"在哪里的问题,东郭子的问话中,其实已经对庄子的回答有了某种期待,而庄子则在东郭子问话一开始就意识到了他的偏颇,所以,庄子故意往低下的东西说,却不向王道、治道等高上的事情上说。庄子的回答当然是东郭子没有想到的,东郭子在困惑,难道我们如此崇尚的道,竟然只存在于蝼蚁、稊稗、瓦甓、屎溺这么些低下的事物上吗?在东郭子无话可说的时候,庄子这才说出东郭子的问题所在。庄子说:您刚才问道,没有问到实质。比方说,主管市场的官员("正获")向负责屠宰的吏卒问如何才知道猪的肥瘦,吏卒用脚踩了踩猪腿就知道了,说"越是踩下部越能知猪的肥瘦"。您只是不要说一定有某种东西是逃于道的。至道是这样的,至道之言也是这样的。"周"、"遍"、"咸",这三者名称相异,其实相同,指的是同一个东西。在庄子看来,道既是周延的、普遍的、无所不在的,那还有某些东西能逃于道之外吗?换句话,道会嫌弃那些低下的东西而不顾吗?既然连屎溺都存在着道,那还有什么东西道不存在其中么!

　　东郭子的问题是形上学的,而庄子的回答看起来是形下的,其实只是用了一个方便的形式,其寓意仍旧是形上学的。他的回答解决了超越的道与不超越的物之间的关系问题,道就在物之中,且不仅存在于高上的事中,而且也存在于低下的事中,这种情形正好说明道的普遍性,或者说它没有选择性,它并没有选择那些尊贵的、正统的事,而是于物不遗,不讳高,不避低。《知北游》中记述的"无为"与"泰清"的问对中,所说"吾知道之可以贵、可以贱、可以约、可以散,此吾所以知道之数也"也重述了这个道理。对于事事物物来说,道虽然是超越的,但它不是外在的,而是内在的,它就存在于它们当中。对于万物产生的根源来说,它是个他物;而对于事物产生的过程及其变化来说,它却不是个他者,它(道)就是它们

(事事物物),因为它就在它们中间,它们因它而获致存在的合理性、目的性。这个合理性、目的性就在于它们是它们自身,它们恰当地充当、扮演了自己的角色,这在《庄子》书中表达为"性",后来被郭象解释为"性分"、"适性"。① "周"、"遍"、"咸"所表达的不是别的,而是道的存在方式的绝对性,大凡天地万物,无所逃于道。而要从道的角度来说,这三个特点体现的则是它的主动性,于物不遗,如《天下》所说的"道则无遗者矣"。《天道》有一段话:"老子曰:夫道,于大不终,于小不遗,故万物备。"这段话托老子而言,对庄子的上述思想有阐发之功,但《老子》书中并无这句话,这说明只是借重老子之言;另外,由于《天道》篇极有可能是汉代庄学者的作品,故这段话只能作为庄子后学的发扬,并不能当作庄子的作品而相互阐释。

至于绝对的道如何进入有限的物,我们来看下一段话:

> 物物者与物无际,而物有际者,所谓物际者也。不际之际,际之不际者也。(《知北游》)

这里的"物物者"——道,方家各有不同的理解。郭象理解为"无物":"明物物者,无物而物自物耳。物自物耳,故冥也。"成玄英理解为"圣人":"夫能物于物者,圣人也。圣人冥同万境,故与物无彼我之际畔。"② 王夫之、宣颖等皆理解为"道"。王夫之《庄子解》:"道唯无际,故可各成一际。道惟无在,故可随在而在,无在无不在。其际莫穷,乃于其中随指一物,而自然之理不遗。……括天下

---

① 郭象《庄子注》"化而为鸟,其名为鹏"注:"夫庄子之大意,在乎逍遥游放,无为而自得,故极小大之致以明性分之适。"(郭庆藩:《庄子集释》,第 3 页)
② 郭庆藩:《庄子集释》,第 753 页。

之有知无知,有情无情,有质无质,有材无材,道无所不在。"①宣颖也理解为道:"物物者,主宰乎物者,指道也。物之所在即道之所在,俱无边际。"②郭象的理解建立在无物——自然的基础上,成玄英的理解建立圣人之意的基础上,所以"物物"就是主宰物。比较而言,王夫之与宣颖的理解更为合理。这里先看无际与有际的问题。"物物者与物无际",意指道与物没有边际、界限,也就是说,在道与物的关系上,不存在道如何进入物的问题,因为它们之间本来没有由彼进入此的问题。"而物有际者,所谓物际者也",意指物与物之间有所谓的界限、边际,因为物与物各各不同。"不际之际,际之不际者也",意谓道("不际")可以使万物各自有际可寻,而在道的面前,这些物际纷纷不消自解,或者说对于使万物各有其际的道来说,那些际本来就不存在。王夫之与宣颖的最为可取之处在于,他们都窥见到了"在"的意义。王夫之的"随在而在,无所不在",以及宣颖的"物之所在,道无所不在",都指向了道的存在方式问题。

在问"道"是什么的时候,庄子表现得很谨慎,给出的回答都是否定性的,③或者描述性的,或者是隐喻性的,从不正面回答问题。依照庄子的说法,也并不是不愿意回答,而是这个问题难以回答,或者干脆说不能够回答,因为要么一回答就陷入了有限的窠臼,要么一回答就错了,即便在庄子所设定的对话中,对话人物的问答也采取了贬低或者否定的态度,如"泰清"问"无穷"知不知"道","无

---

① 王夫之:《庄子解》,中华书局2009年版,第264页。
② 引自王叔岷:《庄子校诠》(下册),中华书局2007年版,第830页。王叔岷补充道:"案有形之类皆有际,道无形与物无际。"
③ 冯友兰《贞元六书》下:"万物所由以生成者,无以名之,名之曰道。道的观念,亦是一个形式底观念,不是一个积极的观念。这个观念,只肯定一万物所由以生成者。至于此万物所由以生成者是什么,它并没有肯定。不过它肯定万物所由以生成者,必不是与万物一类底物。"(华东师范大学出版社1996年版,第752页)

穷"说自己不知"道";又问"无为","无为"回答自己知"道",对于这两种不同的回答,"泰清"感到困惑,不知哪个对,哪个错,他又去问"无始":"若是,则无穷之弗知与无为之知,孰是而孰非乎?""无始"则回答说:"不知深矣,知之浅矣;弗知内矣,知之外矣。"(《知北游》)意思是"无穷"的"不知",其实是知得深,知的是内在的;"无为"的"知",其实是知得浅,知的是外在的。这也就是说,"道"如何是道本身,这是一个无法或难以回答的问题,如果有人试图回答了,也只是浅近的与外在的;而"道"如何"在"或"存在"的问题,是庄子可以且也乐意回答的问题。① 在《庄子》书里,道——物物者,从来就不是一个被动的存在者,而是一个主动的存在者,如《齐物论》所说"道行之而成,物谓之而然"。又如《天地》所说"行于万物者道也"。"物物者"的表达本身就是一个为行动所表征的存在者,也就是说,它并不是因为它的存在而有它自身,而是因为它使物成为物的行动而有它自身。"物物者与物无际"这句话,既是对"物物者"与"物"的关系的表达,也是对"物物者"的存在方式的表达,即它(物物者)就在它(物)中间,而且,这里所说的"中间"也非时间或空间上的中间,物物者在物之中,并不像将某个东西放置在物中间那样,人们发现了这物,尔后又发现这物里面还藏了一个"道"——"物物者",而是在人们肯定物的存在的同时,它就

---

① 关于这个问题,中西方文化有着巨大的心理与思维方式的差距,在中国文化中,"是"在古汉语里面,是一个指示代词"这"或"这个",在某些情形下当它充当判断词的时候,也纯是一个判断词,而不负有"在"或"存在"的意思,这在葛瑞汉的《论道者》中已有分析:"我们可能注意到,汉语像大多数印—欧语系以外的语言一样,没有分享印—欧语系在哲学上最为重要也是最成问题的一个特点,即表示存在的'to be'也被用来表示连接关系,于是,对于西方哲学而言,说'a thing has a being',既包含存在又包含本质即什么是自身(per se),而对于《老子》就像对后期墨家一样,你不知道某物的本质但却知道什么样的名适合于它;因此之故,命名与改名在《老子》诗中就极为重要。"(中国社会科学出版社 2003 年版,第 258 页)

获得了存在的肯定。①

对于物物者与物的关系问题,中国哲学史家过去多把"道"看成了一个绝对的其实也是外在的存在,少有将它看成一个与物同在,与物的存在相始终的存在。张岱年先生的《中国哲学史大纲》里面有这么一句话:"道即是行于万物,统会一切殊理之大理。"② 这算是对道的存在方式的一个肯定。

(六) 道是一个彻底的意志的存在

《知北游》说"天不得不高,地不得不广,日月不得不行,万物不得不昌",这即是说道是作为某种意志的存在,它会不打折扣地将自己的意志贯彻到底,所谓"一而不可不易者,道也"(《在宥》)。我们再看《天运》篇:

> 性不可易,命不可变,时不可止,道不可壅。苟得于道,无自而不可;失焉者,无自而可。

这也是借重于老子与孔子的谈话,表达的依旧是庄子的思想。在这段话里面包含了两层意思:第一,道本是通达无碍的,它在事物中间的流行是不可以阻塞的,这如同本性不可以变易,命运不可以改变,时间不可以阻止一样,把话说到这般的绝对,就是要表达一个意思:道的意志是一定要贯彻到底的。第二,假如合于道,没有什么事不成;假如不合于道,便没有什么事可成。这个思想,在

---

① 《山木》中有"物物而不物于物,则胡可得而累邪!",此指主宰物而不被物主宰,这是有关人与物的关系的一个表达,不涉及本原与本体的问题。

② 张岱年:《中国哲学大纲》,中国社会科学出版社 1982 年版,第 23 页。

《人间世》里面也已经表达过:"凡事若小若大,寡不道以欢成。"意思是,事情不论大小,很少有不合于道而最终得到成功的。而《庚桑楚》里所说的"夫春与秋,岂无得而然哉?天道已行矣",也是对道的意志的强调。

《大宗师》里的那段文字,算是庄子"道"论中最典型的表述:

> 夫道有情有信,无为无形;可传而不可受,可得而不可见;自本自根,未有天地,自古以固存;神鬼神帝,生天生地;在太极之先而不为高,在六极之下而不为深,先天地生而不为久,长于上古而不为老。狶韦氏得之,以挈天地;伏戏氏得之,以袭气母;维斗得之,终古不忒;日月得之,终古不息;勘坏得之,以袭昆仑;冯夷得之,以游大川;肩吾得之,以处大山;黄帝得之,以登云天;颛顼得之,以处玄宫;禺强得之,立乎北极;西王母得之,坐乎少广,莫知其始,莫知其终;彭祖得之,上及有虞,下及五伯;傅说得之,以相武丁,奄有天下,乘东维,骑箕尾而比于列星。

庄子对"道"的描述可以说是自《老子》以来最为精彩的。他对"道"在各种情形下的表现做出了表述,上半段文字是对道本身的表现的描述,下半段文字则是对道在自然、社会历史中所起的作用做出的描述。无论是"道"自身在大千世界的表现,还是人类社会的历史长河中它的作用,都活脱脱地给人们呈现出来。如此,"道"不仅可以是安静的、平和的、深邃的,也可以是活泼的、情信的、应变的。狶韦氏、伏戏氏、黄帝、颛顼等人因为得了道,可以南面而为天下之帝王,也可以生命长久;日月、维斗(北斗)得了道,可以运四时而永不停息;堪坏、冯夷、肩吾得了道,可以做山神、河神;西王母、彭祖得了道,可以超越时空,不知其从何而始,从何而终;傅说得了道,可以辅佐帝王成就大业,其精神可与列星相媲美。从天地自然之事到社会历史之事,再到生命之事,不同的事,充满了变化,但对于道来说,这些差别是不存在的,它不仅能够使所有的这些人物充当起自己本来的角色,且能够使人们因为得了道,从此变得更好。

《在宥》:

> 得吾道者,上为皇而下为王;失吾道者,上见光而下为土。①

《天地》:

> 夫道,覆载万物者也,洋洋乎大哉!

这个彻底的意志,有其独特的性质。它不是把自己的意愿强加于人与万物,而是以人与万物的意愿为意愿;它也不向人与万物发号施令,而是让其听命于本来的自己(也即本我),让其做回自己,充当自己本来的角色,完成自己的使命,并使人们之间、万物之间更加和谐。这个意志来自于人与万物的内在需求,不同于世俗社会道德意义上的"善",因为道德上的善来自于经验世界,或者外在的道德律令,从而要求人们提升理性的修养,并通过道德践履来实现。

既然道可以使人与万物变得更好,那么人人都想得道就不足

---

① 成玄英《庄子疏》:"丧无为之道,滞有欲之心,生则睹于光明,死则便为土壤。迷执生死,不能均同上下,故有两名也。"(郭庆藩:《庄子集释》,第384页)

为奇了。《天运》里记述了孔子向老聃问道的一段话。孔子这一年五十一岁了,老子大概知道了孔子的来意,见到孔子之后便问他是否已经得道了,孔子说没有,老子问他如何求道的,孔子说自己花了五年时间从"数度"关系求道,却没有得道;之后花了十二年从"阴阳"关系上求道,也一无所获,这才向老子问道。听完了孔子的话,老子说了以下这段话:

> 然。使道而可献,则人莫不献之于其君;使道而可进,则人莫不进之于其亲;使道而可以告人,则人莫不告其兄弟;使道而可以与人,则人莫不与其子孙。

道要是一个宝贝,人人都可以献之于君主,或进之于父母;它要是一个诀窍,人人都愿意将它告之于自己的兄弟;它要是一个实在的物,人人都乐意将它传给自己的子孙。可是,它啥也不是,那种想从实物去理解道并试图抓住它的想法,会遭遇完全的失败。道的存在只是在它与万事万物以及人的关系中才显示出来,当我们说出道的存在的时候,它就成了一个对象的存在,一个可以抓住的"他者",但是,我们却发现它只存在于事物的过程中。

(七)道是一个晦暗不明的存在

《齐物论》说"已而不知其然谓之道","道恶乎隐而有真伪",《天地》说"夫道,渊乎其居也,漻乎其清也",《天道》说"夫道,……广广乎其无不容也,渊渊乎其不可测也",《天运》说"甚矣!夫人之难说也,道之难明邪?"《知北游》说"夫道,窅然难言哉!……夫昭昭生于冥冥,有伦生于无形",又说"视之无形,听之无声",如此等等,皆欲表明道是一个晦暗不明的存在。

我们看到,这个晦暗不明的存在并不仅仅表现在视觉上,说它"冥冥"、"无形"、"渊乎其居"、"漻乎其清",以及"可得而不可见"(《大宗师》),是从视觉看;说它"广广乎其无不容,渊渊乎其不可测",是从空间观念去说;说它"已而不知其然"、"道恶乎隐",是从作用的显隐去说;说它"难明"、"难言",是从语言与理智上去说;说它"浑沌"(《应帝王》),是从它没有分别的浑然样态去说。视觉上的冥冥、无形与渊漻,并非不可看,只是看不清。何以看不清,在于它太深。空间上的广广、渊渊,并非不可猜度,只是你难以想象它有多宽广,又有多细微。作用上的不知其然与显隐,并非人们毫无察觉,只是你无法知其究竟;语言和理智上的难明难言,也并非决不可言与决不可理解,而是语言有所不至,理智有所不达;样态上的浑沌,并非说它是浑浊的,也并非它是铁石一堆而不可入,而是它本无分别。《老子》说过:"明道若昧"(四十一章),"道者万物之奥"(六十二章)。在这个问题上,老子与庄子没有分别。

既然道无所不在,广大而精微,那么道可以且应当被理解为某种场域、境域,只是这个场域、境域不应该被理解为世间的,而应当被理解为超世间的。① 虽然它是一个超越的境域,但是采取的仍然是一个空间观念。既是空间观念,那么它就必定具备可延伸性,无论向外,或者向内。庄子用了"域"、"境"、"乡"等词,表达了境域

---

① 张祥龙《海德格尔思想与中国天道》:"海德格尔与中国天道观(包括禅宗)在这最关键一点上是一致的,即认为终极的实在不管叫'存在本身'也好,叫'天'或'道'也好,只能被理解为纯粹的构成境域。称之为'境'和'域',取的是这样一个意思,即终极既不是任何现成者,又活生生地在场,使我们领会当下涉及的一切可能。"(生活·读书·新知三联书店 1996 年版,第 357 页)笔者以为这样的理解大体不错。不过,以边缘来理解境域,似不甚当。

这个观念。《逍遥游》：

> 定乎内外之分，辩乎荣辱之境，斯已矣。……何不树之于无何有之乡，广莫之野……

《德充符》：

> 知不出乎四域，且而雌雄合乎前，是必有异乎人者也。

虽然都用了境、域、乡，但不同语境下有不同的意思。《德充符》里的"知不出乎四域"，说哀骀它这个人看起来智识不高，所知仅限于四方之内，没有过人的见识，却能使众多的男女都跟随他。《逍遥游》里的"辩乎荣辱之境"，说的是领域、境况，"内外之分"也说的是境内与境外。"无何有之乡"、"广莫之野"说的是地方、地域，乃是人们未曾知晓的地方。《齐物论》里面所说的"六合之外"、"六合之内"，也说的是领域、空间，只是"六合之内"指上下四方，也即人们所理解的宇宙；而"六合之外"则不能用宇宙来范围，它在宇宙之外。宇宙之外是什么，我们不得而知，所以要"存而不论"，保持缄默。可是在《应帝王》里所说的"乡"、"野"就不是通常所理解的境域：

> 予方将与造物者为人，厌则又乘夫莽眇之鸟，以出六极之外，而游无何有之乡，以处圹埌之野。汝又何帠以治天下感予之心为？

这段话叙述的是"天根"游于殷阳，在蓼水遇到了"无名人"，于是向他请教如何治天下。对于"天根"的问话感到很不快,于是,"无名人"作了如此的回答。这里的"六极之外"、"无何有之乡"、"圹埌之野",就不仅是人们不知道的或不知名的地方,它不在世间,而在超世间。对于人来说,有六极内外之别,对于道来说,还有这种分别么?庄子所描绘的这种境域,当为庄子所设定的道的境域,即与造物者为伴,而游于造物者之境。在《应帝王》里面,有一段记述阳子向老子问"明王之治"的对话,在老子回答的末尾有一句话:

> 立乎不测,而游于无有者也。

老子的意思是,当治理好天下的时候,就应当远远地离开那个尘世,而升至一个超越的世界,那个世界在常人看来是"不测"之地,"无有"之乡。《天地》:

> 夫圣人,鹑居而鷇食,鸟行而无彰。天下有道,则与物皆昌;天下无道,则修德就闲。千岁厌世,去而上仙,乘彼白云,至于帝乡。三患莫至,身常无殃,则何辱之有?

《列御寇》:

> 彼至人者,归精神乎无始而甘冥乎无何有之乡。

这里的"帝乡"、"无何有之乡"不是别的,正是得道的境域。得道而能成仙,得道而能超越生死,超越荣辱,乃是精神的终极安顿之处。《山木》:

> 若夫乘道德而浮游则不然,无誉无訾,一龙一蛇,与时

> 俱化，而无肯专为。一上一下，以和为量，浮游乎万物之祖。物物而不物于物，则胡可得而累邪！此神农、黄帝之法则也。……悲夫，弟子志之，其唯道德之乡乎！

这里的"道德之乡"也是指道的境域。所谓"神农、黄帝之法则"，说的是如何才能够进入这个境域，也就是"乘道德而浮游"。如此说来，道不仅是一个特殊的境域，而且是可以进入的，得了道就如同得到了凭证，能够进入道德之乡。

道既是冥冥、无，既是不测、无何有，它既是可进入的场域，那么它可以被看作"虚无"了。① 道之可以看作虚无，在于它不设限，不受时空的局限。它有不可限量的容量，它可以收纳、包容一切，可以使人的精神得到透彻而永久的安宁，拥有绝对的自由。得道的感受理所当然是主观性的，然而，如果把这种感受性理解为绝对的主观，则不合庄子的本意。在庄子那里，主观性只能在客观性的意义之下才可以得到理解，主观性只存在于客观性之中，所以，庄子的道德之乡、无何有之乡，都是超乎主观想象之外的客观存在。从而，主观性本是相对的，它只能在抓住了客观性的时候，只有进入到了绝对的客观性存在——道的境域，它才能够超越相对性。

庄子这方面的思想在老子那里有其渊源。老子所提出的"玄之又玄，众妙之门"所设定的就是一种特殊的境域。这种境域利用了空间的想象与表达，却超出了空间的定义域，如《秋水》所说的"又何

---

① 蒙培元《心灵超越与境界》："虚和无就是道的根本特点，也是自由境界的根本特点。道不仅是'无'，而且是'无无'。"（人民出版社1998年版，第215页）"'道'是客观的、普遍的、绝对的，但是没有任何规定性，它是虚无，毋宁说是光明，它能照亮一切，穿透一切。道的境界就是自然而光明的境界，没有任何隐蔽。"（同上书，第219页）

以知豪末之足以定至细之倪,又何以知天地之足以穷至大之域!"豪末可以称细了,天地可以称大了,但是,道更细、更大,无所穷尽。后世的道教,正是在老子、庄子的思想基础上建构了宏阔的道的境界,所谓"重玄之域"、"重玄之境",以及"玉清"、"上清"、"太清"之境。

二　道根与道本

(一)"道根"与"道本"是两个概念,还是一个概念?

在一般意义上,如果"根"与"本"这两个词分开来用,就是两个概念;如果合起来用,就是一个概念。之所以可以分开来用,在于它们可以是两个独立的词,有两个不同的意思;之所以可以合起来用,又在于它们可以作为一个复合词,代表一个确定的对象而不是两个对象。然而,在实际的运用过程中,我们也会发现远比上述三种更复杂的情形,有时候,"根"、"本"各自有两种以上的意思,而"根本"也有从复合词回到单音节词的倾向,表达一个单音节词的意思,也即"本根"既说的是"根",又说的是"本",而这完全取决于语境的差异。

《大宗师》:

> 夫道,……自本自根,未有天地,自古以固存;神鬼神帝,生天生地……

这里的"根"与"本"是分开使用的,但是,看起来庄子是把"本"与"根"作为同一个词来使用的,也就是本根的意思了。在这段叙述道的话当中,庄子是从根源的意义上说开去的,"自本自根",即道自己就是自己的本根,也即根源。"神鬼神帝,生天生地",则是从"生"的根源性上讲的,意谓天地都是道"生"的结果。① 方家大都以为这个本根就是根源之义。②《知北游》里面,更是本、根合用:

> 物已死生方圆,莫知其根也,扁然而万物自古以固存。……惛然若亡而存,油然不形而神,万物畜而不知,此之谓本根,可以观于天矣。

这是《庄子》书中唯一的一次"本根"作为复合词使用,而其意思也不出根源之义。王夫之《庄子解》:"名之曰本根,而实无本无根,不得已而谓为本根耳。"③王夫之解注这段话时,有一个唯物论的立场,他自然不想从事物之外去理解庄子的本根之义,故而他认为不存在所谓事物的本根,但是人们的思维习惯要为事物的存在寻求一个根由,所以,庄子"不得已"说出了一个本根。王夫之的理解具有合理性,但是还是有违《知北游》的本意。如果事物的根由只在事物本身,那么庄子何必要强调本根之义呢?这里说出一个"自古以固存",并非强调事物本身如此,而是想强调事物以生生死死而得以圆

---

① 章太炎甚至认为"神"也是"生"的意思。他说:"神与生同义。《说文》,神,天神,引出万物者也。"(《庄子解故》,浙江图书馆校刊)

② 成玄英《庄子疏》:"虚通至道,无始无终。从(本)〔古〕以来,未有天地,五气未兆,大道存焉。"(郭庆藩:《庄子集释》,第247页)方以智《药地炮庄》:"神鬼神帝,生天生地之根因耶!"(华夏出版社2011年版,第214页)王夫之《庄子解》:"自为本根,无有更为其根者。"(《庄子解》,中华书局2009年版,第137页)

③ 王夫之在《庄子解·知北游》的篇首题道:"言道者,必有本根以为持守;而观浑天之体,浑沦一气,即天即物,即物即道,则物自为根而非有根,物自为道而非有道。非有根者,道之所自运;非有道者,根之所自立。无根则无可为,无道则无可知。"(同上,第258页。)

成("物已生死方圆"),不在事物本身,而在于它们之外的根由。

再来看"本"与"根"分开使用的时候,各自表达了什么样的概念。

先看"根":

> 南伯子綦游乎商之丘,见大木焉,……仰而视其细枝,则拳曲而不可以为栋梁;俯而视其大根,……(《人间世》)
> 万物云云,各复其根,各复其根而不知。(《在宥》)
> 则深根宁极而待,此存身之道也。(《缮性》)
> 今已为物也,欲复归根,不亦难乎?(《知北游》)
> 万物有乎生而莫见其根,有乎出而莫见其门。(《则阳》)
> 以深为根,以约为纪。(《天下》)

以上各篇所论及的"根",除了《人间世》直指大树之根外,其他都是用"根"的隐喻之义,即用根来"象"所指对象,[①]也就是用根之义,指的却不是树根,而且其他各篇还都不是在形下之义上使用的,如《在宥》、《知北游》、《则阳》都指万物的总根源;《缮性》指生命的根本;《天下》指德的深玄本根。[②] 根的原始之义是直白显明的,就是树木的本根,然而它所隐喻的对象却不再是直白显明的,而是深玄的哲学问题了,这也称为"以有形者象无形者"(《庚桑楚》)。这些用法还都是从《老子》那里学来的,老子说"夫物芸芸,各复归

[①] 王树人《感悟庄子·绪论》称庄子的思维方式为"象思维",认为庄子的"寓旨","同概念思维清楚确定之所指相比,乃是一种不确定的能指。也就是说,《庄子》既然给予读者一个大方向的能指,那么读者接着要做的事,就是在这个大方向下做出可能的所指。而这种可能的所指是无限的。就此而言,在《庄子》寓旨的不确定性中,又包含有确定性。"(江苏人民出版社 2006 年版)

[②] 成玄英《庄子疏》:"以深玄为德之本根,以俭约为行之纲纪。"(郭庆藩:《庄子集释》,第 1097 页)

其根","深根固柢,长生久视之道",又说"玄之又玄,众妙之门",《则阳》则说"莫见其根","莫见其门"。"根"与"门"的意思,原本都是不证自明的,可当它们借为隐喻之后,就变得复杂玄妙起来,那个根、门究竟指什么,便成为反复申述也不尽清楚的了。问题不在根、门本身,而在于它们所隐喻的对象。"根"在经过隐喻之后,不再指称草木之根,而是万物之"所从来";"门"也不再指称人们进出的那个关口,而是指万物之"所从出"。

在《庄子》书里,"本"有两种类型。第一种类型的"本"都指的是与"根"的相同之义:

> 夫虚静恬淡寂漠无为者,万物之本也。……夫明白于天地之德者,此之谓大本大宗,……骤而语形名,不知其本也;骤而语赏罚,不知其始也。(《天道》)
>
> 知天人之行,本乎天,位乎得,蹢躅而屈伸,反要而语极。……请循其本。(《秋水》)
>
> 然察其始而本无生;非徒无生也,而本无形;非徒无形也,而本无气。(《至乐》)
>
> 以天为宗,以德为本,以道为门,兆于变化,谓之圣人。(《天下》)

《天道》《至乐》里的"本"与"宗"、"始"相配用,为根源、宗本、初始之义;《秋水》中的"本"与"反"(返)、"循"相配用,也是根源、原本之义;《天下》里的"本"与"宗"、"门"相配用,也是宗本和关口之义。方以智《药地炮庄》也是用"本"字解释"根"字:"禾根,本也。"[①]

第二种类型的"本"则不限于根源之义:

[①] 方以智:《药地炮庄》引《鼎薪》语。(华夏出版社2011年版,第369页)

刖者之屦,无为爱之。皆无其本矣。(《德充符》)

夫王德之人,素逝而耻通于事,立之本原而知通于神,故其德广。……而终身道人也,终身谀人也,合譬饰辞聚众也,是终始本末不相坐。(《天地》)

本在于上,末在于下;要在于主,详在于臣。……极物之真,能守其本。(《天道》)

谓盈虚衰杀,彼为盈虚非盈虚,彼为衰杀非衰杀,彼为本末非本末,彼为积散非积散也。(《知北游》)

大乱之本,必生于尧、舜之间,其末存乎千世之后。(《庚桑楚》)

吾观之本,其往无穷;吾求之末,其来无止。(《则阳》)

重言十七,所以已言也,是为耆艾。年先矣,而无经纬本末以期年耆者,是非先也。(《寓言》)

配神明,醇天地,育万物,和天下,泽及百姓,明于本数,系于末度,六通四辟,小大精粗,其运无乎不在。……以本为精,以物为粗,……其于本也,弘大而辟,深闳而肆;其于宗也,可谓稠适而上遂矣。虽然,其应于化而解于物也,其理不竭,其来不蜕,芒乎昧乎,未之尽者。(《天下》)

《德充符》所说的"本",显然不是根源之义,而是在体用语境下的"本",也就是质体、实体的意思。《天地》所说的"本",也是指"体",有本体之义。① 《天道》、《知北游》、《庚桑楚》、《则阳》、《寓

---

① "体用"作为一对哲学范畴,应该是魏晋以后的事情,王弼《老子注》:"本其所由,与极同体,故谓之天地之根也。"(六章)又说:"虽贵以无为用,不能舍无以为体也。"(三十八章)然而,其根源在于老子和庄子,只是没有像王弼讲得那么显明而已。

言》、《天下》各篇皆用"本末","本"、"末"二字,原本指树木的根基与末梢而言,《说文》:"木下曰本,从木,一在其下。"这就是说,本末原本不是哲学问题,是具体之物的本根与末梢之间的关系,然而,当这个意思引申之后,便具有了哲学意义。当它们意指原因与结果的时候,就是哲学问题(像《庚桑楚》那样);当它们意指本原与现象的时候(像《天地》那样),就是哲学的本体论问题。后来的中国哲人把本末更直接理解为本体与功能,像王弼那样,以无为本,以有为末,主张崇本而息末。我们看到,"本"有用作表示根源的时候,也有用来表示实体与作用的时候。当前者引申到具象义的时候,它表达的是本根,是宇宙论;后者引申到抽象义的时候,无论它是体用语境下的体(本),还是本末意境下的本,它都是本体,是本体论。①

(二)"道根"与"道本"之关系

在比较了"本"的两种用法之后,可以清楚,"本"即便在本末、体用语境下的运用,也都脱不掉"根"的影子,即"本"概念始终隐含了根源之义。再回到《大宗师》里所说的"自本自根"的问题,由于"本"非根源可以限量,那么把它解释为"本原"更加合适。因为"本原"更具有可解释性,可以解释为根源、本源,也可解释为实体、本体,而且《天地》

---

① 有一种观点认为,本体是从西方借用过来的,这是现代意义上的说法。如果要把王弼所说的"本"表达为现代的话,只会把它解释成"本体"。可这个表达是借用了西方的本体才会有的吗?笔者以为不尽然。因为王弼本来就是这个意思,在王弼的《老子注》中可以看到,他在解注《老子》的根时,多理解为"本",而这个"本"并不是有形质的东西,而是"无",所谓"有之所始,以无为本"(四十章)。以无为本,才可以有应有之用。

里面已经有了这样的表达:"立之本原而知通于神。"①

于是,便产生了这样的问题:作为天地根源的道,同时也是本体吗?进一步说,那作为宇宙论的道论,同样也是作为本体论的道论吗?这个问题是老子、庄子学说引来的,却也是困扰中国哲学的一个基本问题。冯友兰在《中国哲学史》中曾将哲学的构成分为三部分:宇宙论(A Theory of World)、人生论、知识论,而在宇宙论中又分为研究"存在"之本体及"真实"之要素的本体论(Ontology)和研究世界之发生及其历史的宇宙论(Cosmology)。② 又说"道"是天地万物所以生之总原理。③ 依照冯先生的意思,前一个宇宙论是包括了作为哲学的本体论和作为物理学的宇宙论的。这样一来,宇宙论与本体论通约了,作为根源性的道也是作为本体性的道了。张岱年《中国哲学大纲》不提本体论,只称老庄的道论为"本根论",认为"万物皆根据此道,此道则更无复根据;万物皆遵循此道,此道则更无所遵循;此道是自己如此的"。④ 刘笑敢《庄子哲学及

---

① 李泽厚《哲学纲要》:"所谓'本体'不是康德所说与现象界相区别的 noumenon,而只是'本根'、'根本'、'最后实在'的意思。"(北京大学出版社 2011 年版,第 39 页)又说:"本来,本体论(ontology)一词搬用于中国,未必恰当。它的'存在论'、'是论'不同译名便显出这一点。因为它们探讨的是一切实在万物的最终本质、本性或'最终实在'(The Being of beings),或如 Quine 所说,'本体论'就是问'what is there'(有什么?),从而出现了各种设定:上帝、理性、绝对精神、物质世界,等等。它有深远玄奥的神学背景和缘由。而在中国'不即不离',即现象与本体既不等同又不分离的巫史传统中从根本上便很难提出这个'最终实在'的'本体'问题。其极端者如郭象干脆认为'物偶自生',并无共同本质或最终实在。"(第 233 页)虽然如此,李先生还是连续用了多个"本体论",以致有"双本体论"之说。笔者则认为,或许中国没有一个可以适合搬用的本体论"Ontology",但是,中国有一个"道论",这个"道论"中包含了本体的问题,诸如作为体用、本末语境下的本体与现象,道既是总根源,又是最后的本质。要知道,人类在这个问题上有着相类似的思维过程,如古希腊的本体学说,就是本源性与本体性不分离的。
② 冯友兰:《中国哲学史》绪言,中华书局 1961 年版。
③ 同上书,第 280 页。
④ 张岱年:《中国哲学大纲》,中国社会科学出版社 1982 年版,第 18 页。

其演变》也沿用了这种说法,认为道既是世界的总根源,又是世界的总根据。① 崔大华《庄学研究》也认为道是宇宙的最后根源,只是这总根源的内涵里面,也有本体论的思想史意义。② 蒋锡昌《庄子哲学》则直认天道为"宇宙之本体":"宇宙之本体,可以'绝对'二字括之。所谓'绝对'者,无形色,无大小,无生死,无古今;只觉混然一体,超越一切,决非他物所可比拟之谓也。庄子名此'绝对'曰'无无',曰'无名'。"③ 冯达文《中国哲学的本源——本体论》认为:"'本体'之意蕴,或亦可溯源于《老子》。老子有'道冲而用之或不盈'一说。此与'用'对举的'道'是'冲'(空)的,万物因'道'之'冲'而有自己多种多样之'用'。'道'与'用'比照即有万物得以成其为自己之根据之意义,是即'本体'之意义。庄子《内篇》不说'道生一'而多说'道通为一'。'道通为一'者,谓惟消解(通)了经验世界之分别对待(通为一),才可以见'道'。此道亦不具化生万物之本源义,而仅俱精神境界之超越义。……在这一意义上成立的'道',亦为本体。"④ 又说:"在道家哲学家中,在涉及世界的终极层面或终极依托时,有的取本源论,有的取本体论,有的两者掺杂而混用。故在总体讨论道家哲学时,我们亦可笼统以'本源——本体'论标识之。"⑤

---

① 刘笑敢:《庄子哲学及其演变》,中国社会科学出版社1988年版,第104页。
② 崔大华:《庄学研究》,中国社会科学出版社1992年版,第118、129、130页。作者在将庄子的道与黑格尔的绝对观念加以比较之后,形成了这样的观念:"两者也有一个很大的区别:'道'总是在宇宙中作孤立的、一次性的完成的显现,而'绝对观念'则是在宇宙事物的逻辑的、辩证的连续发展中显现。"笔者则认为,这恰恰是问题的关键。
③ 蒋锡昌进而解释道:"在西洋哲学中,亦有本体界(Noumenal world)与现象界(Phenomenal world)之别。二者之关系,一方是真际,是本体;一方是感觉所见之表面,是现象。如柏拉图、康德及斯宾塞尔等皆以平常感觉到者只限于现象界,而以本体界为不可知,此与庄子相同者也。"(《庄子哲学》,上海书店据商务印书馆1935年版影印,第5页)
④ 《中国哲学的本源——本体论》,广东人民出版社2001年版,第113、114页。
⑤ 同上书,第116页。

对以上各家论述，这里作一个基本的分析。冯友兰先生的大宇宙论囊括了宇宙论和本体论，在思维框架上看起来没有问题，他看到了中国先秦道论中的宇宙论倾向，也即看到道论中的本体论离不开宇宙论，但是，他的这个看法容易使人产生两个宇宙论的不清楚概念，即产生大宇宙论框架下的小宇宙论是不是哲学的问题。张岱年、刘笑敢先生的观点看到了道论中的根源性特性，但是没有回答作为总根源和总根据的道，如何可能作为本体论，而如果没有本体论意义，作为根源性的道如何实现它的普遍性，也就是这样的理论还算不算哲学。崔大华先生的观点试图表明根源性里面具有本体论的意义，但是从已经表述的内容看，他并没有解决自己提出的问题。蒋锡昌先生的观点从宇宙本体的绝对性及其他的不可知，明确而彻底地解决了道论中的本体论问题，但是他的方式是西式的，即拿西方哲学的本体与庄子的道作了简单的对比，然后断定庄子的"道"就是西方哲学所说的与现象对立的那个本体。他注意到庄子哲学与西方哲学的可比性，忽略了它们之间的不可比性，因此不能充分说明问题。冯达文先生的"本源——本体"论，道出了道家哲学（包括庄子）中本源问题与本体问题的纠结，他从老子的"道冲而用之不盈"看到了本体论问题（道体与道用），从庄子"道通为一"中理解到本体论的意义（"通"体现精神境界之超越义），而且，他洞见到了中国哲学的本体论是从道体与道用，即体用关系展开的。诸家之中，我取冯达文先生的观点。自然，冯先生以为庄子内篇中的道"不具有化生万物的本源义"，则也未必。我们已经看到，《大宗师》中的"自本自根"以及"生天生地"，所要表达的主要观点还是根源义。

如果顺着庄子的根源义理解道，能够解决哲学本体论问题吗？或者说能解决万物的产生及其本体与现象的关系问题吗？这个问题关乎道家及庄子哲学本身的命运,也关乎庄子哲学研究的面貌。

作为根源义的道有两个维度:一是"生",二是"一"。

先说"生"之义。如果说庄子运用的"根"具隐喻义的话,那么当庄子说"神鬼神帝,生天生地"的时候,他所说的"生"都不是隐喻之义,而是具实之义。我们看到,无论在内篇,还是外、杂篇,他所说的"生"都是具实义的,也就是正面讲述的,而不是"转借",或者"旁白",诸如"天地与我并生,而万物与我为一"(《齐物论》),"杀生者不死,生生者不生"(《大宗师》),"精神生于道,形本生于精,而万物以形相生"(《知北游》),"万物有乎生而莫见其根,有乎出而莫见其门"(《则阳》)等,这都是讲道如何"生"出大千世界的。借用"根",意在表达出"生"的意义。就是说,大千世界,物物相生,但各类的生,都汇总、归根到"造物者"。任何"以形相生"的事物,其产生都有根源可寻,也就是事物都是有"根性"的,而且从道理上讲,顺着事物的根向上回溯,"顺藤摸瓜",应该能够找到总根的,因为这个总根并非多元,而是从一个根生下去,从一个门出去。然而,实际上却做不到,这个总根并不对理智显现出来。依照《知北游》的"道——精神——形——万物"的路径,人们要从万物追寻道根,实在是力所不及。在《齐物论》里面庄子作了这样一个推定:

有始也者,有未始有始也者,有未始有夫未始有始也者;有有也者,有无也者,有未始有无也者,有未始有夫未始有无也者。俄而有无矣,而未知有无之果孰有孰无也。①

---

① 葛瑞汉称此推定为"无穷后退证明"。(见《论道者》,中国社会科学出版社2003年版,第212页)

从"有始"往上推溯,有"未始有始",继续推,则有"未始有夫未始有始";从"有"与"无"往上推溯,有"未始有无",继续推,则有"未始有夫未始有无"。如此的推溯可以无穷尽,却不会有结果。推溯属于理智所为,而理智所理解的东西还都局限于"以形相生"的时空范围(六合之内),理智不能够推及到时空之外(六合之外),所以,依照庄子的意思,我们只需要明了万物之生有这么一个总根源,却不要去追溯,而应当止步。

与"生"的维度孪生,"一"是另一个维度。在《老子》那里,道与万物之间的关系也是"生"的结果,但老子提出了"生"的图式:"道生一,一生二,二生三,三生万物。"从绝对的无差别的"道"——"一"到"二",是一个裂变的过程,诸如由一而有二(阴阳),由二(阴阳)而有三(多),由三(多)而有万物。在庄子那里,他只说到道是"一",如"道通为一"(《齐物论》),"道不欲杂,杂则多"(《人间世》),没有说到如何从纯一到多。在《庄子》那里,只说"物物者非物,物出不得先物"(《知北游》),"万物以形相生",也即是说,庄子并不想去推究道(物物者)如何生出物来的,只想说生出物的不是物,物的多样性在于"以形相生",即物物自生。郭象恰好从这里推开去,说无不能生物,物是"自生"的。但是,纯一不杂的道如何实现它的普遍性关照呢?或者依崔大华先生提出的问题,那在宇宙中作孤立的、一次性完成显现的"道",如何能够在宇宙事物的连续发展中显现?或者说纯一不杂的道如何在多样性的事物中显现出来?这是老子和庄子的道论共同面对的问题。这是从"根源义"来论说道所不能回答的。① 有一个简便的回答:道在创造万物之时把自己根植于万事万物中了,并以此来实现它的普遍性和现实性存在,但

---

① 依照西方哲学的理解,就是本体如何"永远现在着"的问题,而不是过去时。

是，这个根源似乎离现实的事物太遥远了，不能说明存在于远古的道又能够现实地存在于（或在场于）当下的事物中。从而使当下的事物都能够合目的性地和谐存在下去。主张根源义的张岱年先生提出了道"行于万物，统会一切殊理"的办法来，但是，如何"行"和"统会"，并没有解决。所以，从根源义来理解道与万物之间的关系，是不能解决老子和庄子的哲学问题的。在上述意义上，庄子哲学注定要落实到本体论意义上去。

　　作为本体义的道可从两个方面得到解释：一是体用、本末论；二是道——理关系。成玄英在解释《天地》"立于本原"的那段话时，是如此解释的："神者，不测之用也。常在理上，往而应物也。不测之神，知通于物，此之妙用，必资于本。欲示本能起用，用不乖本义也。"①本体与妙用，当然是成玄英解读出来的，但也是《庄子·天地》本身所具有的蕴义。成玄英的时代，体用、本末观念已经相当流行，佛家、道家及儒家在这个方面形成了共识，即本、体、宗都被看作同一个对象，如《坛经》："无念为宗，无相为体，无住为本。"也就是说，本末的"本"，也就是体用的"体"。② 不仅如此，我们在《庄子》那里已经看到，"用"与"末"并非仅仅指作用与末流，也指物事与现象，如"大乱之本"在尧舜，"其末（现象）存乎千世之后"；同样，"以本为精，以物为粗"，"本"与"物"相对应，"本"当指本体、本质，"物"当指物事、现象。只不过本体既被看作引起现象的根因，又被视为现象背后的本质。如此来说，在《庄子》那里已经初现这样的端倪：体用、本末在两种意义上使用了，一是个体性的本

---

① 成玄英：《庄子疏》，见郭庆藩：《庄子集释》，第412页。
② 印顺《中国禅宗史》理解为："道本（本体、本原）只是空寂，是不二。"（江西人民出版社1990年版，第104页）

与体,个别性的用与末,二是普遍的、抽象的本与体,泛指所有的用与末。在第一种意义下,体用、本末只是指称实体、物体与表象、功用;在第二种意义下,它们指称的是宇宙的本体(道)与现象。①

道——理关系。道既然是要"应物",实现它的普遍存在与关照,那么,道与理发生关联是有充足理由的。我们看《庄子》书是怎么说的:

> 夫德,和也;道,理也。德无不容,仁也;道无不理,义也;……(《缮性》)

> 观于大海,乃知尔丑,尔将可与语大理矣。……是未明天地之理,万物之情者也。……消息盈虚,终则有始。是所以语大义之方,论万物之理也。(《秋水》)

> ……万物有成理而不说。圣人者,原天地之大美而达万物之理。(《知北游》)

> 判天地之美,析万物之理,察古人之全。……泠汰于物,以为道理,……动静不离于理,是以终身无誉。(《天下》)

理总是万物之理,它与物事相对应,理并没有抽象出来作为独立的实在,而道与理在某些境况下画了等号,意味着这二者之间具有同一性;而理作为万物之理,总是相对具体一点。道既与理有了同一性,那么道就可以因应万物之变了,如是,道不再是悬空的、远不可及的,而对于物象乃至世间的所有变化,它都是在场的、应变的、周全的,从而,道才不失为道。道既可以在蝼蚁、在稊稗、在瓦

---

① 有关这个问题,拙著《生命存在与境界超越》的"本根即本体"节,即第130——139页上有过论述,可参照。(上海文化出版社2001年版)

甓、在屎溺,那么还有什么可以不在其中呢?说道与理在某些境况下画了等号,却不等于道与理在任何境况下都可以画等号。道本身没有大小、殊异之分,而理则有了分别:有"大理"、"天地之理"、"万物之理"等等说法。《秋水》:

> 知道者必达于理,达于理者必明于权,明于权者不以物害己。

这段话表明的正是:得道者自能明了事理,明了事理者自能明了权变。从道到理,到权变,是一个落实的过程。《则阳》说的"万物殊理,道不私,故无名",进一步表明了道是普遍的,理是具体的,道可以通过具体的理来显现它的存在与在场,但并不可以为具体的理就是普遍的道,因为一旦具体化,道就不再是无私的了,无私就意味着不局限于具体。道与理具有同一性,但道不等于理,这种差别决定了不可以将道看作理或理则。哲学史上有一种传统的观点,认为老庄的道就是理则,或者就是规律,这种观点说到底是一种知识论,有其合理性,但并不充足。一来老庄的道论本身不是知识论;二来老庄的"道"本身不是理则或规律所能规定或者限量的。

三 庄子之道与老子之道

(一) 老子与庄子之道的区别

冯友兰先生曾言:"庄之所以为庄者的那一种宇宙观是与《老

子》第一章的说法相同的。"① 老庄之道在相同的方面，诸如以道为根本，以道为浑沌，以道为存在，以道为朴，以道为无，道不可名等，兹不多说，这里着重说他们道论的不同。

首先，在一与多的关系问题上，老子主张从浑沌之"一"到"多"，是一个"生"的过程，即道生一，一生二，二生三，"三"就意味着多，也即多样性的事物。② "一"是未分的整体，也是"道"，而"多"是从无到有、从阴阳到万物的已分的杂多。在老子那里，体现了较强的"根性"，强调了万物与作为其根源的道的联系性，所以，老子的道论具有更显明的宇宙论倾向。作为"万物之宗"的道对于万物的

---

① 冯友兰：《中国哲学史新编》第二册，人民出版社1983年修订本，第125页。
② 刘笑敢《老子古今》上卷"道如何'生'"中引述并评论了牟宗三、傅伟勋对此的观点："牟说：'道生之者，只是开其源，畅其流，让物自生也。此是消极意义之生，故亦曰无生之生也。……它不是一能生能造之实体。它只是不塞不禁，畅开万物"自生自济"之源之冲虚玄德。而冲虚玄德只是一种境界。……故表示道生之的那些宇宙论的语句，实非积极的宇宙论语句，而乃是消极的，只表示一种静观之貌似的宇宙论语句。'牟的解释力图消解道的客观生成之义，把生解释为消极之生，貌似之生，强调道'不是一能生能造之实体'，以便最终把道纳入主观境界之中，构成与儒家学说一横一纵的关系，从而突出儒家学说在判教中的地位。……在化解道之客观生成之义方面，傅伟勋与牟宗三是殊途同归。傅认为《老子》在这里用的只是比喻性语言，道不是事实上的施事者，只是语言形式上的主语，道本身是自然无为的，不会产生任何事物，……按照傅的语言分析方法，'生'字的基本的生成、产生的意思没有了，只剩下了'在先'的意思，这是为了说明老子思想只有象征意义下的本体论意义，没有宇宙论、生成论的意义。"（中国社会科学出版社2006年版，第440、441页）笔者以为刘的上述分析是有道理的。这里增加一点看法。老子对于道的界定确乎是采取了一种消极的方法，也即否定的方法，通过否定来达到肯定，所以，那个字面上的消极，却托出了一个积极的"生"；至于道是否是一个实体，对它的理解应当且只能在老子本意上，也即不是我们如何看待老子所说的道是否是一个实体，而是老子怎么看；如果依照我们怎么看，那么所有的实体论、本体论都会失去原来的意义，柏拉图的理念、斯宾诺莎的实体、康德的本体、黑格尔的绝对，这些实体、本体存在，都可以归结为牟先生所说的那种"貌似"了。傅伟勋先生所说的道只是"形式上的主语"的看法，与牟先生类似；至于说"生"只是比喻，则未当。前面已经表明，无论是老子或庄子所说的"生"，都不是在比喻的境况下说出的，而是在具实义上说的，《老子》书中有直言式的表达，《庄子》书中有"重言为真"的表达，对待这样的表达，是不能看轻的。

关照，表现在道于"为恍为惚"的造物过程中将自己的"根性"置入了事物的生命过程中，使其产生合乎目的性的运动，所谓"天之道，不争而善胜"，"天之道损有余以奉不足"；并且万物最终将要回到道的本身，所谓"反者道之动"，"各复归其根"。如果仅从"生"的角度来看老子的道论，它更像是宇宙论；而再从"反"、"复归"与合目的性方面看，它则有哲学本体论的倾向，因为它使万物有了灵魂与本质，只要使事物的灵魂与本质显现出来，就可以使得万物之间产生顺畅与和谐。① 而在庄子那里，"一"并不是指老子所说的"一"，不是指道或者根源性的"一"，而是指认知上的"一"。《逍遥游》里面所说的"将旁礴万物以为一"，②《齐物论》里"凡物无成与毁，复通为一"，"天地与我并生，而万物与我为一"，《大宗师》里"其一与天为徒，其不一与人为徒"，"又况万物之所系而一化之所待乎"，这其中的"一"，皆不是指道，也非指万物起始的那个"一"，只是认知上如何把差异看成无差别（一），这个"一"其实就是"齐"的意思。但在《知北游》里面，有这么一段话："人之生，气之聚也。聚则为生，散则为死。若死生为徒，吾又何患！故万物一也。是其所美者为神奇，其所恶者为臭腐。臭腐复化为神奇，神奇复化为臭腐。故曰：'通天下一气耳。'圣人故贵一。"庄子虽然主张万物都有根源，有宗本，但是，在"造物者"（道）与万物之间，有一个"物出不得先物"的界限，人们只能循到物的踪迹（且永无止境），却不可能顺势摸到道门，穷尽对于道的认知。虽然庄子主张通过修养"反其真"，却不强调道根与宗

---

① 这里不用"善"这个词，是因为人们称之为"善"的这个词的歧义性质，以及我称之为"合目的性"的特殊指向与非歧义性质，如同可以说老子的这种"合目的性"是一种善，却不可说合乎所谓"善"的都是合目的性的。

② 见冯达文先生的文章《在学与思的路途中》关于"一"的论述。（刘笑敢主编：《中国哲学与文化》第九辑，漓江出版社 2011 年版）

本的返还,甚至他觉得世界走向了不归之路("往而不反")。

其次,在根源与本末的关系上,老子与庄子都认为道就是万物的总根源,是一个实在(浑沌),道也存在于万事万物之中,但老子的道首先是一个"古始"之道,其次才是它存在于现世之中。老子更倾向于古而不是今,所谓"执古之道以御今之有"(十四章),"古之所以贵此道者何"(六十二章),"古之善为道者"(六十五章)云云。庄子虽也崇尚古始,认为道是一个久远的存在,但庄子主张物物相生而成杂(多),物与道之间不存在可追寻的路径,于是他便以自己的方式阻断了由杂(多)而通向一与道的路径,然而,他却为道在现实世界的存在提供了一个本体与现象关系的可能性论证。于是,道的存在并不需要以寻根的方式来彰显,而是如同本末、体用那样,它与现实世界如影随形。在庄子那里,道是灵活应变的,是当下在场的,而不必一定要坚守古始,以远古之道来因应现世的复杂多变。从而,庄子以体用、本末的方式表现出来的本体论意识更为显明。

其三,在道——理的关系上,老子没有谈到"理"的问题,大概在老子的年代,"理"还没有流行起来,孔子也不谈论"理",只是到了孟子、庄子才谈论理,而且,孟子谈的"理"主要指条理,庄子内篇也只有《养生主》谈到过"天理",外、杂篇里"理"的表达才多了起来。理原本指纹理,《说文》:"理,治玉也。从玉里声。"从具体的纹理、理路,到抽象的理则、本质,这需要一个长期的思想过程,标志着人们对事物认识的进步。先秦诸子之中,只有《庄子》明确地把理从一般的条理、道理当中抽象出来了,即便在《荀子》里面,理也并非一个纯粹的哲学范畴,只在《解蔽》里说道"制割大理而宇宙里矣",有一点抽象的意味。而理一旦作为哲学的范畴使用,便表现出了它的独特性,它更适合表达本体与现象之间的关系。但是,老子用了"德"的观念。依照老子的序次,"失道而后德,失德而后仁"

（三十八章），"道生之，德畜之，物形之，势成之"（五十一章），德乃是道的具体化与落实化。王弼解释为："德者，物之所得也。"（《老子注》）后人都遵循了这个解释，这是因为这样的解释合理，且符合老子的原意。道化为德，依照老子的意思，这乃是一种退化，如同德退化为仁义礼智一样，但是，道也因此而变成了成物之性，即变成人与事物的操存与品性了。德对于人来说，就是品性、品质；对于事物来说，就是性质、本质。这就与理有了某种关系，在某种意义上，理就是德。只不过，德是要在主动性上去说的，如同我要操存、蓄养，以成就与道相同的品性；而理则不必如此，它更像是被动地接受的，换言之，事物之理或人的本性并不是接受的结果，而是被赋予的结果。显然，《老子》的"德"论并不适合所有的对象，因为不能够说事物也有德；《庄子》的"理"论可以适合所有的对象，对人可以说"道理"，对事可以说"事理"。

（二）道是"它"，"他"，还是"她"？

它、他与她其实是现代的分别，古时候只有它与他，没有她，但我们却要借现代的这个分别对老子和庄子的道，作一个性别的分析。"他"指对话主客以外的某个人、物、事，《孟子·梁惠王》："王还顾左右而言他。""它"同"他"，《诗经·小雅》："它山之石，可以为错"，"它山之石，可以攻玉。""她"则是现代汉语才有的，即便在古文里出现了女性的"她"，也都用"他"代之。《老子》书里，没有用到过第三人称的"他"或"它"，只用到了第一人称的"吾"与"我"："吾不知谁之子，象帝之先。"（四章）"何谓贵大患若身？吾所以有大患者，为吾有身，及吾无身，吾有何患？"（十三章）"万物并作，吾以观复。"（十六章）"自古及今，其名不去，以阅众甫。吾何以知众甫之状哉？以此。"（二十一章）"吾不知其名，字之曰道，强为之名曰大。"（二十五章）"将欲取天下而为之，吾见其不得已。"（二十九章）"吾将镇之以无名之朴。"（三十七章）"强梁者不得其死，吾将以为教父。"（四十二章）"无有入无间，吾是以知无为之有益。"（四十三章）"善者吾善之，不善者，吾亦善之，德善。信者吾信之，不信者，吾亦信之，德信。"（四十九章）"吾何以知天下然哉？以此。"（五十四章）"吾不敢为主而为客，不敢进寸而退尺。"（六十九章）"祸莫大于轻敌，轻敌几丧吾宝。"（六十九章）"吾言甚易知，甚易行。天下莫能知，莫能行。言有宗，事有君。夫惟无知，是以不我知。"（七十章）"若使民常畏死，而为奇者，吾得执而杀之，孰敢？"（七十四章）"功成事遂，百姓皆谓我自然。"（十七章）"我独泊兮，其未兆。"（二十章）"俗人昭昭，我独昏昏。俗人察察，我独闷闷。……众人皆有以，而我独顽且鄙。我独异于人，而贵食母。"（二十章）"人之所教，我亦教之。"（四十二章）"使我介然有知，行于大道，唯施是畏。"（五十三章）"我无为，而民自化；我好静，而民自正；我无事，而民自富；我无欲，而民自朴。"（五十七章）"天下皆谓我道大，似不肖。夫唯大，故似不肖。"（六十七章）"我有三宝，持而保之。一曰慈，二曰俭，三曰不敢为天下先。"（六十七章）"夫惟无知，是以不我知。知我者希，则我者贵。是以圣人被褐而怀玉。"（七十章）

"吾"字用了十六次，"我"字用了十次。这表明老子其实具有很强的自我意识，以至于他在运用第一人称代词的时候，在某些情况下，他是立足于个人的立场，但在某些情况下，他是立足于治国者的立场在看待问题，或许只有在治国者的立场才能谈论治国的问题，所谓"以邦观邦，以天下观天下"。但是，他在谈论"道"的时候，要么直接称呼"道"，要么用了第三人称"其"，而没有用"他"或"它"。这之间有着某种值得玩味的东西。用"道"或"其"，其实都是第三人称,如同我们在说到某人某事的时候,那个被说的人或事是不在场的,而"其"字是在前面已经说到的对象再次出现在我们的话语中的时候才会用到。然而,老子在论说的时候还有一层深意,道是不可以第一、二人称来论说的,这表明所有论说道的人,都是一个他者,如此,可以始终保持自己作为一个述道者的角色,而不能够说"吾"或"我"就代表了道。我们已经看到,老子所用的"吾"或"我",可以代表求道者、以道治天下者,甚或圣人,亦即可以代表任何人,却不能代表道,道始终没有说任何的东西,它只是被述说而已。而第二人称,如"若"、"汝"、"而"、"尔"等,都不适合用来述说"道",因为在老子看来,没有人有资格面对道说话,只能以有距离的第三人称来述说它。虽然老子并没有用"它"、"他"乃至"她"来表述,但我们仍旧可从他的言说语境中分辨出来。老子说:"有物混成,先天地生。寂兮寥兮,独立而不改,周行而不殆,可以为天下母。"(二十五章)"故道生之,德畜之,长之育之,亭之毒之,养之覆之。生而不有,为而不恃,长而不宰,是谓玄德。"(五十一章)"故坚强者死之徒,柔弱者生之徒。"(七十六章)"天下莫柔弱于水,而攻坚强者莫之能胜,其无以易之。弱之胜强,柔之胜刚,天下莫不知,莫能行。"(七十八章)这里的"母",当然是比喻的用法,然而,从浑沌之物到万千之物,也只有"母"能胜任"生"的责任了;使之长育、成熟、养覆的,也是"母"的作为;至于说德性,水一般的柔弱,也是女性的标志。有人以女性之德来表达老子所崇尚的德性,也是不会有错的。在这个意义上,《老子》书里的道,如果用第三人称,应该是女性的"她"。

在《庄子》书里,道也是作为第三人称,直呼其"道","道"也是名号,是可以用来称谓的;而在道已经被称呼了的情形下,后面的重复便用"之"字替代,如《大宗师》里所做的那样,在描述道本身的时候，直接用了"道"的称号，而在后面谈到道与人们的关系时，一律用了"之"字，诸如"狶韦氏得之，以挈天地；伏戏氏得之，以袭气母"云云。道虽然也是天地根，但并不强调"天下母"的意义，也没有性别意义，为了表达道的至上地位，有时称为"大道"（"大道不称"），有时称为"至道"（"敢问至道之精"），有时用无称谓（"一化之所待"）。如果我们把《庄子》所言的道置入现代语境下，那么与"道"能够相对应的称谓当为"它"。如《知北游》所说的道在哪里的问题，它无所不在，既可以存在于高上的事物中，也可存在于低下的事物中，这就是"道之数"，"可以贵、可以贱、可以约、可以散"。显然，庄子不想强调道的根性与母性，而想强调它的存在与普现。一方面，与老子保持了基本立场的一致，始终作为一个述道者的身份，从未以道者（我与吾）的身份谈论道；另一方面，以它与事物的关系的表达，彰显了道的存在论意义。至于说道教产生后，《老子想尔注》以"吾"来解释"道"，则是后来的事情。①

---

① 《想尔注》："吾，道也。帝先者，亦道也。"（"吾不知谁子，象帝之先。"注）"吾，道也，所以知古今终始共此一道，其事如此也。"（"吾何以知终甫之然？以此。"注）"吾，道也，还叹道美，难可名字，故曰道也。"（"吾不知其名，字之曰道。"注，俱见饶宗颐：《老子想尔注校正》，上海古籍出版社 1991 年版）

第三章 相对主义问题

一 物之齐与不齐

围绕《齐物论》篇名的争议至今未曾停息,《文心雕龙·论说篇》:"庄周齐物,以论为名。"这个说法在后来遭到反对,王应麟《困学纪闻》卷十:"齐物论,非欲'齐物'也,盖谓'物论'之难齐也。是非毁誉,一付于物,而我无与焉,则'物论'齐矣。邵子诗:'齐物到头争',恐误。张文潜曰:'庄周患夫彼是之无穷,而'物论'之不齐也,而诧之于天籁,其言曰:吹万不同,而使其自己也。"①王夫之《庄子解》:"物论者,形开而接物以相搆者也,弗能齐也。使以道齐之,则又入其中而与相刃。唯任其不齐,而听其自已;知其所自兴,知其所自息,皆假生人之气相吹而巧为变;则见其不足与辨,而包含于未始有之中,以听化声之风济而反于虚,则无不齐矣。故以天为照,以怀为藏,以两行为机,以成纯为合,而去彼之所谓明,以用吾真知之明;因之而生者,因之而已,不与之同,不与之异,唯用是适,则无言可也,虽有言以曼衍穷年,无不可也。不立一我之量,以生相对之耦,而恶有不齐之物论乎?"②钱大昕等人皆以为"齐物"为六朝时人误读。③ 锺泰也说:"《齐物论》者,齐物之不齐,齐论之

---

① 王叔岷:《庄子校诠》,中华书局2007年版,第39页引。
② 王夫之:《庄子解》,中华书局2009年版,第84页。
③ 见王叔岷:《庄子校诠》上册,中华书局2007年版,第39页。

不齐也。言论先及物者,论之有是非、然否,生于物之有美恶、贵贱也。"并认为齐物之论为"大谬"。① 而宣颖仍坚持《齐物论》为"齐众物之论也"。② 王叔岷《庄子校诠》则认为:"'物论'连读,'齐物'连读,说并可通。"③

《齐物论》一篇,为庄子相对主义哲学最为集中的表述,所以,人们对这篇的篇名的读法之争议,其性质是针对庄子哲学表述的,亦即庄子哲学是"齐物",还是要齐"物论"。要说"齐物"与齐"物论",都是该篇的应有之义,完全可以从中开出两种理解,前者是齐万物,后者是齐是非,如果再加一个内容,则是齐生死。④ 不过,要说"连读"的讲究,或许庄子那里未见得有如此的隐微,如果一定要分出个端倪,我则还要说"齐物论"乃是"齐物之论",先有物之齐,尔后才有物论之齐,倘若物之不齐,论何以息?

庄子既然要把寻常我们所见到的所有的差别、分歧、是非乃至物我都看成平等、齐一,那么庄子的哲学是否为一种价值论?事实上,许多学者是这么看庄子哲学的,甚或有人把庄子的学说看成诡辩论。这里涉及一个基本的判断,这个基本的判断与一个基本的认同相关:庄子的哲学是一种相对主义的哲学。这是学界较少分

---

① 锺泰:《庄子发微》,上海古籍出版社 2002 年版,第 26 页。
② 宣颖著,曹础基校点:《南华经解》,广东人民出版社 2008 年版,第 10 页。
③ 《庄子校诠》:"然《齐物论》之主旨,在'天地与我并生,万物与我为一'二句。则庄子之意,明是以'齐物'连读;《秋水篇》发挥《齐物论》其主旨在'万物一齐,孰短孰长!'亦正是'齐物'之义。至如《德充符篇》:'自其同者视之,万物皆一也。'《天地篇》:'万物一府,死生同状。'亦皆'齐物'之义也。《淮南子·齐俗篇》《论衡·齐世篇》,并阐发庄子'齐物'之义,'齐俗','齐世'亦所谓'齐物'也。庄子之意,固非以'物论'连读者矣。"(上册,中华书局 2007 年版,第 39、40 页)
④ 庞朴《庄子的主要思想》:"庄子的相对主义包括三个方面,即'齐万物,同是非,一生死'。说得这么彻底、大胆、明快而又那么有趣,在中国是第一人。"《庞朴文集》第一卷,山东大学出版社 2005 年版,第 146 页)

歧的认同。在这个基础上，我们可不可以说这种相对主义哲学是一种价值论的哲学？我以为这个判断是有问题的。我们当然可以说任何真正的哲学都是包含了某种价值论的，却不可以说这种哲学就是价值论。价值论的观点起于市场的理念，是在比较商品的过程中的一种权衡，在两可之间，做出自己的选择，所以"与其……不如"这个词就与价值论分不开了。在《庄子》书里，表示价值选择的话不少，如"相濡以沫，不如相忘于江湖"（《大宗师》），却也不能说庄子哲学是一种价值论哲学。或许我们可以这样看待认知论与价值论问题：由权衡而起，权衡而落的学说，属于纯粹的价值论；由认知而起，认知而落，或者由认知而起，权衡而落的学说，都属于认知论。价值论的基本任务是在已知的基础上做出最好的选择，不在于发现价值；而认知论的基本任务是发现价值，尽管它也可以在发现价值的基础上做出选择。

影响人们把庄子哲学看成价值论的主要原因，应该是庄子那些似有违常识的论断，如"以道观之"，"以物观之"，"以差观之"，以及"是其所是，非其所非"等，似乎世上的贵贱、等差、小大、美丑都只是一个如何看待的问题。我则要说，这只是表象。从庄子的思想过程来说，如果庄子的这些论断是从价值起，而得如此的认知，那是价值论；如果庄子是从认知起而得如此的价值，那是认知论。显然，庄子是后者，而非前者。也就是说，庄子之为庄子，在于他的相对主义认知论，而非他的价值论。

也有一种观点，认为庄子的齐物论并非知识，而是一种生活态度和生活方式，亦即庄子所要"看齐"的，并非一种系统的认知，而是要表达他的生活态度和生活方式。[①] 这个观点其实与上述的看

---

① 见王博《庄子哲学》："'齐物'是一种生活态度和生活方式，而不是知识，这是我们关于《齐物论》说的最后的话。"（北京大学出版社 2004 年版，第 90 页）

法相当,稍有区别。相同的是都把庄子哲学看作与生活态度相关的价值观,不同的是前者仍然把庄子哲学看成是某种知识(价值论),后者则不把庄子哲学看成是知识,纯粹只是态度或方式。这么看待庄子并非没有合理性,因为庄子本人就是否定知识的,在庄子看来,以有限的生命追逐无限的知识,那是很危险的。然而,庄子的哲学作为哲学,是不是一种知识呢?我想这个问题其实是明知故问,因为答案已经包含在设问的前提里面了,只要承认是某某"学",就是知识了。只是这种知识不是知识论的,因为它反对知识。有论者称此情形为一"吊诡"的事情。①

我们还可以从价值中立的角度看待庄子的学说。如果庄子是从价值观念入手,或者在他的论述中预设了某种价值观,那么他的学说或可说成是价值论的、生活态度论的;如果是价值中立的,我们则应当说是认知论的,因为他并不强调立场,而是强调公正的态度。尽管庄子说了许多有违常识的论断,然而,在他看来,那些常识恰恰是因价值不中立的立场所引起的,是私其一己之说的"成心",故而,他要追求无偏私的"观",恰如《在宥》所说:

……游者鞅掌,以观无妄。……圣人观于天而不助,……

又如《天地》:

以道观言而天下之君正,以道观分而君臣之义明,以道观能而天下之官治,以道泛观而万物之应备。

---

① 陈少明《〈齐物论〉及其影响》:"运用理性的规则,从事解构理性的思想活动,这是哲学的一大'吊诡'。"(北京大学出版社2004年版,第13页)

"观无妄"是"观"出事情的本来面目,"不助"是不以私己之意干扰客观的"观"。之所以主张"道观",在于只有这种"观"才能出离偏私、成见,才能走出自我所囿。在这里,价值中立成了认知(观)的前提,而认知则产生了价值观与生活态度。

二 小大之辩

小大之辩是庄子关于事物在空间中的展开样式及其性质而进行的辩论。在《逍遥游》里,庄子描述了大鹏与小鸟之间对空间的不同要求:

> 穷发之北有冥海者,天池也。有鱼焉,其广数千里,未有知其修者,其名为鲲。有鸟焉,其名为鹏,背若太山,翼若垂天之云,抟扶摇羊角而上者九万里,绝云气,负青天,然后图南,且适南冥也。斥鷃笑之曰:"彼且奚适也?我腾跃而上,不过数仞而下,翱翔蓬蒿之间,此亦飞之至也,而彼且奚适也?"此小大之辩也。

庄子先是描述了大与小的两类物:鲲鹏与斥鷃,以及蜩与学鸠。由于鲲鹏超出了人们的想象,故而专门给予描述,鲲之大,其广数千里,化为鹏,鹏之背,不知其几千里;斥鷃、蜩、学鸠,人所共知,不需描述。尽管在庄子笔下的鲲鹏是大物,可是庄子并不说它是"大";斥鷃、蜩、学鸠是小物,可是庄子也不直说它们是"小"。如果直接说出它们的大小性质,他就将陷入自己设定的陷阱,所以他让读者有大小的感受,却避而不谈它们是大是小。当读者进入了他的语境,有了大小的感受之后,他却说出了相反的话,大未必就是大,小也未必就是小。庄子打了一个比方：你把一杯水倒在堂中的凹处，放一根草芥在上面，它就像一条船那样被这杯水浮起来；而你拿个杯子放在上面，就与地面触着了。所以，鲲要有超乎想象大的北冥才能够容身，鹏要拍击水面三千里，抟旋风九万里，才可以飞得起来；而斥鷃、蜩、学鸠之类的小鸟，只需要在蓬蒿之间就可以自由自在地飞翔，数仞之高的大树对于它们来说，或许都太高太大了。在小鸟的眼里，鲲鹏实在是太大了，飞得实在太高了，岂不知那才合适鲲鹏，所谓体大量亦大。然而，在鲲鹏的眼里，它固然注意不到鸟之小，也不会意识到自己之大，即便是飞起来像垂天之云，而在天地之间，它所看到的是"天之苍苍"，"其远无所至极邪"，它哪里算得大！正是因为如此，《齐物论》里这才说：

> 天下莫大于秋豪之末，而大山为小。

从小中更有小的方面看，秋毫（豪）之末是大；从大中更有大的方面看，大山也是小。大概由于庄子用了"天下莫大于"的句式，人们以为庄子漠视事物的大小性质，为了齐物的目的，硬生生地把秋毫之末说成是天下之大，又把大山说成是天下之小。这么讲，也算不得误解庄子，毕竟庄子是这么说了。但是，这样的理解肯定于庄子之意有所不达。在庄子那里，每一物都有它所适应的境域，它本身的大小属于其性质，而与它所对应的空间就是它所适应的境域。小鸟与鲲鹏对于世间的大小，都是从它们各自的境域来看待的。境域不同，看待的结果不同，小鸟看到的鲲鹏是大，而鲲鹏看到的自己是小。既然存在如此的差异，那么从小鸟看到的大未必是大，从鲲鹏看到的小也未必是小了。从这个意义来说，每一物的大小性质与其境域有着相关性。在同一境域里面，大就是大，小就是小；

在相异境域里,那个大小性质便要动摇了。与其说庄子试图齐大小之差,不如说他试图表达境域之差。境域既有如此的差异,那么每一个境域难道不都是一个世界么!庄子的相对主义立场在这里表现的,正是要将人们固守的大小观念打破,让事物的性质与其境域建立某种联系性,在这种联系性的关系里面,一切都是相对的,只有事物是相对的这一点是绝对的。

《秋水》记述了河神夷与海神若的一番对话,意味深远。秋雨连绵之际,河水迅涨,大大小小的川流都汇聚到了黄河,那水流涌满浩荡,拍击着两岸的山崖,人们要是立在岸边往对岸看,连对岸的牛马也都分辨不出了。于是,河伯(冯夷)欣然自喜,感觉越发地好了起来,他觉得自己就是世界上最壮阔最美丽的。于是,他随着河流向东而行。到了北海,他向东面望去,看不到水的尽头。这时,他才感到困窘,开始怀疑自己的感觉,他甚至反观自己是不是最壮阔最美丽的。然而,事实摆在这里的,他只好认了。我们来看看他们之间的对话情景。

河伯说道:"俗话说'听到了一百个以上的道术,认为没有一个跟得上自己的。'说的正是我这样的人。……如今我看到您无边无际,我还没有找到您的门,就已经陷入危险的境地了。我恐怕要永久地被有道之人见笑了!"

听了河伯的这番反省,海神这才说道:"水井之蛙不可能与它谈论海的事情,那是因为它局限于狭小的空间;夏虫不可能与它谈及冬天里结冰的事情,因为它受生存时间的限制;乡曲之士不能与他谈论大道的事情,因为他被所接受的教养束缚。如今,你从山崖中来,看到了大海,知道自己的丑小,所以,你是可以谈论大的道理的人了!天下所有的水流,没有比大海还大的。万条的川流都汇集于海,河流不息,而海从来也不会盈满;海水从尾端泄流,不曾停止过,而大海也从不见枯竭。无论是春夏秋冬,还是水涝大旱,都不会有任何的改变。多少条河流,流入大海有多少的水,难以计量其数,而我从来没有以此来自我夸耀的。我从天地接受形体,又禀受阴阳之气,我在天地之间,如同小石头、小木头处在大山里面一样。刚刚意识到自己的渺小,又怎么会自以为大呢! 比较一下,四海在天地之间,不就像一块石头中间的一个小孔处在湖泽之间吗?中国在海内,不就像稊米在大仓中间一样吗?我们通常把无数的物称为万物,人只是万物中间的一物;人类所处的九州,乃是谷物生长的地方,舟车相通的地方,其中有以万来数的东西,人也只是占据了其中一个。拿人来比万物,不是如同马身上的一根毫毛么?"

听完海神若的话,河伯似乎明白了其中的道理,他问:"那么我把天地看作大,而以把毫毛看作小,这样可以吗?"

海神若立即予以否定:"不可以。事物啊,其数量无穷,随着时间变化无止境,分化无常,终始反复。所以,大智慧既看到远处,也看到近处,因而,遇到小的东西不认为是小,遇到大的东西也不认为就是大,这就是智慧的识量无穷。……由此来看,凭什么知道毫毛就是衡量最细微东西的界限呢? 又凭什么知道天地就可以穷尽最大的空间呢?"

"世上的人们都说:'最精细的东西其实是无形的,最大的东西是不可以范围来限量的。'这是真实的情形吗?"

"从细微的东西看大的东西,不能穷尽;从大的看小的东西,不能明彻。"海神若强调了一遍自己的意见。接下来,海神若讲出了关于小大之辩的最哲学的话:

> 以道观之,物无贵贱;以物观之,自贵而相贱;以俗观之,

贵贱不在己。以差观之，因其所大而大之，则万物莫不大；因其所小而小之，则万物莫不小。知天地之为稊米也，知豪末之为丘山也，则差数睹矣。以功观之，因其所有而有之，则万物莫不有；因其所无而无之，则万物莫不无。知东西之相反而不可以相无，则功分定矣。以趣观之，因其所然而然之，则万物莫不然；因其所非而非之，则万物莫不非。

河伯自以为天下之大、天下之盛美都在于自己一身，它有足够的理由这么看待自己。然而，与浩渺无际的大海比起来，它又不足称道了。而海神若一面向河伯讲述自己的大，大到超乎河伯的想象，万条的河流注入大海，大海不满；大海不停地泄流，大海也不会见少。可是，即便这么大，与天地比起来，自己简直又小得可怜了，如同小石头、小木头在大山中间；甚至把四海加起来与天地比较，也不过像是湖泽中某块石头中间的一个小孔而已。从小的角度看待万物，万物都是大；从大的东西看小，万物都是小。这种大中更有大、小中更有小的连环推理，向河伯展示了一个无穷广阔的空间。可是当河伯把天地看成大、把毫末看成小的时候，海神又纠正他，不仅大中更有大，也要知道小中更有小，毫毛不足以担当小的界限，就像天地不足以担当大的界限一样。海神提出了一个观点：以大看小是不行的，如同以小来看大一样。以大看小，就看不出细微；以小看大，看不深远。如何才是正确的看呢？那就是既要从细微处看，又要从大处远处看，这样才会超越每个人的局限。

在这里，除我们已知的大小之性质的相对性以外，有几个微言大义是不可不深究的：第一，小大之物都有其相适应的境域，井蛙、夏虫、曲士不能谈论他们所不知道的事情，因他们的生活境域（虚、时、教）所限定，"以其至小求其至大之域，是故迷乱而不能自得也"。至小与至大,都是人与物所处的境域,所形成的见识也只适用于境域之内,以小看大者"不尽",以大视小者"不明",都会陷于"迷乱而不自得"的困惑。第二,"至大"与"至小"都是观念的,因为我们所见到的小并不是最小,毫末不足以"定至细之倪";所见的大也不是最大,天地也不足以"穷至大之域"。所以,借了"世之议者"的话说:"至精无形,至大不可围。""无形"是指无形体,不占空间;"不可围"是指不可限量、没有边际。"至精"与"至大"其实是做了两极的推穷,用这种看不见、够不着的方式,打开人们的视界,让人们觉得有此境域的存在,而在这种存在的比照下,任何的小大都只有相对的性质。第三,"观"的区别。提出不同的观,是要表明"观"有个视域与立场的区别,观出的结果也很不同。"以物观之",是以物自身观他物,结果看重自己,轻视他者;"以俗观之",是以世俗的眼光看待世事,结果是人云亦云,缺乏自主性;"以差观之",是以等差的眼光看待事物,结果是以小看大,万物都是大;以大看小,万物都是小;"以功观之",是以功效看待事物,从有的方面可以看出万物皆有其功效,从无的方面也可以看出万物皆无其功效;"以趣观之"是以自己的倾向性来看待万物,自己欲肯定的就都予以肯定,自己欲否定的就都予以否定,如此等等。以上这些看待世界("观")的方式,之所以会得出如此多的、甚至自相抵牾的结果,皆因视域与立场的原因,走不出自我,排不开偏私。只有"以道观之",才是最通透的、无偏私的、公平的"观",所以小大、等差都消失了。又所谓:

> 以道观之,何贵何贱,是谓反衍;无拘而志,与道大蹇。何少何多,是谓谢施;无一而行,与道参差。(《秋水》)
> 自其异者视之,肝胆楚越也;自其同者视之,万物皆一也。

(《德充符》)

贵贱可以反复（贱可以转而为贵），多少可以相互替代，我们不必拘泥那些差别，不必抱定一成不变的观念，而任其心志，与道相洽，从道而行。从而，"以道观之"，也就是从差别中看出同一，从不齐中看出齐一。①

三　时与化

如果说小大之辩是境域与空间的问题，那么，时与化则是时间与运动的问题。时间是否像境域与空间一样呈现出相对性？时间与运动是怎样的关系？这是我们关心的问题，也是庄子所关心的问题。

我们或可这样来概括庄子的时间观念：时间以无限性的存在表现它的绝对性，又以它的有限性存在表现它的相对性。时间的无限性首先表现在时间没有开始，没有终结。我们来看《庄子》各篇是如何说的：

> 有始也者，有未始有始也者，有未始有夫未始有始也者……
> (《齐物论》)

如果你认为时间有"开始"的话，那么在这个"开始"的前面一定就有"未曾开始"，在"未曾开始"之前还有"未曾开始的开始"，以此推

---

① 成玄英《庄子疏》："夫代谢施用，多少适时，随机变化，故能齐物。若执一为行，则与理不冥者也。"(郭庆藩：《庄子集释》，第 585 页)

下去，没有穷尽，如此来说，时间是没有开始的。

> 死生、存亡、穷达、贫富、贤与不肖、毁誉、饥渴、寒暑，是事之变，命之行也。日夜相代乎前，而知不能规乎其始者也。(《德充符》)①

庄子的本意是想说，死生、存亡、穷达、贫富等等，并没有一定如此的道理，它们之间只是个相互替代与转换的过程，没有哪个人能够守持住自己的好命运，也没有哪个人可以拒绝自然给予他的命运，所有的都只是个遭遇。然而他却无意中说出了时间的终始问题。试图从后面去追索上述替代与轮换的开端，那是我们的智力所不及的事情，因为它本来就没有一个确定的开始时刻。又如：

> 吾观之本，其往无穷；吾求之末，其来无止。(《则阳》)
> 有实而无乎处者，宇也。有长而无本剽者，宙也。(《庚桑楚》)②

《则阳》是要说"本源"与"末流"之间是不可穷诘的，因为它们

---

① "规"字，郭象和成玄英皆理解为测度的意思（郭庆藩：《庄子集释》，第213页）；宣颖解为诘问（见王先谦：《庄子集解》，上海书店1987年版，第33页），马叙伦解为"窥省"，马其昶解为"预图"（见钱穆：《庄子纂笺》，台湾东大图书公司2006年版，第45页）。虽然各家解释不尽一致，而意思相近。

② "剽"字，崔譔注："剽，末也。"成玄英疏为"末"："剽，末也，亦原也。本亦作摽字，今随字读之。"（见郭庆藩：《庄子集释》，第800页）陈碧虚注："剽，本作标。"（见钱穆：《庄子纂笺》，第194页）曹础基《庄子浅注》也解释为"标"（中华书局2007年版，第278页）。

表现在时间上向上、向下都是无穷无尽的。"宇宙"一词,在《庄子》内、外、杂篇中都有论及,如《齐物论》所言"挟宇宙",《知北游》所言"外不观乎宇宙,内不知乎大初",《让王》所言"余立于宇宙之中",《让王》所言"迷惑于宇宙,形累不知太初"等等,但只有《庚桑楚》对宇宙观念作了界定。这个界定与《尸子》、《墨经》的界定异曲同工。《尸子》:"上下四方曰宇,往古来今曰宙。"《墨子·经上》:"久,弥异时也。宇,弥异所也。"《墨子·经说上》:"久,古今旦莫。宇,东西家南北。"比较来说,《尸子》的表达明快易懂,便于记忆,所以,这个界定至今流行;而《庚桑楚》的表达更精确,它不仅表达了时间长短与空间方位两个意思,而且,它表达了时空的无限性。①

时间与运动是什么关系?以庄子看来,它不是与事物及其运动无关系的,不是外在给予事物及其运动的,它是运动得以展开的量度关系,而且,时间的不可逆转性也表明时间本身是运动的。所谓死生、存亡、穷达、贫富"日夜相代乎前",不仅说的是这些事情本身的久暂关系,也是说它们的不可逆转性,更进一步说,这些事情只是时间所由以实现的数度关系,依据这些事情的变化,表明时间的经历和它所走过的路程。②

《秋水》:

夫物,量无穷,时无止,分无常,终始无故。……道无终

---

① 有关这一点,刘笑敢《庄子哲学及其演变》有过这样的理解,见该书第220、221页,中国社会科学出版社1987年版。

② 亚里士多德《尼各马科伦理学》曾论及时间与运动及其目的的关系,说道:"一切运动都在时间之中,并且要达到目的,例如建造房屋,只有目的达到时运动才算完成。所以,运动或者在全部时间中完成,或者在目的中完成,在时间的各个部分中是没有任何完成的。"(《亚里士多德选集》,中国人民大学出版社1999年版,第233页)

> 始，物有死生，不恃其成。一虚一满，不位乎其形。年不可举，时不可止。消息盈虚，终则有始。是所以语大义之方，论万物之理也。物之生也，若骤若驰。无动而不变，无时而不移。何为乎，何不为乎？夫固将自化。

终始、死生、虚盈、消息、骤驰，这些都是事物变化所呈现的状态，因状态的不同，可知事物在变化，这种变化又都是不可阻止的事实。然而，这些变化是事物自己变化，还是时间促使它们发生如此的变化？并没有明说。这里只是表明了事物与时间的联动关系，所谓"无动而不变，无时而不移"，尽管说出了"自化"意思，似乎是事物自己变化了，但是，这句话也可以从另一个方面去理解，即事物在时间的流程中，跟随时间自化了。时间似乎并不是伴随事物而变化，它就是变化的根源，亦即事物跟随时间而自身变化了。仔细玩味文意，第二层意思竟占了主导地位。对于事物的死生、虚盈等形态，人们之所以不可以执着，就因为"年不可举，时不可止"，即时间变了，所以它们也要变。再看《天运》：

> 礼义法度者，因时而变者也。……命不可变，时不可止，……

礼仪法度之所以要变，根据在于时间。不同时间关系，当有不同的礼仪法度。时间之所以与命运联系起来，就在于时间的变化体现了某种目的性，这种目的性是超越于事物本身的，事物的变化只是实现目的的不同阶段。时间有何目的呢？前面讲"道无终始，物有生死"，"无终始"不仅是说道没有开始，没有终结，也是说道本身没有变化，而物是充满变化的。道虽然不变化，但它要经历所有的变化，这就是时间所要达到的目的。在这个序列的表述中，可知时间正是道的目的性的执行者,执行者肩负着特殊的使命,故而有"时命"、"时运"之说。这些词在后来的演变中,蜕化成时运、命运之说,逐渐失去了它们原有的那些含义。既然时间充当了特殊使命的角色,那么"与时俱化"(《外物》)、"与时消息"(《盗跖》),就成了一种理念。

又由于事物的变化状态只是时间流变过程中的量度,所以不仅它们的性质是暂时的,它们的量度,如长短、久暂也都是暂时的,如《逍遥游》所说:

> 小知不及大知,小年不及大年。奚以知其然也?朝菌不知晦朔,蟪蛄不知春秋,此小年也。楚之南有冥灵者,以五百岁为春,五百岁为秋;上古有大椿者,以八千岁为春,八千岁为秋。而彭祖乃今以久特闻,众人匹之,不亦悲乎!

又如《齐物论》所说:

> 莫寿乎殇子,而彭祖为夭。

事物是变化的,时间是流动的,人们寻常以为的小年、大年、长寿、短命,在这变化与流动的历史之流中,都成了相对的。而智者则能够从历史之流中找到自己的量度,却不会执着于它,而把这种量度看作暂时、相对的,此所谓"参万岁而成一纯"(《齐物论》)。

再来看"化"的问题。"化"几乎是《庄子》书里谈得最多的,而"化",也就是变化,所谓"时有终始,世有变化"(《则阳》),"兆于变化,谓之圣人"(《天下》),只是在不同的情景下附加了不同的意义而已。

首先,变化是绝对的、不可改变的事实。当庄子说死生、存亡、穷达、贫富等"日夜相代乎前,而知不能规乎其始者也"(《德充

符》),就已经表达了他对变化绝对性的看法了,在《齐物论》开头,庄子讲了这样一则寓言故事:

> 南郭子綦隐几而坐,仰天而嘘,荅焉似丧其耦。① 颜成子游立侍乎前,曰:"何居乎? 形固可使如槁木,而心固可使如死灰乎? 今之隐机者,非昔之隐机者也?"子綦曰:"偃,不亦善乎而问之也! 今者吾丧我,汝知之乎? 女闻人籁而未闻地籁,女闻地籁而未闻天籁夫!"……子游曰:"地籁则众窍是已,人籁则比竹是已,敢问天籁。"子綦曰:"夫吹万不同,而使其自己也。咸其自取,怒者其谁邪?"……喜怒哀乐,虑叹变慹,姚佚启态;乐出虚,蒸成菌。日夜相代乎前而莫知其所萌。已乎,已乎! 旦暮得此,其所由以生乎!

这段话,有人从认知方面解读,有人从运动变化观方面解读,皆无不可,在庄子那里本来无此分别。子綦"荅焉似丧其耦",意味着他的样子看上去似丧失了自己的形体。"形固可使为槁木,而心固可使如死灰乎",表明子游猜想子綦应该是忘我忘形了,接着"今

---

① 耦,郭象和成玄英皆注为"匹",郭象《庄子注》:"同天人,均彼我,故外无与为欢,而荅焉解体,若失其配匹。"(引自郭庆藩:《庄子集释》,第43页)成玄英《庄子疏》:"耦,匹也,谓身与神为匹,物与我为耦也。子綦凭几坐忘,凝神遐想,仰天而叹,妙悟自然,离形去智,荅焉坠体,身心俱遣,物我兼忘,故若丧其匹耦也。"(同上)司马彪注为"身":"耦,身也,身与神为耦。"(同上书,第44页)俞樾解为"寓":"丧其耦,即下文所谓吾丧我也。郭注曰若其失配匹,未合丧我之义。司马云耦身也,此说得之。然云身与神为耦则非也。耦当读为寓。寓,寄也,神寄于身,故谓身为寓。"(同上)这里从司马彪以耦为身。俞注以耦为寓的注解过于迂曲,而他以"丧其耦"为"吾丧我",也不合语境,"荅焉似丧其耦"是庄子对其形态的描述,"荅焉",《经典释文》释为"解体貌",即形不立体之状,故有"丧其耦",即似丧其形体。之后,子游与子綦的对话,才各自说出对这种形态的理解。

之隐几者,非昔之隐几者"的问话,表明子游进一步猜想,今天凭靠着案几的子綦,已经不是昨天凭靠着案几的子綦了?而子綦也对子游的问话表示了肯定,并反问道:"今者吾丧我,汝知之乎?"这样的反问,语气中就包含了肯定。对于"吾丧我",论者多有阐释,笔者则以为,尽管《尔雅释诂》有"身,我也"的解释,但在这里把"我"理解为"身"并不合适,如若这样理解,就不能解释"非彼无我,非我无所取"(《齐物论》)中的"我"的意思了。吾、我在大多数情形下并无分别,吾、我并用在通常的情形下,只当是为了避免语词重复,如:"今我则已有谓矣,而未知吾所谓之其果有谓乎,其果无谓乎?"(《齐物论》)但在这里,"吾"与"我"的并用,还有另一层意思。"吾"是当下的说话者,而"我"则指昨天的说话者,主体仍然是那个主体,但其内涵发生了变化,本来应该是:今日之我非昔日之我![1]但语言艺术的讲求使得"吾丧我"这句话值得玩味了。所以,那种以"似丧其耦"为"吾丧我"的理解是不符合前后语境的,因为后者是子綦阐发出来的,前者则只是状态的描述。如果公案才开头,就把案底告诉了别人,那便没有说下去的必要了。[2] 这里要反问的是,缘何今天的我已经不是昨天的我了?理由其实很简单:我发生了变化,如同虽仍旧是那个"躯壳",但里面变了。希腊人说的"人不能两次踏进同一条河流"论断对此有反证之义。这里不是讲处境、环境发生了变化,而是人本身发生了变化。缘何有这个变化呢?这可有两个向度:一是依随天地万物的变化,我也发生了变化;二是我自身主动促成了这样的变化,一个"丧"字,托出了人的主动性。第

---

[1] 王博《庄子哲学》认为"吾丧我","也就是《逍遥游》中说的'无己'"。(北京大学出版社 2004 年版,第 76 页)

[2] 王叔岷《庄子校诠》也认为"荅焉似丧其耦"就是"吾丧我",其曰:"'丧其耦,'犹言'丧我'亦即'忘我'。"(中华书局 2007 年版,第 41 页)

二个向度,属于认知的问题,将在后面再说它,这里先说前者。

子綦在说完"吾丧我"之后,紧接着就说到了人籁、地籁与天籁。地籁指的是"众窍",人籁指的是"比竹",天籁则指的是使万窍发出声音的"怒者"。对于天籁而言,虽然都是万窍自己发出的声音("而使其自己也,咸其自取"),却是怒者使然,那么"怒者其谁也"?对于这句话,郭象从"独化"的观念出发,认为天籁并不是别有一物,只是"自然而然,则谓之天然。天然者,非为也,故以天言之"。① 成玄英等也遵从郭象的解释。但清人宣颖则理解不同,他说:"彼众窍者,真以为自己耶?自取耶?果其自己自取,则噫气未作之先,何以寂然?既济之后,何以又寂然?则怒呺者,非无端而怒也,必有怒之者而怒也。而怒者其谁耶?悟其为谁,则众窍于呺,皆不能无待也已。"② 我以为,宣颖的理解为可取。从庄子有待、无待的观念来看,他在这里不是提示人们自悟"其怒者谁邪",而是反问,既然万物皆有所待,何以万籁怒呺而无待?接下来,庄子说到喜怒哀乐、虑叹变慹、姚佚启态,乃至乐出虚、蒸成菌等现象的变化无常。"日夜而相代乎前",意谓你没有办法追寻其所以变化的源头,你只需要知道变化随时随地都在发生这个道理就够了,也如"以其知之所知以养其知之所不知"(《大宗师》)。

关于"化"的绝对性,《庄子》书中有很多的表述:

> 若人之形者,万化而未始有极也,其为乐可胜计邪?(《大宗师》)

> 天地虽大,其化均也;万物虽多,其治一也;人卒虽众,其

---

① 《庄子注》,引自郭庆藩:《庄子集释》上册,第 50 页。
② 宣颖:《南华经解》,广东人民出版社 2008 年版,第 12 页。

主君也。(《天地》)

天无为以之清,地无为以之宁。故两无为相合,万物皆化生。(《至乐》)

消息满虚,一晦一明,日改月化,日有所为而莫见其功。生有所乎萌,死有所乎归,始终相反乎无端,而莫知乎其所穷。(《田子方》)

今彼神明至精,与彼百化。物已死生方圆,莫知其根也。扁然而万物自古以固存。六合为巨,未离其内;秋豪为小,待之成体。天下莫不沉浮,终身不故;阴阳四时运行,各得其序;惛然若亡而存;油然不形而神;万物畜而不知。此之谓本根,可以观于天矣!(《知北游》)

在如此的"变化之流"中(《天道》),没有什么不发生变化,没有什么不在分秒之间变化,有的事物在生,有的事物在死,生生死死,生是一个暂时的状态,死也是暂时的状态,一切都呈现出相对的性质。至于人的思想意识乃至心理的变化,更是无法预料,如"曾子再仕而心再化"(《寓言》),又如"蘧伯玉行年六十而六十化"(《则阳》)。

所有的变化,包括同一事物本身在性质不变的情况下发生的变化,可通称为"化";对于一事物变成其他的事物,这样的变化,称为"物化":

昔者庄周梦为胡蝶,栩栩然胡蝶也。自喻适志与!不知周也。俄然觉,则蘧蘧然周也。不知周之梦为胡蝶与?胡蝶之梦为周与?周与胡蝶则必有分矣。此之谓物化。(《齐物论》)

孟孙氏不知所以生,不知所以死。不知就先,不知就后。

若化为物,以待其所不知之化已乎!且方将化,恶知不化哉?方将不化,恶知已化哉?吾特与汝,其梦未始觉者邪!且彼有骇形而无损心,有旦宅而无情死。孟孙氏特觉,人哭亦哭,是自其所以乃。且也相与"吾之"耳矣,庸讵知吾所谓"吾之"乎?且汝梦为鸟而厉乎天,梦为鱼而没于渊。不识今之言者,其觉者乎?其梦者乎?造适不及笑,献笑不及排,安排而去化,乃入于寥天一。(《大宗师》)

知天乐者,其生也天行,其死也物化。静而与阴同德,动而与阳同波。(《天道》)

列子行食于道从,见百岁髑髅,攓蓬而指之曰:"唯予与汝知而未尝死,未尝生也。若果养乎?予果欢乎?"种有几?得水则为继,得水土之际则为蛙蠙之衣,生于陵屯则为陵舄,陵舄得郁栖则为乌足,乌足之根为蛴螬,其叶为胡蝶。胡蝶胥也化而为虫,生于灶下,其状若脱,其名为鸲掇。鸲掇千日为鸟,其名为乾余骨。乾余骨之沫为斯弥,斯弥为食醯。颐辂生乎食醯,黄軦生乎九猷,瞀芮生乎腐蠸,羊奚比乎不筍,久竹生青宁,青宁生程,程生马,马生人,人又反入于机。万物皆出于机,皆入于机。(《至乐》)

是其所美者为神奇,其所恶者为臭腐。臭腐复化为神奇,神奇复化为臭腐。故曰:"通天下一气耳。"圣人故贵一。(《知北游》)

故伍员流于江,苌弘死于蜀,藏其血,三年而化为碧。(《外物》)

在事物性质的相对性、变化的绝对性原则之下看待世间的所有事情,自然地会得出这样的判断:无论愿不愿意,反正要发生变化。而变化可有两种情形：一是同质变化，二是同质变异。同质变化好理解，如同"俄而柳生其左肘"(《至乐》)，或者，"孔子行年六十而六十化"(《寓言》)，抑或"曾子再仕而心再化"(同上)。而同质变异就复杂得多，庄周梦为蝴蝶，梦为鸟而厉乎天，梦为鱼而没于渊，百岁髑髅或得为蛙蠙之衣，或为陵舃，陵舃或为乌足，乌足之根为蛴螬，其叶为蝴蝶，蝴蝶或化而为虫，或为鸲掇，或为斯弥，斯弥又为食醯，颐辂生乎食醯，黄軦生乎九猷，瞀芮生乎腐蠸，羊奚比乎不箰，久竹生青宁，青宁生程，程生马，马生人，伍员、苌弘之血化为碧，如此等等，都是同质变异。这样的变化反复无常，如梦如幻，如此戏剧性，以至于让人感到"所不知之化已乎"，亦即尽管已经发生了如此的变化，仍然不知是否这样的变化已经结束了，或许还将发生怎样的变化。所谓同质变异，就是说设定了一个主体，庄周、孙孟氏、百岁髑髅皆为言说中的主体，当他们仍旧是他们自己的时候，是同质，尽管可能已经悄然发生了某些变化；当他们变异成了某个别的东西的时候，如变为蝴蝶，变为鱼，变为马等等，就是变异，也就是变成了某个他物。这种同质变异，乃为庄子的"物化"。当然，这也包括了变成了某个对立物，如生变成死，或死变成了生，人变成了动物，或变成了某个东西，如《大宗师》里所说的"左臂以为鸡"，"右臂以为弹"，"尻以为轮"，乃至子祀之化为"鼠肝"、"虫臂"，总之，臭腐可以化为神奇，神奇也可化为臭腐。

　　这之中有一个值得追究的问题是，已经发生了物化，或者说那个言说中的主体也跟着"化"了，主体性是否也跟着"化"了？有意思的是，在庄子的言述中，那个主体性并没有变。庄周化为蝴蝶，即变为了他者，"他"觉得自己栩栩然很适意，自己就是蝴蝶了，但庄周的意识没有变，只是从庄周的形体走进了蝴蝶。如此看来，人们只被形体间隔开了，主体性其实是可以相通的。这让庄周产生了诸多的怀疑,到底是庄周走进了蝴蝶,还是蝴蝶走进了庄周?我自以为醒着的时候,究竟是醒着的,还是这个醒着的我只是别的人物当中的一个梦?这种情况可以说是太不可思议了。然而,在主体性并没有变化的情形之下,更让言说中的庄子(即庄子笔下的庄周)感到困惑的是,梦之中还有梦,梦中竟然还在占梦,这就让他感到"吊诡"了:

> 梦饮酒者,旦而哭泣;梦哭泣者,旦而田猎。方其梦也,不知其梦也。梦之中又占其梦焉,觉而后知其梦也。且有大觉而后知此其大梦也,而愚者自以为觉,窃窃然知之。君乎,牧乎,固哉! 丘也与女皆梦也,予谓女梦亦梦也。是其言也,其名为吊诡。万世之后而一遇大圣知其解者,是旦暮遇之也。(《齐物论》)

当梦者醒了的时候,意识到这只是个梦,可谁知道他是真的醒了?在庄子看来,似乎只有大圣者才可以"知其解"。

对于庄子"物化"的系列言述,自古以来人们就不怀疑其中的深义与奥妙,但是,毕竟这样的深义与奥妙对照现实时,还是有违常识,一般人会认为这些话荒唐,而欣赏庄子的人则会认为,庄子是用一种艺术的手段来处理严肃的现实问题。而整本《庄子》书也不讳言,如《齐物论》承认了"孟浪之言",《天下》认领了"谬悠之说,荒唐之言,无端崖之辞"。

四 有用与无用之辩

有用、无用本也是价值论的问题,准确地说,是使用价值问题。

有用、无用的表面意义比较好理解,有用就是对人有利的,无用就是对人无利的,然而,要在这表面意义之外说无用就是大用却不那么好理解,因为这并不是文字的游戏,或哲学家故意玩弄的虚玄,而是一种价值的发现,所以,庄子所要做的事情仍然不是如何说什么是有用的,什么是无用的,而是解释如何发现无用的价值。

《老子》说:"三十幅共一毂,当其无,有车之用;埏埴以为器,当其无,有器之用;凿户以为室,当其无,有室之用。故有之以为利,无之以为用。"(十一章)老子是从有形与无形的关系说到利与用的关系的,有形之利人所共见,而无形之用人所不易见。人们都知道车轮、器物、房屋之利,即有用性,却忽略了这些东西的有用并不在这些东西本身,而在于这些东西的虚空之处,如我们有车轮,而用的却是使车轮转动起来的毂;有器物,而用的只是器物的虚空之处;有房屋,用的却是房屋里面的空间而已。有利就有用,这个道理似乎是自明的,但人们往往忽略了利本身并不等于用,人往往把利看作用了,有如钱财是有形之利,可以带来用,有人爱钱财爱到舍不得花,甚或冒死敛财,如是,钱财便不是他的用处。所以,老子这个论述不是无意义的。自然,老子这里也只是打了几个比方而已,他要说明的还是有形天地万物中间的虚无,有一个"冲而用之"的道,才是有形天地万物的宗本。庄子又不同,他要说明的是,有用并不是孤立的,因为它们不是孤立的,所以它们的有用性是相对的,也即没有什么东西是绝对有用的,有用也可能是有害的;而无用的却可能是有大用的。

庄子与惠子,这对伙计与冤家,一生都在对话与辩难。惠子对庄子的问话,既有他自己的疑惑,也不乏为庄子设局。《逍遥游》:

惠子谓庄子曰:"魏王贻我大瓠之种,我树之成而实五石。

以盛水浆，其坚不能自举也。剖之以为瓢，则瓠落无所容。非不呺然大也，吾为其无用而掊之。"庄子曰："夫子固拙于用大矣。宋人有善为不龟手之药者，世世以洴澼絖为事。客闻之，请买其方百金。聚族而谋之曰：'我世世为洴澼絖，不过数金。今一朝而鬻技百金，请与之。'客得之，以说吴王。越有难，吴王使之将。冬与越人水战，大败越人，裂地而封之。能不龟手一也，或以封，或不免于洴澼絖，则所用之异也。今子有五石之瓠，何不虑以为大樽而浮乎江湖，而忧其瓠落无所容？则夫子犹有蓬之心也夫！"

　　大有大的用处，小有小的用处，无论大，或者小，不是没有用处，只看你会不会用它，有没有用对地方。惠子拙于用大，当他考虑到这个葫芦可以做水瓢的时候，他却以为没有地方容它。而在庄子看来，你那个家的确是容不下它，可是江河可以容得下它呀！惠子长于用实，却拙于用虚，他总是从生活圈子的实用考虑"用"，而不会从生活圈子之外考虑物尽其"用"，当那葫芦被放在江河上漂流的时候，不是适得其用么？

　　庄子拿不裂手的药方来说，小小的药方，给两种人带来不同的命运，世代漂洗丝絮的人虽也懂得不裂手药方的作用，却只会往小处用它；买药方的客人也懂得药方的作用，却会往大处用。所以，庄子说惠子有如那茅塞之士一样，见识不到大的道理。惠子对庄子说他"拙于用大"感到不开心，于是继续对庄子发问：

　　　惠子谓庄子曰："吾有大树，人谓之樗。其大本擁肿而不中绳墨，其小枝卷曲而不中规矩。立之涂，匠者不顾。今子之言，大而无用，众所同去也。"庄子曰："子独不见狸狌乎？卑身而伏,以候敖者;东西跳梁,不避高下;中于机辟,死于罔罟。今夫斄牛,其大若垂天之云。此能为大矣,而不能执鼠。今子有大树,患其无用,何不树之于无何有之乡,广莫之野,彷徨乎无为其侧,逍遥乎寝卧其下。不夭斤斧,物无害者,无所可用,安所困苦哉!"

庄子却正好借它来发挥自己无用就是大用的思想。在庄子看来,惠子你不是讲求实用吗?与牦(斄)牛比起来,野猫与黄鼠狼的本领算是够大的了,能够做不寻常的事情,可是怎么样呢?还不是被猎人拿下了么!所以呀,最有用的可能也是最有害的。就说樗(臭椿树)吧,它的确是木匠认为的无用,可是你要是把它放在恰当的地方,它就有大用。要是人们在广漠之野上旅行,茫茫沙漠,寸草不生,人们在困顿之极,突然见到了这棵臭椿树,那是该有多么的惊喜啊!庄子看待事物与惠子不同,惠子从我出发,看待事物是否"有用"。庄子则从物我出发,既要看我会不会用这物,会用其长处,就是大用;又设身处地从这物本身考虑,对野猫与黄鼠狼来说,是"有用"结果了它们的性命,对臭椿树来说,"无用"成全了它的生命,不至于邀来匠人算计它。《人间世》记述了一段寓言故事:

匠石之齐,至于曲辕,见栎社树。其大蔽数千牛,絜之百围,其高临山十仞而后有枝,其可以为舟者旁十数。观者如市,匠伯不顾,遂行不辍。弟子厌观之,走及匠石,曰:'自吾执斧斤以随夫子,未尝见材如此其美也。先生不肯视,行不辍,何邪?"曰:"已矣,勿言之矣!散木也。以为舟则沉,以为棺椁则速腐,以为器则速毁,以为门户则液樠,以为柱则蠹。是不材之木也，无所可用，故能若是之寿。"

匠石归，栎社见梦曰："女将恶乎比予哉？若将比予于文木邪？夫柤梨橘柚果蓏之属，实熟则剥，剥则辱；大枝折，小枝泄。此以其能苦其生者也，故不终其天年而中道夭，自掊击于世俗者也。物莫不若是。且予求无所可用久矣，几死，乃今得之，为予大用。使予也而有用，且得有此大也邪？且也若与予也皆物也，奈何哉其相物也？而几死之散人，又恶知散木！"匠石觉而诊其梦。弟子曰："趣取无用，则为社何邪？"曰："密！若无言！彼亦直寄焉，以为不知己者诟厉也。不为社者，且几有翦乎！且也彼其所保与众异，而以义喻之，不亦远乎！"

看起来一无用处的栎树，竟然成了土地神，这正是：无用即是大用。颇有意味的是，通过托给木匠师傅的一个梦，栎树开口说话了，而且它的话还很耐人寻味，一来它说出了自己的秘密，仰仗"无所可用"，它保全了自己的性命，免遭世人的凌辱，而且成了众人争相观瞻、敬仰的神树；二来它也反唇相讥，说你这木匠不是把我看成无用的"散木"吗，那么我也把你看成将死的"散人"，而且，我们不过都是"物"而已，物与物相交，连彼此相知都达不到，又哪里有资格说对方是有用或无用的呢？当你说"散木"无用的时候，正好证明它就有大用。而物与物最终达到了相知，却是通过一个梦里的会见实现的。庄子还说过商之丘和宋国荆氏种树的故事，大都是把"不材"看成"异材"，神人恰好以此作大用大祥之材使用。在《人间世》的篇末，庄子作了如下的评论：

山木，自寇也；膏火，自煎也。桂可食，故伐之；漆可用，故割之。人皆知有用之用,而莫知无用之用也。

山木自招了盗伐,膏火自招了煎熬,桂因可食引来了折辱,漆因可用引来了割制。有用之用,人所共见;无用之用,人所不见。

  对于有用或无用,庄子既不是采取界定的方式,也没有采取描述的方式,即他并不直接说什么有用,什么无用,甚至也不说什么东西是有用或无用,而是采取了一种将言说对象放置到境域里面的方法。一种东西对人来说似乎是有用,可是在这有用的另一面,就是有害,有用与有害其实只是一物的两面。那看起来无用的东西,只要换个场域,或把它抛进适合它的场域,它就有大用。依庄子的意思,任何的东西都有其适合的场域,适合其场域的就是有用,超出其场域的就是无用。我们只是不要把这个适合场域里面所看到的有用或无用看绝对了,看绝对了就是看死了。大千世界,物物各有其性,倘若只依人的价值立场看待它们并不公允,人们看到了它们对自己的有用,而在它们自身看,就是有害了。从事物本身计,或许它们只在有用无用之间,只是中立之物。对于有用与无用的相关性,《外物》有一段精妙的对话:

  惠子谓庄子曰:"子言无用。"庄子曰:"知无用而始可与言用矣。天地非不广且大也,人之所用容足耳。然则厕足而垫之致黄泉,人尚有用乎?"惠子曰:"无用。"庄子曰:"然则无用之为用也亦明矣。"

庄子的意思是说,天地很广大,人所用的也不过是立足之地,而这立足之地通常被看作有用,可是如果把看来无用的周围都挖成了可及黄泉的深渊,那么人还能稳当地站在刚刚可以立足的有用之地么？所以，周围无用的地方，其实就是不可或缺的用处。明白了这个道理，我们还能够固执于那点"有用"之地吗？

五 名实之辩

名实之辩主要是针对战国时期的名家言论而展开的，其代表人物就是惠施与公孙龙。虽说儒墨是显学，名家并非显学，而在《天下》篇中，着墨最多的，却是墨家与名家，这说明《庄子》一书对名家的重视。先来看看与惠施的辩论。在《徐无鬼》中，庄子说"儒墨杨秉四，与夫子为五"，就是把惠子（"夫子"）称为"五"，与儒墨杨秉并列起来看待的。

《天下》篇这样评价惠子：

> 惠施多方，其书五车，其道舛驳，其言也不中。……惠施日以其知与人之辩，特与天下之辩者为怪，①此其柢也。② 然惠施之口谈，自以为最贤，曰天地其壮乎！ 施存雄而无术。③ 南方有倚人焉曰黄缭，④问天地所以不坠不陷，风雨雷霆之故。惠施不辞而应，不虑而对，遍为万物说，说而不休，多而无已，犹以为寡，益之以怪，以反人为实，而欲以胜人为名，是以

---

① 林希逸《南华真经口义》："特，独也。独与其徒为人所怪讶而已。"（云南人民出版社 2002 年版，第 480 页）

② 俞樾《诸子平议》："柢与氐通。《史记·秦始皇纪》：'大氐尽畔秦吏。'《正义》：'氐犹略也。'此其柢也犹云此其略也。"

③ 高亨《庄子天下篇笺证》："天地其壮乎，言惠施自谓与天地同其伟大也。存疑当作材，形近而误。施材雄而无术，庄子评惠施之才大而不知术也。"（见张丰乾编：《庄子天下篇注疏四种》，华夏出版社 2009 年版，第 230 页）

④ 郭庆藩《庄子集释》："倚当为奇，倚人，异人也。"（《庄子集释》，第 1113 页）

与众不适也。弱于德,强于物,其涂隩矣。① 由天地之道观惠施之能,其犹一蚊一虻之劳者也。② 其于物也何庸! 夫充一尚可,曰愈贵道,几矣! 惠施不能以此自宁,散于万物而不厌,卒以善辩为名。惜乎! 惠施之才,骀荡而不得,逐万物而不反,是穷响以声,形与影竞走也,悲夫!

以上的评论大意是说:惠子看起来学问很大,但他讲的道理驳杂不纯;他喜欢与人论辩,且自我感觉也很好,自与天地之伟大相比拟;凡人向他问起道理来,也不管是什么样的道理,他都敢回应,总是滔滔不绝,没完没了,且以奇怪之论以逞其能;然而,他所讲的理听起来宏富,却并不切事理之情实,无甚用处;惠子所谓的"善辩",其实不过像忙碌而喧嚷的蚊虻一样徒劳无益,又像追逐自己影子不知休止的人一样可笑。这是一个对惠子的总括性评价,这些评价似乎有些尖刻,但也不能说不客观。我们可从荀子对惠子的评论中得到印证,如《非十二子》:"不法先王,不是礼义,而好治怪说,玩奇辞,甚察而不惠,辩而无用,多事而寡功,不可以为治纲纪,然而持之有故,其言之成理,足以欺惑愚众,是惠施、邓析也。"又如《荀子·解蔽》:"惠子蔽于辞而不知实。"这都是说惠子擅长于文辞之辩,而不切实际。这种文辞之辩,也就是字面的、形式的、带

---

① 成玄英《庄子疏》:"涂,道也。德术甚弱,化物极强,自言道理异常深隩也。"(见郭庆藩:《庄子集释》,第1113页)《经典释文》:"'隩',乌报反。李云:'深也,谓其道深。'"(同上书,第1114页)顾实《庄子天下篇讲疏》:"《说文》:'隩,水隈厓也。''澳,隈厓也。'是隩、澳实同字也。此当借为涸,涸、隩一声之转,浊也。……故其涂隩者犹言其涂涸也。天下所以沉浊由物也。"(见张丰乾编:《庄子天下篇注疏四种》,华夏出版社2009年版,第76页)笔者以为,顾氏之见,似合"弱于德,强于物"上文,但过于迂回。
② 成玄英《庄子疏》:"从二仪生成之道,观惠施化物之能,无异乎蚊虻飞空,鼓翅喧扰,徒自劳倦,曾何足云!"(引自郭庆藩:《庄子集释》,第1114页)

有一定逻辑性质的辩论。

惠子一生讲了很多,只是流传下来的东西很少,其所言的内容主要存于《庄子·天下》及《庄子》其他各篇中,其他部分内容存于《吕氏春秋》及《说苑》中。《天下》对惠子的"历物之意"十事的表述可谓最为集中:

> 历物之意,曰:"至大无外,谓之大一;至小无内,谓之小一。无厚,不可积也,其大千里。天与地卑,山与泽平。日方中方睨,物方生方死。大同而与小同异,此之谓'小同异';万物毕同毕异,此之谓'大同异'。南方无穷而有穷。今日适越而昔来。连环可解也。我知天下之中央,燕之北、越之南是也。泛爱万物,天地一体也。"惠施以此为大,观于天下而晓辩者,天下之辩者相与乐之。

"至大无外,谓之大一;至小无内,谓之小一。""至大"、"至小"的观念,稷下学派谈到过,如"至大无外,至小无内"(《管子·心术》);庄子也谈到过:"至精无形,至大不可围。"(《秋水》)冯友兰先生认为,稷下道家所说的"无外"、"无内"是形容"道"的,惠施并不讲道,只是讲什么东西是至大、至小的,即只针对事物的大小。① 这个看法是对的,因为名家是不关心本体论问题的。不过,冯先生进而以为惠子所论的至大、至小在于阐明相对论,大小都是可以转化的。② 笔者以为冯先生是把惠子与庄子等观了。惠子在这里的重点不在于阐明大小的相对性,而是欲阐明"一",即至大与至小的同一性。至大意味着向外没有边缘,至小意味向内没有边缘,两者

---

① 见《中国哲学史新编》第二册,人民出版社 1984 年版,第 150 页。
② 同上。

虽然相异,却在没有边缘的问题上是相同的,所以,有一个"一"是相同的。在这个方面,诸家所论各各不同,笔者以为近人顾实的理解为可取,他认为惠子所论在于明"大小齐一而平等也"。①

"无厚不可积也,其大千里。"冯友兰先生认为:"几何学中的'面'是无厚的;无厚就没有体积,但是有面积,其大可至千里。"这个理解是贴切的。② 墨子讲"厚,有所大也",意谓任何东西都是有厚度的,有厚度才可以广延。从时间关系说,墨子的话在前,惠子的话在后,应该是惠子针对墨子而说的,意思是强调面积的概念时,其体积(厚度)是不应该考虑的。而《庄子·养生主》中所说"刀刃者无厚,以无厚入有间",语句相似,语义又有所不同,庄子所说的"无厚",并非否认刀刃是有厚度的,只是相对于牛体内的间隙来说,它的厚度是可以忽略不计的。

"天与地卑,山与泽平。"《经典释文》:"卑如字,又音婢。李云:'以地比天,则地卑于天。若宇宙之高,则天地皆卑;天地皆卑,则山与泽平矣。'"孙诒让把"卑"解为"比","卑与比通",这个解释为论家广泛采取。③ 我则以为,比、卑相通没有问题,然而从句式上

---

① 顾实《庄子天下篇讲疏》:"此明大小一体之界说也。谓物之至大者曰大一,谓物之至小者曰小一,则是大小齐一而平等也。盖即惠施去尊说之第一原理也。下文言无厚与千里也,天地与山泽也,日与物也,皆大小齐一之举证也。"(引自张丰乾编:《庄子天下篇注疏四种》,华夏出版社2009年版,第58页)

② 高亨《庄子天下篇笺证》表示赞同冯友兰的分析,并补证说:"《墨子·经上》:'厚,有所大也。'正反对此说。《荀子·修身篇》:'坚白,同异,有厚、无厚之察,非不察也,然而君子不辩,止之也。'《韩非子·问辩篇》:'坚白、无厚之词章,而宪令之法息。'《吕氏春秋·君守篇》:'坚白之察、无厚之辩,外矣。'可证无厚乃当时各家辩论最烈之问题。"(引自张丰乾编:《庄子天下篇注疏四种》,华夏出版社2009年版,第218页)

③ 孙诒让《札迻》:"'卑'与'比'通(古卑声比声相近,字多通用。《孟子·万章篇》'有庳',《白虎通义·封公侯篇》作'有比',是其例)。《荀子·不苟篇》云:'山渊平,天地比。'杨注亦引《庄子》此文,是其证也。《广雅·释诂》云:'比,近也。'《汉书·严延年传》云:'比,接近也。'此比亦接近之义。天与地相距本绝远,而云相接近,犹山与泽木不平而谓之平,皆名家合同异之论也。"(引自张丰乾编:《庄子天下篇注疏四种》,华夏出版社2009年版,第219页)顾实、钱基博、章太炎、高亨等皆引述孙诒让解。

看,前句之"比"与后句之"平"并不对称,"比"表示一个动作,但没有结果;"平"是形容词的动词化,是有结果的。而"卑"也是形容词的动词化,却有结果。所以,还是应当采用《经典释文》引李颐的解释。如何看待惠子这句话所表述的道理呢?胡适以"地圆旋转"之说解释之,认为以地圆旋转之故,"故上面有天,下面还有天。上面有泽,下面还有山"。① 这个看法比较合理,但先秦时候有没有"地圆旋转"这个观念,却是个问题。

"日方中方睨,物方生方死。"睨、倪相通。《说文》:"睨,衺视也。"睨,与衺(音邪)相通。高亨引《吕氏春秋·序意篇》"以日倪而西望知之",认为日正处中的时候,而倪视之也就是斜了,从而,也无所谓中不中了。② 锺泰引《易·丰卦·象传》"日中则昃",认为"言中后必昃。此则谓当其中时,亦即是昃时。生死亦然"。③ 我则以为,以斜、昃理解"倪"比较恰当。在惠子看来,日的中或倪,只是个界际如何划的问题,即以哪里为起点,哪里为终点,人们以为的那个"中",其实也可以说是"倪"了。物的生死也是如此,物的出现为生,物的终结为死,如果把某物的终结点作为起始点,那么这物所谓生,其实也可说它死了。中与倪、生与死,只是那个界限划在哪里的问题。庄子也讲"方死方生,方生方死",但庄子是以事物本身的"化"的观点看问题,与惠子在"名"上面做功夫不同。

"大同而与小同异,此之谓'小同异';万物毕同毕异,此之谓'大同异'。"这段话总体上是在同中求异。"大同"与"小同",虽则是同,却同中有异,称为"小同异";就万物都有相同和相异来说,这

---

① 引自张丰乾编:《庄子天下篇注疏四种》,华夏出版社2009年版,第300页。
② 《庄子天下篇笺证》,引自张丰乾编:《庄子天下篇注疏四种》,华夏出版社2009年版,第220页。
③ 锺泰:《庄子发微》,上海古籍出版社2002年版,第797页。

是大同之中的异,称为"大同异"。然而,依惠子的倾向性,他是要求同的,所以,这里的求异,也还隐含了异中之同。什么是"大同"?什么是"小同"?冯友兰先生引述《吕氏春秋·有始》:"天地万物,犹一人之身也,此之谓大同。众耳目鼻口也,众五谷寒暑也,此之谓众异。"认为天地是大同,一人之身是小同。① 这只是个譬喻而已。

"南方无穷而有穷。"这是对南方有无界际的诘问。《墨子·经说下》说:"南者有穷则可尽,无穷则不可尽。"章太炎说:"南方无穷而有穷,是有际无际一也。"②冯友兰认为,在当时,一般人都认为南方是无穷的。因为中国东面有海,西有沙漠(流沙),北面有大山,只有南面,随着南方各国,如楚、越等国向南方继续扩展,没有达到止境,好像是无穷的。但到惠子的时候,人们意识到南方也有海,从而改变了南方无穷的观念,故惠子说无穷其实也有穷。③ 不过,惠子之意还不是讨论对于地理环境的认知问题,他还是在玩概念,要不是如此,荀子也不会说他"蔽于辞而不知实"了。人们不是以为南方无穷吗?可是,南方之称为南方,当有界际;如果没有界际,也就无所谓南方。既然有了界际,那么就是有穷了。

"今日适越而昔来。"司马彪说:"彼日犹此日。则见此犹见彼也,彼犹此也,则吴与越人交相见矣。"林希逸《南华经口义》:"言足虽未至乎越,而知有越之名而后来,则是今日方往,而亦可以为昔来矣。"④宣颖说:"知有越时,心已先到。"⑤胡适说:"以地球既是

---

① 冯友兰:《中国哲学史新编》第二册,人民出版社1984年版,第152页。
② 引自马叙伦:《庄子天下篇述义》,见张丰乾编:《庄子天下篇注疏四种》,华夏出版社2009年版,第303页。
③ 冯友兰:《中国哲学史新编》第二册,人民出版社1984年版,第153页。
④ 林希逸:《南华真经口义》,云南人民出版社2002年版,第478页。
⑤ 宣颖:《南华经解》,广东人民出版社2008年版,第203页。

圆,又是旋转成昼夜者,故此国之今日,或为彼国之昨日。"①冯友兰认为:"今、昔是相对的,互相转化的。今天所谓昔,正是昨天所谓今,今天所谓今,明天就成为昔。"②笔者以为,论家之中,胡适的解释较为合理。不过,人们那时不大可能认识到地球是圆的,天圆地方还是古来传统的观念,只是人们对于时差应当凭经验也可有认识,有如中原与东方的越国地理甚远,以刻漏计时,可知东西时间的差别。惠子借此欲说明今日与昔日只是个概念上的差异,中原某个时刻的今日,在越国已是昔日了。

"连环可解也。"司马彪解释道:"连环所贯,贯于无环,非贯于环也,若两环不相贯,则虽连环,故可解也。"成玄英的注疏与司马氏相类,也谓两环不相涉入,各自通转。③ 林希逸的注释也类同,认为"两环相连,虽不可解,而其为环者,必各自为圆,不可以相粘不相粘,则非连环矣"。④ 高亨引《战国策·齐策》:"秦始皇尝使使者遗君王后玉连环,曰:'齐多知者,而解此环不?'君王后示以群臣。众臣不知解。君王后引椎椎破之,谢秦使者曰:'谨以解矣。'"⑤冯友兰据此认为连环是不可解的,当它毁坏的时候,自然就解了,故此,解与不可解是相对的,有条件的。⑥ 钱基博认为,惠子此说为"庄学之别出",连环喻道,亦即"道枢","枢始得其环中,以应无穷"。(《齐物论》)"始卒若环,莫得其伦,是谓天均。天均者,

---

① 引自马叙伦:《庄子天下篇述义》,张丰乾编:《庄子天下篇注疏四种》,华夏出版社2009年版,第304页。
② 冯友兰:《中国哲学史新编》第二册,人民出版社1984年版,第153页。
③ 引自郭庆藩:《庄子集释》,第1105页。
④ 林希逸:《南华真经口义》,云南人民出版社2002年版,第478页。
⑤ 《庄子天下篇笺注》,见张丰乾编:《庄子天下篇注疏四种》,华夏出版社2009年版,第222页。
⑥ 冯友兰:《中国哲学史新编》第二册,人民出版社1984年版,第153页。

天倪也。"(《寓言》)"明乎天倪,则'连环'可解矣!"①顾实理解为:"此举一物之同者而异之也。连环始终如一,同也。而解之,是异也。然连环之解,名可能而实不可能也。"②论家之中,我以为顾实之说可取,连环实际上不可解,解只是个名称上的可能性。

"我知天之中央,燕之北、越之南是也。"司马彪注:"燕之去越有数,而南北之远无穷,由无穷观有数,则燕越之间未始有分也。天下无方,故所在为中,循环无端,故所在为始也。"③成玄英疏:"夫燕越二邦,相去迢递,人情对执,各是其方。故燕北越南,可为天中者也。"④宣颖注:"无人知天之尽处。则中央乌知不在于人之所谓极北与极南也。"⑤章太炎注:"是方位废也。"⑥顾实认为:"此举天下之异者而同之也。燕之北,越之南,异域也。举异域而同之者,人类莫大之伟业也。然亦名可能而实不可能也。"⑦此条义不难解,诸家议论相若,大抵战国时代人们已经认识到天下四方的无穷,随意立方皆可称天下之中央,所以可以是燕之北,也可以是越之南。

"泛爱万物,天地一体也。"李颐注:"天地为首足,万物为五藏,故肝胆之别,合于一人,一人之别,合于一体也。"⑧章太炎说:"大

---

① 《读庄子天下篇疏记》,见张丰乾编:《庄子天下篇注疏四种》,华夏出版社2009年版,第138页。
② 《庄子天下篇讲疏》,见张丰乾编:《庄子天下篇注疏四种》,华夏出版社2009年版,第62页。
③ 引自郭庆藩:《庄子集释》,第1105页。
④ 同上。
⑤ 宣颖:《南华经解》,广东人民出版社2008年版,第203页。
⑥ 引自马叙伦:《庄子天下篇述义》,见张丰乾编:《庄子天下篇注疏四种》,华夏出版社2009年,第305页。
⑦ 《庄子天下篇讲疏》,见张丰乾编:《庄子天下篇注疏四种》,华夏出版社2009年版,第62页。
⑧ 引自郭庆藩:《庄子集释》,第1105页。

同而与小同异,此物之所有。万物毕同毕异,此物之所无,皆大同也。故天地一体。一体,故泛爱万物也。"胡适说:"上说九事,都可证明天地一体之根本观念。以宇宙是一体,故欲泛爱万物。故惠施之学'去尊'。'去尊',便是平等之义。"① 此条可谓"历物之意"的总结,惠子的基本观点在于"合同异",虽有同异、坚白之辩,目的还在于合其差异为同一。

《庄子》书中说过许多与惠子相类似的话,诸如"天地与我并生,万物与我为一"(《齐物论》),那么庄子是否真的与惠子对于事物的同一性有相同的认知呢?其实不然。庄子既笑惠子是"犹一蚊一虻之劳者","形与影竞走",如若与惠子同,岂不也嘲笑自己么!仔细比照惠子与庄子的言论主张,可见两者的差别。除了"历物之意"十事之外,庄子与惠子有很多次辩论,他在言谈中有意或无意地批评了惠子。就拿上述《齐物论》里的那段话来说,冯友兰先生认为,在"天地与我并生,而万物与我为一"之后,庄子又说:"既已为一矣,且得有言乎?既已谓之一矣,且得无言乎?"这是庄子与惠子的真正区别所在。② 惠子只注重于名的形式称谓上的同

---

① 章、胡之言皆引自马叙伦《庄子天下篇述义》,见张丰乾编:《庄子天下篇注疏四种》,华夏出版社 2009 年版,第 305 页。

② 冯友兰《三松堂文集·公孙龙哲学》:"《庄子·天下篇》所述惠施十事,皆以'至大无外'之观点,指出一切区别之为相对的,而归结于'泛爱万物,天地一体也'。此'合同异'也。庄子之学,如齐物论及秋水篇所说,亦从'道'之观点,指出一切区别之为相对的,而归结于'天地与我并生,而万物与我为一'。然庄子又言:'既已为一矣,且得有言乎?'此一转语,实庄子与惠施不同之处。盖庄子又言'心斋''坐忘',使吾人超乎知识之上而实际经验'万物与我为一'之境界。惠施则只以'辩'证明'天地一体也'。此所以《天下篇》叹其才而又惜其'终以善辩为名'。盖依庄学之观点,惠施可谓一间未达而误入歧途也。"(北京大学出版社 1984 年版,第 187 页)然而,冯先生在《中国哲学史新编》中分析惠子的"历物之意"十事的时候,多把惠子的名实之辩与庄子的名实之辩相混同,给人一种惠子与庄子无别的印象。

一性与差异性,并不去深究事物本质的同一性与差异性,庄子则不停留在"既已为一"上,而在经验知识的基础上有着形上的思索。名实之间,庄子认为名不过是宾客,实才是主人,《逍遥游》叙述了尧让天下于许由的寓言故事,借许由之口表达了如此的看法:

> 许由曰:"子治天下,天下既已治也,而我犹代子,吾将为名乎?名者,实之宾也,吾将为宾乎?"

又《至乐》:

> 名止于实,义设于适,是之谓条达而福持。

《庚桑楚》:

> 动以不得已之谓德,动无非我之谓治,名相反而实相顺也。

依庄子的观点,事物都是有名有实的,名是为了实而设定的,名当与实相符合。然而,名自有了合法的地位,它就充当了实的代表,因为在知识领域里面,人们在论辩的时候,实是不大方便出场的,而是拿名来说实,对名的认知也就意味着对实的认知,所以,在经验知识领域里面,也都是名的天下。可是,名的这种相对独立性产生了许多复杂的同一与差异的情形,所谓"名实者,圣人之所不能胜也"(《人间世》),于是就有了名实之间是否同一的问题。惠子关注名之间的关系,而庄子则欲强调在谈论名的差异与同一关系时,不应当忘记名与实之间的宾主关系。庄子提醒甚至有"名相反

而实相顺"的情形。除此之外,还有异名同实的情形:

> 周遍咸三者,异名同实,其指一也。(《知北游》)

名虽然不同,而指称的对象却是同一个东西,如此,在名称上做功夫又有何意义？在《庄子》书里,许多戏谑的寓言故事都有特指,如《齐物论》里的"朝三而暮四"与"朝四而暮三"的寓言:

> 劳神明为一而不知其同也,谓之"朝三"。何谓"朝三"？狙公赋芧,曰:"朝三而暮四,"众狙皆怒。曰:"然则朝四而暮三,"众狙皆悦。名实未亏而喜怒为用,亦因是也。是以圣人和之以是非而休乎天钧,是之谓两行。

只在名称上做功夫的人,看起来"善辩",其实不过是"劳神明为一而不知其同",至多是"直服人之口而已矣"(《寓言》),与猴子们的"名实未亏而喜怒为用"没有什么区别。在《齐物论》里面,庄子又以戏谑的口气说起惠子:

> 昭文之鼓琴也,师旷之枝策也,惠子之据梧也,三子之知几乎,皆其盛者也,故载之末年。唯其好之也以异于彼,其好之也欲以明之。彼非所明而明之,故以坚白之昧终。(《齐物论》)

昭文善于鼓琴,师旷善于指挥演奏,都是有专长的人士,庄子将惠子与这二人放在一起比较,意思是惠子也是以善辩为专长的人,可是,惠子自以为以"善辩"可以辩明任何事情,其实不过是以自己的不明去明,也即自己都没弄清楚事理,却想使别人清楚,所谓"以其昏昏,使人昭昭",结果只能是"以坚白之昧终"。在《德充符》中,庄子进而描绘了惠子与人论辩不休、劳神伤明,靠在梧桐树下呻吟的样子:

> 今子外乎子之神,劳乎子之精,倚树而吟,据槁梧而瞑。天选子之形,子以坚白鸣。

名实相符,这还只是庄子在应对名辩家时表达的意思,而庄子本人显然不局限于名实之间。《则阳》:

> 或之使,莫之为,未免于物而终以为过。或使则实,莫为则虚。有名有实,是物之居;无名无实,在物之虚。可言可意,言而愈疏。……道不可有,有不可无。道之为名,所假而行。或使莫为,在物一曲,夫胡为于大方?

对于"有名有实"的事物来说,"或之使"与"莫之为",都局限于物的名实,难免有过错,因为言必有失,"言而愈疏";只有超越于名实,即"无名无实",才可以即物之虚,也即思考物的本质问题。而万物的本质乃是道,可是道不是言辩可以企及的,故而,无论采取"或使",抑或"莫为",都是"在物一曲",不可能触及宇宙天地的终极道理("大方")。在上述意义上,以《庄子》书中与惠子相近的句式来解释惠子,其实是不合适的。

不过,惠子虽"以坚白鸣",他的倾向还不在"离坚白"。"离坚白"乃是惠子的后学者们的专长。虽然如此,公孙龙等的"坚白"之

论是从惠子那里发轫的,所以,《天下》在论述惠子之后,立即转向公孙龙子等人,所谓"天下之辩者相与乐之":

> 卵有毛。鸡三足。郢有天下。犬可以为羊。马有卵。丁子有尾。火不热。山出口。轮不碾地。目不见。指不至,至不绝。龟长于蛇。矩不方,规不可以为圆。凿不围枘。飞鸟之景未尝动也。镞矢之疾,而有不行、不止之时。狗非犬。黄马骊牛三。白狗黑。孤驹未尝有母。一尺之棰,日取其半,万世不竭。辩者以此与惠施相应,终身无穷。桓团、公孙龙辩者之徒,饰人之心,易人之意,能胜人之口,不能服人之心,辩者之囿也。

这些命题比起惠子来说,更不合乎常理,更容易被人看成诡辩论。历来论者对此有不同的分析,这里选出几个命题试加分析。

"卵有毛。"司马彪注:"胎卵之生,必有毛羽。"①宣颖解:"卵无毛,则鸟何自有毛。"②高亨等皆从司马氏注。这是从卵到长出毛羽的变化过程看,卵未破壳,其毛羽已生,故言卵是有毛的。顾实则认为鸟兽同类,以类名称来说,"合名实而通言也,则可曰:'卵有毛'"。笔者则从司马氏之注。

"鸡三足。"司马彪注:"鸡两足,所以行而非动也,故行由足发,动由神御。今鸡虽两足,须神而行,故曰三足也。"③马叙伦从司马氏注。顾实、高亨等人皆引《公孙龙子·通变篇》言:"谓鸡足,一;

---

① 引自郭庆藩:《庄子集释》,第 1106 页。
② 宣颖:《南华经解》,广东人民出版社 2008 年版,第 203 页。
③ 引自郭庆藩:《庄子集释》,第 1107 页。

数鸡足,二;二而一,故三。谓牛羊足,一;数足,四。四而一,故五。牛羊足五;鸡足三。"①应当说,《公孙龙子·通变篇》的自解是更为合理的解释。

"犬可以为羊。"司马彪注:"名以名物,而非物也,犬羊之名,非犬羊也。非羊可以名为羊,则犬可以名羊。郑人谓玉未理者曰璞,周人谓鼠〔未〕腊者亦曰璞,故形在于物,名在于人。"②此解最得理。凡物的所有名都是人给予的,最初之时,人完全可以把人们称作羊的叫作犬,也可把人们称作犬的叫作羊,只是约定俗成而已。且犬、羊在类概念"动物"的意义上是一样的。然而,名既已成,却再如此称谓,或以种类相混,则可说是以名乱实了。

"轮不碾地。"成玄英《庄子疏》:"夫车之运动,轮转不停,前迹已过,后涂未至,除却前后,更无碾时。是以轮虽运行,竟不碾于地也。"③这个解释是合理的。从车轮的运行过程看,那轮子似未停留在任何一地,如果说它停留在某地,它就说不上运行了。这正是公孙龙思考问题的方式。而庄子也说过:"绝迹易,无行地难。"(《人间世》)显然,庄子看法相反,无论你跑得有多快,总是要着地的,而只要着地,就会留下痕迹。

"指不至,至不绝。"司马彪注:"夫指之取物,不能自至,要假物故至也,然假物由指不绝也。一云:指之取火以钳,刺鼠以锥,故假于物,指是不至也。"成玄英疏:"夫以指指物而非指,故指不至也。而自指得物,故至不绝者也。"④司马、成氏皆以"指"为手指,认为手指之指与所指之物有别,两者之间有距离,手指之指不能至于

---

① 见张丰乾编:《庄子天下篇注疏四种》,华夏出版社2009年版,第65、224页。
② 见郭庆藩:《庄子集释》,第1107页。
③ 同上书,第1108页。
④ 同上书,第1109页。

物,以手指搏物则可以不绝。而高亨、马叙伦、顾实、冯友兰等皆据《列子·仲尼篇》引公孙龙语"有指不至,有物不尽",又引公子牟语"无指则皆尽,尽物者常有",认为庄子原文当改为"指不至,物不绝"。意思便是:有所指则落入个体之物,即不至,而无所指则万物可至;物的个体是有限的(不常有),物的全体才是无限的(常有)。相对来说,司马氏、成氏的解释落入具体之理,似不合乎公孙龙的思维惯势,而依《列子·仲尼篇》的解释比较合理。

"飞鸟之景未尝动也。镞矢之疾,而有不行、不止之时。"这两个命题相关,皆是讨论动静问题。鸟在空中飞行,而鸟之姿态之所以给人留下印象,在于它是不动的,如果它始终在动,它便不可能留下它的姿态。有似希腊人所说"飞矢不动"的命题。对此,胡适把此情景比如绘画中的写真,"虽见人物生动,其实都是片片不动之影片也"①。"镞矢之疾"句,司马彪注为:"形分止,势分行。形分明者行迟,势分明者行疾。"②这是说飞行的箭有快慢之别,能够感觉到快箭强劲的势态,却见不到它的形状;而能够看到慢的飞矢的形状,却感觉不到它强劲的势态。这就如同"坚白论"所说的,以手捬石,可知石之坚,不见石之白;以眼见石可知石之白,不知石之坚。两种感觉不可兼得。

"一尺之棰,日取其半,万世不竭。"一尺之棰是很短的,然而,每天取它的一半,次日又取这一半的一半,如此以往,万年也不会穷竭。这也有似古希腊人"阿基里斯永远追不上乌龟"的命题。从理上说,再短的东西也总是可以分出一半来的,一半又可分出一

---

① 见顾实:《庄子天下篇讲疏》,张丰乾编:《庄子天下篇注疏四种》,华夏出版社2009年版,第70页。
② 郭庆藩:《庄子集释》,第1110页。

半,分之中又可再分,谁能说不可再分下去了呢?从事上去说,那"一尺之棰"在分了几次之后,你还能把住那一半的一半么?所以,在"有理说不尽"的意义上,公孙龙可以是曲而不屈;在"合乎常理"的意义上,他难免落入"诡辩"之嫌。

看得出,公孙龙在"名实之辩"上比惠施走得更远,在他的论辩中,实际上他只在意于名与名之间,通常不及实情。只要他认为那个理可以说得下去,他是不管这个话说出来如何荒诞的,这之中免不了偷换概念,如本来是在种概念谈论问题,他却切换到类概念,如"犬可以为羊";本来在当下场景谈论事物,他却把这个事物的未来场景作为当下场景去说,如"卵有毛";有的辩论则完全是在玩数字游戏,如"鸡三足",如此等等。然而,他的许多命题并非是无意义的,如"轮不碾地"、"飞鸟之景"、"镞矢之疾"、"一尺之棰"等,他能从一个惯常而人人不疑的现象中看出其内在的矛盾性,也就是从不疑处生出疑问。虽则他自己并不那么遵守逻辑规则,但他很能抓住人们表达上的逻辑矛盾,如"楚人亡弓,楚人得之"以及"见侮不斗"之辩(《公孙龙子·迹府》),"秦赵相与约"之辩(《吕氏春秋·淫辞》),"坚白之辩"(《公孙龙子·坚白论》)等,至于说"白马度关"之辩(《吕氏春秋·淫辞》高秀注),则又难逃"忽悠"之嫌了。

除《天下》之外,《秋水》也谈到公孙龙:

> 公孙龙问于魏牟曰:"龙少学先王之道,长而明仁义之行;合同异,离坚白;然不然,可不可;困百家之知,穷众口之辩:吾自以为至达已。今吾闻庄子之言,汇焉异之。不知论之不及与?知之弗若与?今吾无所开吾喙,敢问其方。"……公孙龙口呿而不合,舌举而不下,乃逸而走。

《天下》说"能胜人之口,不能服人之心",这里说"困百家之知,穷众口之辩",评论是大体相当的,只是前者似出自庄子之口,后者似出自公孙龙自己之口,无论出自谁,却都是切合公孙龙的实际的。再考虑到《史记·论六家要旨》对名家的评论与此相左右,"名家使人俭而善失真",那么《庄子》书里所叙述的公孙龙是真实可信的。然而,庄子与公孙龙的关系历来有疑,若把《秋水》和《天下》都视为非庄子所作,那么这样的质疑是可以立足的;如依王叔岷先生的意见,认《秋水》为庄子所作,或依王夫之等的意见,认《天下》非庄子本人不能作,那么便应对庄子与公孙龙之间的关系不予怀疑。如果再考虑到《齐物论》中所论述到的"以指喻指"之辩,那么我们更加不应该怀疑他们之间的关系,至少庄子的晚年是可能知道公孙龙的,至于如此一个青年也能得到作为前辈的庄子的重视,则与他是惠子的追随者以及他的活动范围有关。这里来看《齐物论》中的这段话:

> 以指喻指之非指,不若以非指喻指之非指也;以马喻马之非马,不若以非马喻马之非马也。天地一指也,万物一马也。

郭象、成玄英、王夫之以及近人陈昌寿等皆以"指"为手指,①如果依照这个推断,那么庄子似乎只是为了区别具体事物之间的差异性而提出这个命题。应该说这个理解是不合逻辑的。《公孙

---

① 成玄英《庄子疏》:"指,手指也。马,戏筹也。喻,比也。言人是非各执,彼我异情,故用己指比他指,即用他指为非指;复将他指比汝指,汝指于他指复为非指矣。指义既尔,马亦如之。"(见郭庆藩:《庄子集释》,第69页)王夫之《庄子解》:"指之屈伸,因作用而成乎异象。"(中华书局 2009 年版,第92页)钱穆认为:"谓以我喻彼之非我,不若以彼喻我之非彼耳。陈昌寿曰,'以彼指还喻我指,则我指复为非指也。'"(《庄子纂笺》,台湾东大图书股份公司 2006 年版,第14页)

龙子·指物篇》有言:"物莫非指,而指非指;天下无指,物不可以谓物。"意思是:物没有不用指称的,而指称并非所指之物;天下没有了指称,物也不可以称为物了。① 显然,《齐物论》中的这段话是针对公孙龙的,那么"指"也绝非手指的意思,而是作为物的指称。作为指称的"指"的意思,也见于《知北游》:

> 周遍咸三者,异名同实,其指一也。

又见于《则阳》:

> 今指马之百体而不得马,而马系于前者,立其百体而谓之马也。

在上述基础上,庄子这段话的意思就比较明了了:以指称来表明指称不是所指称的对象,不如以不是所指称的对象("非指")来喻明指称并非所指称的对象。以马的称谓来表明马的称谓不是实体的马,不如以不是实体的马("非马")来表明马的称谓不是实体的马。这仍然是名实问题。公孙龙有白马非马的论辩,反过来讲,马的称谓是不能与白马画等号的,也就是说,他是以名称的差异来确定实体的,这样做的结果便是"以名乱实"。庄子的意思相反,不如以实体来确定名称,名当不当,不在于名本身,而在于实体。这也如同《则阳》所说的,要用马的名称来找马,总也见不到马,我们只见到

---

① 《公孙龙子·指物论》接下来说道:"非指者,天下(而)〔无〕物,可谓指乎? 指也者,天下之所无也;物也者,天下之所有也;以天下之所有为天下之所无,未可。天下无指,而物不可谓指也。不可谓指者,非指也。非指者,物莫非指也。天下无指而物不可谓指者,非有非指也。非有非指者,物莫非指也。物莫非指者,而指非指也。"

了形形色色的诸如白马、黑马等("今指马之百体而不得马"),而我们要是从形形色色的马的总体上去寻求,就可以得到马了("立其百体而谓之马")。

"天地一指也,万物一马也。"成玄英解释为:"天下虽大,一指可以蔽之;万物虽多,一马可以理尽。"① 应当说,这个解释是切中了庄子的理路的,只是那个"指"也还是指称的指。庄子的意思是,天下万物与其指称的关系,以"一指"、"一马"之喻即可了。

---

① 《庄子疏》"天下一指"句疏,见郭庆藩:《庄子集释》,第69页。

第四章 认知、相知与真知

一 是与非的哲学意义

是与非乃是《庄子》所纠结的问题,《齐物论》可以说就是围绕这个问题展开的,它们之所以有如此重要的地位,不只是因为关涉到现代意义上的那个是非曲直的意思,而是因为它们集合了包括认知问题在内的所有可能的分歧。

先从字源学的意义追问一下。"是",《说文》:"是,直也。从日正,凡是之属皆从是。"段玉裁《说文解字注》:"直部曰:正见也。……以日为正则曰是。从日正会意。天下之物莫正于日也。《左传》曰:正直为正,正曲为直。"①"非",《说文》:"韦也,从飞下翄,取其相背也,凡非之属皆从非。"段玉裁认为应当是韦,不是违。"违者,离也。韦者,相背也。……翄垂则有相背之象,故曰非,韦也。"②这就是说,"是"、"非"原本是两个本不相干的字,"是"为名词,而"非"为动词。然而,在文字的发展中,"是"字有了指示代词、判断系词等意义,甚或作为指示代词的意思比作为名词的用法还要普遍,如《老子》说"是谓不争之德,是谓用人之力,是谓配天,古之极。"(第六十八章)《论语·述而》说"知之为知,不知为不知,是

---

① 段玉裁:《说文解字注》,上海古籍出版社1988年版。
② 同上。

知也。"而"非"也逐渐有了名词、否定性副词的意义,如《论语·卫灵公》:"子曰:赐也,女以予为多学而识之者与?对曰:然。非与?曰:非也,予一以贯之。"这里的"非"意谓"不正确"。又如《论语·公冶长》:"非其罪也。"《论语·述而》:"吾非生而知之。"这里的"非"是副词,表示一个否定的判断。

  是非作为一个双音节词,作为一个范畴,在《老子》、《论语》那里都不曾出现,但在《墨子·尚同》中出现了,所谓:"是非利害之辩,不可一二而明知……上之所是弗能是,上之所非弗能非,上有过弗规谏,下有善弗傍荐。"在《孟子》书中频繁出现,如《公孙丑》篇说道:"无是非之心,非人也。……是非之心,智之端也。"大概儒墨之间的学术聚讼多,之间的是非也多了起来,这个词也就相对固定了下来。然而,"是"作为名词来使用没有多少问题,作为动词来使用,尤其是作为系动词使用,在汉语语法界曾经有过长时间的争议,其中,王力的《古代汉语》讲道:"在先秦时代,有些'是'字容易被人误解为系词,实际上是指示代词作判断句的主语或谓语。例如:'是吾师也。'(《左传襄公三十一年》)'是社稷之臣也。'(《论语·季氏》)在这两个例子里,'是'字用作主语,'吾师'、'社稷之臣'是谓语。"①也就是说,"是"作为"正确",作为指示代词"这",都是没有争议的;作为系词的"是",是有争议的。反对王力观点的人们举出了一些相反的例证,说明"是"在某些时候是作为系词"是"来使用的,而王先生则提出了"十不为例"的方法论问题。关于这个方法论,不是笔者所关心的问题,我要关心的是如果在某些句子中"是"不可能像上面描述的那样,它只能被理解成系词,那么一个例子就足够了,因为它表达了确定无疑的判断词的意思。兹举证:

---

  ① 《古代汉语》上册第一分册,中华书局1979年版,第221页。

第四章　认知、相知与真知　173

地籁则众窍是已，人籁则比竹是已，敢问天籁。(《齐物论》)

是不是，然不然。(《齐物论》)

奚必伯夷之是而盗跖之非乎。(《骈拇》)

甚矣，夫好知之乱天下也！自三代以下者是已！(《胠箧》)

孙子之所言是邪？先生之所言非邪？非固不能惑是。孙子所言非邪？先生所言是邪？彼固惑而来矣，又奚罪焉！(《达生》)

若是，则无穷之弗知与无为之知，孰是而孰非乎？(《知北游》)

天下非有公是也，而各是其所是，天下皆尧也，可乎？(《徐无鬼》)

同于己为是之，异于己为非之。(《寓言》)

始时所是，卒而非之。(《寓言》)

若是若非，执而圆机。(《盗跖》)

墨翟、禽滑厘之意则是，其行则非也。(《天下》)

古之道人，至于莫之是、莫之非而已矣。(《天下》)

像"以是其所非而非其所是"，以及"是不是，然不然"等的句子里，就不可能像王力先生所列举的句子那样，在"是"的前面加上"这是"的意思，以便构成主谓结构，因为在"是"的前面，主语已经明了，这里的"是"乃是纯粹的判断动词，表示对一种观点的认可或赞同。我们在下面还会发现，即便作为名词在使用的"是非"，其中也贯彻了肯定与否定的动作性在其内，亦即它是动词化了的名词。它们在句子中间出现，虽然在句式上它们起了名词的作用，可是它们表达的仍是一个动作,如"是其所是"的第二个"是"字,"非其所非"中的第二个"非"字。我们这里的分析,是要表明在先秦时候,"是"作为判断词或者动词是普遍存在的现象。即便像王力先生所举证的那些句式,"是"字也是起到了判断词的作用。在这个前提下,也只有在这个前提下,我们才能有效地考察《庄子》书中的那些"是"与"非"的哲学含义。

在汉语语境中,判断词"是"与"非"(非作为判断词使用意谓"不是"),并不表示"存在"与"不存在"的意思,它们只是表示言语者对待某个对象、某个事物的认知态度,或者说是对于对象化事物的肯定或否定态度。① 然而,即便如此,这个"是"与"非"也有种种复杂情形。我们这里就在《庄子》书中出现的种种相作一分析。

总的来说,"是"、"非"表示肯定与否定态度,这是没有问题的。可是这个肯定与否定的态度却因了对象与语境的差异,它们的意思也有了差异。第一,指他物是什么,"是"在这个过程中充当了"指认"两件事之间具有同一性的作用。如"地籁则众窍是已,人籁则比竹是已",即指"众窍"就是"地籁","比竹"就是"人籁";又如"甚矣,夫好知之乱天下也!自三代以下者是已",意谓"自三代以下"指的正是"夫好知之乱天下也"这种情形。第二,认定某个观点、看法是对的、正确的,"是"与"非"充当了"指认"正确与错误的标准。如"天下非有公是也","奚必伯夷之是而盗跖之非乎","孰是而孰非乎","孙子之所言是邪,先生之所言非邪","若是若非,执而圆机"。第三,认定某个观点、看法符合自己的观点、看法,"是"、"非"充当了暗合自

---

① 就这方面来说,"是"与"非"不像西方哲学那样,Being、Not Being 游离于存在及其不存在与肯定及其否定之间,所以,在汉语语境中西方哲学的双重意义可在两种词汇下予以讨论。

己的心理预期，或者符合已知的知识的作用。如"而各是其所是，天下皆尧也，可乎"，"同于己为是之，异于己为非之"，"始时所是，卒而非之"。上述三种情况都有认同、肯定的意思，在这个意义上，这"是"与"非"，有时庄子用了"可"与"不可"，"然"与"不然"的词，如"可乎可，不可乎不可。道行之而成，物谓之而然。恶乎然？然于然。恶乎不然？不然于不然"（《齐物论》）。然而，前面两种情形只在于直接指认，并没有自我反思意思，第三种情形则强调了自我反思。人们之所以采取认同、肯定的态度，在于"是其所是"，即他们在采取认同、肯定态度的时候，是他们自己心里早已有一个认同、肯定的东西，在表明态度的那一刻，只是拿心里已有的东西与面前的东西作了比较而已。所以，才会"同于己为是之，异于己为非之"。庄子对于认知的这种反思，无异于人们反问"我是什么"，"我之是与非是什么"。

庄子所说的人们的"所是"、"所非"，以及"是之"、"非之"的东西，其实也就是所谓的"成心"：

> 夫随其成心而师之，谁独且无师乎？[1] 奚必知代而心自取者有之？[2] 愚者与有焉！未成乎心而有是非，是今日适越

---

[1] 郭象《庄子注》："夫心之足以制一身之用者，谓之成心。"成玄英《庄子疏》："夫域情滞著，执一家之偏见者，谓之成心。"（见郭庆藩：《庄子集释》，第61页）王夫之《庄子解》评曰："不但知世事而取一端以为是者有成心也，愚者亦有成心焉。"（中华书局2009年版，第90页）

[2] 郭象《庄子注》："夫以成代不成，非知也，心自得耳。故愚者亦师其成心，未肯用其所谓短而舍其所谓长者也。"成玄英《庄子疏》："愚惑之类，坚执是非，何必知他理长，代己之短，唯欲斥他为短，自取为长。"（俱见郭庆藩：《庄子集释》，第61页）钱穆《庄子纂笺》："钱澄之曰，知代，谓知日夜之相代，而自取真君者。穆按：钱说是。知代，即知化矣。知化者，无成心也。心自取，谓后心认取前心而妄执以为真我。盖愚者虽不知化，亦能自取己心，惟一成不化耳。"（台湾东大图书公司2006年版，第12页）笔者则以为，钱说误。这里的"知代"并非"知化"，而为是非之相代，彼是而我非。

> 而昔至也。是以无有为有。无有为有,虽有神禹且不能知,吾独且奈何哉!(《齐物论》)

庄子在此没有解释什么是"成心",但在其他篇章中提到这个观念,如《人间世》:"而目将荧之,而色将平之,口将营之,容将形之,心且成之。"《德充符》:"无形而心成者邪?"《大宗师》:"德者,成和之修也。""撄宁也者,撄而后成者也。"据此以知,"成心"指的就是根据经验事实所达成的内心的见识、认知与个人的修养。人们之间之所以是是而非非,根源在于自我的"成心"。以"成心"来判断是非、对错,其实是符合一般的认知过程的,人们总是根据已知来推断未知的事情,根据经验来判断未曾经验过的问题。看来,庄子并不否定这样的"成心",毕竟"成心"表明的是人们具有了某种知识积累或者德行的修养,也就是某种成于心之"知"。如《外物》所说:

> 心彻为知,知彻为德。

但是,他对"成心"和这种"知"持警惕态度,要是人人都以自己已有的见识来认知新的事物,那么其实就是以自己的"成心"为师(又称为"师心":"夫胡可以及化?犹师心者也。"——《人间世》),其结果便如"是其所是","非其所非",争论不休而没有结果,从而形不成天下人的"公是"——共同的认识。更值得担心的是,连"成心"都还没有形成,却有了是非的态度,这便失去了所有认知的基础,于是便生了如此荒唐的事情:今天才去越国,却说昨天就已经到了那里。本来没有经验、见识、修养,却无端地有了态度和观点,这就叫作"无有为有"。对于坚执"无有为有"的人,即便圣者也拿他没有办法。看来,庄子所在意的并不是人们有了成心,而是人们以"成心"作为立场,来判断是与非。因为有了立场,人们在议论事情的时候便失去了客观性;又因为人人都有立场,故而,即便还没有见识,却有了见解,使一切的议论变得无意义了。职是之故,人人都相信自己的认知,而忽略别人的认知,所谓"自彼则不见,自知则知之"(《齐物论》)。

成心也可以称作"小知"。"小知"也是一种认识,只是它不及"大知"。我们看看庄子是怎么说的:

> 小知不及大知,小年不及大年。(《逍遥游》)
> 大知闲闲,小知间间。大言炎炎,小言詹詹。(《齐物论》)[1]
> 去小知而大知明。(《外物》)

上述三段话,表明了似递进式的三个观点:"小知不及大知",意谓小知虽也算一种知识,但它是有局限的、不出是是非非的成于心之知;"闲闲"与"间间"、"炎炎"(淡淡)与"詹詹"之对比,表明了大知之人与小知之人在精神气质方面的区别;"去小知而大知明",

---

[1] 成玄英疏为:"闲闲,宽裕也。间间,分别也。夫智慧宽大之人,率性虚淡,无是无非;小知狭劣之人,性灵褊促,有取有舍。[有取有舍]故间隔而分别;无是无非,故闲暇而宽裕也。"(见郭庆藩:《庄子集释》,第51页)《经典释文》:"'间间',古闲反,有所间别也。"(同上)俞樾注为:"《广雅释诂》:间,覸也。小知间间,当从此义,谓好覸察人也。"(同上)我以为,俞樾的解释,其义也通,但与上文"闲闲"的宽闲之貌不匹,当从《经典释文》及其成玄英之注解。"炎炎"、"詹詹",成玄英疏为:"炎炎,猛烈也。詹詹,词费也。夫诠理大言,犹猛火炎燎原野,清荡无遗,儒墨小言,滞于竞辩,徒有词费,无益教方。"(见郭庆藩:《庄子集释》,第52页)《经典释文》:"李作淡,徒滥反。李颐云:同是非也。简文云:美盛貌。'詹詹'音占。李颐云:小辩之貌。"(同上)钱穆引章炳麟言:"炎,同淡。老子曰:道之出口,淡乎其无味也。"(《庄子纂笺》,台湾东大图书公司2006年版,第10页)笔者以为,《经典释文》和章炳麟的解注合乎上下文,前面闲闲,后面应当是淡淡才合乎理则。

则把两者对峙起来,去不了小知,得不了大知,这之间甚至是一个条件关系,在某种意义上,已经把小知排除在大知之外。这三个观点之间存在着逻辑关系,或者说有着思维的一贯性,不过,这种逻辑与一贯性并不是在连续的一段话中表达出来的,乃是间歇的、断断续续地表达出来的。在《齐物论》里面,庄子说道:

> 道恶乎隐而有真伪?言恶乎隐而有是非?① 道恶乎往而不存?言恶乎存而不可?道隐于小成,言隐于荣华。故有儒墨之是非,以是其所非而非其所是。欲是其所非而非其所是,则莫若以明。②

这里说的"小成",正是"小知"。道被小见识的成见所遮蔽了,所以才会有真伪之分;言被花言巧语所遮蔽了,所以有是是非非。道无所不在,而言说没有真正可以确定的。是非之所以弄不清楚,在于是非的双方互相抵消了,只有在是非利害之外,用一面超越的明镜才能鉴察清楚。庄子说的那个"明"("莫若以明"),不是一般的明镜,而是"道",那是一个自明的境地。

---

① 成玄英疏:"虚通至道,非真非伪,于何逃匿而真伪生焉?"郭象注:"道焉不在!言何隐蔽而有真伪,是非之名纷然而起?"(见郭庆藩:《庄子集释》,第 64 页)章炳麟《庄子解故》:"隐借为㬩,《说文》:㬩,所依据也。隐几亦即据几。此言道何所依据而有真伪,言何所依据而有是非,荅真伪依据小成而起,是非依据荣华而起。"(浙江图书馆校刊)笔者则以为,章氏之解与下文"道隐于小成,言隐于荣华"不符,故不取。

② "莫若以明",成玄英疏为"反覆相明":"反覆相明,则所非者非是则无非,所是者非是则无是。无是则无非,故知是非皆虚妄耳。"(郭庆藩:《庄子集释》,第 65 页)宣颖注为:"二家(儒墨)欲以己之是非正彼之是非而愈生是非,无益也。莫若以道原无隐,言原无隐者,同相忘于本明之地,则一总不用是非,大家俱可省事矣。"(《南华经解》,广东人民出版社 2008 年版,第 15 页)两种解释皆通,这里从宣颖之解。宣氏之解以"本明之地"来宣示道的境地,意谓在这个境地里面,一切的是非都不争自明。

"小知"何以难逃是非之境？庄子把与"小知"相牵连的"言"的问题扯了出来。"小知"需要仰仗"言"才可以彰显出来，通过"辩"的方式表明自己是有知识的，所谓"知出于争"(《齐物论》)。可是"言"与"辩"又怎么样呢？《齐物论》说：

> 夫言非吹也，言者有言。其所言者特未定也。果有言邪？其未尝有言邪？其以为异于鷇音，亦有辩乎？其无辩乎？

言说总要表达一定的内容，它不能像风那样一吹而过，什么也没留下。言者一旦有言，他就落入了有限的窠臼，有限意味着有待、无自性、相对性，所以它才是"特未定"。进而，要在"特未定"的基础上进行论辩，那也就如同欲出卵巢的小鸟发出的鸣叫声，如何去分辨彼此呢！所以说"道昭而不道，言辩而不及"(《齐物论》)。如此，庄子以一种挤兑有限的方式，将"言辩"与"小知"排除在真理追求之外了。看起来庄子似一个非知识论者，但要说庄子完全是一个非知识论者，则也未必。因为他并不否定"成心"与"小知"，他只是笑它们太有限了，而它们竟然凭这有限之知，充当知的角色。而庄子所崇尚的"大知"则是无须言辩的，所以"大知"不受"小知"那样的拘牵。

《则阳》有这么一段寓言：

> 蘧伯玉行年六十而六十化，未尝不始于是之，而卒诎之以非也。未知今之所谓是之非五十九非也。万物有乎生而莫见其根，有乎出而莫见其门。人皆尊其知之所知，而莫知恃其知之所不知而后知，可不谓大疑乎！已乎，已乎！且无所逃。此

所谓然与然乎！①

蘧伯玉已经六十岁了，而他活的这六十年里面，年年都在变化，所有的事情在开始的时候他总认为自己是对的，最终又都认定自己以前的认识都是错的，从而废除它。只是不知如今他认为对的是不是五十九岁时他认为错的。蘧伯玉之所以年年在修正自己的观点，就因为他不断地意识到自己原来的认识是错误的。就修正错误来说，无可厚非，问题是：谁知道他今天所认定的对的，是不是上次他认定的错的？因为年年修正，到底依哪一个为准呢？说不定他修正来修正去的，最后又回到了原来的立场。这也就是《齐物论》里提到的"因是因非，因非因是"，昨天以为对，今天以为错，彼此没有个准。为何会产生这样的情形呢？原因在于人都尊崇自己的智识所能知道的，就是说，人的最大的毛病就是对自己的那一点点的见识产生了崇敬的感觉，而不知道那是非常局限的小知小识。庄子在这里似乎是为人的"自以为是"设定了一个陷入自我矛盾的陷阱，只要相信"小知"、"成心"，都会落入其中。如何才能跨过这个陷阱？庄子的答案是"恃其知之所不知而后知"，即依靠自己所不知道的来达到知，这才是高明的。这个"知"，就是知道自己不知，也是《齐物论》里所说的"知止其所不知，至矣"。

二 相知：立场与客观性

"是其所是"、"非其所非"，其实还都是人对自己已有知识的肯

---

① 《寓言》里有"庄子谓惠子曰：'孔子行年六十而六十化。……'"可见两篇意同，但主人换了，成了孔子。

定,那么每个人也都是一个自我,从自我看来,别人都是一个他者,人们之间是否可以达到彼此了解、相知?在经验知识的范围内,庄子的态度并不乐观。《齐物论》:

> 啮缺问乎王倪曰:"子知物之所同是乎?"曰:"吾恶乎知之!""子知子之所不知邪?"曰:"吾恶乎知之!""然则物无知邪?"曰:"吾恶乎知之!虽然,尝试言之:庸讵知吾所谓知之非不知邪?庸讵知吾所谓不知之非知邪?且吾尝试问乎女:民湿寝则腰疾偏死,鳅然乎哉?木处则惴栗恂惧,猿猴然乎哉?三者孰知正处?民食刍豢,麋鹿食荐,蝍蛆甘带,鸱鸦耆鼠,四者孰知正味?猿猵狙以为雌,麋与鹿交,鳅与鱼游。毛嫱丽姬,人之所美也;鱼见之深入,鸟见之高飞,麋鹿见之决骤,四者孰知天下之正色哉?"

这段问答大概就是《应帝王》中所说的"啮缺问于王倪,四问而四不知",这里的三问,加上后面"子不知利害,则至人固不知利害乎",正好四问。第一句是事物是否具有同一性的提问,第二句谓是否清楚自己不知道,第三句问事物是否是可知的。啮缺三问,王倪三不知。然而,接下来王倪又意外地要"尝试言之",从他的表达看来,他对回答啮缺的问题很犹豫,他想说自己知道吧,却又觉得自己其实知道的很局限;他想说自己不知道吧,却又觉得自己其实还是知道某些东西的。从"庸讵"的这种反问句式看,他是想提醒啮缺,你不可以把知道与不知道看得过于分明了,意谓我要是说"不知道",你不必看成一无所知,我要是说"知道",你也不必看成真的就知道。接下来,王倪列举了人与泥鳅、与猴子在同一种处境下的感觉的差别有多大;又列举了人与麋鹿、与蝍蛆、与鸱鸦等在食物方面的差别有多大;他还列举了人所称道的"美色",如毛嫱、丽姬等,在鱼儿、鸟儿、麋鹿等见了又会做出怎样的反应!既然存在着如此多的差异,人们能够有资格说自己对于某种事物是知道吗?所以,本来处在知道与不知道之间,但最好还是说自己不知道。这样便不会陷入"小知"、"成心"的窠臼。

《齐物论》里的下面这段话最能表达庄子的知识观:

> 既使我与若辩矣,若胜我,我不若胜,若果是也,我果非也邪?我胜若,若不吾胜,我果是也,而果非也邪?其或是也,其或非也邪?其俱是也,其俱非也邪?我与若不能相知也,则人固受其黮闇。吾谁使正之?使同乎若者正之,既与若同矣,恶能正之?使同乎我者正之,既同乎我矣,恶能正之?使异乎我与若者正之,既异乎我与若矣,恶能正之?使同乎我与若者正之,既同乎我与若矣,恶能正之?然则我与若与人俱不能相知也,而待彼也邪?

这里设定的仍然是双方和三方的论辩情景。先是论辩的双方:我与你(若)。我要是胜了你,那么我是否就真的对了呢,还是错了?反之,你要是胜了我,那么你是否也真的对了,还是错了?所以说,我与你是不能够达到彼此了解相知的。接着是三方的论辩,设想有第三方在你我中间作证。这作证者要是同意了你的意见,那么他已经站在了你的立场,他如何能够矫正我的意见?反之,他要是同意了我的意见,那他已经站在我的立场,他又如何能够矫正你的意见?第三种情况,他站在既不同于我也不同于你的立场上,既然不同于你我,那么他如何能够矫正我们的意见?要是他站在既同于我也同于你的立场,既然已经同于我们了,那么他又如何矫正我们的意见？总之，我与你，我们与他人都是不可能达到相知的。原因只在于"人固受其黮闇"。所谓"黮闇"，并非不够聪颖，而是人们太以为自己聪颖了，这恰好屏蔽了自己，使得自己看问题的时候有了先入之见，也即有了立场。这就不可能做到公正了。我们一般人都会觉得庄子的这个话说得太绝对了。这在现代意义上来看，如果没有人们之间的相知，所有的知识系统的建立都不可能。然而，他看准的是一个认知方面的问题，即人们在认证的过程中难以排除自己的主观性与立场的偏颇，或许是看到这个问题是一个认知的顽疾，才要把话说得偏激一点。

你与我，或者他人与你，都是一个彼此的关系，而彼此并没有一成不变的。从自己的角度看待他人，自己是此，他人是彼，而且，我们通常会厚此而薄彼，可是换个角度，你在别人的眼里，也变成了彼了，别人也同样地厚此而薄彼，如此来看是非也不过如此。庄子说道：

> 物无非彼，物无非是。自彼则不见，自知则知之。故曰：彼出于是，是亦因彼。彼是方生之说也。虽然，方生方死，方死方生；方可方不可，方不可方可；因是因非，因非因是。是以圣人不由而照之于天，亦因是也。是亦彼也，彼亦是也。彼亦一是非，此亦一是非。果且有彼是乎哉？果且无彼是乎哉？……是亦一无穷，非亦一无穷也。故曰：莫若以明。（《齐物论》）

"彼是方生"是说彼与是的关系随时都在产生，如同方生方死、方死方生、方可方不可、因是因非等关系一样，没有一个确定的定位。庄子的这番话直指认知当中的主观性问题。人人都是一个认知的主体,都会强调自己认识的正确性,都会以自己的看法为"是",以别人的看法为"非",其结果却是是是非非无穷尽。至于说庄子有没有特指的对象,应当说,他是有所指的,如《知北游》里面所说的那样:"君子之人,若儒墨者师,故以是非相齑也,而况今之人乎!"如何打掉这个主观性,这是庄子着力要解决的问题。因为只有这样,才可能实现认知的客观性。《知北游》里面有一段对话:

> 知北游于玄水之上,登隐弅之丘,而适遭无为谓焉。知谓无为谓曰:"予欲有问乎若:何思何虑则知道?何处何服则安道?何从何道则得道?"三问而无为谓不答也。非不答,不知答也。知不得问,反于白水之南,登狐阕之上,而睹狂屈焉。知以之言也问乎狂屈。狂屈曰:"唉!予知之,将语若。"中欲言而忘其所欲言。知不得问,反于帝宫,见黄帝而问焉。黄帝曰:"无思无虑始知道,无处无服始安道,无从无道始得道。"知问黄帝曰:"我与若知之,彼与彼不知也,其孰是邪?"黄帝曰:"彼无为谓真是也,狂屈似之,我与汝终不近也。夫知者不言,言者不知,故圣人行不言之教。"①

知北游先后向无为谓、狂屈和黄帝三个人问道,三人的态度分别不同。无为谓三问三不答,并非不愿意回答,只是不知如何回答;狂屈想回答,却又忘了自己想要说什么;皇帝则分别就三个问题作了回答。当知北游反问黄帝,我俩知道,他俩不知道,究竟谁是对的,黄帝却反省道:什么也不答的无为谓是真的对的;狂屈与

---

① 王夫之《庄子解》:"无物非道,则抑无物为道。芒然四顾,无一而非道,则不可指何者而为道。道无可知,知不可以测道,故无为谓真是也。狂屈曰:'予知之',则虽交臂且失,而似有一恍惚之光与道相合;非不是也,而道抑不尽于此,故但似之而已。"(中华书局 2009 年版,第 259 页)

无为谓只是有相似的地方;自己与知北游则终究与道无缘。黄帝的结论是"知者不言,言者不知"。知北游不明白"道"其实是无问无应的,勉强问,不可能真正懂得道;黄帝以自己所知回答了知北游的三问,恰是以局限的知识试图回答无限的道,所以与道无缘。从被问的三人的状态看来,本来就不知如何回答问题的无为谓,没有知识,没有主观性,所以能得道;狂屈开始似乎想回答,但他旋即忘了,也就是丧失了已知的东西和主观性,所以他也有可能得道;唯独黄帝表达了自己的见识,以自己已知的东西回答了道的问题,然而,他一开口说话,就等于强调了自己的主观性,从而得不了道。由此说来,主观性不仅是是非之源,也是通向道的最大障碍。

在上述意义上,我们再来看《齐物论》里面的"吾丧我"的命题。前面我们已经谈到,"吾"与"我"在词语意义上并没有根本的不同,但在这句话里面两者有了寓意的不同,"吾"指的是当下正说话的人,即已"丧"了"我"的人,而"我"则是昨日的那个人,时间差异表达的是内涵的变化。"丧"字,本意只是"失去了",而且在《庄子》书中大多也都是这个意思,如:

窅然丧其天下。(《逍遥游》)
予恶乎知恶死之非弱丧而不知归者邪!(《齐物论》)
言者,风波也;行者,实丧也。……物视其所一而不见其所丧,视丧其足犹遗土也。(《人间世》)
无丧,恶用德?(《德充符》)
由是观之,世丧道矣,道丧世矣,世与道交相丧也。……丧己于物,失性于俗者,谓之倒置之民。(《缮性》)
凡之亡也,不足以丧吾存。夫凡之亡不足以丧吾存,则楚之存不足以存存。由是观之,则凡未始亡而楚未始存也。(《田子方》)

这里所列举的"丧"字,有实丧,有意丧。实丧是实际上或无意中丧失了某些东西,如"行者,实丧也","世道交相丧","丧己于物"等;意丧,只是主观性、主体感觉上的丧失,甚至是有意促成了这种丧失,如"窅然丧其天下","荅焉,似丧其耦"以及"吾丧我"等。天下依旧在那里,但尧感觉已经不再属于他的了;那个"耦"(身体)仍然在那里,但南郭子綦感觉它似乎不存在了。从"似丧其耦"到"吾丧我",这之间存在着一个巨大的境界超越。丧耦只是形体上的丧失,而丧我则是包括形体在内的主观意识的丧失,所以"吾丧我"的"吾",表明为实现超越的言者。① 而精神与境界的超越不是无须作为就可等到的,它完全是一个主动性的完成。至于说为何要丧我,则是庄子的认知论所推崇的。前面说到的"彼与此",那个"此"就意味着我,"彼"意味着他,人们之所以纠缠于是是非非,之所以彼此不相知,就在于那个"此"与"我"的问题。这与后来佛教的"破执"相类,与孔子的"毋我"则有所不同,"毋我"是态度上的谦逊与不固执,不涉及主观性丧失的问题。

　　"吾丧我"既是一个主动性的行为,那么论者多把这个"丧"与"忘"对等起来。② 我以为,这个意见大体是对的。《庄子》书里,"忘"是作为超越的方法提出来的,忘年、忘义、忘己、忘我等,其中的"坐忘",表达的意思与"丧我"应该是相同的,只是在语气上"坐

---

　　① 陈静《吾丧我》一文认为:"吾"应该是从"物性的我"(形态的我)和"情态的我"(社会性的存在)中超越出来的本真的我。(见《哲学研究》2001 年第 5 期)这个见解是可取的,不过,她认为"吾"就是《庄子》书里的"至人"、"真人",则未必当,庄子虽则没有说人不可以为尧舜、为至人、为真人,但那是一个需要多次超越才可能实现的境界。

　　② 郭象《庄子注》:"吾丧我,我自忘矣;我自忘矣,天下有何物足识哉!故都忘外内,然后超然俱得。"成玄英《庄子疏》:"丧,犹忘也。"(俱见郭庆藩:《庄子集释》,第 45 页)陆西星《南华真经副墨》:"夫丧我者,忘我也。忘我则天矣。"(中华书局 2010 年版,第 15 页)宣颖《南华经解》:"子綦自道,直云吾丧我,方是从心地净尽中流出一丝不挂之语。"(广东人民出版社 2008 年版,第 11 页)

忘"的主动性更明确而已。

三 真知与真人

在"小知"、"大知"与"相知"的基础上,庄子又提出"真知"与"真人"的概念:

> 知天之所为,知人之所为者,至矣!知天之所为者,天而生也;知人之所为者,以其知之所知以养其知之所不知,终其天年而不中道夭者,是知之盛也。虽然,有患:夫知有所待而后当,其所待者特未定也。庸讵知吾所谓天之非人乎?所谓人之非天乎?且有真人而后有真知。(《大宗师》)

《庄子》书中,"真人"的概念提出过很多次,但"真知"概念仅此处提出,且没有作过解释。无疑,这个概念是很重要的,因为在后来漫长的中国哲学发展中,"真知"就意味着真理。同样,在庄子哲学中,这个概念也很重要,因为他的这个著名判断把"真知"的概念推到了一个毋容忽视的地步。我们可以通过他的表述揣测到这个概念的含义。在上述的这段话中,庄子先说知天人各自所为,就是"至",也即知之至、知之盛。知之至、知之盛算不算真知?情理中应该算了。可是,他后面却补充道:"虽然,有患。"患在于其所知"有所待",既然有所待,那么所知也就"特未定"。这个"特未定",意味着经验之知,也即成心、小知,是没有越出是是非非的知。以已有的知来"养"自己无法知的知(即天之所为),也即以已有之知明智地在不该知的面前止步。可是,这在方法上便有了问题,如同以"有待"来实现"无待",这正是庄子要提出的"有患"。既然有患,那么就不应该算是"真知"了。接下来,他才提出"有真人而后有真知"的命题。这无异于在追求真知的道路上预设了前提:成不了真人,得不了真知。同时,庄子也确定地隐喻了一个道理:依循有待之知,是不可能达到真知的。有待之知,正是以言论所表达出来的知,而言之所知,则非真知。《知北游》又以寓言的方式记述了啮缺与被衣的一段对话:

> 啮缺问道乎被衣,被衣曰:"若正汝形,一汝视,天和将至;摄汝知,一汝度,神将来舍。德将为汝美,道将为汝居。汝瞳焉如新生之犊而无求其故。"言未卒,啮缺睡寐。被衣大说,行歌而去之,曰:"形若槁骸,心若死灰,真其实知,不以故自持。媒媒晦晦,无心而不可与谋。彼何人哉!"

依照《天地》的说法,啮缺的老师为王倪,王倪的老师为被衣,这里似乎是啮缺向老师的老师问道。① 被衣给他讲的无非是如何修炼心斋的问题,当被衣还在讲的时候,却发现啮缺睡了过去,看到啮缺这个样子,被衣非但没有不高兴,反而夸奖了他。"形若槁骸,心若死灰",如同《齐物论》里所说的"丧其耦";而"真其实知",无异是说啮缺得了真知,而真知之所以能得,在于他"不以故自持",也就是不以已知自持,不以已知妨碍真知。而"故"——已知,无非言知、小知与成心。

可否认定,排除了言知、小知与成心的知,就是真知呢?道理上讲,应该是了。但是,这里面仍有两个问题:第一,庄子说了有真

---

① 《天地》:"尧之师曰许由,许由之师曰啮缺,啮缺之师曰王倪,王倪之师曰被衣。"

人才有真知,那么应当从真人的角度来界定真知;第二,在庄子那里,真知是通过点滴之知的积累达到的,还是整体地、一次完成地达到？如果仅凭排除言知、小知与成心,还不足以说明问题,与言知、小知与成心相对待的可以是大知,却并不就等于真知。

先看真人的问题。《庄子》有几篇论及"真人",比如《大宗师》、《天道》、《刻意》、《知北游》、《徐无鬼》、《列御寇》、《天下》。尤以《大宗师》为集中：

> 何谓真人？古之真人,不逆寡,不雄成,不谟士。若然者,过而弗悔,当而不自得也。若然者,登高不栗,入水不濡,入火不热,是知之能登假于道者也若此。
>
> 古之真人,其寝不梦,其觉无忧,其食不甘,其息深深。真人之息以踵,众人之息以喉。屈服者,其嗌言若哇。其耆欲深者,其天机浅。
>
> 古之真人,不知说生,不知恶死。其出不䜣,其入不距。翛然而往,翛然而来而已矣。不忘其所始,不求其所终。受而喜之,忘而复之。是之谓不以心捐道,不以人助天,是之谓真人。若然者,其心志,其容寂,其颡頯。凄然似秋,暖然似春,喜怒通四时,与物有宜而莫知其极。故圣人之用兵也,亡国而不失人心。利泽施乎万世,不为爱人。故乐通物,非圣人也;有亲,非仁也;天时,非贤也;利害不通,非君子也;行名失己,非士也;亡身不真,非役人也。若狐不偕、务光、伯夷、叔齐、箕子、胥余、纪他、申徒狄,是役人之役,适人之适,而不自适其适者也。
>
> 古之真人,其状义而不朋,若不足而不承;与乎其觚而不坚也,张乎其虚而不华也;邴邴乎其似喜乎！崔乎其不得已

乎！滀乎进我色也，与乎止我德也，厉乎其似世乎！謷乎其未可制也，连乎其似好闭也，悗乎忘其言也。以刑为体，以礼为翼，以知为时，以德为循。以刑为体者，绰乎其杀也；以礼为翼者，所以行于世也；以知为时者，不得已于事也；以德为循者，言其与有足者至于丘也，而人真以为勤行者也。故其好之也一，其弗好之也一。其一也一，其不一也一。其一与天为徒，其不一与人为徒，天与人不相胜也，是之谓真人。

可以看到，这里对真人主要是人格与超越能力上的描述，只有几处谈到认知能力方面，不过，其中也透露出真人对待认知的态度。我们这里暂时搁置人格与超越能力方面的描述，着重分析庄子对真人有关认知的描述。"过而弗悔，当而不自得也。……是知之能登假于道者也若此。"这是说真人只依照自己的本能对待事情，做错了事情不会后悔，做对了事情也不会得意；其智慧能够得道。① "不以心捐道，不以人助天，是之谓真人。"这里的"心"当指成心；这句话意谓不以成心而背离道，②不以人的作为助推天的作为，这就是真人了。"连乎其似好闭也，③悗乎忘其言也④"，这是说真人绵邈深远，心智不用，忘言忘义。"其好之也一，其弗好之也

---

① 在庄子看来，拥有智慧还是得真知的前提，《人间世》有言："闻以有知知者，未闻以无知知者也。"

② 郭象注为"背"："真人知用心则背道，助天则伤生，故不为也。"成玄英疏为"弃"："言上来智惠忘生，可谓不用取舍之心，捐弃虚通之道，亦不用人情分别，添助自然之分。能如是者，名曰真人也。"（见郭庆藩：《庄子集释》，第230页）俞樾皆认为"捐"字乃"㨗"字之误，而㨗即背字。（同上）这里从郭象注。

③ 郭象注为："绵邈深远，莫见其门。"成玄英疏为："圣德遐长，连绵难测。心知路绝，孰见其门，昏默音声，似如关闭，不闻见人也。"（同上书，第238页）

④ 郭象注为："不识不知而天机自发，故悗然也。"成玄英疏为："悗，无心貌也。放任安排，无为虚淡，得玄珠于赤水，所以忘言。"（同上书，第238页）

一。其一也一,其不一也一。其一与天为徒,其不一与人为徒,天与人不相胜也,是之谓真人。"这段话的意思是真人没有特别的好恶,超越了是非,做天道的追随者,不以人的作为扰乱天道自然,这就叫作真人。在上述的论述中,庄子对真人作了两次界定,这是比较少见的情形;而两次界定都是以天人关系作为参照的,这是值得玩味的。诸多论家之中,王夫之对《大宗师》的上述几段话的研究值得关注。尽管庄子对真人的描述不都事关真知,但王夫之都从"真知"的角度作了理解,王夫之依次评论为"此真知之大用也","此真知藏密之体也","此真知之本也","真知之符也"。在《大宗师》开篇的那段话的后面,王夫之评价道:"合生于死、天与人,而一其知,则生而未尝生,死而未尝死,是乃真人之真知。"在最后他评价道:"忘生死而寓于庸,以安时处顺,其状如此,人见之如此耳;真人一知其所知,无待而休乎天均,一宅而寓于不得已,未尝期于如此也。"[①]既然如此,我们几乎可以这么来看待:在王夫之看来,真人之所以称为真人,主要的依据在于他是真知者。可是,我们在庄子那里看到的则是:真知之所以存在,就在于有真人。这可是一个方法论的问题了。再继续看其有关真人的叙述:

  故素也者,谓其无所与杂也;纯也者,谓其不亏其神也。能体纯素,谓之真人。(《刻意》)
  古之真人,知者不得说,美人不得滥,盗人不得劫,伏戏、黄帝不得友。死生亦大矣,而无变乎己,况爵禄乎!若然者,其神经乎大山而无介,入乎渊泉而不濡,处卑细而不惫,充满天地,既以与人,己愈有。(《田子方》)

[①] 王夫之:《庄子解》,中华书局2009年版,第131、134页。

是以神人恶众至,众至则不比,不比则不利也。故无所甚亲,无所甚疏,抱德炀和以顺天下,此谓真人。于蚁弃知,于鱼得计,于羊弃意。以目视目,以耳听耳,以心复心。若然者,其平也绳,其变也循。古之真人,以天待人,不以人入天。古之真人,得之也生,失之也死;得之也死,失之也生。(《徐无鬼》)

　　为外刑者,金与木也;为内刑者,动与过也。宵人之离外刑者,金木讯之;离内刑者,阴阳食之。夫免乎外内之刑者,唯真人能之。(《列御寇》)

　　上述的论述中,涉及真人的素朴纯真、超生越死、无拒尊卑、公平端正的品格,大都与真知无关系。这表明,在庄子有关所谓"真人"的描述中,有"真知"只是其品格之一,或许它是最重要的,但不是唯一的和充分的。王夫之对"真人"的解读,则把"真知"与"真人"变成了一个对象性关系,即"真人"要通过"真知"才能得到理解,反之亦然。如此,真人也就成为一个完全的智者,当然这个智者也有了死生无变于己的超凡能力。但是,这就不是庄子的本意了。依庄子的意思,真人的含义要深于真知,即可用真人来界定真知,但不可以真知来界定真人,真知只是真人的能力之一。在上述意义上,我们来考虑为何庄子要拿真人来界定真知。

　　由上述可知,真人在认知方面不泥于言知,无特殊的好恶,无是非的局限,忘言忘己,明于天人的界限,在这些基础上构成的"知",才是真知。如果说做到上述要求,就可以是真知,那么平常的人可不可以追求到真知呢?依照庄子的意思,真知之为真知,其实它是真人之知。如此,真人的所有品格,包括他的超越利害、超越生死的能力,都成了他得到真知的根据。换言之,真人的品格配得上真知。庄子倒没有说平常的人不能得真知,但是,真知的门槛显然很高!

上面的分析其实还是有关得真知的能力,现在来考察真知是一种什么样的知,亦即点滴之知、积累之知够不够成真知。庄子既然说了言辩之知"特未定",又说"小知不及大知","去小知而大知明",还说"名实者,圣人之所不着能胜也",那么点滴之知、积累之知理当都包括在这些情形之内了,这些都不属于真知。庄子并没有明说什么是真知,但根据他的排除法及隐喻法,可知他所说的真知就是道。他所说的"不称"、"无名"之道,"不言之辩,不道之道",就是人们应当追求的真知。所谓排除法,就是不直接指称什么是道,什么是真知,而只是说什么不是道,什么不是真知,当排除到无所可排的时候,剩下的就只能是道与真知了。所谓隐喻,不直言对象如何如何,却言他事如何如何,而所能言的他事显然不是目的,目的在于那事之外。从庄子论述真知的过程可看到,他似乎只是在考察认知如何可能,以及认知的能力如何,却隐喻出了真知与道才是认知的对象。有关这个方面,从《天地》中黄帝"遗其玄珠"的寓言故事可以看出端倪:

> 黄帝游乎赤水之北,登乎昆仑之丘而南望。还归,遗其玄珠。使知索之而不得,使离朱索之而不得,使喫诟索之而不得也。乃使象罔,象罔得之。黄帝曰:"异哉,象罔乃可以得之乎?"

"玄珠"隐喻道与真知,①"知"意味着智,"离朱"意味着明察,②"喫

---

① 司马彪注"玄珠":"道真也。"(见郭庆藩:《庄子集释》,第414页)
② 王夫之《庄子解》:"离朱,明也。"(中华书局2009年版,第177页)陆西星《南华真经副墨》:"离朱,明察也。"(中华书局2010年版,第172页)

诟"意味着言辩,①"象罔"意味着无心。② 黄帝出游,丢了"道真",先后派了三人去寻找,智者以智慧,离朱以明察,喫诟以言辩,结果都没有找到;最后,象罔却以无心找到了。黄帝对此现象所发的感叹,正是庄子所要表达的,道或真知只能是无心无意者,亦即不著于智慧、明察、言辩者才可以得到的。

所谓无心无意,正是说连想要得道的意念都不当有,有了意念便难以出离自我,而既囿于自我,也就仍然有私己之心,以私己之心不可能得道。这个寓言故事,也隐喻一个基本理念,道是一个类似"玄珠"的东西,真知是一个整体,你不能够肢解它,要么你能够得到它,要么你与它无缘。智者、离朱、喫诟之所以得不到它,在于他们的方法本身就意味着失败,因为他们肢解了那个"玄珠",那个整体。《知北游》有一段舜与丞的对话:

> 舜问乎丞:"道可得而有乎?"曰:"汝身非汝有也,汝何得有夫道!"舜曰:"吾身非吾有也,孰有之哉?"曰:"是天地之委形也;生非汝有,是天地之委和也;性命非汝有,是天地之委顺也;孙子非汝有,是天地之委蜕也。故行不知所往,处不知所持,食不知所味。天地之强阳气也,又胡可得而有邪!"

舜向丞求教可不可以得道,而丞回答他,连身体都不是你自己的,你如何得道! 舜说身体不是我自己的,那么谁可以有它呢? 丞则

---

① 成玄英《庄子疏》:"喫诟,言辩也。"(郭庆藩:《庄子集释》,第 415 页)
② 成玄英疏:"象罔,无心之谓。"(同上)吕惠卿曰:"象则非无,罔则非有。非有非无,不皦不昧,此玄珠之所以得也。"(引自焦竑:《庄子翼》,台湾广文书局 1979 年版,第 109 页)陆西星《南华真经副墨》、宣颖《南华经解》、王先谦《庄子集解》等皆从成玄英疏。

说,你的形体、你活着、你的性命,乃至你的子孙都是天地给予你的,都只是天地借你来表现它的变化而已。如此,你当然不能说"我可不可以得道",你只有破除自我,投身并依随天地的变化,你才可以分享到道的存在。在这个意义上,道并不是能否得的问题,而是如何投身于它的问题。那么《知北游》的这个表达与《天地》的表达是否陷入了自我矛盾呢?因为《天地》说无心无意乃可得道,《知北游》又说道本身并不存在可不可得的问题。其实,依庄子的思路,并不矛盾,这是一个递进式的表达,如同"与其……不如"的表达一样,如"无听之以耳而听之以心,无听之以心而听之以气",不存在"心"与"气"两者的偏与废,只是哪个更好的问题。《大宗师》提出了一个道可不可学的问题:

南伯子葵曰:"道可得学邪?"曰:"恶!恶可!子非其人也。夫卜梁倚有圣人之才而无圣人之道,我有圣人之道而无圣人之才。吾欲以教之,庶几其果为圣人乎?不然,以圣人之道告圣人之才,亦易矣。吾犹守而告之,参日而后能外天下;已外天下矣,吾又守之,七日而后能外物;已外物矣,吾又守之,九日而后能外生;已外生矣,而后能朝彻;朝彻而后能见独;见独而后能无古今;无古今而后能入于不死不生。"

这段话是南伯子葵与女偊的问对。南伯子葵问女偊,为何年纪如此之长却有孺子之色,女偊说因为自己"闻道"了。南伯子葵这才问道可不可学的问题。女偊的回答很干脆,道不可学,这无异说自己得道并不是学来的,而且,她也说自己"无圣人之才",所以学不来。但是,她却说出了一个"以圣人之道告圣人之才"的概念,意思是只有"圣人之才"可以通过学而得道。不过,从她为卜梁倚所开出的学习路径可以看出,"圣人之才"虽则经由专精的学习,超越之道却还是在"学"之外,必经不可言说的"朝彻"、"见独"的过程方可实现。

四　言与意及象

言、象、意的问题在魏晋时期引起学术界广泛的注意,是因为这三者之间的关系本来就很具有问题性,这个问题最早却在先秦时期,尤其是由庄子所提出来的。而庄子也并不是第一个提出这个问题的人,注重形式逻辑的墨家显然不会忽略这个问题,如《墨子·经上》:"信言合于意也。"又曰:"执所言而意得见,心之辩也。"只是庄子以其特别的方式把问题提到一个显著的位置。《外物》集中提出这个问题:

> 筌者所以在鱼,得鱼而忘筌;蹄者所以在兔,得兔而忘蹄;言者所以在意,得意而忘言。吾安得夫忘言之人而与之言哉!

这段话是庄子在与惠子的对话中讲出来的。在开篇部分已经说明,《外物》是比较可靠的庄子作品,那么这个问题也应该是庄子提出的。自然,这里庄子并没有明确"言"是否可以充分地表达"意",他只是说"言"仅仅是实现"意"的手段、工具。"言"的意思是言说者所说出来的话语与言辞;"意"是言说者想要表达的意思,也即心里所想的内容。言说是为了表达意思,这是所有人都不怀疑的,然而,言说能否表达或充分表达心意,这才是具有问题性的。事实上,言说与心意,这之间的一致性存在着可能性,却不具有必然性,尽管言说的目的就是为了达意。言说在某些时候能够达意,另一些时候不能达意。在能够达意的时候,还可能不充分地达意。在可能的情况下,言说与达意之间具有了同一性。在不能达意的时候就不具备同一性;在能够达意的情况下(无论是否充分地达意),言说与达意之间都存在着差异性,即言与意总是两回事。庄子正是看到了这种差异性,才提出"言者所以在意"的问题。他的两个比喻使得这个问题鲜活了起来。筌蹄与鱼兔决是两事,尽管用筌就是为了得鱼("筌者所以在鱼"),使蹄就是为了得兔("蹄者所以在兔")。在这个认知的基础上,庄子提出了一个方法论问题:得鱼而忘筌,得兔而忘蹄,得意而忘言。既然筌蹄只是我们得到鱼兔的工具,那么我们已经得了鱼兔,还需要筌蹄吗?从而,已经得了意,还需要抓住言说不放吗?庄子在这里并没有说得意必须忘言,但他给出一个选项:得了意,可以忘言了。所以,这里也申述"吾安得夫忘言之人而与之言哉"。《知北游》里所说的"中欲言而忘其所言",以及"知者不言,言者不知",《则阳》所说"可言可意,言而愈疏",也暗喻了忘言能更好地得意。庄子的表达大多不用"非此即彼",而多用"与其……不如","不如"意味着更好的选择,却不废"与其"。尽管庄子对言说的评价不高,但还是为言说保留了地盘。《秋水》也论及言意问题:

> 可以言论者,物之粗也;可以意致者,物之精也;言之所不能论,意之所不能察致者,不期精粗焉。

这里的"精"与"粗",只是借助于物形而喻,"精"并非实指物形的精细程度,"粗"也并非实指物形的粗疏,只是借它们来说"言论"与"意致"所能表达的层次。而言、意所不能论、不能察的,就不能用精粗来比喻了。在这个认知的阶次上,言与意都还是比较低级的,而第三个阶层,即不能论、不能察的对象是什么,并没有说出来。言、意可以表达的,还都是具体的认知,而在言、意之外的认知,应当是超言绝象的,那就是真知与道。在这个认知的阶次中可以看出,"意"处在一个不出物形精粗的范围,并不构成超越的认知,尽管由言知到意致,也需要经历忘言的过程。除了《外物》和《徐无鬼》之外,对言、意关系有比较系统论说的当属《天道》。我们在前面已经表明,《天道》不是庄子的作品,应当是汉代时候的道家所作。但既是阐述庄子的思想,也当引起注意。《天道》说道:

> 世之所贵道者,书也。书不过语,语有贵也。语之所贵者,意也,意有所随。意之所随者,不可以言传也,而世因贵言传书。世虽贵之,我犹不足贵也,为其贵非其贵也。故视而可见者,形与色也;听而可闻者,名与声也。悲夫,世人以形色名声为足以得彼之情。夫形色名声,果不足以得彼之情,则知者不言,言者不知,而世岂识之哉!

"书"与"语",都属于"言","言"是为了表达"意"的,故"意"为"言"之所贵;可是,市面上人们"贵言传书",忽略了"言""书"所要表达的"意",无异于以不贵的为贵。这里打了一个比方,如同"形色名声"与"情"的关系。人们看到的都是"形色名声",而它们只是传"情"的,人们自以为得到了"形色名声"就得到了"情",其实不然。在上面这段话的后面,《天道》又描写了一段齐桓公与轮扁的故事。桓公在堂上读书,匠人轮扁在堂下做车轮。轮扁问桓公读什么书,桓公说读的是"圣人之言"。轮扁又问圣人还在不在,桓公说圣人已经死了。轮扁却说桓公读的只是"古人之糟魄"而已。把"圣人之言"说成是"糟魄",意味桓公得"圣人之言",却未得圣人之意,所以是"糟魄"。言、意之别,可得一见。

然而,把"意"理解为圣人之意,这是《天道》篇呼之欲出的内容,却没有说出来,而在《庄子》其他各篇中既没有这个说法,也没有这个意思。"意"就是比言高一个级别的认知对象,也就是言所要表达的意思,故而对于庄子的"意",应当且只能在这个意义上去理解。那么与言、意相联系的"忘"又该如何理解呢?其实,"忘"在这里是一种方法,即超越局限的认知方法,既可以"忘言"而"得意",又可以"忘我"、"忘己"而得真知或得道,并不是只要是"忘"了,就必定得真知或得道,因为"得意"只是言说者或者听说者所领会到的意思。在这个意义上,再来看庄子所讲的"心斋"与"坐忘"。《人间世》里颜回与仲尼之间的对话说到了"心斋":

> 回曰:"敢问心斋。"仲尼曰:"若一志,无听之以耳而听之以心;无听之以心而听之以气。听止于耳,心止于符。气也者,虚而待物者也。唯道集虚。虚者,心斋也。"

"听之以耳",或"听之以心",都还是一种感官、知觉对外物的直接的感受。心若与外物相"符",便不是"虚而待物";①只有"气"这种身体与精神完全专一状态("若一志"),才是"虚"。"如气柔弱虚空,其心寂泊忘怀,方能应物。"②"唯道集虚",是说"道"只在那虚无处驻留,这是道的存在条件。"虚者,心斋也",是说"心斋"正是使自己的身心处于这种"虚"的状态的方法。当身心满足了道的

---

① 俞樾曰:"符之言合也,言与物合也,与物合,则非虚而待物之谓矣。"(引自郭庆藩:《庄子集释》,第148页)
② 成玄英《庄子疏》,引自郭庆藩:《庄子集释》,第147页。

存在条件时,道就会到来了。① 所以,"心斋"是一种得道的修养方式。既然修养方式可以得道,那么修养方式也就替代了认知方式。又如何表明真正做到"心斋"了呢? 接下来,颜回说出了自己的状态:"回之未使得使,实自回也;得使之也,未始有回也,可谓虚乎?"意谓未得心斋之教前,我知道自己还是先前那个颜回,得了心斋之教后,我已经不是先前那个颜回了。仲尼则十分地肯定:"尽矣!"这也就是说,心斋其实要达到的目的就是"忘我"。② "坐忘"这个概念的提出,也是借颜回与仲尼之间的对话表达出来的。《大宗师》:

> 颜回曰:"回益矣。"仲尼曰:"何谓也?"曰:"回忘仁义矣。"曰:"可矣,犹未也。"他日复见,曰:"回益矣。"曰:"何谓也?"曰:"回忘礼乐矣!"曰:"可矣,犹未也。"他日复见,曰:"回益矣!"曰:"何谓也?"曰:"回坐忘矣。"仲尼蹴然曰:"何谓坐忘?"颜回曰:"堕肢体,黜聪明,离形去知,同于大通,此谓坐忘。"仲尼曰:"同则无好也,化则无常也。而果其贤乎! 丘也请从而后也。"

颜回大概是向老师汇报自己的进步,当颜回说自己忘了仁义,

---

① 郭象《庄子注》:"虚其心则至道集于怀也。"成玄英《庄子疏》:"唯此真道,集在虚心。故如虚心者,心斋妙道也。"(郭庆藩:《庄子集释》,第148页)宣颖《南华经解》:"气无端即虚也。""将虚字点破心斋。五蕴俱空。"(广东人民出版社2008年版,第32页)

② 郭象、成玄英皆理解为"忘身",郭象《庄子注》:"既得心斋之使,则无其身。"成玄英《庄子疏》:"未禀心斋之教,犹怀封埘之心,既不能堕体以忘身,尚谓颜回之实有也。"(郭庆藩:《庄子集释》,第148页)而宣颖解为"忘我"。(见《南华经解》,广东人民出版社2008年版,第32页)宣颖的"解"更合庄子之意。

然后又忘了礼乐,仲尼都给予了肯定,却又说还不够;当颜回说自己"坐忘"了的时候,仲尼则感到颜回这次的进步超出了自己的想象,甚至他自己也不清楚"何谓坐忘",而颜回的解释使得孔子自愧不如,甚至愿意甘当颜回的学生。三个"忘"字,表示了三个不同的修养与认知阶段,即忘了道德仁义,忘了礼乐制度,忘了自我。每一次忘,都是一个自我的超越。庄子在这里并没有设定认知或修养需要多少次的忘。从仲尼对颜回坐忘的"蹴然"态度,表明他心里预期的这次"忘"不应当是一个完成式,而颜回却一次完成了。从这个过程看来,"忘"并不是只有一次,或许要经历诸如忘言、忘意、忘年、忘义、忘身、忘我等。从颜回的这次"坐忘"看,"堕肢体"、"离形"属于忘身(也称"忘形"、"丧耦"),"黜聪明"、"去知"属于忘我;"同于大通",则是忘身忘我所能够得道超越的境地,只不过,这里再次隐喻了一个道理,所谓"得道",其实并不是抓住了道,而是把自己投身于、同化于道。① 仲尼最后的那句"同则无好,化则无常"的话,则进一步解释了"同"与"化",既已同于道,就不当有个体与私己的好恶;既已随道而迁化,就应当把连同自我在内的所有东西看作变化无常。

"象"也是庄子所论述过的问题,只是在庄子那里,它并不像在魏晋时期地位那么显要。庄子所论的"象",还是平实而易知的,甚至可以说,它就是通过形象所表达的现象。只是这平实而易知的"象",运用在《庄子》书中的不同情境下,也具有了哲学的意义。《德充符》说:

> 象耳目,一知之所知而心未尝死者乎!

---

① 成玄英《庄子疏》:"大通,犹大道也。道能通生万物,故谓道为大通也。"(见郭庆藩:《庄子集释》,第 285 页)

这是说以耳目为迹象。① 《天道》说：

> 夫尊卑先后，天地之行也，故圣人取象焉。

这个见解使得"象"具有超越、圣神之义。然而，这应当属于庄子后学的见解。《刻意》说：

> 水之性，不杂则清，莫动则平。郁闭而不流，亦不能清。天德之象也。

这是说水本来的德性所表现出来的现象。又说：

> 夫有干越之剑者，柙而藏之，不敢用也，宝之至也。精神四达并流，无所不极，上际于天，下蟠于地，化育万物，不可为象，其名为同帝。

这是说"干越之剑"有神奇的精神与能力，可化育天地，但并没有迹象可见可寻。《至乐》说：

> 天无为以之清，地无为以之宁。故两无为相合，万物皆化。芒乎芴乎，而无从出乎！芴乎芒乎，而无有象乎！

这是说天地无为，却可以使万物化生，但这个过程恍恍惚惚的，并

---

① 成玄英疏"象"为"似"："和光同尘，似用耳目，非须也。"（郭庆藩：《庄子集释》，第 195 页）宣颖解为："以耳目为吾迹象。"（《南华经解》，广东人民出版社 2008 年版，第 40 页）这里从宣颖解。

不表现出来作为。《庚桑楚》说：

> 以有形者象无形者而定矣！

这里的"象"动词化了，意谓以有形有象的东西来象征无形无象的东西。因为无形的东西看不见，摸不着，但为了使无形无象的东西可以为人们所理解，就借助了有形象的东西来表达。

关于"象"的问题，《应帝王》中列子与壶子，及神巫季咸之间的故事值得注意。列子跟着壶子学道，然而，列子受了神巫季咸的影响，以为壶子的道行不及季咸高，开始怀疑起壶子来。壶子说：以前我只让你看到现象，而没有让你看到实质（"吾与汝既其文，未既其实"），你怎么算是得道了呢？你带季咸来看看吧。于是，列子带着季咸先后四次来看壶子之相，四次看到的都不同。第一次看到了"湿灰"之象，季咸便悄悄告诉列子，说他师傅要死了；第二次看到了"杜权"之象（即闭藏之机的变化），就对列子说，他师傅遇到自己算是有得活了；①第三次见了"不齐"之象（即动静不定之象），②又对列子说，等象"齐"了，改日再来看吧；第四次来，季咸还没有站定，就转身走了，列子都没有追得回来。壶子告诉列子，四次他给季咸展现的是不同的"机"，第一次是"杜德机"，第二次是"善者机"，第三次是"衡气机"，第四次是"不知其谁何"。这四次之机，一次比一次深，其表现出来的象也就越来越难辨识。第一次季咸很肯定；第二次遇到"名实不入"的时候，尚且能够认得清；第三次看

---

① 钱穆《庄子纂笺》引罗勉道语："闭藏之中却有权变。"（台湾东大图书有限公司2006年版，第65页）

② 宣颖解为"动静不定"（《南华经解》，广东人民出版社2008年版，第64页），甚当。

不清,有些难为情了;第四次遇到的是难以说出来的象,就只有逃之夭夭了。在这个序列的双方行为过程中,一方是给出"机"者,另一方为看相(象)者。机是本质,相(象)是表象。本质之机隐微,表象之象显明,然而,在显明的象都"不知谁何"的情形下,隐微之机也就很难认知了。可见,在象被神圣化之前,已经很哲学化了。

"象"的意义引起学界的广泛注意,当起因于《易传》。《易传·系辞》说:"在天成象,在地成形,变化见矣。"又说:"圣人设卦观象。""象"虽则依然表征了现象,但已经不是普通的现象,而是圣人有意为之的卦象,它隐藏又试图揭示某种神秘的意义。言、象、意作为相关涉的哲学概念出现,则要归功于魏晋时期的玄学家们。他们曾就言能否尽意的问题展开了论辩。其中正方欧阳建有《言尽意论》,反方有《言不尽意论》,其中,王弼的贡献尤其突出,他在《周易略例》中把三个概念及其关系讲得疏明了:"夫象者,出意者也。言者,明象者也。尽意莫若象,尽象莫若言。言生于象,故可寻言以观象;象生于意,故可寻象以观意。意以象尽,象以言著。故言者所以明象,得象而忘言;象者所以存意,得意而忘象。犹蹄者所以在兔,得兔而忘蹄;筌者所以在鱼,得鱼而忘筌也。然则,言者,象之蹄也;象者,意之筌也。是故,存言者,非得象者也;存象者,非得意者也。象生于意而存象焉,则所存者乃非其象也;言生于象而存言焉,则所存者乃非其言也。然则,忘象者,乃得意者也;忘言者,乃得象者也。得意在忘象,得象在忘言。故立象以尽意,而象可忘也;重画以尽情,而画可忘也。"①因为是注解《周易》,故而言、象、意的身份都变了。言乃是卦爻辞;象乃是卦爻象;意乃是卦爻所要表达意思。由于是"圣人设卦观象",言、象、意都被给予

---

① 见楼宇烈:《王弼集校释》,中华书局1980年版,第609页。

了一种超越的、神圣的意义,而不再是人们寻常的言论、现象与意义了,且意被赋予了认知的终极目的。王弼不仅肯定寻言可以得象,寻象可以得意,而且他认为,已经得了象,若再执着于言,那个言已经不是此象之言了;已经得了意,若再执着于象,那个象已经不是此意之象了。在这个方面,王弼超越了庄子。在庄子那里,得意忘言,意谓得了意,言可忘了,若再执着就没有意义了。在言、象、意三者关系方面,王弼也走得更远,他直接把忘言、忘象作为得象、得意的前提,所谓"得意在忘象,得象在忘言"。论者都认为王弼受了庄子的影响,[①]然而,王弼现存著述中没有注庄之作,《隋书·经籍志》所载《王弼集》五卷早佚,无从知晓他是否注过庄,但从所借重的筌蹄之喻看,说他受庄子影响,断不会有误。

言、意及象,其意义在后来发生了变化,但其方法论意义则影响久远,诸如南宋时期的道教学者白玉蟾就有过类似的命题——"过河拆桥"等;现代西方分析哲学家维特根斯坦也有类似命题——"登楼弃梯"。虽然处境不同,国度不同,却都有着共同要面对的哲学问题。

[①] 如《汤用彤全集》:"王弼取《庄子·外物篇》之意,谓'言所以尽意,得意而忘言'。"(河北人民出版社 2000 年版,第四卷第 312 页)

第五章 道与德——伦理与仁爱

一 道家的德性——真

(一) 德之义

德性的问题在周朝替代殷商王朝之始,就受到了人们共同的关注,这是在"上帝"作用弱化的情形下引发的。周王朝上层自身都觉得自己政权的合法性基础一半在上帝,一半在自己的德性的积攒,这才有"皇天无亲,惟德是辅"的说法。春秋时期的各家各派对于德性问题各有自己的观念。

老子是把道与德分而论之的。三十八章说:"上德不德,是以有德。下德不失德,是以无德。上德无为而无以为,下德为之而有以为。……失道而后德,失德而后仁,失仁而后义,失义而后礼。"①"上德"意味着至上的德,又相当于"孔德"之德(二十一章),"常德"之德(二十八章),"玄德"之德(六十五章),或"广德"之德(四十一章),而"下德"意味着寻常意义上的、具体的德,又相当于

---

① 河上公本与王弼本的字句相同,帛书本中少了"下德为之而有以为"一句,其他字句与河上、王弼本同。傅奕本中用了"上德无为而无不为"句,与整段句式不协。故采用河上、王弼本句。

"建德"之德(四十一章)。① 有关"上德"与"下德"的关系,"上德"无以为,不表现出其德性,所以,它是真正的有德;"下德"有以为,表现出了自己的德性,这种德其实是无德。这里其实已经分出了超越义的德与世俗义的德的区别。"下德"之所以称为"无德",在于"下德"有以为,有为则必定有所不为,有为存在一个适用的范围,在这个范围之内,它是有德;超出了范围,它就是无德。德有所立,则情有所浇薄。在老子看来,道与德,乃至仁与义,乃是一个从普遍到具体的过程。道是普遍精神,德与仁义都只是道的具体落实,然而,这个过程以丧失道的普遍性为代价。比较来说,普遍性的精神不存在了,德与仁义等即便落实与有效,也是不周全的了。所以,在价值上,老子是把道置于一个无可比拟的位置,而德、仁与义,老子并不排斥,只是将它们都置于道所统属的序列之下。在老子的表述中是否有这样的意思:德与仁义的实行既然是以道的丧失为代价,那么有作为普遍精神的道的流行,就不需要德与仁义了呢?对此,老子并没有直说,却隐含了这样的意思。要不然,他也不会说出"天下有道"与"天下无道"的区别了。在"天下有道"的情形下,并不需要人们的德性,德与仁义,甚至可以说是在道丧的情形下无奈的选择,所谓"大道废,有仁义。智慧出,有大伪。六亲不和,有孝慈"(十八章)。这就如同社会衰微、动荡之时有忠臣一样。五十一章说:"道生之,德畜之,物形之,势成之。是以万物莫不尊道而贵德。道之尊,德之贵,夫莫之命而常自然。故道生之,德畜之,长之育之,亭之毒之,养之覆之。生而不有,为而不恃,长而不宰,是谓玄德。"在这段话里面,道与德在一句话里出现了,有学者

---

① 任继愈《老子新译》、李存山《老子》、刘笑敢《老子古今》皆以"建"为刚健之义,张松如《老子校读》则以"建"为立。笔者以为张氏之解为合理,此"建德"当与五十四章"善建者不拔"相类似。

甚至认为老子已经"道德连文"了。① 而且,这段话也更清楚地说明了道与德之间的关系。② 道使物生,即从无到有,有之为有,在于它是具体的。德的作用在于使已生之物得到畜养,而畜养既是使它得到成长、壮大,又要使它保持自身的同一性,即它依旧是它自己,没有变成别的什么东西,这之中就有了自身规定性问题了。从德所发生作用的时空来说,它不再是抽象而普遍的,而是具体的、个别性的;从其作用来说,它涉及具体事物的性质,而不是抽象的本质。韩非子在《解老》中说:"德者内也,得者外也。"又说:"德也者,人之所以建生也;禄也者,人之所以持生也。"这已经把"德"看作是内在的品性了,而把"德"看成是"人之所建生",也就是把"德"看作是人之所以为人的根据。王弼直接把"德"界定为"得":"德者,得也。常得而无丧,利而无害,故以德为名焉。何以得德?由乎道也。何以尽德?以无为用。"③应该说,王弼的注解是深得老子之旨的。

在《论语》里面,道与德也是作为两个概念使用的,所谓"志于道,据于德,依于仁,游于艺。"(《论语·述而》)在使用"德"字的次数上,《论语》甚至没有《老子》多(《论语》39次,《老子》41次),但在德的内涵上,《老子》没有像《论语》那样,从仁、义、礼、智、信等多个方面作了阐释、发挥。这主要是因为老子从自然精神方面来理解道与德,而孔子是从社会精神及个性修养方面理解道与德。

---

① 钱穆:《庄老通辨》,生活·读书·新知三联书店 2002 年版,第 44 页。当然,钱穆先生是想说明《老子》在《庄子》之后出,《庄子》内篇中没有道德连文,而《老子》有了。

② 刘笑敢《老子古今》:"道、德、物、器四者是从总体到个体,从抽象到具体的阶梯和过程。……德是道之功能的具体体现和保证,所以说'道生之,德畜之',这里的德是道的功能的具体体现和落实,德可以是道之德,也可以是万物之德。"(中国社会科学出版社,上卷第 506 页)

③ 王弼:《老子道德经注》,见楼宇烈:《王弼集校释》上册,中华书局 1980 年版,第 93 页。

《庄子》承续了《老子》的道与德的观念,却做了庄子式的论说。道、德在《庄子》内篇中,都是以两个概念在使用,但在外、杂篇的《骈拇》《马蹄》《天道》《山木》《庚桑楚》《让王》《天下》等篇中有了道德连用。诸如:

> 骈拇枝指出乎性哉,而侈于德;附赘县疣出乎形哉,而侈于性;多方乎仁义而用之者,列于五藏哉,而非道德之正也。……则仁义又奚连连如胶漆缠索而游乎道德之间为哉,使天下惑也!(《骈拇》)
>
> 道德不废,安取仁义!性情不离,安用礼乐!五色不乱,孰为文采!五声不乱,孰应六律!夫残朴以为器,工匠之罪也;毁道德以为仁义,圣人之过也。(《马蹄》)
>
> 夫虚静恬淡寂漠无为者,天地之平而道德之至。……夫帝王之德,以天地为宗,以道德为主,以无为为常。(《天道》)
>
> 若夫乘道德而浮游则不然,无誉无訾,一龙一蛇,与时俱化,而无肯专为。一上一下,以和为量,浮游乎万物之祖。……"悲夫,弟子志之,其唯道德之乡乎!"(《山木》)
>
> 道德于此,则穷通为寒暑风雨之序矣。(《让王》)
>
> 天下大乱,贤圣不明,道德不一。(《天下》)

道与德能够连用,这表明了两个概念之间存在的特殊关系,然而,当道德连用时,就是复合词了,并且不是道和德的意思,道德指的就是德。在道与德的关系上,《庄子》与《老子》一脉相系,也是依据道、德、仁、义、礼的序次,如《知北游》所说:

> 道不可致,德不可至。仁可为也,义可亏也,礼相伪也。故曰:"失道而后德,失德而后仁,失仁而后义,失义而后礼。"

> 礼者,道之华而乱之首也。

道因为玄远,所以不可言致;德因为来自于道,有上德与下德的区别,所以称德(下德)有所不至;仁可以填补失德所留下的空间,所以可为,但已有所不达;故而,至于义与礼,则进而有亏有伪了。在这里,从道、德到仁、义、礼,只是一个坠落的过程。我们从中可以看到,道、德与仁、义、礼,也绝非一个大概念之下的小概念,之间只存在某种程度的同一、转换而不存在包含的关系。就道与德的关系来说,当说到"调而应之,德也;偶而应之,道也"的时候,①道、德都是指和合的德性修养,但在大多数情形下,道、德是两个概念。《庚桑楚》:

> 道者,德之钦也;生者,德之光也;性者,生之质也。

对于"钦"字,论家有不同理解,成玄英解为"钦仰",锺泰依成氏之见,解为"尊仰";俞樾以"钦"为"廞"的假借字,引《小尔雅》"廞,陈也",认为"所以生者为德,陈列之即为道"。王叔岷《庄子校诠》从俞樾之见,却从《周礼·春官笙师》"大丧,廞其乐器"郑注"廞,兴也",把"德之廞"解为"德之所兴也。德兴于道"。② 曹础基《庄子浅注》解"钦"为"主、君",认为"德以道为主体"。③ 无论有何种的不同理解,有一点是清楚的,这里的"道"不同于"德","德"是从"道"那里来的。再看《徐无鬼》所言:

---

① 郭象《庄子注》:"调偶,和合之谓也。"成玄英《庄子疏》:"调和庶物,顺而应之,上德也;偶对前境,逗机应物,圣道也。"(俱引自郭庆藩《庄子集释》,第 746 页)
② 王叔岷:《庄子校诠》,中华书局 2007 年版,第 907 页。
③ 曹础基:《庄子浅注》,中华书局 2007 年版,第 282 页。

> 故德总乎道之所一,①而言休乎知之所不知,至矣。道之所一者,德不能同也。②

德总是从道那里禀受到某些东西(自得于道),才可以称为德的;而道的普遍性、一贯性("道之所一"),是德所不能比拟的,所以,德可以分享道,却不能与道完全相同,一如具体不能与普遍相同一样。《天地》:

> 故通于天地者,德也;行于万物者,道也;上治人者,事也;能有所艺者,技也。技兼于事,事兼于义,义兼于德,德兼于道,道兼于天。……执道者德全,德全者形全,形全者神全。神全者,圣人之道也。

德"通于天地",是说德来源于天地自然之道,而道则是要流行于万物的,这是它的普遍性所要求的。这里的"兼"字,意谓具有、包含之义。来源于"事"的"技",其中包含了"事"的义;源于"义"的"事",其中包含了"义"之义;源于"德"的义,其中具有了"德"的某

---

① 郭象《庄子注》:"道之所容者虽无方,然总其大归,莫过于自得,故一也。"(见郭庆藩:《庄子集释》,第 853 页)曹础基《庄子浅注》以"总"为"统属"义:"德是指各人所得的道,所以是统属在大道的同一性之中的。"(中华书局 2007 年版,第 296 页)笔者以为曹先生的见解为可取。"总乎"与"休乎"的句式相称,都属于被动句式,若将"总乎"理解为总揽之义,则与"休乎"句不协。

② 成玄英《庄子疏》:"夫一道虚玄,曾无涯量,而德有上下,(谁)不能周备也。本有作同字者,言德有优劣,未能同道也。此解前道之所一也。"(见郭庆藩:《庄子集释》,第 853 页)钱穆《庄子纂笺》认为"道之所一"的"一"上脱了"不"字;又引曹受坤"同"本作"周"义,认为"道之所一者,德不能同也"就是:"道之所一者已破而不完。周者,圆满普遍义。"(台湾东大图书有限公司 2006 年版,第 209 页)笔者则以为,前后两句"道之所一"中都脱了"不"字不合乎情理,或许钱先生是觉得只有这样才好理解"德不能同"这句话吧。

些含义;源于"道"的"德",也具备了"道"的含义。源于道的德,包含、保留了道的某些含义,或者说它们之间存在着同一性,但德并不能等同于道,因为普遍的道在转换为德的时候,它可能丢失了某些东西;同样,普遍的精神转换为具体的德性、品性的时候,在保留道的内在规定性时候,却丢掉了普遍性。从系统论的观点看来,执道者可以德全,德全者可以形全,形全者可以神全。但不可反过来说:执德者可以道全,形全者可以德全,神全者可以形全。人们在道与德的关系上能够做的事情,就是"立德明道",也即通过培植、树立德性来体验、弘扬道,因为德与道之间存在着由此达彼的同一性,所谓"立之本原而知通于神,故其德广……立德明道,非王德者邪?"(《天地》)。这也如《论语》讲过的"本立而道生"(《论语·学而》),"人能弘道,非道弘人"(《论语·卫灵公》)。

在道与德的关系的基础上,我们来看庄子所说德的含义:

> 夫若然者,且不知耳目之所宜,而游心乎德之和。物视其所一而不见其所丧,视丧其足犹遗土也。(《德充符》)
>
> 平者,水停之盛也。其可以为法也,内保之而外不荡也。德者,成和之修也。德不形者,物不能离也。(《德充符》)

这里的"德之和"与"成和之修",意思相同,与《缮性》里面所说的"夫德,和也"一样,都是指德的内涵,应当指一种与物相和、与事相顺的修养。① 只是前者直指人的修养,后者则以平静之水为譬,以

---

① 郭象《庄子注》:"事得以成,物得以和,谓之德也。"成玄英《庄子疏》:"夫成于庶事,和于万物者,非盛德孰能之哉! 必也先须修身立行,后始可成事和物。(之德)〔物得〕以和而我不丧者,方可以谓之德也。"(见郭庆藩:《庄子集释》,第 215 页)王夫之《庄子解》:"不滑其和则成矣。修此者为有德。"(中华书局 2009 年版,第 127 页)曹础基《庄子浅注》:"养成和顺的修养。"(中华书局 2007 年版,第 67 页)

不波荡的客观性,隐喻最好的德性修养。对于德与物之间的关系,庄子认为,德并不显现出来,显现出来的就不是深厚的德了,唯其如此,它才能够作为事物的法则,而事物却离不开它的存在。

然而,庄子把德既理解为一种修养,同时又把它理解为一种醇正的客观性,这是如何可能的?《人间世》:

> 子尝语诸梁也曰:"凡事若小若大,寡不道以欢成。事若不成,则必有人道之患;事若成,则必有阴阳之患。若成若不成而后无患者,唯有德者能之。"

这是说常人难免在举事成功与不成功之间而产生"人道之患"或"阴阳之患",而"有德者"却可以无此祸患。自然,有德者处事高超,可以避患,然而,"人道之患"与"阴阳之患"是两种不同的情形,前者属于是否处事高超的问题,后者则属于自己内心是否平静的问题,而无论成与不成,内心都能平静,这终究还是一种德性的修养。有了这种德性修养,可以不计得与失,所以没有了祸患。

《德充符》是专讲德性的。然而,为庄子看作有德之人的都是些什么人呢?兀者(被刖脚者)王骀,"立不教,坐不议,虚而往,实而归。固有不言之教,无形而心成者","物视其所一而不见其所丧,视丧其足犹遗土也";兀者申徒嘉,"知不可奈何而安之若命",甚至忘了自己是一个兀者;兀者叔山无趾,视名誉"为己桎梏","以死生为一条,以可不可为一贯";恶人(丑陋之人)哀骀它,其"恶骇天下",却"未言而信,无功而亲,使人授己国,唯恐其不受也";闉跂支离无脤,"德有所长而形有所忘"。这些人,虽然形体残缺,但德行高尚,他们之间的交友,可称为"德友",即以德相交的朋友。而其所谓"德",并不是以仁义为内涵,而是超越是非、名利,忘记利害、生死关系,当遭遇到死生、存亡、穷达、富贵、毁誉的时候,依旧平静如故,不至于让它们干扰到自己心性的和顺,甚至都不会让它们进入到自己的内心去("不足以滑和,不可入于灵府")。在《德充符》中,庄子也借孔子说了自己要说的话:

> 仲尼曰:"人莫鉴于流水而鉴于止水。唯止能止众止。受命于地,唯松柏独也〔正〕,在冬夏青青;受命于天,唯〔尧〕舜独也正,幸能正生,以正众生。"

这里的"正",就是行为与德性的端正。这种德性可以作为法制,它像是平静的止水,客观公正地照见任何的事物。在物的方面,庄子举出了松柏;在人的方面,举出了尧舜。他们之所以可以作为万物与人的法则,在于他们总是保有自己醇正的本色,可以使不正之人、物得以回归到"正"。《应帝王》:

> 蒲衣子曰:"而乃今知之乎?有虞氏不及泰氏。有虞氏其犹藏仁以要人,亦得人矣,而未始出于非人。泰氏,其卧徐徐,其觉于于。一以己为马,一以己为牛。其知情信,其德甚真,而未始入于非人。"

有虞氏修仁为德,并用这种德来要约人,虽然也笼络了许多人,却没有超然乎物之外;①泰氏则安闲自在,一副愚昧无知的样子,无

---

① 郭象、成玄英皆以"非人"为"是非之域"(见郭庆藩:《庄子集释》,第288页),宣颖《南华经解》以为:"非人者,物也。有心要人,则犹系于物。是未能超然出于物之外也。"(广东人民出版社2008年版,第62页)从宣颖解。

论别人呼他为牛或为马,全不介意。故而,泰氏其情率性无伪,所以,这样的德性很真实("其德甚真"),似从来就没有陷入过物之内。所以说"有虞氏不及泰氏"。

以上所说的德,都是以客观性为基本内容的,这种观念在《在宥》中得到了再次的确认:

> 中而不可不高者,德也;一而不可不易者,道也;神而不可不为者,天也。……不明于天者,不纯于德;不通于道者,无自而可;不明于道者,悲夫!

"中",与"和"、"顺"相通,也即"德之和"。① "不可不高",是说和顺之德不能不是高尚的。这和顺的高尚之德,却又来自于自然之天,所以才说"不明于天者,不纯于德"。这也如《刻意》中所说的:"天地之平而道德之质也。"纯正的客观性作为一种德性,意谓待人处事的公正无私,这理当为人的德性;然而,它既然来自于自然之天,如何算得上修养之德?《天地》:

> 性修反德,德至同于初。

这是说人们修养性情,达到返还本始、初生之德;德的极致则与泰初相同。本始、初生之德,为人们来到世间时候的那种德,这种德以真实、率性为内涵("其德甚真")。同于泰初,即是同于天地初生之德,也即浑沌之德。这是否意味着初生的处子不须修养就具备

---

① 陆德明《经典释文》和成玄英《庄子疏》皆释为"顺"。(见郭庆藩:《庄子集释》,第399页)

了一种德性呢？应该说：是的。只不过，处子的这种德却不是庄子所追求的德。因为处子的德虽然真实，却是没有经过修养、历练、返还的德。我们可以看到，庄子所追求的德不仅是真实的、客观的，而且它还是能够应世的、能耐的、超越的。《逍遥游》里面所描绘的藐姑射之山上的神人，"肌肤若冰雪，绰约若处子"，能够"不食五谷，吸风饮露，乘云气，御飞龙，而游乎四海之外"，其神凝之间，能够"使物不疵，而年谷熟"，"之德也，将磅礴万物以为一"，"之人也，物莫之伤"，如此等等。他们像处子那样稚嫩、纯洁，却不会像处子那样无知，所以，他们处子般的样态是修养出来的，他们返还、保持的功夫，正是修养的过程。前面已经讲到客观、平静乃是庄子所追求的德的基本德性，而客观、平静作为德性，并非从来就是那样的，而是经历过所有的扰乱而后能够平静如水的（"撄而后成"——《大宗师》），如果从来如此，也就不是庄子所追求的那种德了。在上述意义上，可以说，保持自然、客观、纯洁、平静、和顺的本性，就是德。

（二）德之种相

《老子》有"上德"与"下德"的讲求，《庄子》书中只有《盗跖》中提及上、中、下三德：

> 孔子曰："丘闻之，凡天下有三德：生而长大，美好无双，少长贵贱见而皆说之，此上德也；知维天地，能辩诸物，此中德也；勇悍果敢，聚众率兵，此下德也。凡人有此一德者，足以南面称孤矣。"

《盗跖》这一篇，学界多怀疑是否为庄子的作品，这里暂不去分析它。或许庄子并不讲求上、中、下三德,但庄子自有他的讲求和说法,他用了"至德"、"全德"、"天德"、"玄德"等,借以表达他对德性高低的分别。《马蹄》:

> 故至德之世,其行填填,其视颠颠。① 当是时也,山无蹊隧,泽无舟梁;万物群生,连属其乡;禽兽成群,草木遂长。是故禽兽可系羁而游,鸟鹊之巢可攀援而窥。夫至德之世,同与禽兽居,族与万物并。恶乎知君子小人哉!同乎无知,其德不离;同乎无欲,是谓素朴。素朴而民性得矣。

这是说至德之世,人们率真自然,无欲无求,生活简朴而不失秩序,与万物,甚至可与禽兽和睦相处。人们彼此之间没有君子、小人等利害等级之分,始终保持了无知、素朴的德性。《胠箧》:

> 子独不知至德之世乎?昔者容成氏、大庭氏、伯皇氏、中央氏、栗陆氏、骊畜氏、轩辕氏、赫胥氏、尊卢氏、祝融氏、伏羲氏、神农氏,当是时也,民结绳而用之。甘其食,美其服,乐其俗,安其居,邻国相望,鸡狗之音相闻,民至老死而不相往来。若此之时,则至治已。

容成氏、大庭氏、伯皇氏、中央氏、栗陆氏、骊畜氏、轩辕氏、赫胥氏、尊卢氏、祝融氏、伏羲氏、神农氏等,都是想象中的"至德之世",在这些时代里面,人们的德性同于《老子》所描述的小国寡民般的自

---

① 成玄英《庄子疏》:"填填,满足之心。颠颠,高直之貌。夫太上淳和之世,遂初至德之时,心既遣于是非,行亦忘乎物我。所守真内足,填填而处无为;自不外求,颠颠而游于虚淡。"(见郭庆藩:《庄子集释》,第 335 页)《淮南子》"填填"作"莫莫","颠颠"作"瞑瞑"。(同上)

然状态。《天地》：

> 至德之世，不尚贤，不使能，上如标枝，民如野鹿。端正而不知以为义，相爱而不知以为仁，实而不知以为忠，当而不知以为信，蠢动而相使，不以为赐。是故行而无迹，事而无传。

这是说"至德之世"不崇尚贤能，君民之间虽有分别，但君主虽处高位而无心，民处其下而放任自得。① 人们行为端正，彼此相爱，诚实而合理，率性而相使，却不知道什么叫作仁、义、忠、信与恩赐等。上面谈论的其实都是普遍的道德水平，或者说一个久远的社会道德风气，并没有直接谈论"至德"。在《秋水》里面才谈到了"至德"：

> 闻曰："道人不闻，至德不得，大人无己。"约分之至也。

又说：

> 北海若曰："……至德者，火弗能热，水弗能溺，寒暑弗能害，禽兽弗能贼。非谓其薄之也，言察乎安危，宁于祸福，谨于去就，莫之能害也。故曰：'天在内，人在外，德在乎天。'②知天人之行，本乎天，位乎得，蹢𨇨而屈伸，反要而语极。"

---

① 郭象《庄子注》："出物上而不自高"；"放而自得也"。成玄英《庄子疏》："君居民上，恬淡虚忘，犹如高树之枝，无心荣贵也"；"上既无为，下亦淳朴，譬彼野鹿，绝君王之礼也。"（见郭庆藩：《庄子集释》，第 446 页）
② 成玄英《庄子疏》："天然之性，韫之内心，人事所顺，涉乎外迹；皆非为也。任之自然，故物莫之害矣。""至德之美，在乎天然，若恣人任知，则流荡天性。"（见郭庆藩：《庄子集释》，第 590 页）曹础基《庄子浅注》："天性蕴藏在内心，人事表现在外表行动上，道德体现在天性上。"（中华书局 2007 年版，第 197 页）所言是也。

其实，这里的"至德"还是指"至德者"。然而，"至德者"所表现出来的也就是"至德"了。前一段话是说至德者具有超越的意识，与"道人"、"大人"相类，不求名闻，不求功利，甚至忘己之存在。后一段话是说至德者能够审时度势，合理地避害。又说天性藏于内，人事在于外，德性在于天性。了解了天人之间的关系，就当以天为宗本，立足于从天所得之德，根据自己的存在处境，或进或退，或伸或屈，常常记得反本归宗，默极无语。

怎样可以称为"全德"？《德充符》：

> 孔子曰："弟子勉之！夫无趾，兀者也，犹务学以复补前行之恶，而况全德之人乎！"……形全犹足以为尔，而况全德之人乎！今哀骀它未言而信，无功而亲，使人授己国，唯恐其不受也，是必才全而德不形者也。

这里说的"全德之人"，指的就是道德完备之人。

又《天地》：

> 曰："……若夫人者，非其志不之，非其心不为。虽以天下誉之，得其所谓，謷然不顾；以天下非之，失其所谓，傥然不受。天下之非誉，无益损焉，是谓全德之人哉！我之谓风波之民。"反于鲁，以告孔子。孔子曰："彼假修浑沌氏之术者也。识其一，不知其二；治其内，而不治其外。夫明白入素，无为复朴，体性抱神，以游世俗之间者，汝将固惊邪？且浑沌氏之术，予与汝何足以识之哉！"

这是子贡与孔子之间的一段对白。子贡说有这样一种人，他不会违背自己的意愿去干事情。天下人都赞誉他了,他不去搭理;天下都指责他了,他也不去接受。天下人的赞誉与诽毁对他来说无损无益,大概这可以称为全德之人吧!而孔子则说子贡只知其一,不知其二。孔子说这种人修的是"浑沌之术",他只关注自己的内心修养,不关注外在的事情,他可以达到心地明净与纯素的境界,无为而返璞归真,体知本性而抱养真神,所以,他是以如此的修养对待我们这个世俗社会的。德性本属于内在的修养,这里庄子借孔子之口,把自己的这个观念表述清楚了,"全德之人"就应该是自我修养完备,自性俱足,不在意别人如何看待自己的人。再看《田子方》:

> 子方出,文侯傥然,终日不言,召前立臣而语之曰:"远矣,全德之君子!始吾以圣知之言、仁义之行为至矣。吾闻子方之师,吾形解而不欲动,口钳而不欲言。吾所学者直土梗耳!夫魏真为我累耳!"

这是表明"全德之君子"比起"圣知之言、仁义之行"要高远得多。《盗跖》也有有关"全德"的表述:

> 世之所高,莫若黄帝。黄帝尚不能全德,而战涿鹿之野,流血百里。尧不慈,舜不孝,禹偏枯,汤放其主,武王伐纣,文王拘羑里。此六子者,世之所高也。孰论之,皆以利惑其真而强反其情性,其行乃甚可羞也。(《盗跖》)

这是拿历史上圣德的帝王与全德之人作比较,认为黄帝不免于战争,尧、舜、禹、汤、武王、文王等都有道德上的瑕疵,因此不能与全德之人相提并论。"全德"在于道德修养的完成,"治其内而不治其外",因一个"全"字而圆成,故而不在乎外界如何评论。"全德之人"内心境界高,但并没有像"至德之人"那样延伸出超人的能力。

什么是"玄德"?《天地》:

> 同乃虚,虚乃大。合喙鸣。喙鸣合,与天地为合。其合缗缗,若愚若昏,是谓玄德,同乎大顺。

这是说与天地合德,就是"玄德"。这与《老子》第五十一章所说的"玄德"有所区别,老子所说的"玄德"表达的是道的品性,这里说的"玄德"指的是人的一种深厚的修养。

《庄子》书里还有"天德"的概念。《天地》:

> 玄古之君天下,无为也,天德而已矣。

《天道》:

> 天德而出宁,日月照而四时行,若昼夜之有经,云行而雨施矣!

前一句话,以"无为"作为天德;后一句话,以日月、四时有序运行为天德,其实也就是"天地之德"。《刻意》:

> 其寝不梦,其觉无忧。其神纯粹,其魂不罢。虚无恬惔,乃合天德。

这与以"无为"为天德一样,只是"无为"属于君主的天德,这里是个

人的修养,以"虚无恬惔"为天德。《刻意》:

> 水之性,不杂则清,莫动则平;郁闭而不流,亦不能清;天德之象也。

这里以水的至清与平静作为天德的表象。

二　德与仁义

(一) 仁义之与德性

既然在庄子的"至德"、"玄德"、"全德"之中都没有包含仁义的内容,那么仁义算不算是一种德呢?依照庄子的思路看,仁义至少不是他所崇尚的德性。然而,庄子并没有明白地讲。如果这么讲了,那就有违时流了,所以,与老子一样,庄子把德分出一个阶次,保持对"至德"、"玄德"与"全德"的追求,却也为以仁义为内涵的德开出一个存在的理由。老子说"上德无为而无以为,下德为之而有以为"。老子说的"上德"因为"无以为",故而,它是"无德",即非寻常意义的德;"下德"因为"有以为",故而,它是"有德",即寻常意义的德。有德也就是以仁义为内涵的德。庄子也说"道不可致,德不可至。仁可为也,义可亏也,礼相伪也"(《知北游》)。也是把仁、义、礼等内容看作次于道德的"可为"的修养,只是它们自一开始实施,就是不遍不周、有亏有伪的了。《骈拇》更是把仁义等看作是一种"侈于性"的东西,认为它们"非道德之正",然而,也还是承认了仁义为一种道德的范畴,要不然,仁义就是与道德无涉的问题了。

又所谓:"仁义又奚连连如胶漆缠索而游乎道德之间为哉!"即是说,仁义混迹于道德之间。从这个态度上看,庄子似乎想把仁义等范畴从道德中除去。《马蹄》采取了与《骈拇》几乎同样的态度,认为道德不废,就不会有仁义("道德不废,安取仁义"),甚至把以仁义代替道德的罪过,归咎于圣人("毁道德以为仁义,圣人之过也")。毋庸讳言,《骈拇》《马蹄》的言论是比较激烈的,所以学者怀疑是庄子后学之作,不过,其立场还都是属于庄子的。如果庄子根本就不把仁义看作是道德的范畴,他也就不会花力气去辨正道德与仁义的关系,也不会重视仁义的问题了。或许可以这么说,庄子对于仁义并不喜欢,却又不得不认可它们仍是道德的问题,要不然就不足谓了。

(二) 爱亲是否就是仁

在上述的前提下,我们来看庄子是如何看待仁、义、礼等问题的。庄子对仁义的论述是与道德问题相联系的,即在道德的前提下谈论仁义问题,而庄子又是在与儒家仁义观的对照下,并在对其批评的过程中展开他自己的论述的。因而,回顾一下《论语》和《孟子》的仁义观是必要的。《论语》:

> 有子曰:"君子务本,本立而道生。孝弟也者,其为仁之本与!"(《学而》)
> 子曰:"弟子,入则孝,出则弟,谨而信,泛爱众而亲仁。"(《学而》)
> "人而不仁,如礼何?人而不仁,如乐何?"(《八佾》)
> 樊迟问仁。子曰:"爱人。"问知。子曰:"知人。"(《颜渊》)

再看《孟子》：

> 仁之实，事亲是也。义之实，从兄是也。智之实，知斯二者弗去是也。礼之实，节文斯二者是也。乐之实，乐斯二者，乐则生矣。(《离娄》)
>
> 恻隐之心，仁也。羞恶之心，义也。恭敬之心，礼也。是非之心，智也。(《告子》)
>
> 仁者无不爱也，急亲贤之为务。……尧舜之仁不遍爱人，急亲贤也。(《尽心上》)
>
> 亲亲，仁也。敬长，义也。无他，达之天下也。(《尽心上》)

综合起来看，孔子和孟子都表达了这样的意思：第一，仁的本质是爱人，而爱人包括了爱亲（孝悌）与"泛爱"；第二，在爱亲与泛爱之间，先要爱亲、孝悌（包括"事亲"、"从兄"），这是根本，而"泛爱"是次一等的，或者说是末梢，用孟子的话，就是"急"与"缓"的关系；第三，在仁义礼智中，仁是最基本的，没有了仁，义、礼、智都无所适从。在事亲这个根本问题上，孔子在与子游的对话中回答了动物与人的区别：

> 子游问孝。子曰："今之孝者，是谓能养。至于犬马，皆能有养，不敬，何以别乎？"(《论语·为政》)

意思是人们把孝敬父母看成是能够抚养，然而，仅仅是抚养的话，那与人们养活犬马有什么分别呢？人的孝里面必须包含一种"敬"的关系。

庄子对仁义的看法可谓是针对儒家的。《天运》：

> 商大宰荡问仁于庄子。庄子曰："虎狼，仁也。"曰："何谓也？"庄子曰："父子相亲，何为不仁！"曰："请问至仁。"庄子曰："至仁无亲。"大宰曰："荡闻之，无亲则不爱，不爱则不孝。谓至仁不孝，可乎？"庄子曰："不然，夫至仁尚矣，孝固不足以言之。此非过孝之言也，不及孝之言也。"

在庄子看来，既然父子爱亲、相亲为仁，虎狼之间也存在着类似的关系，那么这种关系如何不可以称作仁呢？① 荡则以为仁应当不止于类似动物的这种关系，所以，继续问什么是"至仁"，而庄子对于"至仁"的回答，则是"至仁无亲"。也就是说，在虎狼之相亲与至仁中间，没有一个类似儒家的仁的观念，故而虎狼之相亲与儒家的爱亲，并无二致。荡对庄子所说的"至仁无亲"难以理解，坚持认为没有亲亲，就谈不上仁爱，而没有仁爱，就谈不上孝敬。庄子则说"至仁"是一个极高的境界，不是可以用孝来说明的。并强调说，不是说"至仁"超过孝，而是与孝无涉。② 在《齐物论》中庄子说：

---

① 林希逸《南华真经口义》："以虎狼为仁，便与盗亦有道意同。此皆排抑儒家之论。但其言虽偏，亦自有理。谚云：恶虎不食子。岂非虎狼之仁乎？"（云南人民出版社2002年版，第215页）

② 成玄英疏为："商荡之问，近滞域中，庄生之答，远超方外。故知亲爱之旨，非过孝之谈，封执名教，不及孝之言也。"（见郭庆藩：《庄子集释》，第499页）王叔岷引马其昶语："真谓仁过于孝，存此分别之见，即非至仁矣。'不及孝'，谓无孝之名，不见为孝也。至孝与亲相忘，至仁与天下相忘。"（《庄子校诠》上，中华书局2007年版，第508页）《庄子》书中有"至仁"、"至德"之言，无"至孝"之言，故以"不及孝"为不及"至孝"，非也。庄子意在说明凡言孝，皆与"至仁"无涉。

> 大仁不仁,……自我观之,仁义之端,是非之涂,樊然殽乱,吾恶能知其辩!

在《大宗师》中说:

> 有亲,非仁也。

在《庚桑楚》中又一次提出"至仁无亲"。庄子的观点很清楚:有了亲,就谈不上真正的仁;至高的仁,没有亲;有了仁,就谈不上至仁。

庄子反复申述这个观点,孔孟则再三重复爱亲即是仁的观点,看来在这个问题上的观点对峙,应该引起重视。孔子、孟子之认为亲亲就是仁,根据在于只有父亲与子女之间的自然性的相亲,才能够有爱,有了爱才能心甘情愿地敬孝。至于说对他人的仁与爱,必须建立在从身边开始的相亲、相爱与孝敬,即必须拥有这样的体验,爱他人才是可能的。如果一个人连身边的父母、子女都不爱,如何谈得上对他人的爱?所以应该,而且必须坚固亲亲、爱孝的观念,并且这种爱不是与他人的爱相提并论的,必须处于绝对的优先地位。在这个方面,我们看到,孔孟的仁爱观是以亲情、情感为基础的,只是他们把这种亲情、情感的基础上升到了理性自觉,等于说我们意识到这种亲情和情感,所以我们要更加努力地实践它。庄子并不否认这种亲情和情感的自然性,甚至把它看作是"命":

> 天下有大戒二:其一命也,其一义也。子之爱亲,命也,不可解于心;臣之事君,义也,无适而非君也,无所逃于天地之间。是之谓大戒。是以夫事其亲者,不择地而安之,孝之至也;夫事其君者,不择事而安之,忠之盛也;自事其心者,哀乐

不易施乎前,知其不可奈何而安之若命,德之至也。为人臣子者,固有所不得已。行事之情而忘其身,何暇至于悦生而恶死!夫子其行可矣!(《人间世》)

上述这段话以孔子答叶公子高之问的形式讲出来,依然是借孔子讲出了庄子自己要讲的话。爱亲是不可解于心的"命",忠义是无所逃于天地的"义",所以要"不择地而安之"与"不择事而安之",这都是不讲条件、有意而为之的意思。前者是自然性,是命与义;后者是人的自觉性,把这种自然性提升到有意识的行为中去。不过,庄子又认为,爱亲、事君毕竟还是侍奉于外,如果侍奉于内心("自侍其心"),那么就可以超越哀与乐给人带来的困扰(意谓人爱亲、事君都不可避免地要遭这般的困扰)。如果把爱亲、事君看作是命,既不讲条件地去践行,又不受做这些事情必然产生的哀与乐(乐也有"阴阳之患",乐的尽头或许就是哀)的困扰,那才叫"德之至"。所以,问题不在庄子是否反对仁义,而是他认为以爱亲为基础的仁义不如"德之至",违背了人的本性,难以逃离偏私与偏狭。之所以说"有亲,非仁也",在于有了亲,就有了疏,有了对父母、子女的特殊的爱,就排除了对他人的同等的爱;之所以说"至仁无亲",在于超越了偏狭的爱亲,才能够实现普及他人的爱;之所以说"大仁不仁",在于超越的大仁,行的是普遍的仁,却不会在意于所行之仁,所谓"泽及万物而不为仁"。正是出于这样的考虑,《在宥》如此说道:

亲而不可不广者,仁也;……

这里的"仁",不再是偏狭的爱亲,而是没有差别的爱,是"至仁"。在庄子所描绘的"至德之世"里面,也是说人人相爱却不知仁。爱既是儒家所说的仁,那么,在庄子看来,不用仁,也可以人人相爱。

庄子与孟子差不多同时代,然而,这两个最善辩的人失之交臂,从未有过正面思想的交锋。然而,庄子对儒墨两家的立场、观点是了解的,所以,他的言论中时常提及"儒墨",他的道德观、仁义观多是在对儒家的辩驳中建立起来的,而孟子则从来都没有提及庄子。孟子批评过墨子,也批评过杨朱。虽然杨朱也被一些论者看作道家,但在孟子谈论中的杨朱是一个不肯拔一毛以利天下的自私的人,单从这点看,似乎他算不上是一个真正的道家。不管怎样,庄子与孔孟在仁义观上是很不相同的。

(三) 仁义之远近

虽然儒家爱亲是根本的,"泛爱"是次等的,却毕竟有这个要求,不然就不能致广大。我们知道,儒家对这个问题的态度是"推己及人"。《论语·雍也》:

> 子贡曰:"如有博施于民而能济众,何如?可谓仁乎?"子曰:"何事于仁!必也圣乎!尧舜其犹病诸!夫仁者,己欲立而立人,己欲达而达人。能近取譬,可谓仁之方也已。"

可见,孔子对于那些能够把仁爱推及到广大民众的人,给予了很高的评价,甚至以"圣"来称谓之。似乎孔子从不怀疑这个"推及"功夫的有效性。孔子说:

> 有能一日用其力于仁矣乎?我未见力不足者。盖有之矣,我未之见也。(《论语·里仁》)

> 仁远乎哉？我欲仁，斯仁至矣。(《论语·述而》)

也就是说，只要你意欲把仁推及到想要推及的地方，没有办不到的，甚至意欲所至，立刻可以实现。

孔子的这个态度在孟子那里得到了加强。孟子说：

> 仁者以其所爱及其所不爱，不仁者以所不爱及其所爱。(《孟子·尽心下》)

孟子这段话是针对梁惠王讲的，说仁者将他所爱的人的恩德推及到他所不爱的人身上，而梁惠王却将他所不爱的人的祸害推及到他所爱的人身上。孟子意在强调爱要从内到外，从爱亲开始，推及他人。

在仁爱的问题上，墨家与儒家也很不同。墨家主张没有亲疏、远近的兼相爱，交相利。《墨子·兼爱》：

> 子自爱，不爱父，故亏父而自利；弟自爱，不爱兄，故亏兄以自利。……贼爱其身，不爱人，故贼人以利其身。……若使天下兼相爱，爱人若爱其身，犹有不孝者乎？视父兄与君若其身，恶施不孝，犹有不慈者乎？视弟子与臣若其身，恶施不慈，故不孝不慈亡有。
>
> 今人独知爱其身，不爱人之身，是以不惮举其身以贼人之身。……爱人者，人必从而爱之。利人者，人必从而利之。恶人者，人必从而恶之。害人者，人必从而害之。

依墨子的观点，人人都是自私自爱的，正由于此，人不爱他人，甚至不爱自己的父兄。儒家的爱亲算不算是自私呢？儒家讲求爱亲，相对于墨家的"自爱"来说，也算是爱他人，但毕竟囿于狭小的圈子，并不能由爱亲推出一个天下人彼此相爱的结果，故而，墨子及其墨家都没有跟随儒家，由爱亲推及天下人，而是以一种功利主义的互利关系为基础，主张爱他人，别人也会爱你；利他人，别人也会利你；反之，恶他人，害他人，别人也从而恶你、害你。墨子所说的"爱人若爱其身"，也不是从"爱其身"推出"爱人"，只是爱别人，别人反过来也爱你，这是一种功利主义的方法，即由利他而达至利己。墨子的理论更像是一种交往场域当中形成的实用主义的理性。问题是，墨子不是从自爱推出爱人，也不太可能推出来（因为不爱他人，正是由于自爱），那么，他的爱人的基础便成问题。而在儒家看来，自爱并不合乎仁与义，自爱还是自私，爱的对象只有是他人的时候，才不是自私，才能合乎仁义的要求；而这个他人也不是任意的他人，必须是在自然亲情基础上的他人，如父母、兄弟。墨家所说的兼爱，因为不顾自然亲情关系（"无父"），被孟子骂作"是禽兽也"。墨子虽然"摩顶放踵"，努力践行自己"利天下"的社会理想，但孟子从来不认为他的主张存在任何实现的可能，也没有给予他的这种努力任何肯定，甚至认为墨子与杨朱一样，都是以"邪说诬民，充塞仁义"（《孟子·滕文公》）。看起来，孟子是出于儒家的立场来对待墨子的学说，但并非没有合理的依据。对他人的爱，需要有爱的经历与体验，这才是可能的，既然自爱不能推出对他人的爱，那么以亲情为基础的父子、兄弟之爱，使得人们具有这样的经历和体验，我爱自己的父兄，由此推及到我所见到的他人的父兄，由联想产生同类的爱。如果连自己身边的具有亲情关系的人都没爱过，如何谈对他人的爱呢？

　　庄子承认爱亲的自然性，并把其提升到命与义的高度，但他并不同意儒家的推及法。推及法毕竟是由近到远,由亲到疏,那么是否可以像儒家所说的那样,可以推及到天下呢?《天运》的这段话是颇有意味的:

> 夫南行者至于郢,北面而不见冥山,是何也? 则去之远也。故曰:以敬孝易,以爱孝难;以爱孝易,而忘亲难;忘亲易,使亲忘我难;使亲忘我易,兼忘天下难;兼忘天下易,使天下兼忘我难。夫德遗尧舜而不为也,利泽施于万世,天下莫知也,岂直大息而言仁孝乎哉! 夫孝悌仁义,忠信贞廉,此皆自勉以役其德者也,不足多也。故曰:至贵,国爵并焉;至富,国财并焉;至愿,名誉并焉。是以道不渝。"

论家对"冥山"之喻有各种解释,其中郭象认为,"郢"表征的是仁孝,而"冥山"表征的是"至理",他说道:"至人在乎无亲,而仁爱以言之;故郢虽见而愈远冥山,仁孝虽彰而愈非至理也。"① 成玄英表示赞同郭象的观点。② 曹础基《庄子浅注》认为:"冥山是至仁郢是孝,从北往南走,并非是先到冥山再走就到郢,而是越近于郢则越远离于冥山。"③ 林希逸则认为,冥山之喻是对上一句"此非过孝之言也,不及孝之言"的发挥,其《南华真经口义》说道:"冥山在北。

---

① 郭象《庄子注》,见郭庆藩:《庄子集释》,第 499 页。司马彪以"冥山"为北海之山,郭象以为北极之山,"冥山在乎北极,而南行以观之"(同上)。钱穆《庄子纂笺》引姚范语,"冥山,疑即谓冥阨之塞"(台湾东大图书股份有限公司 2006 年版,第 116 页)。钟泰《庄子发微》也认为冥山非北极之山,"冥山即《春秋》所云'冥阨之塞',在今河南信阳。旧注以为北极之山,非也。若北极之山,何必至郢而后始北面不见耶?"(上海古籍出版社 2002 年版,第 313 页)此说甚是。

② 见郭庆藩:《庄子集释》,第 499 页。

③ 曹础基:《庄子浅注》,中华书局 2007 年版,第 165 页。

自北而南行至于郢,则望北山皆不见矣。此是去之已远,非不及也。等闲小小譬喻,以发过孝不及孝之意,亦自奇特。"①吕惠卿认为,"郢"为至仁,"冥山"为孝,其云:"南行者不及冥山,去之远也,至仁则孝不足言,亦去之远也。"②锺泰也认为如此,他说:"冥山以喻孝,郢以喻至仁,至郢而不见冥山,犹至仁而不言孝。'去之远'者,喻仁与孝大小悬殊也。"③陆西星则认为,"冥山"与"郢"之"去",为"背去"之义,其云:"言仁不言孝,南之郢而北不见冥山之谓也。何者?背去之远,义不两见。故至仁则忘孝,亦理之所必至者。"④宣颖也认为如此,其云:"喻俗所谓孝,不啻与孝背驰,何足以及孝哉!"⑤

笔者则以为,关于"冥山"与"郢",吕惠卿及锺泰所说为可取,冥山为出发点,也是庄子所说的从"敬孝"达至"使天下兼忘我"的起始;而"郢"虽不必定指"至仁",但可以为"至仁",它或可指由"敬孝",经由"爱孝"、"忘亲"、"亲忘",及至"忘天下"、"天下忘我"的任何一个境地。庄子用隐喻,不确定地指何种境地,只言郢地去冥山很远了,北面回望已不见冥山。"去"之义,意味着离开、走开、远去,理解为"背去"、"背驰"则不当,庄子的忘亲、忘天下并没有背离孝亲、爱亲的意思,只意味着从冥山走开去的意思。在上述意义基础上,我们再来理解庄子这段话的隐微之义。首先,以敬孝亲、以爱孝亲,乃是无所逃于天地的、前定的使命,为一种自然性的亲情。但是,如果像儒家那样,将其作为"仁"的基本内容,并试图由此推

---

① 林希逸:《南华真经口义》,云南人民出版社2002年版,第215页。
② 见焦竑:《庄子翼》,台湾广文书局1979年版,第132页。
③ 锺泰:《庄子发微》,上海古籍出版社2002年版,第313页。
④ 陆西星:《南华真经副墨》,中华书局2010年版,第211页。
⑤ 宣颖:《南华经解》,广东人民出版社2008年版,第104页。

开去，面临着两个方面的局限：一是难逃偏私之嫌，这个连儒学家王夫之也不否认，他在论及庄子这段话的时候说："与天下相忘者，不私其亲，其亲亦不私焉。"① 王夫之自然是从庄子的"忘亲"的意义上说的，却反证了儒家仁爱观所具有的私亲的意思。二是如何确信由孝亲、爱亲之仁，推及到天下之仁？儒家的那种以亲情、以爱的体验为基础的爱与仁，其所具有的合理性，能否广延开去？庄子这个冥山之喻，就隐含了对儒家之仁的否定之义。冥山暗喻儒家的爱亲、孝亲之仁，在冥山附近，人们尚且看得清楚它；由它往外走开去之后，它就逐渐地淡出了人们的视野。而走开去，是为了致广大，推及天下。由此以论，当亲情推至于无亲情场域的时候，它的那种体验性质所具有的影响力就降低了，所以，庄子的基本句式"与其……不如"所表达的正是一种在事实基础上的价值观。"忘"字的叠用，表达的又是一种反复的超越观念。庄子所说的"难"与"易"都是相对的，他把难易关系置入如此的超越环境之中，意味着没有绝对的难与绝对的易，难与易只有比较的性质。以敬的形式孝顺父母容易，以内心的爱而孝顺父母难；② 以内心的爱而孝顺父母容易，忘了他们是自己的父母而孝顺他们难；忘了他们是自己的父母而孝顺他们容易，使父母忘了自己是他们的子女难；使父母忘了自己是他们的子女容易，而自己忘了天下难；使自己忘了天下容易，而使天下忘了自己难。进入"忘"的境地，就是不断地超越。施行了所有的仁爱之事，却在主观上忘了亲疏、内外及名分的差别，又能够不留行迹，让别人忘了自己的存在。"兼忘天下"，这并非一

---

① 王夫之：《庄子解》，中华书局 2009 年版，第 198 页。
② 《外物》："人亲莫不欲其子之孝，而孝未必爱。"这句话可为佐证，表明庄子上述观点并非偶尔论及。

般的目标,而是"德遗尧、舜而不为也";"使天下忘我",则是"利泽施于万世,天下莫知也"。① 正是在超越儒家私亲局限的意义上,庄子才在后面说"岂直太息而言仁孝乎哉!"又说儒家的孝悌仁义、忠信贞廉,不过是儒者对自己提出的一个劳役其性的要求,即所谓"德"而已("自勉以役其德者也")。

在上述意义上,可以看到,庄子并不否认仁义的价值,只是他认为要超越仁义的局限。《天运》:

> 名,公器也,不可多取。仁义,先王之蘧庐也,止可以一宿而不可久处。觏而多责。古之至人,假道于仁,托宿于义,以游逍遥之虚,食于苟简之田,立于不贷之圃。……孔子见老聃而语仁义。老聃曰:"夫播穅眯目,则天地四方易位矣;蚊虻噆肤,则通昔不寐矣。夫仁义憯然,乃愤吾心,乱莫大焉。吾子使天下无失其朴,吾子亦放风而动,总德而立矣!又奚杰然若负建鼓而求亡子者邪!夫鹄不日浴而白,乌不日黔而黑。黑白之朴,不足以为辩;②名誉之观,不足以为广。"

在这段话里,庄子把名与仁义形象地喻为公器与蘧庐(旅舍),可以短暂地使用它们,却不可以长期地占有。公器为大家所有,不可一人独占;蘧庐可以寄宿,却要前人让后人。既然仁义只是个方便,那么可以"假道"、"托宿",亦即可以借助它来实现自己的人生

---

① 王先谦《庄子集解》解"夫德遗尧、舜而不为"句:"有尧、舜之德,而不刻意效法尧、舜,此我忘天下。"解"利泽施于万世"句:"天下忘我。"(中华书局1987年版,第123页)

② 成玄英《庄子疏》:"辩者,别其胜负也。……亦言:辩,变也。黑白分定,不可变白为黑也。"(见郭庆藩:《庄子集释》,第524页)

目的,但是如若不能摆脱它,也就谈不上"游逍遥之虚"了。所以,当孔子向老聃喋喋不休地谈论仁义的时候,老聃就不耐烦了。说他谈的仁义啊,就像"播糠眯目",乱了方寸;像"蚊虻噆肤",使人通宵难以入睡。与其这样,还不如努力使百姓保持自己的那份纯朴的本性,而他只需要依风而动,把住自然树立的"德"就行了,毋须到处奔走教化。① "建鼓而求亡子",又是一个极妙的隐喻。② 击打大鼓是为了将求逃亡之子的声音传得远些,然而,逃亡之子却走得更远。此隐喻儒家奔走呼号,试图以仁义之声召回离散之民,岂不知天地之大,逃离之远,又怎是呼号之声可以企及的?《天道》也有一段类似的表达:

> 夫子亦放德而行,遁道而趋,已至矣!又何偈偈乎揭仁义,若击鼓而求亡子焉!意,夫子乱人之性也!

前面说过,《天道》成篇在后,故《天道》应当是依《天运》的思想发挥而已。

---

① 司马彪曰:"放,依也。"(见郭庆藩:《庄子集释》,第523页)注家多依司马氏注。"总",郭象注为"秉",《庄子注》:"风自动而依之,德自立而秉之,斯易持易行之道也。"(同上)林希逸《南华真经口义》:"总,执也。若使天下不失其本然之朴,则皆顺化而行,执德而立,又何待教之乎?"(云南人民出版社2002年版,第225页)王叔岷《庄子校诠》:"案总,一也。'总德,'谓专一其德也。《淮南子·本经篇》:'德之所总。'高注:'总,一也。'"(中华书局2007年版,第533页)

② 郭象、成玄英皆解"建鼓"为"击鼓",《庄子疏》:"建,击。……夫揭仁义以趋道德之乡,何异乎打大鼓而求逃亡之子!故鼓声大而亡子远,仁义彰而道德废也。"(见郭庆藩:《庄子集释》,第523页)林希逸《南华真经口义》:"'建鼓',言所建之鼓也。"(云南人民出版社2002年版,第225页)杨柳桥《庄子译注》:"建鼓,一木立撑之鼓也。《仪礼》大射仪:'建鼓在阼西阶。'郑玄注:'建,犹树也;以木贯而载之,树之跗也。'"(上海古籍出版社2006年版,第231页)

（四）庄子剽剥儒墨乎？

　　孔子早于墨子，墨子早于庄子，孟子或长于庄子，却从未谋面，所以，墨子没有机会与孔子论学，庄子没有与墨子论学。所谓儒墨之辩，其实是儒学者与墨学者之间的论辩，而庄子对儒墨两家的评论，针对孔、墨及其后学者，却不涉及孟子。司马迁说庄子"剽剥儒墨"，引来后世诸多学者对庄子态度的猜疑。"剽剥"一词，当有针砭、攻击之义，从历史实情看，取"针砭"之义或更恰当。从《史记》中司马迁所列举的篇目看，似乎尽为外、杂篇，仅以外、杂篇的《让王》《盗跖》等篇而论，难免偏颇，故多有学者将这些篇章排除在庄子之外。

　　如何看待《庄子》书中的孔子及墨子，似乎只是个研究者的价值与立场的问题，其实不尽然，还有个方法的问题。方法的差异可以带来不同的研究结果。我想这里所讲求的方法，无非历史的还原法，即力图将对儒墨的言论还原到历史的语境中，这不单指从现在还原到当时的语境，更是指《庄子》每一篇的语境，因为庄子的言论是会随着场景的不同而变调的，这就是不同语境有不同的孔子的原因。其次，也要注意各篇次的差别性。在《庄子》的各篇中，有的是庄子的言论，有的是学生讲述庄子的言论，有的则是后学者发挥庄子的观点，对此也应当有所分别。

　　先来看看孔子与墨子一起被作为谈论对象的情形：

　　　　道隐于小成，言隐于荣华。故有儒墨之是非，以是其所非而非其所是。欲是其所非而非其所是，则莫若以明。

(《齐物论》)

昔者黄帝始以仁义撄人之心,尧、舜于是乎股无胈,胫无毛,以养天下之形。愁其五藏以为仁义,矜其血气以规法度。然犹有不胜也。尧于是放谨兜于崇山,投三苗于三峗,流共工于幽都,此不胜天下也。夫施及三王而天下大骇矣。下有桀、跖,上有曾、史,而儒墨毕起。于是乎喜怒相疑,愚知相欺,善否相非,诞信相讥,而天下衰矣;大德不同,而性命烂漫矣。……今世殊死者相枕也,桁杨者相推也,形戮者相望也,而儒墨乃始离跂攘臂乎桎梏之间。意,甚矣哉!其无愧而不知耻也甚矣!吾未知圣知之不为桁杨椄槢也,仁义之不为桎梏凿枘也,焉知曾、史之不为桀、跖嚆矢也!故曰:绝圣弃知,而天下大治。(《在宥》)

老聃曰:"小子少进,余语汝三皇五帝之治天下。黄帝之治天下,使民心一,民有其亲死不哭而民不非也。尧之治天下,使民心亲,民有为其亲杀其杀而民不非也。舜之治天下,使民心竞,民孕妇十月生子,子生五月而能言,不至乎孩而始谁,则人始有夭矣。禹之治天下,使民心变,人有心而兵有顺,杀盗非杀,人自为种而天下耳。是以天下大骇,儒墨皆起。其作始有伦,而今乎妇女,何言哉!余语汝,三皇五帝之治天下,名曰治之,而乱莫甚焉。三皇之知,上悖日月之明,下睽山川之精,中堕四时之施。其知憯于蛎虿之尾,鲜规之兽,莫得安其性命之情者,而犹自以为圣人,不可耻乎?其无耻也。"子贡蹴蹴然立不安。(《天运》)

狶韦氏之囿,黄帝之圃,有虞氏之宫,汤武之室。君子之人,若儒墨者师,故以是非相赍也,而况今之人乎!圣人处物不伤物。不伤物者,物亦不能伤也。唯无所伤者,为能与人相

将迎。(《知北游》)

　　庄子曰:"然则儒墨杨秉四,与夫子为五,果孰是邪?或者若鲁遽者邪?其弟子曰:'我得夫子之道矣!吾能冬爨鼎而夏造冰矣!'鲁遽曰:'是直以阳召阳,以阴召阴,非吾所谓道也。吾示子乎吾道。'于是为之调瑟,废一于堂,废一于室,鼓宫宫动,鼓角角动,音律同矣!夫或改调一弦,于五音无当也,鼓之,二十五弦皆动,未始异于声,而音之君已!且若是者邪!"惠子曰:"今乎儒墨杨秉,且方与我以辩,相拂以辞,相镇以声,而未始吾非也,则奚若矣?"……知之所不能知者,辩不能举也。名若儒墨而凶矣。(《徐无鬼》)

　　上述儒墨,其共同点在于:皆是阐明儒墨相互之间的是非问题。其中《齐物论》、《知北游》这两篇是比较纯粹的认知论方面的是非问题,无论"是其所非而非其所是",还是"以是非相䪢",都是说儒墨之间相互非难,而不知自己的见解是如何的局限与偏颇,以偏纠偏,不可能使道理明白。《徐无鬼》中的话是针对惠子讲的。儒墨杨秉四,加上惠子为五,彼此都以善辩见长,各自是其所是,如此,天下就没有共同认同的"是"了。惠子则强调说虽然我与他们之间争论不休,甚至彼此以声音之高压制对方,但毕竟他们没有什么办法让我觉得自己的看法不对。而在庄子看来,这是愚昧可笑的,所以,对于智识所不能知道的,最好就不要勉强争辩了,像儒墨那样,就是陷入了名声的陷阱。

　　《在宥》、《天运》二篇则论述的是社会历史的问题,其核心还是在是非名分的分别上。《在宥》与《天运》在表述上略有区别。《在宥》借老聃的话说,自黄帝开始以仁义扰乱人心,社会风气就不那么醇厚了,以至于尧舜极尽辛劳地治理天下,也还是不能使人们免罪。至于夏商周三代，更是人心浇薄，既有暴君，也有强盗；既有君子如曾、史，也有善于争辩是非的儒、墨，结果却是"喜怒相疑，愚知相欺，善否相非，诞信相讥，而天下衰矣"。在这个充满了刑戮、死亡的世间，却发现儒墨两家在奔走呼号，试图补救这个社会的积弊，然而，这显得何其无力！他们甚至不清楚正是自己的那套仁义的说教使得人心变成这个样子的，故而有"其无愧而不知耻也甚矣"的说法。与其那样，还不如"绝圣弃知"，还民于朴。《天运》也借老聃的话，立场、思路相同，只是表述上不说黄帝"撄人心"，而说黄帝实行的是"使民心一"的统治之术，民心纯朴，以至于有人的父母死了不哭，其他人也没有指责他的意思。至于尧"使民心亲"，至于舜"使民心竞"，至于禹"使民心变"，自下"天下大骇"之时，"儒墨皆起"，教人们知道圣迹之始，有理有伦，结果却引来社会风气的变坏，以至于人们认女为妇，所以结论是："而犹自以为圣人，不可耻乎？其无耻也。"虽则对于"黄帝"的说法不同，但那不过是随方立说，不足为意。

当孔子作为单独的谈论对象，并涉及仁义与德性学说时，庄子的态度则又不同。《人间世》：

> 孔子适楚，楚狂接舆游其门曰："凤兮凤兮，何如德之衰也！来世不可待，往世不可追也。天下有道，圣人成焉；天下无道，圣人生焉。方今之时，仅免刑焉。福轻乎羽，莫之知载；祸重乎地，莫之知避。已乎，已乎，临人以德！殆乎，殆乎，画地而趋！迷阳迷阳，无伤吾行！吾行郤曲，无伤吾足！"

这段话与《论语·微子》所记述的场景同，只是庄子在后面加了评语。① 狂接舆以一种劝慰的口气对孔子说,在这个乱世里面勉强推行道德教化,如同在地上画了圈子,自个在里面奔跑,是非常危殆的。在《天运》里,三次谈到孔子会见老聃的情形,三次谈论的话题都有关仁义与德性的问题。第一次,老聃说仁义只是"蘧庐",可"一宿而不可久处";第二次老聃说到处讲仁义如同"播糠眯目"、"蚊虻嘬肤",又如同"负建鼓而求亡子",与其那样,不如"使天下无失其朴";第三次孔子说自己治《诗》、《书》、《礼》、《乐》、《易》、《春秋》六经(应当是首次提出"六经"),然而,"夫人之难说也","道之难明邪",老聃则说"六经"只是"先王之陈迹也,岂其所以迹哉","迹"不同于"履",不可以把"迹"当成"履"来使用。在《人间世》与《天运》里面,对孔子还都表示了敬意。《人间世》里,孔子好比凤凰;《天运》里,孔子视老聃为"龙",老聃视孔子为"北方之贤者",并夸奖孔子为得道之人("可,丘得之矣!")。对孔子推行的仁义、德性学说,也没有拒斥,只是认为它们太局限,不如借助于仁义,"以游逍遥之虚"。《天道》篇里面也谈论到了孔子及其仁义问题,不过,我们既已认定它非庄子的作品,则不去论述它了。

　　从人格与情性来看,庄子笔下有着多面相的孔子。庄子知道孔子不少事,有的事是可信的史实,有的则是根据论述的语境与场合随意设定的,如在寓言、卮言里面出现的那样。

　　《人间世》里面记述了颜回与孔子的长篇对话。颜回打算去卫国,试图救治这个"乱国",孔子则说应当"先存诸己而后存诸人",自己都心神未定的,如何谈得上救治别人;并说你试图用"仁义绳

---

① 《论语·微子》:"楚狂接舆歌而过孔子曰:'凤兮凤兮,何德之衰?往者不可谏,来者犹可追。已而,已而!今之从政者殆而!'孔子下,欲与之言。趋而辟之,不得与之言。"

墨之言术"矫正卫国的暴君,岂不知你这是要人觉得你有修德之美,而别人没有,这叫作"灾人",而灾人者人"必反灾之"。当颜回说出了自己的所有招数之后,孔子仍旧不以为然。最后,孔子才说出了一个"心斋"之术,而颜回也现场表示了自己得"心斋"的感受:"回之未始得使,实自回也;得使之也,未始有回也,可谓虚乎?"孔子给予了充分的肯定,这才教颜回如何去卫国履行使命。《人间世》还叙述了孔子教叶公子高如何充当外交使臣的故事,他告诉叶公子高,外交场合不当有"溢美"与"溢恶"之言,只应当"传其常情,无传其溢言"(无论"溢美"还是"溢恶"之言),并说出了至理明言:"乘物以游心,托不得已以养中"。显然,孔子已是庄子化的了,他是庄子的代言人。

《德充符》里有三段讲述孔子事迹的。第一段说,鲁国有个兀者(曾经因犯罪而断了足),叫作王骀,然而,他却有着与孔子同样多的追随者,这令孔子的弟子常季不解,他对孔子说:此人"立不教,坐不议,虚而往,实而归",这究竟是什么样的人啊?孔子则说:这是圣人啊,自己都想追随他还怕不及呢!孔子顺势说出了个"自其异者视之,肝胆楚越也;自其同者视之,万物皆一也"的道理。第二段是说鲁国有个兀者,去请教孔子,孔子开口便说:"你不谨慎,前此犯了这等的罪,现在才来找我,何济于事呢?"那兀者却说:"我以为这世上还有比足更尊贵的东西,这才来请教您,我把先生看作天地,不料先生却说出这样的话。"那人后来见了老聃,说孔子与至人还有距离,他还是有"名闻"之类的东西放不下,有着解不开的"桎梏"。第三段有关孔子与鲁哀公之间的对话。鲁哀公说:有一个相貌其丑无比的人叫哀骀它,其人"和而不唱,知不出乎四域",却能使见过他的男人都跟随了他,女人们更是争相做他的妾而不愿嫁人,给他宰相职位,他竟然不肯接受,这到底是什么人呢?

孔子则说:这是"才全而德不形者",顺势说出"德不形者,物不能离"的道理。听过孔子的话,鲁哀公称赞说,自己与孔子不是君臣关系,而是"德友"。三次出场的孔子,都是一个德者,庄子也借他之口,讲出了自己想讲的话。在对话中,孔子也反省自己的不足,甚至愿做那些"德不形"者的学生。其中在第二段话里面,即便描述孔子有解不开的桎梏,却还是对孔子充满了敬意。

在《大宗师》里,描述了子贡奉孔子之命去吊唁亡者"子桑户"的情景,当子贡看到与子桑户有"莫逆"之交的朋友孟子反、子琴张二人不仅不悲哀,甚而"临尸而歌",感到很气愤,回报孔子说:那都是些什么人啊? 孔子听了,立刻意识到问题所在,说:他们是游于方外,我们是游于方内,外内不相及,我却使你去凭吊,这事做得丑陋了! 言语之中,表露了对方外之游的敬仰。藉此,孔子讲了"鱼相造乎水,人相造乎道"的道理。接着,又叙述了鲁国人孟孙才母亲死了,他也像常人那样哭丧了,但"哭泣无涕,中心不戚,居丧不哀",颜回感到不解,说:这样的人,竟以善于奔丧而名闻,这是为何? 孔子则说孟孙才的做法无可厚非,他本人是"不知所以生,不知所以死,不知就先,不知就后",却还是做了常人该做的事(哭丧)。也就是说,孔子认可了那种内心超越了生死,仍能在形式上坚持世俗礼则的人。

《至乐》叙述了颜回去齐国说服齐王,而孔子有忧色的故事。孔子说他担心颜回试图用尧、舜、黄帝之道,还加上燧人、神农之言,教化齐国国君,然而,齐王以尧舜等圣王之道要求自己,做不到会困惑致死。这是"以己养养鸟也,非以鸟养养鸟也",孔子又说"鱼处水则生,人处水而死",不可勉强为之。这里的孔子不仅明智,而且将他的教育思想与道家的自然主义结合起来了。

《达生》写了三件孔子的事,一是孔子去楚国的路上见到佝偻者承蜩的事,领悟到"用志不分,乃凝于神"的道理;二是颜回与孔子说起"津人操舟若神"的事,孔子从中得出"善游者数能,忘水也"的道理;三是孔子观于吕梁的事,见一人在悬水三十仞、流沫四十里的险境中,竟能"被发行歌而游于塘下",由此推出一个道理:"始乎故,长乎性,成乎命。"

《秋水》、《山木》描写了孔子"再逐于鲁,伐树于宋,削迹于卫,穷于商周,围于陈蔡之间"的几次遭遇。其中《秋水》写孔子被匡人误认为阳虎而遭围困,然而,孔子"弦歌不辍",自诩有临难不惧的"圣人之勇"。《山木》三次写到孔子围于陈蔡,已断饮食七天了,却从容淡定,"歌猋氏之风",此时的孔子在"大公任"及"子桑雽"的启发下,境界超绝,"道流不明居,得行不名处",辞了交游,退了弟子,像个自然人那样,"入兽不乱群,入鸟不乱行"。

此外,《田子方》写了孔子拜见老聃的情景;《则阳》写孔子到楚国去的路上,在"蚁丘之浆"遇到"其声销,其志无穷,其口虽言,其心未尝言"的"圣人之仆"的奇异经历。《让王》写孔子问颜回为何不去做官,颜回则说"所学夫子之道足以自乐",孔子大为欣喜,说"知足者,不以利自累也"。该篇还写了孔子"穷于陈蔡"之时,与弟子们的对话,并评论说:"穷亦乐,通亦乐,所乐非穷通也。"《渔父》写了孔子在杏林之坛与弟子们一边读书,一边鼓琴,却因为来了一个渔父讲了"休影息迹"的一番话,让孔子愀然而叹,再三叩拜。当弟子为了老师对一个渔父如此崇敬表示不满时,孔子却说那渔父有道,"吾敢不敬乎!"

上述中的孔子,谦虚好学,求道不已,他是情性的、个性的,故而可敬而可爱,虽则许多描述不属史实,但反映了庄子印象中的孔子。唯独《盗跖》谩骂孔子,斥孔子为"鲁国之巧伪人",说孔子"多辞缪说,不耕而食,不织而衣,摇唇鼓舌,擅生是非",云云。学界多以这个缘故,主张将这一篇从《庄子》书中剔除。我则以为,这一篇的确不似其他各篇对孔子的态度,但是,换个角度说,坏人骂好人,不损其明,盗跖骂孔子,与坏人骂好人有多少区别?况且,我们并不能武断地说:这是庄子借盗跖骂了孔子。

第六章 逍遥与自由

一 适性是否逍遥

（一）"逍遥"与"游"之义

《逍遥游》为内篇之首，学界有该篇言"逍遥无为者，能游大道"，①"是为大体大用"，"后六篇皆阐此旨"②的说法。尽管"逍遥游"的篇名是否庄子所为存有争议，但以"逍遥游"为该篇名的合理性则几乎没有争议。方今学者多以"自由"理解"逍遥"，这是否切当，则又是一个问题。

"逍遥"一词，其实在《逍遥游》正文里面才出现过一次，其他出现在《大宗师》《天运》《达生》《寓言》诸篇中，其中《大宗师》《寓言》已确定为庄子所作，《天运》《达生》虽不能确定为庄子亲作，却至少为弟子所记述，故诸篇皆表达了庄子的逍遥之义。这里首先从《逍遥游》说开来。

成玄英曾对"逍遥三义"作过一个总括：

---

① 王叔岷《庄子校诠》引茆泮林《司马彪庄子注考逸》："文选潘安仁《秋兴赋注》云：言逍遥无为者，能游大道也。"（中华书局 2007 年版，上册第 3 页）
② 钱穆引方潜语，《庄子纂笺》，台湾东大图书股份有限公司 2006 年版，第 1 页。

所言逍遥游者，古今解释不同。今泛举纮纲，略为三释。所言三者：

第一，顾桐柏云："逍者，销也；遥者，远也。销尽有为累，远见无为理。以斯而游，故曰逍遥。"

第二，支道林云："物物而不物于物，故逍然不我待；玄感不疾而速，故遥然靡所不为。以斯而游天下，故曰逍遥游。"

第三，穆夜云："逍遥者，盖是放狂自得之名也。至德内充，无时不适；忘怀应物，何往不通！以斯而游天下，故曰逍遥游。"①

成氏所言三义，各有见地，有一点是共同的，"逍遥"与"游"决是两层意思，并非逍遥即是游，或游即是逍遥。在《庄子》正文里面，有"游于逍遥之虚"，却无"逍遥游"的说法，"逍遥游"三字只是作为篇名才如此用了。分别看待"逍遥"与"游"，其意义才会分明。其次，"逍遥"二字的写法也是个问题。现今所见《庄子》写本皆用"逍遥"，②然而陆德明《经典释文》云："'逍'音销，亦作消。'遥'如字，亦作摇。"王夫之《庄子解》注为："逍者，响于消也，过而忘也。遥者，引而远也，不局于心知之灵也。"③郭庆藩《庄子集释》说："逍遥二字，《说文》不收，作消摇者是也。"郭释并引《礼记·檀弓》、《汉书·司马相如传》、《太玄禽首》、《开母石阙》、《文选》宋玉《九辩》、《后汉书·东平宪王苍传》、唐释湛然《止观辅行传》等文献，皆用"消摇"二字而不用"逍遥"。④ 马叙伦《庄子义证》："按五经文字曰，逍遥说文漏略，今得之字林，则作消摇者是故书矣。"⑤王叔岷

---

① 成玄英《庄子疏·庄子序》，见郭庆藩：《庄子集释》。
② 章太炎《庄子解故》（浙江图书馆校刊）和郎擎霄《庄子学案》引刘咸炘三十三篇分组，写成"消摇游"（见上海书店《民国丛书》，据商务印书馆1928年版影印）。
③ 王夫之：《庄子解》，中华书局2009年版，第75页。
④ 郭庆藩：《庄子集释》，第2页。
⑤ 马叙伦：《庄子义证》，上海书店据商务印书馆1930年影印，第1页。

《庄子校诠》认为"消摇"与"逍遥"乃古今字,"《淮南子·俶真篇》、《精神篇》'逍遥'并作'消摇',盖存庄文之旧"。① 依照这个理路,"逍遥"原本都是写作"消摇"的,"消摇"是本字,或许是司马彪、向秀、郭象之时,才写作"逍遥"的。

从"消摇"变成"逍遥",其基本意思没有分别,对于从哲学意义以及上下文关系上理解"逍遥"之义都无分别,但对于从字源学上推原庄子的"逍遥"之义则有了分别。如上文成玄英引顾桐柏以"销"解"逍",其意则为"销尽有为累","遥"成了"远见无为理",也即逍遥是一个系列的动作,而不是状态。张松辉《庄子疑义考辨》认为,"'逍遥'二字都从'辵',可见这一词的本义就是行走,并不带有感情色彩"。并认为:"在郭象之前'逍遥'基本是用作游荡、徘徊之义,类似今天讲的散步,而且大多是带有散步消愁的含义。""《庄子》中的'逍遥'意为无为而游世。"②这里的"逍遥"也表示动作,却与前面的"销尽有为累"大不相同了。然而,"逍遥"既不是本字,那么从这两字的字源义的考察便不是有效的。与其从字源学意义上推原庄子的哲学含义,不如从庄子的哲学表达及文中之意推原其哲学含义。③ 在这个意义上,我们来看庄子的"逍遥"与"游"。

> 今子有大树,患其无用,何不树之于无何有之乡,广莫之野,彷徨乎无为其侧,逍遥乎寝卧其下。不夭斤斧,物无害者,无所可用,安所困苦哉!(《逍遥游》)

---

① 王叔岷:《庄子校诠》上册,中华书局 2007 年版,第 3 页。
② 张松辉:《庄子疑义考辨》,中华书局 2007 年版,第 4、7 页。
③ 近人锺泰亦有言:"读《庄子》不可不通训诂,而泥于训诂,则不能以读《庄子》。"(《庄子发微》,上海古籍出版社 2002 年版,第 3 页)

惠子说自己有大树,因为不成材,不知道把它安置在什么地方。庄子则对他说了这段话。一物自有一物的用处,哪里存在无用之物?只是惠子不会用它罢了。这里有两个角色:一个是大树本身,因为"无所可用",故而"不夭斧斤,物无害者";另一个是对于他者,这树的无用,恰是大用。"彷徨乎无为其侧,逍遥乎寝卧其下",正是他者的大用。在这里,"彷徨乎"、"逍遥乎"都是表示某种状态,不表示动作,后面的"无为"与"寝卧"才表示动作。"乎"在这里为语气词,表状态,即彷徨的样子、逍遥的样子;当然,"乎"也可表示介词,引出动作的对象,如"定乎内外之分,辩乎荣辱之境"。"彷徨",《经典释文》注为"犹翱翔也。……《广雅》云:彷徉,徙倚也。"成玄英《庄子疏》:"彷徨,纵任之名。逍遥,自得之称。"①彷徨具有徘徊之意,逍遥具有自适之意。从庄子行文看来,这里的逍遥还有逃脱利害、远离危险之意。再看《大宗师》:

> 假于异物,托于同体;忘其肝胆,遗其耳目;反覆终始,不知端倪;芒然彷徨乎尘垢之外,逍遥乎无为之业。彼又恶能愦愦然为世俗之礼,以观众人之耳目哉!

这里说的是子桑户、孟子反、子琴张三人形成的方外之交。"彷徨"与"逍遥"都成了动词,成玄英疏为:"彷徨逍遥,皆自得逸豫之名也。……是以放任于尘累之表,逸豫于清旷之乡,以此无为而为事业也。"②"尘垢",当指世俗社会;"无为",就是"无事"。③依照成玄

---

① 见郭庆藩:《庄子集释》,第41页。
② 同上书,第270页。
③ 王叔岷《庄子校诠》上:"《达生篇》亦有此文,'无为'作'无事',《淮南子·俶真篇》、《精神篇》并作'无事'。"(中华书局2007年版,第253页)

英的理解,这里的彷徨、逍遥,都有自在、快乐之意。而这样的理解又是合乎庄子文意的。然而,如此的自在与快乐,并非没有痛苦的经历,而是经历过了,然后超越了它,从而获致那样的境地。既然生死都不在乎,还在乎"世俗之礼"么!《天运》:

> 古之至人,假道于仁,讬宿于义,以游逍遥之虚,食于苟简之田,立于不贷之圃。逍遥,无为也;苟简,易养也;不贷,无出也。古者谓是采真之游。

"假道于仁,讬宿于义",意谓仁义是可以作为借道或旅舍来使用的,只是不可以久处(同篇有言:"仁义,先王之蘧庐也,止可以一宿而不可久处")。依庄子的意思,仁义可以成为实现"游逍遥之虚"的凭借、媒介。《人间世》里有"乘物以游心,托不得已以养中",故而仁义也是所乘之"物"与"不得已",亦即人生必然遭遇到的处境。既以"无为"解释"逍遥",那么"逍遥之虚",也就是无为之虚。"虚"、"田"、"圃"乃是某种境地,之所以称为"虚",就因为它不在现实中的某个地方,之所以称为"田"、"圃",因为它仍旧是一个地方,是在世俗之外的某个地方。只是这"无为"二字,有两种境况,一是君王的无为,属于政治举措;二是常人的无为,意犹自在自为的徘徊,后人有云"无为在歧路"即其例。《达生》:

> 扁子曰:"子独不闻夫至人之自行邪?忘其肝胆,遗其耳目,芒然彷徨乎尘垢之外,逍遥乎无事之业,是谓为而不恃,长而不宰。"

这段话是扁子对孙休的问题的回答。孙休抱怨自己种田没有遇到好的年成,事奉君王又没有遇到圣明之主,为乡里人摈弃,为州部所放逐,问自己有什么事开罪于天,而遭遇到如此的命运。扁子则给他指出了"至人之自行"。"忘其肝胆,遗其耳目"是遗形忘知,也即内忘自我。"芒然彷徨于尘垢之外,逍遥乎无事之业",是外忘万境,独立自在于人间社会之外。"为而不恃,长而不宰",则是转引《老子》之语,状圣人之行,虽然成就了万物却不居功,长育了万物却不宰制它们。依照庄子的意思,至人只做他自己认为该做的事情,他做的事情可以是"为而不恃,长而不宰"的天地大事,却还是依了自有的情性,图了个彷徨与逍遥。天地大事也只是自有情性当中的事情,并非情性之外做了那些事。《让王》里面说:

> 舜以天下让善卷,善卷曰:"余立于宇宙之中,冬日衣皮毛,夏日衣葛絺。春耕种,形足以劳动;秋收敛,身足以休食。日出而作,日入而息,逍遥于天地之间而心意自得。吾何以天下为哉!悲夫,子之不知余也。"遂不受。于是去而入深山,莫知其处。

这段话与《逍遥游》里面尧让天下于许由的故事相当,都是圣王让贤。从圣王让贤的这个举动来说,是高尚其事,但是,尧与舜都还是不解至人之心意。所谓至人之心意,乃在于不求显达,只求做一个平常的自我,以劳动来养形,以逍遥来养德。至人可以做尧舜那样的治理天下之事,却不必做。这里的"逍遥"之后,有一个明确的界说:"心意自得"。如此的逍遥,当然可以是自适、自在、自由。而且,这个逍遥可以在"天地之间"进行,而不必在天地之外。

无论从成玄英所总括的逍遥三义看,还是从《庄子》文中之意看,"逍遥"二字,无论在状态意义,还是行为意义,都有自得、自适、自在乃至逸豫之意。这些在《庄子》文中都是积极而非消极的意义。所谓积极意义,在于它是人们所欲追求的,是一种向往,而不是被动接受的。然而,这不等于说"逍遥"这两字一定具有积极的意义。如张松辉《庄子疑义考辨》就认为,在《诗经》、《楚辞》、《礼记》以及《史记·孔子世家》中,"逍遥"都表达了无聊、哀愁甚至悲伤的感情。① 笔者以为,这个判断基本是没有错的。但是,如果以此为据,认为郭象将逍遥理解为自由自在是一种误解则不可取。如果将《庄子》文中的彷徨、逍遥联系起来,可以看到逍遥这个词的特殊意义。彷徨,无论《经典释文》所理解的"翱翔",抑或成玄英理解的"纵任",都有围绕某地来回徘徊之意,而徘徊既可能是惬意的,也可能是惶惑的,却都是自主自为的。逍遥,在《逍遥游》里面,这个词与彷徨有差别,彷徨表示来回地走动,逍遥表示适意地躺下;而在《大宗师》里面,彷徨与逍遥表达的都是自由自在之意,只是彷徨表身体的作为,逍遥表心意的自适。彷徨与逍遥的相关性,似乎是表外与表内,又表连续的身体与心理的反应,总与行为的自主与内心的自决有关。所以,逍遥单就自身的词性说来是中性的,或者说,"逍遥"并没有特别的指向,并非逍遥就一定是适意与惬意的,有的人以逍遥而哀伤,有的人逍遥而快乐,如同有人因自由而得解放,有的人因自由而迷茫。但当逍遥作为一种人生价值追求

---

① 该书举证:《诗经·桧风·羔裘》:"羔裘逍遥,狐裘以朝。岂不尔思,劳心忉忉。"屈原《离骚》:"折若木以拂日兮,聊逍遥以相羊。""欲远集而无所止兮,聊浮游以逍遥。"宋玉《九辩》:"悲忧穷戚兮独处廓,有美一人兮心不绎。去乡离家兮徕远客,超逍遥兮今焉薄?"《礼记·檀弓上》:"孔子蚤作,负手曳杖,消遥乎门。"《史记·孔子世家》:"明岁,子路死于卫。孔子病,子贡请见。孔子方负杖逍遥于门,曰:'赐,汝来何其晚也?'"(中华书局 2007 年版,第 4、5、6 页)

的时候,它便是积极向上的。在《庄子》书中,我们看到的正是这样的情形。

"游",在《庄子》书中用的次数很多,其意思根据语境的差异也不尽相同。在庄子看来,人来到世间,都是一场"游",所以,人生的所有经历都可以称为"游世"。有论者称,"《庄子》一书,其宗旨专在游之一字"。① 但遭遇到的情况不同,其处境也就不同,故而其"游"之义也呈现出差别。这里试列举之。

1 表示"行"、"去"、"至"之义。如:

> 若夫乘天地之正,而御六气之辩,以游无穷者,彼且恶乎待哉!(《逍遥游》)
> 乘云气,御飞龙,而游乎四海之外。(《逍遥游》)
> 若然者,乘云气,骑日月,而游乎四海之外,死生无变于己,而况利害之端乎!(《齐物论》)
> 圣人不从事于务,不就利,不违害,不喜求,不缘道,无谓有谓,有谓无谓,而游乎尘垢之外。(《齐物论》)
> 彼节者有间而刀刃者无厚,以无厚入有间,恢恢乎其于游刃必有余地矣。(《养生主》)
> 若能入游其樊而无感其名,入则鸣,不入则止。……南伯子綦游乎商之丘,见大木焉,……孔子适楚,楚狂接舆游其门曰……(《人间世》)
> 游于羿之彀中。(《德充符》)
> 冯夷得之,以游大川……孰能登天游雾,挠挑无极,相忘以生,无所终穷!(《大宗师》)
> 天根游于殷阳,至蓼水之上,……予方将与造物者为人,

---

① 方以智引刘须豀语,《药地炮庄》,华夏出版社 2011 年版,第 102 页。

厌则又乘夫莽眇之鸟,以出六极之外,而游无何有之乡,以处圹埌之野。(《应帝王》)

是故禽兽可系羁而游,乌鹊之巢可攀援而窥。……夫赫胥氏之时,民居不知所为,行不知所之,含哺而熙,鼓腹而游。民能以此矣!(《马蹄》)

故余将去女,入无穷之门,以游无极之野。……云将东游,过扶摇之枝而适遭鸿蒙。……又三年,东游,过有宋之野而适遭鸿蒙。……出入六合,游乎九州,独往独来,是谓独有。(《在宥》)

黄帝游乎赤水之北,登乎昆仑之丘而南望。……子贡南游于楚,反于晋,过汉阴,……(《天地》)

孔子西游于卫,……假道于仁,讬宿于义,以游逍遥之虚,……(《天运》)

孔子游于匡,宋人围之数匝,而弦歌不惙。……庄子与惠子游于濠梁之上。(《秋水》)

庄子游于雕陵之樊,……(《山木》)

知北游于玄水之上。……尝相与游乎无何有之宫,同合而论,无所终穷乎!……是以不过乎昆仑,不游乎太虚。(《知北游》)

则阳游于楚,……(《则阳》)

老聃西游于秦,……(《寓言》)

异哉后之为人也,居于畎亩之中,而游尧之门。(《让王》)

孔子游乎缁帷之林,休坐乎杏坛之上。(《渔父》)

以上所说的"游",有的是有目的性的,如"游刃"、"游其樊"、"子贡南游于楚"、"孔子西游于卫";有的是没有目的性的,如"游无穷者"、"游乎四海之外"、"游无何有之乡"、"可系羁而游"、"鼓腹而游"等。所谓有目的性,就是游者要旅行到哪里去,做什么事情,他自己是清楚的;所谓无目的性,就是游者并没有明确要做什么事情,他只是旅行出去,甚至没有一个方向,他要做的就是不做任何事情。然而,这不做事情,具有强烈的排他性,在排除了任何具体事情之后,剩下了"不做事情",由此以见,这个"不做事情",就是目的了,只是它不是通常意义上的目的,或者说它是人生的大目的。

2　表示"放任"之义:

> 乘物以游心,讬不得已以养中。(《人间世》)
>
> 夫若然者,且不知耳目之所宜,而游心乎德之和;……故圣人有所游,而知为孽,约为胶,德为接,工为商。圣人不谋,恶用知?(《德充符》)
>
> 汝游心于淡,合气于漠,顺物自然而无容私焉,而天下治矣。……立乎不测,而游无何有者也,……而游无朕;……(《应帝王》)
>
> 彼将处乎不淫之度,而藏乎无端之纪,游乎万物之所终始。(《达生》)
>
> 知游心于无穷,而反在通达之国,若存若亡乎?……柏矩学于老聃,曰:"请之天下游。"(《则阳》)
>
> 胞有重阆,心有天游。室无空虚,则妇姑勃豀。心无天游,则六凿相攘。(《外物》)①

所谓"放任",意谓游者从社会关系中出离了自身,在另一个天

---

① 陆德明《经典释文》:"胞,腹中胎。"郭象《庄子注》:"阆,空旷也。"司马彪:"勃豀,反戾也。无虚空以容自私,则反戾共斗争也。""六凿相攘",司马彪注为:"六情攘夺。"(引自钱穆:《庄子纂笺》,台湾东大图书股份有限公司 2006 年版,第 231 页)

地与境界里面遨游,实现了身心的自由与逍遥。所谓出离,也非不食人间烟火,而是做世俗社会里当做之事(也包括治天下之类),但把这些事情(甚至是很不乐意做的、很不情愿遭遇的处境)当作实现出离自身的凭借与手段,或者叫作即物而出物。而游的极致乃是一丝痕迹也不留("无朕")。一旦做到了这一点,就没有什么事情可以让你拘束的了。而"游"可以是身游,也可以是心游,且主要是心游,以至于胎胞之间,也有圹埌的空间,可以实现"心有天游"。

3　表示"从学"、"交友"之义。

> 从之游者与仲尼相若。……吾与夫子游十九年矣,而未尝知吾兀者也。今子与我游于形骸之内,而子索我于形骸之外,不亦过乎!(《德充符》)
>
> 辞其交游,去其弟子,逃于大泽,衣裘褐,食杼栗,入兽不乱群,入鸟不乱行。(《山木》)
>
> 吾所与吾子游者,游于天地。(《徐无鬼》)
>
> 上与造物者游,而下与外死生、无终始者为友。(《天下》)

从学、交友,有经历、访求、跟随、交流等义,如果没有这样的经历,便成为不可语海的"井蛙"、不可语冬的"夏虫"、不可语道的"曲士"。如此的从学与交友,既是游者所愿,其中的趣味与适意自不用说。

4　处世、闲处之义。

> 故圣人将游于物之所不得遁而皆存。善妖善老,善始善终,人犹效之,而况万物之所系而一化之所待乎!……彼游方之外者也,而丘游方之内者也。外内不相及,而丘使女往吊

之,丘则陋矣!(《大宗师》)

夫明白入素,无为复朴,体性抱神,以游世俗之间者,汝将固惊邪?(《天地》)

以此退居而闲游江海,山林之士服;以此进为而抚世,则功大名显而天下一也。(《天道》)

若夫乘道德而浮游则不然,无誉无訾,一龙一蛇,与时俱化,而无肯专为。……人能虚己以游世,其孰能害之!(《山木》)

既然人来到世间都是一场"游",那么人生也就是"游世",即便闲处也是在游。但不同的态度可以有不同的游,如"方内"与"方外"之游,如若"乘道德而浮游",虽身在于方内,心在于方外,那就有两个天地,就不会为世俗所局限,虽然其形可"一龙一蛇,与时俱化",而其心率直而恣睢。

5 玩耍、游戏之义。

游心于坚白同异之间,而敝跬誉无用之言非乎?……问臧奚事,则挟筴读书;问谷奚事,则博塞以游。(《骈拇》)

我且南游吴越之王,激西江之水而迎子,可乎?(《外物》)

巧者劳而知者忧,无能者无所求,饱食而敖游,泛若不系之舟,虚而敖游者也!(《列御寇》)

"游心"也称玩心,"饱食而敖游",也即无心、无目的的游玩。"游"这个词在《庄子》书中取得了一个特殊的意义,它看起来意义多样,却总与游戏与玩有关;看起来没有目的,却在游戏与玩的过程中,寻寻觅觅,试图在实现一个高远而宏大的目的。游戏与玩,表明庄子是以艺术与游戏心态对待这世上的事事物物,无论世事如何艰难,都以优游、闲雅、从容的态度对待之。游的过程正是实现的过程,实现对个体局限的超越,达于逍遥与自由的境界。

"游"又分另两种情形:一是身游,二是心游。"南伯子綦游乎商之丘"、"游于羿之彀中"、"黄帝游乎赤水之北"、"孔子西游于卫"、"孔子游于匡"、"庄子与惠子游于濠梁之上"、"庄子游于雕陵之藩"等属于身游。"而游乎尘垢之外"、"以游逍遥之虚"、"游心乎德之和"、"游心于淡"、"游心于无穷"等属于心游。除此之外,还有难以分辨是身游还是心游,如"以游无穷者"、"游乎四海之外"、"而游无何有之乡"、"以游无极之野"等属于此类。而这正是问题之所在。有一种观点认为,庄子的"逍遥",就是一种精神的自由。[①] 我则以为不然。逍遥当然是精神上的感受,可是没有身体上的自在与逍遥,哪里谈得上精神上的自在与逍遥?这从来就是一体的两面。从庄子所叙述的逍遥的实现过程看,如果只承认精神上的自由,等于只承认心游而不承认身游,即便为了实现心游,也要身游于外,如同我们要散心,也要走出去才能实现一样。或许我们身体走得并不算远,而我们的心却行得很远,所谓"心有天游"即是,但否认身体的游,就难以想象心游是彻底的和无障碍的。庄子所言的"以游无穷者"、"游乎四海之外"等,所以难分清是身游还是心游,就在于这种游乃是身心一体的,没有身体的直接感受性,也难以说清精神的感受性。庄子的"游世"观念更表明了这一点。

[①] 张岱年先生说道:"庄子的'逍遥游'其实是驰骋在自由想象的天地之中。能够在想象的天地里自由驰骋的不是人的躯体,而只能是人自己的'心',所以庄子的'逍遥游'也叫作'游心'。……所谓逍遥游是心灵在想象中自由翱翔,……显然,庄子追求的不是现实生活中行动的自由,而是超越现实的玄想的自由,内心的自由。"(《中华的智慧:中国古代哲学思想精粹》,上海人民出版社1989年版,第73、74页)

游世是处世,而处世是在尘世里面经历、体验一番,包括许多的遭遇与不得不面对的处境。如果只把经历、体验看作精神的游历,那是不可想象的。

(二) 性与适性

以"适性"来解释庄子的"逍遥",这是郭象的创造。郭象在《逍遥游》注解里说道:

> 夫小大虽殊,而放于自得之场,则物任其性,事称其能,各当其分,逍遥一也,岂容胜负于其间哉!(篇名注)
>
> 苟足于其性,则虽大鹏无以自贵于小鸟,小鸟无羡于天池,而荣愿有余矣。故小大虽殊,逍遥一也。("蜩与学鸠笑之曰"注)
>
> 物各有性,性各有极,皆如年知,岂跂尚之所及哉!自此已下至于列子,历举年知之大小,各信其一方,未有足以相倾者也。("小知不及大知"注)
>
> 汤之问棘,亦云物各有极,任之则条畅,故庄子以所问为是也。……各以得性为至,自尽为极也。向言二虫殊翼,故所至不同,或翱翔天池,或毕志榆枋,直各称体而足,不知所以然也。今言小大之辩,各有自然之素,既非跂慕之所及,亦各安其天性,不悲所以异,故再出之。("汤之问棘"注)
>
> 此章言物各有宜,苟得其宜,安往而不逍遥也。("则夫子犹有蓬之心也夫"注)
>
> 夫小大之物,苟失其极,则利害之理均;用得其所,则物皆逍遥也。("子独不见狸狌乎"注)

在《齐物论》的注解里,郭象又说:

> 夫以形相对,则大山大于秋豪也。若各据其性分,物冥其极,则形大未为有余,形小不为不足。[苟各足]于其性,则秋豪不独小其小而大山不独大其大矣。("天地与我并生"注)

依郭象的理解,"放"、"任"、"往"即是"游","自得"、"条畅"也就是"逍遥"了。大鹏与小鸟之间的那场"小大之辩",产生了一个极具想象力的问题:物与物之间的逍遥是否是相同的?郭象对此提出了"性分"的概念,物各有"性",而"性"各有"分"有"极"。"性"是物自身的规定与本性,"分"与"极"则是性所适用的范围。大鹏与小鸟之间,其性分不同,其逍遥也不应该是相同的,大鹏不当以九万里之高自贵于小鸟,小鸟也不必以榆枋之间而羡大鹏。大鹏与小鸟之间,各自以适宜、称体为至极,大鹏有大鹏的逍遥,小鸟有小鸟的逍遥,不能以大鹏所适宜的逍遥来要求小鸟,反之亦然。"各当其分,逍遥一也",与"小大虽殊,逍遥一也",并非说大鹏与小鸟有着相同条件的逍遥,而是表达了这样一个意思:大鹏与小鸟虽然性分殊异,但各自感受到的逍遥是一样的。显然,郭象强调的是主观感受性。

郭象的这个解释至今饱受争议。加之庄子在"蜩与学鸠笑之曰"的句后,有"之二虫又何知"的评论,更加重了学人对郭象"逍遥一也"论断的怀疑。支道林《逍遥论》说道:"庄生建言大道,而寄指鹏鷃。鹏以营生之路旷,故失适于体外;鷃以在近而笑远,有矜伐于心内。"[1]王夫之在蜩与学鸠的话之后加注道:"此游于小者也;逍也,而未能遥也。"[2]郭庆藩篇首案语:"首篇曰逍遥游者,庄子用

---

[1] 引自郭庆藩:《庄子集释》,第1页。
[2] 王夫之:《庄子解》,中华书局2009年版,第77页。

其无端崖之词以自喻也。注谓小大虽殊,逍遥一也,似失庄子之恉。"①严复《庄子点评》:"斥鷃者以小笑大者也,宋荣子者,以大笑小者也,然而二者,皆不知逍遥者也,夫使和以天均,则小大皆攸适已。"②支道林的话意谓大鹏因其体大,北溟已不足以使其感到自在了,故要起飞而南图;而小鸟(鷃)以近笑远,那是以自身之适衡量大鹏之适。王夫之、严复的话,意谓小鸟有游的自在,却不足以致远,亦即不懂真正的逍遥。郭庆藩的话则意谓庄子是拿大鹏隐喻自己的志向,故郭象的注解根本就不符合庄子的意思。以上意见都不赞成郭象把小鸟与大鹏的逍遥等量齐观。今人刘笑敢则直说郭象曲解了庄子的意思,"庄子之逍遥追求超越现实的精神自由,郭象《庄子注》之逍遥却强调安于性分之自我满足。二者似有根本不同。""庄子原文歌颂大鹏、嘲笑小鸟的立场是十分鲜明的。"③

郭象"性分"的逍遥确乎是一个创造性的阐释,他在解庄子时抱有什么动机,暂不涉及,这里只关注他的解释是否合乎庄子的本意。而要回答这个问题,就先要看庄子是否有"性"与"分"的意思。"性"这个概念在内七篇中没有提到,依照现存《庄子》各篇的秩序,在《骈拇》、《马蹄》、《在宥》等篇中才陆续谈到。这里把主要谈"性"的论述列举出来:

---

① 郭庆藩:《庄子集释》,第 2 页。
② 《庄子评点》,岷云堂丛刊弟一种,见严灵峰编:《老列庄三子集成补编》(三五),成文出版社有限公司,第 478 页。
③ 《郭象之自足逍遥与庄子之超越逍遥》,见刘笑敢主编:《中国哲学与文化》第二辑,广西师范大学出版社 2007 年版,第 126、135 页。该书同期还刊登了一组关于郭象《庄子注》与庄子关系的论文,其中王中江的《郭象哲学的一些困难及其解体》认为,郭象"自鸣深得庄子思想的意旨与实际上他对庄子思想反叛之间"出现了"巨大鸿沟"。(同上书,第 172 页)

> 骈拇枝指,出乎性哉,而侈于德;附赘县疣,出乎形哉,而侈于性。……彼正正者,不失其性命之情。……且夫待钩绳规矩而正者,是削其性者也。……夫小惑易方,大惑易性。……是非以仁义易其性与?(《骈拇》)
>
> 马,蹄可以践霜雪,毛可以御风寒。龁草饮水,翘足而陆,此马之真性也。……彼民有常性,织而衣,耕而食,是谓同德。(《马蹄》)
>
> 在之也者,恐天下之淫其性也;宥之也者,恐天下之迁其德也。天下不淫其性,不迁其德,有治天下者哉?(《在宥》)
>
> 形体保神,各有仪则,谓之性。性修反德,德至同于初。……百年之木,破为牺尊,青黄而文之,其断在沟中。比牺尊于沟中之断,则美恶有间矣,其于失性一也。(《天地》)
>
> 彼正而蒙己德,德则不冒,冒则物必失其性也。(《缮性》)
>
> 鸱鸺夜撮蚤,察毫末,昼出瞋目而不见丘山,言殊性也。(《秋水》)
>
> 性者,生之质也。性之动谓之为,为之伪谓之失。(《庚桑楚》)
>
> 圣人达绸缪,周尽一体矣,而不知其然,性也。……人之好之亦无已,性也。圣人之爱人也,人与之名,不告则不知其爱人也。若知之,若不知之,若闻之,若不闻之,其爱人也终无已,人之安之亦无已,性也。(《则阳》)

如果一定要在内篇里面找到关于性的说法,那么应当说《养生主》中所说的"可以全生"的"生",也就是指"性";《德充符》所说"幸能正生,以正众生",其"生"也指"性"。如严复所说:"庄子生性二字多通用。"①

---

① 严复《庄子评点》"可以全生"注,岷云堂丛刊第一种,见严灵峰编:《老列庄三子集成补编》(三五),成文出版社有限公司,第 484 页。

如果不拘泥于内篇的话,则应相信庄子是经常谈论"性"的观念的,这也意味着,以"性"来谈物类的逍遥与差异,是不违庄子的旨趣的。"性命之情"、"真性"、"常性"、"性不可易"、"生之质"、"不知其然",都是说事物的本性;"殊性"、"各有仪则",是说事物皆有各自独特的性质。既言"不淫其性,不迁其德",又言"性修反德",性就是一个与德相关的观念了,它们之间是什么关系?性是"不知其然",而德则是"修"得的结果,成为某种操守。然而,修得的结果如何与本来的东西相提并论?依庄子的看法,德只是保持本来的东西,将其化为自己的操守。所以,还是那个东西,在他者看来是"性",在自我看来是"德"。在《骈拇》、《马蹄》、《在宥》、《秋水》、《知北游》等篇中频繁出现"性命"及"性命之情"概念,不过,这些性命"侧重的是自然之性而不是命",①也即性命在《庄子》书中作为双音节词出现的时候,其意思还是"性",只有"命"字单独使用的时候,它才指称命运。如此,"性命之情",也就是情性了。当庄子说出"殊性"与"各有仪则"的时候,也就是肯定了性的差异,《至乐》所说的"以己养养鸟也,非以鸟养养鸟",就是批评人们忽视了性的殊异性。

庄子有"性"的概念的运用,却无郭象的那种"分"的概念的运用。庄子有"分"(音 fēn)的概念,如:

> 定乎内外之分,辩乎荣辱之境,斯已矣。(《逍遥游》)
> 其分也,成也;其成也,毁也。……有左有右,有伦有义,有分有辩,有竞有争,此之谓八德。……故分也者,有不分也;

---

① 《郭象之自足逍遥与庄子之超越逍遥》,《中国哲学与文化》第二辑,广西师范大学出版社 2007 年版,第 134 页。

辩也者,有不辩也。……周与胡蝶则必有分矣。此之谓物化。(《齐物论》)

道通其分也,其成也毁也。所恶乎分者,其分也以备。(《庚桑楚》)

以德分人谓之圣;以财分人谓之贤。(《徐无鬼》)

庄子所说的"分",为分辨、分类、区分之义,并未有"性分"这个词,也未有"性分"之用,更未对"性"作出限定。

由此来看郭象理解的"性分"。郭象在谈到"性"的时候,多可理解为"性分"(音 fèn),谈"性"必定联系到"分",也即谈"性"不是为了专谈"性",而是为了说"分"。而他谈"分",不是像庄子那样是讲求"性殊",讲求分辨、区分、差别,或曰讲求事物本性差异性,而是讲求本分、定分,注重性的极限、范围,或曰讲求事物性质的限量,所谓"物各有性,性各有极","各据其性分,物冥其极"。所以,如果郭象讲"性",讲"性殊",讲"性"之分(音 fēn),讲"物各有性",他是符合、至少贴近庄子之意的;郭象讲"性各有极",讲"性分"(音 fèn),讲性的本分、定分与限量,是不符合庄子之意的。同一个"分"字,读音的不同,表达了重心的不同,由此说开去的哲学意义也就不同了。①

如此来看"逍遥"之义,也显出庄子与郭象的分野。郭象理解的逍遥从一开始就被限定在"性分"之内,游者只能做他分内的事

---

① 《说文》:"分,别也。从八从刀,刀以分别物也。"而分之上的"八",《说文》解释为"象分别相背之形"。如此,"分"的读音为平声 fēn,本义就是以刀将物分别开,后来"分"的意思与读音都有变化,当它表示名分的时候,读去声 fèn,如《荀子·王制》:"分未定也,则有昭缪。"《汉书·李广苏建传》:"自分已死久矣。"(师古:分音扶问反)说明在郭象的时候,"分"字的意思早已有上述的区别了,郭象说的"性分"正是在后一种意思上使用这个字的。

情,超出那个界分都是非分的,如同一个游者在出游之前,已被告知出游的限度,不该走得过远,过远的境地你不受用。那个"分"似成了笼罩游者的无形的限度,也即逍遥与自由的天空从来没有向所有人敞开,对每个人来说,都只开放有限度的空间。更高的空间只对大鹏敞开,而依照郭象的逻辑,大鹏也有其"性分",也不能做非分的事情。在庄子那里,逍遥与自由的天空向所有人开放,适不适合,受不受用,是你自己的事情。庄子所说的"游于天地"、"游无穷者"、"游乎四海之外"、"虚而遨游"、"心有天游",都是不设极限的游。而且,在庄子的描述中,不仅仅是至人、神人、圣人有这样的游,求道者都可以追求这样的游。庄子意识到"性"的区别,但他不想以性的区别限量其游的空间,追求有限度的逍遥与自由不是庄子的本意。

再看郭象所作"逍遥一也"的论断。前面说到郭象作出这个论断的基础在于主观感受性。可以肯定的是,如果没有主观感受到的逍遥与自由,那么即便人处在逍遥与自由的境遇中,也谈不上逍遥与自由。反之,有了主观感受性,是否就真正地拥有了逍遥与自由呢?倒也未必。一则没有逍遥与自由的境遇,即便感受再好也难以持续;二则主观感受并不能解释实际存在的逍遥与自由的空间的大小。从郭象的"逍遥一也",很自然地让人联想到庄子的"齐物"之论:"天地与我并生,而万物与我为一",好像郭象只是发挥了庄子的这个思想而已。我则想说,虽然说法很近似,但立足点不同。郭象的立足点依旧是在主观感受性上,而庄子的立足点则是在相对论上。相对论的齐一,是在广泛比较事物性质的基础上做出的结论,它含有认知论的意义。尽管如此,还是应当肯定郭象的创造性阐释所产生的效果。他的阐释使得"性"的区别、逍遥的"自得"之义、逍遥与自由的主观感受性问题,暴露在人们的视野之下,彰显了庄子的逍遥与游的思想深度,只是他的观点以其特殊的背景立场,表现出了某种偏颇。

(三)逍遥与自由

现当代学者多用"自由"解释庄子的"逍遥"。① 一则"逍遥"这个词现在不流行,需要用一个流行的词来替代它;二则"逍遥"这个词在历史演变中背上了不好的名声,如"逍遥"似乎就意味着"法外"。作为哲学概念或观念,它没有过时与褒贬的问题,庄子那个时代面对的问题,至今也是人们要面对的,这意味着它具有问题性与可解释性,问题只是这样的解释是否合理。

我们将上节已经谈及的《庄子》文中的逍遥诸义汇合起来,诸如:自得、自适、自在、逸豫、快乐、无事、无为、远离利害等,这些意思只能用一个现代性的词语表达的话,那么"自由"乃是不二选择。②

"自由"这个词本不是外来的。陈静《逍遥与自由》一文指出,"自由"一词的应用可以追溯到东汉时代,汉末郑玄注释《礼记》,多次用到'自由'二字,如曰:"不见尊者,行自由,不为容也。""去止不

---

① 这里随意列举数例:章太炎说:"逍遥者,自由之义;齐物者,平等之旨。"(《诸子略说》),见《国学演讲录》,华东师大出版社1995年版,第208页)冯友兰说:"《逍遥游》从大鹏的高飞说到列御寇的'御风'。庄周认为这些'游'都不是完全地自由自在('逍遥'),因为都有所待。"(《中国哲学史新编》第二册,人民出版社1984年版,第119页)徐复观说:"庄子对精神自由的祈向,首表现于《逍遥游》,《逍遥游》可以说是《庄》书的总论。"(《中国人性论史·先秦篇》,上海三联书店2001年版,第350页)孙以楷说:"庄子哲学是一部人生哲学,而他的人生哲学又首先是一部关于人如何逍遥自由的哲学,既然有自由的问题在,便知庄生自己活得已不十分自由了。"(《庄子通论》,东方出版社1995年版,第102页)

② 林希逸《南华真经口义》:"'逍遥',言优游自在也。"应当说,这个解释是很接近于"自由"了。(云南人民出版社2002年版,第3页)

敢自由。"唐代杜甫、白居易、柳宗元、元稹等人都曾在其诗文里面用到了"自由"的概念。① 陈文还提出，中国人用"自由"，表达的是"自己做主"的意思，但这种自由乃是"在外的自由"（在"帷幕之外"），亦即在制度之外的自由。"所以，自由的词语在出现以后，语义很快就贬义化了。"② 我想上述判断大体是不错的。这里补充一点，汉乐府《孔雀东南飞》，这首汉末建安年间的民歌，也有"自由"的表述："此妇无礼节，举动自专由。吾意久怀忿，汝岂得自由。"自由这个词，其命运与"逍遥"这个词其实差不多。一出现就与君主制度处于一种紧张关系，但是，自由与逍遥又是人本性所企望的，于是，便出现如此的情形：体制内的人们只在诗文里面表达对它的渴望，只有方外之人才无忌地谈论它。但这只是一般情形，在一个比较开放的时代就有所例外，如在唐代，自由或许成为了普遍性的向往，除陈文已提及的之外，这里再加上道家人士王玄览之言："死不自由死，死时由他死，死后知见灭，此灭并由他。""死不自由死，死后由他生，知见由我灭，由我后不生。"③ 司马承祯说："认他毫发事，难得自由心。"④ 罗隐说："时来天地皆同力，运去英雄不自由。"⑤ 这些自由词语的用法，与现代的自由概念的含义已经没有多少差异了。除此之外，道教全真派的文献中，有大量的"自由"词语的运用，这大概是与这个教派所追求的教旨有关，即全真教是把自由当作根本追求的，自由就是全真祖师王重阳劝人皈依的思想利器。⑥

---

① 该文见于刘笑敢主编：《中国哲学与文化》第四辑，广西师范大学出版社 2008 年版。
② 同上。
③ 王玄览：《玄珠录》，《道藏》第 23 册，文物出版社。
④ 《太上升玄消灾护命妙经颂》，见《道藏》第五册，文物出版社。
⑤ 《筹笔驿》，见《全唐诗》卷 657，中华书局。
⑥ 有关这个问题，见拙文《全真优游说及其现代性》，《全真道与环保》，青松出版社 2007 年版。

但是,"自由"一词因为西方自由思想在现代中国的涌入而得到了拯救。其中,严复所着力推动的西方自由思想著作翻译的影响是巨大的。然而,严复在评点庄子的时候,并没有将逍遥解释为自由,只解释为"游心于至大之域",又说"佛所谓无所住者,庄所谓逍遥游也"。① 却在《应帝王》中评点道:"此篇言治国宜听民之自由、自化。……为帝王者,其主治行政,凡可以听民自为自由者,应一切听其自为自由,而后国民得各尽其天职,各自奋于义务,而民生始有进化之可期。……此段亦言治国宜顺自然,听其自由,不可多所干涉之意。"② 在《在宥》中评点道:"不独卢梭之殚残法制,还复本初,以遂其自由平等之性者,与漆园之论,为有合也。"("故君子不得已而临莅天下"句)③ 在《寓言》中评点道:"今日平等自由之说,庄生往往发之,详玩其说,皆可见也,如此之其言平等,前其言自由之反是已。"("阳子居南之沛"句)④ 其实这几篇都不是庄子谈逍遥的地方,而是谈论帝王之德、君主与臣民、尊者放下身段与人平等相处(阳子居)的事情,严复只是借此发挥自由之论而已。从这里已经可以看到,严复所理解的自由并不是庄子的那个逍遥。⑤ 我们知道,严复在将穆勒的《论自由》(ON LIBERTY)翻译成《群己权界论》,这表明他是在制度层面谈自由,亦即制度限定下的自

---

① 《庄子评点》,岷云堂丛刊第一种,见严灵峰编:《老列庄三子集成补编》(三五),成文出版社有限公司,第477、478页。
② 《严复集》第四册,中华书局1986年版,第1118、1119页。
③ 《庄子评点》,岷云堂丛刊第一种,见严灵峰编:《老列庄三子集成补编》(三五),成文出版社有限公司,第498页。
④ 同上书,第523页。
⑤ 陈静《逍遥与自由》文说道:"用'自由'来理解《庄子》有两条不同的思路,一种是用'自由'来解释无为,一种是用'自由'来解释'逍遥'。"严复显然是属于前者。不过,也当注意,庄子他用"无为"来表达"逍遥"之义,如"彷徨乎无为其侧"(《逍遥游》)"逍遥乎无为之业"(《大宗师》)。"逍遥,无为也。"(《天运》)

由,而不是在精神与意志的层面谈论自由,所以,尽管他广泛地推进了自由之论,但他的自由与庄子表达的那个逍遥与自由对接不上。但这似乎并不影响现代学者以自由接引庄子的"逍遥",因为中国人理解的自由首先是精神与意志层面的。①

二 有待与无待

(一)"待"之义

在《庄子》书中,"待"无疑是极其重要的概念,自《逍遥游》提出来,许多的问题都围绕着它而展开。我们先考察一下庄子所谓的"待"有哪些意义。《逍遥游》:

> 夫列子御风而行,泠然善也,旬有五日而后反。彼于致福者,未数数然也。此虽免乎行,犹有所待者也。
> 若夫乘天地之正,而御六气之辩,以游无穷者,彼且恶乎待哉!

这里的"待",意思是"依待"、"依持"、"凭借",或者说是"条件"。《齐物论》:

> 化声之相待,若其不相待。和之以天倪,因之以曼衍,所

---

① 有关这个方面,参见黄克武《自由的所以然:严复对约翰·弥尔自由主义思想的认识与批判》(台湾允晨文化实业股份有限公司1998年版),其第212页云:"从会通的角度来看,严复认为西方的自由即是庄子的'在宥'与杨朱的'为我'。"

以穷年也。忘年忘义,振于无竟,故寓诸无竟。

这里的"相待",指"相须"、"相对",也就是"非彼无我,非我无所取"的意思,彼我互以对方作为自己的存在前提。① 《齐物论》又说了一桩罔两问景的事:

罔两问景曰:"曩子行,今子止;曩子坐,今子起。何其无特操与?"
景曰:"吾有待而然者邪?吾所待又有待而然者邪?吾待蛇蚹蜩翼邪?恶识所以然?恶识所以不然?"

这里的"待"指"依靠"、"因待"、"仰仗"之义。"景"在回答"罔两"的抱怨时说自己之所以看起来没有自己的"特操",主要是因为自己要依靠别的东西才成为这个样子的,而自己所依靠的东西是否像蛇蚹或蜩翼那样很不可靠,也要依靠别的东西呢?也未可知。庄子借此表达所有的事物都处于相互的依靠、因待的关系之中,事物自身并没有从来如此的性质。《寓言》中有一个与上述内容相当的故事,只是对话变成了"众罔两"与"景"的对话。② 以下几段话中的"待"字,意思与《齐物论》大致相同:

---

① 王夫之《庄子解》认为:"詹詹如冷风,炎炎如飘风,皆化声耳。化声者,本无而随化以有者也。怒者为谁,则固不可知也。以为必有怒焉者,则疑于有待;不知怒者之为谁,则疑于无待;皆滑湣而不得端倪,不得已而言之。"(中华书局 2009 年版,第 102 页)

② 《寓言》:"众罔两问于景曰:'若向也俯而今也仰,向也括〔撮〕而今也被发;向也坐而今也起;向也行而今也止,何也?'景曰:'搜搜也,奚稍问也!予有而不知其所以。予,蜩甲也,蛇蜕也,似之而非也。火与日,吾屯也;阴与夜,吾代也。彼吾所以有待邪,而况乎以〔无〕有待者乎!彼来则我与之来,彼往则我与之往,彼强阳则我与之强阳。强阳者,又何以有问乎!'"

夫知有所待而后当,其所待者特未定也。……善妖善老,善始善终,人犹效之,而况万物之所系而一化之所待乎!……若化为物,以待其所不知之化已乎。(《大宗师》)

执臣之道犹若是,而况乎所以待天乎?(《山木》)

日出东方而入于西极,万物莫不比方,有目有趾者,待是而后成功。是出则存,是入则亡。万物亦然,有待也而死,有待也而生。吾一受其成形,而不化以待尽。(《田子方》)

不以生生死,不以死死生。死生有待邪?皆有所一体。(《知北游》)

《大宗师》的"知有所待而后当",是从认知的角度说,认知的对象"有所待",所形成的知识并不确定;而"所待者特未定",则是说认知对象所依靠的东西也未定。《山木》是从人事角度说,人臣与君主之间有因待的关系,而君、臣与民所共同构成的社会又都要依待于天。在上述依靠与被依靠的所谓"化"的链条中,所有的事物都是"有待",而且最终都有待于"一化之所待",也即道。只有道是不依待于他物的,因为它使物成为物,它自己不在物化之中,所谓"物物者不物于物"。

(二) 有待、无待与自在

依庄子的意思,世上所有人和物都是有待的。因为任何的人和物都处在"化"的过程中,都被镶进了"化"的链条,都处于某种关系之中,没有什么事情可以独立存在,或者说任何的存在之物都要依待他物的存在而存在。也就是说,没有无待之人、无待之物,只有道才是无待的。既然如此,庄子又为何要追求无待呢?《逍遥游》整篇谈论的其实就是两个东西:一个是小大之辩,另一个就是无待与有待的逍遥问题。"列子御风而行"那段话就是谈论有待与无待的问题。庄子以"泠然善也,旬有五日而后返,彼于致福者,未数数然也",表达了对列子超常能力的肯定。① 不过,庄子却又说:"此虽免乎行,犹有所待者也。"列子需要待风才能行得起来,因而他的"待"也就是他所获逍遥与自由的限制。列子的状况与前面所说的"知效一官,行比一乡,德合一君,而徵一国者"的情形相同,虽然"举世而誉之而不加劝,举世而非之而不加沮,定乎内外之分,辩乎荣辱之境","犹有未树者"。两者都是通过超越自己的局限,获致了一定程度的自由与逍遥。区别只在于,这里是在社会关系上超越自身,列子则是从行为上超越自身。接下来,庄子说出了"无待"的情形:"乘天地之正,而御六气之辩"。乘天地之本性,御六气之变化,如何可以是"无待"呢? 乘、御似乎已经是有待了,庄子却说是无待,根据不在于是否有乘与御,而在于所乘所御没有选择,只要是天地本来的东西,也不管天地流行的是何种气,都做了所乘与所御,这样也就没有什么不适合,没有什么不能够被利用了。这与庄子"乘物以游心,讬不得已以养中"(《人间世》)的人生哲学是完全一致的。庄子列举了三种无待的人:"至人无己,神人无功,圣人无名。"不过,这里庄子并没有说出这三种人超人的本领,而是说出了他们内在的品质,所说内在的品质,指的是他们不受自我、功名的牵累,亦即他们是通过放弃来实现自己的无待逍遥的。也就是说,人们通常是以拥有某种东西而实现自己的人生目的,而这三

---

① 郭庆藩《集释》引家世父注解道:"未数数然也,犹《戴记》之云天下一人而已。致福,谓备致自然之休。御风而行,犹待天机之动焉。郭象云,自然御风行,非数数然求之,误。"(见郭庆藩:《庄子集释》,第19页)

种人却是通过不拥有任何东西来实现人生目的,这种"不拥有"就是无待了。

"尧让天下于许由"那段话,也是谈论这个问题。尧觉得自己应该让位于贤者许由,说:"日月都已经出来了,可是有人还不肯熄灭火把,要与日月比光辉,那不是难为了么!应时的雨已经降下来了,却有人还要继续灌溉,要与时雨比灌溉,那不是太累了么!先生立为天下之主,那么天下就可以太平了;而我还要占据君主的位子,我自己看来做君主很不够格的。请接受天下吧!"而许由则回答说:"你把天下已经治理好了,还需要我干什么,我要是接了你的帝位,不啻是为了帝王之名,而名只是实之宾。"又说,"鹪鹩巢林,不过一枝;偃鼠饮河,不过满腹。我还需要什么呢!"庄子借这个寓言故事,无非想表明,人需要的越少,获得的自由就越大。

庄子虽然提出了至人、神人与圣人逍遥无待,但他清楚,并不能拿这要求人,这只能作为最高境界与理想的类型。在庄子看来,从有待到无待是一个追求与超越的过程,而且每个人的生活处境与遭遇都不尽相同,其超越之路也各各不同,也并非只有像鲲鹏那样高飞九万里才算是超越。在这个意义下,我们来看超越有待的种种相。

《养生主》里面"庖丁解牛"讲述的虽然是一个肢解牛的小故事,要说明的却是个大道理。当庖丁当着文惠君的面稀里哗啦地把一条整牛肢解完了之后,看得眼花缭乱的文惠君为庖丁的技艺感叹不已。他问道:"技盖至此乎?"然而,庖丁对文惠君的问话并不满意,回答说:"臣所好者道也,进乎技矣。"技艺与道是两个层面,庖丁是把肢解牛视为求道的方便,故而这不是技艺所能够表达的,而求道自有其特殊的快乐与自在,所谓"提刀而立,为之四顾,为之踌躇满志"。从庖丁肢解牛的出神入化的全过程,可以明了,事情无论巨细繁简,都有道可寻,即便是交错繁复的节骨,也有路可走。骨节再错杂,也有空间,所谓"彼节者有间而刀刃者无厚,以无厚入有间,恢恢乎其于游刃必有余地矣"。刀刃并非无厚度,只是比较起骨节之间的空隙来说,它的厚度就可以忽略不计了,所以,它是"无待"。这里所说的养生,并非身体的调养,而是在社会中间的生存。庄子处在一个战国的乱世,他却以这种"游刃有余"的宽闲态度,求得了自在自由。

《人间世》中"心斋"的寓言故事讲述的既是认知问题,也是有待与无待的问题。颜回遵循孔子"治国去之,乱国就之。医门多疾"的教诲,打算去卫国,试图救治那个陷入混乱的国家。孔子却说:不可以,如果勉强要去的话,将陷入刑戮的下场,并说"古之至人,先存诸己而后存诸人",说"你自己都心神不定的,如何去矫正卫国的暴君呢? 如果你想用德性去感化对方,那只是表明自己有仁义修养的美德,让对方因没有这样的修养感到羞愧,陷对方于不利困地,这叫作'灾人','灾人者,人必反灾之'。"颜回一连说了自己准备的方案:"端而虚,勉而一","内直而外曲,成而上比"。孔子都给予了否定,最后孔子说出了"心斋"之法:"气也者,虚而待物者也。唯道集虚。虚者,心斋也。"这里的"待"是应待之义,"物"是事事物物;"心斋"而"虚",则是等待道的到来。在庄子所设定的这段对话中,孔子点出了潜藏在颜回内心的关键问题:是否存有功利的企图。你只要有丝毫的行迹,都会为人察觉的,而任何功名的企图都会产生危害,既害事情,又害自己。反之,"若能入游其樊而无感其名,入则鸣,不入则止。无门无毒,一宅而寓于不得已则几矣",亦即不为名利而进入卫国,心斋忘己,却能在不得已的处境中安然独存,产生纯美吉祥的境界,所谓"虚室生白,吉祥止止"。当你把这一切的高兴的或不高兴的事情,统统看成自己的际遇,看成人生难得的体验,你便会把那些在寻常的人看来是尴尬的、难堪的、不得已的情形,看作正好是成就自己超然人格的时候。到了这个境界,就不再被高兴的或不高兴的情绪困扰了,一切的作为都会合乎天然本性了。

《山木》记述的"虚己以游世",是一段富有美感的寓言故事。鲁国城南有个叫"宜僚"的人,这天见到了鲁国的国君,看到他一脸忧愁的样子,就问:"君王看起来面有忧色,这是为什么?"

鲁王回答:"我学习先王之道,修造先王的大业;我敬仰鬼神,崇尚贤明;而且,我努力身体力行,一刻也不敢放松。然而,我仍然难免于祸患,我所以感到忧虑。"

"君王除祸患的方法浅陋了。您没看到那长得丰厚的狐狸和满身花纹的豹子吗?它们栖息在山林里面,潜伏在岩穴中间,这是它们的安静;夜间行走,白天躲藏,这是它们的警惕;虽然时常忍受饥渴,却依然小心翼翼地在江湖上寻觅食物,这是它们的审慎。即便如此,还是难以逃脱网罗、机辟的祸患。是什么给它们招来的祸患呢?是它们身上的皮。如今,鲁国不正是君王的皮么?希望君王剖其形,去其皮,忘却心智,除却欲望,游于无人的旷野。南越有个叫作'建德'的国家,那里的民情愚钝而淳朴,少私心而薄欲望,只知劳动而不知私藏,乐意施与而不求回报;不知道'义'在哪里使用,也不知道'礼'有何作用。人们率性而为,走的是天地正道。快意地活,安心地死。我希望君王离却鲁国,捐弃世俗,与道相辅助而前行。"

鲁君听了这话,颇感新鲜,却又迟疑起来:"那道遥远且艰险,又有山河的阻隔,我没有车船,怎么办?"

"您只要形不倨傲自贵,心不滞留所居的位置,就可以随万物而乘载了。"

"那道幽远,又见不到人,谁可做我伴侣?我没有粮食,没有食物,怎么才能到达?"

"减少您的资费,淡薄您的欲望,虽然没有粮食也可以自足。君王漂流江海,放眼望去不见边际,越走越宽广,而不知道穷极。那些来送您的人,走到海岸的边上,也就只好返回去了。您就可以没有牵累了,从此走得远远的。所以说,有人可以使唤,就会有拖累;被人所使唤,就会有忧患。过去,尧没有人可使唤,也就不被人使唤。我愿意去掉您的拖累,除却您的忧患,让您独自与道在大漠的国度里面优游。设想搭乘两船相拼的方舟过河,有一艘无人的船碰撞了方舟,即便是心地偏狭的人也不会发怒;要是有一个人在那艘船上,那么您一定会大声喊叫,第一次喊叫,对方没有回应;第二次再喊叫,也不见回应;于是第三次喊叫,接着您一定会大声地呵斥。刚才无人的船碰撞了方舟,您不发怒,但现在您却要发怒,就因为刚才的船上没有人,现在的船上有人。人要是能够像无人的虚船那样,把自己看做不存在,自由自在地游于世间,那么又有谁能够伤害到您呢?"

鲁国君主以为自己效法先王,敬仰鬼神,崇尚贤明,就应当没有祸患了,可是,他仍旧逃脱不了祸患。原因不在于他不谨慎、不努力,而在于他是鲁国的国君,他显赫的位置被人惦记,就如同狐狸与豹子怎么小心谨慎都难脱逃陷阱,就因为别人觊觎它们身上的皮。有了地位可以使唤人,免不了祸患;没有地位想要地位,所以被人使唤,这也免不了祸患。只要放弃既有的地位,也不想取得任何地位,就没有了拖累,也就可以无忧无患了。

追求天道,追求逍遥自由,并非需要很多的资财,也非无"车船"的方便就游不远,只要"心有天游",就没有什么可以阻隔的了。

人实际需要的东西很有限,求道之人身不可留恋地位,心不可滞留名利,只要忘身忘己,就能行得远。庄子从两条相碰撞的船这个简单事情,看出了人的两种不同态度。第一种情况,无人的船撞了你的方舟,你没有骂,不是不想骂,是因为被骂的对象不存在。如果你仍然要对着没有人的船开骂,在旁人或自己看来,都是一件极其无聊的事情。第二种情况,你对着撞向自己方舟的人连续警告了三次,而对方听而不闻,你一定会追着对方骂,就因为有这么个对象存在。可是作为一种处世的方式,如何才能够让人把你看成是不存在呢?那就是要"虚己",就是要无待于物,无求于物,从而不占地方,不挡道,不被人惦记,也就是让人觉得那个"被骂的对象"不存在,所谓"虚己以游世,其孰能害之!"

《大宗师》、《胠箧》与《天地》各讲了一段内容基本相同的话:

> 夫藏舟于壑,藏山于泽,谓之固矣。然而夜半有力者负之而走,昧者不知也。藏小大有宜,犹有所遁。若夫藏天下于天下而不得所遁,是恒物之大情也。(《大宗师》)

> 将为胠箧探囊发匮之盗而为守备,则必摄缄縢,固扃鐍,此世俗之所谓知也。然而巨盗至,则负匮揭箧担囊而趋,唯恐缄縢扃鐍之不固也。然则乡之所谓知者,不乃为大盗积者也?(《胠箧》)

> 若然者,藏金于山,藏珠于渊,不利货财,不近贵富;不乐寿,不哀夭;不荣通,不丑穷。不拘一世之利以为己私分,不以王天下为己处显。(《天地》)

庄子的话说得有点夸张,却讲出了一个真切的道理,越是把财富藏得深固,丢失得就越快、越彻底,那偷窃的人还生怕你藏得不牢固呢！所以,那些想守藏财富的人,不是方法不周全,而是太周全了,可是仍然守不住。问题不在方法,而是守藏财富的想法就不对。庄子要告诉人们的是:财富其实是守藏不住的。不过,庄子却开个玩笑:你的守藏方法不对,你把财富放到它本来的地方,把金藏在山里,把珠藏在深渊里,把天下藏在天下,也就是无所藏,也就无所失。对于处在社会关系中的人来说,对财富、地位、名望、权利的欲望就是所依待的东西,欲望越多,依待的也越多,如此,就越难以从这些物质关系中获得解脱,难以获得逍遥与自由。在庄子看来,对逍遥与自由的获得是与人们对于超越的道的体悟相关的,得道而超越,超越就意味着逍遥与自由。反之,奢欲越多,越与道无缘,所谓"其耆欲深者,其天机浅"(《大宗师》)。

庄子是如此说的,他也是如此做的。《山木》篇记述了庄子闭门思过的事情:

有一天,庄子在雕陵的一个栗树园里游耍,见到一只巨大的异鹊从南方飞过来了,那鹊突然一下子撞到了庄子的额头,出于好奇,他拿着弹弓,跟随了那鹊,想等机会把它射下来。这个时候,他看到了另一种景象:有一只蝉为了躲在树荫下乘凉,忘了自己处境的危险,被螳螂张开双臂逮住了;而螳螂为了获得蝉,也忘了自己的形体暴露在外,异鹊乘机扑捉了它;异鹊则忘了自己的本性,撞到了庄子的额头。看到这里,庄子突然警觉起来,他说:"噫!物固相累,二类相召也。"于是,他扔了弹弓往回走。恰在这个时候,守栗园的人看到庄子闯进了他的园子,怀疑庄子偷了他的栗子,斥骂了他。庄子一声不响地回到了家里,把自己关于屋子里,三天不出门庭,反省自己。当徒弟问其缘故时,庄子说了这样的话:

吾守形而忘身,观于浊水而迷于清渊。且吾闻诸夫子曰:

> '入其俗,从其令。'今吾游于雕陵而忘吾身,异鹊感吾颡,游于栗林而忘真。栗林虞人以吾为戮,吾所以不庭也。

所谓"物固相累,二类相召",也就是人们之间相互连累,利害相召。人们之间存在着一个利益的链条,彼此都处在这个链条中的某个环节,彼此追逐。如果彼此之间只有利而没有害也就罢了,问题恰恰是有利就有害,你得到了某种利益,同时也就有了某种害。令庄子"三日不出庭"的原因,且不仅因为此,还在于他意识到自己本来处于"清渊",而"观于浊水",不为利害相召,无意中也被牵连了进去,异鹊是"忘真"(能飞的本性),而自己则是"忘身",即观浊水而忘了身处是非之地。

《山木》在开篇还记述了一件"竖子烹雁"的故事。庄子到山里去,见到一棵枝叶繁茂的大树,伐树的匠人走近了树却没有砍它,问其缘故,匠人说:这树没什么用处。庄子于是感叹道:"此木以不材得终其天年。"出山之后,庄子在一个朋友家里住了下来,主人叫竖子杀一只鹅款待客人,竖子问:杀哪一只? 一只能鸣,一只不能鸣? 主人令杀那只不能鸣的。这两件事让庄子的学生感觉到了其中的抵牾,问庄子:昨天山中之树因其不材(无用)而得以终其天年,今日这鹅却因不材(不能鸣)而死,那么先生将如何选择? 庄子笑了,回答道:

> 周将处乎材与不材之间。材与不材之间,似之而非也,故未免乎累。若夫乘道德而浮游则不然,无誉无訾,一龙一蛇,与时俱化,而无肯专为。一上一下,以和为量,浮游乎万物之祖。物物而不物于物,则胡可得而累邪! 此神农、黄帝之法则也。若夫万物之情,人伦之传,则不然:合则离,成则毁,廉则

挫,尊则议,有为则亏,贤则谋,不肖则欺。胡可得而必乎哉!悲夫,弟子志之,其唯道德之乡乎!

庄子破解这道难题的思路颇有趣。他先说在不得已的情形下,他只能选择"有用与无用之间",既不在有用一边,也不在无用一边,因为选择任何一方都使自己陷入难以自圆其说的境地。可是,他又补充说,这个选择似乎可以圆自己的场,但是并没有摆脱违逆其间的尴尬,中间路线其实不免忽左忽右的,你自己并没有能力驾驭左右。如何才能出脱得利索呢?庄子说要"乘道德以浮游","乘道德"其实就是追求"道德",内心有了"道德",才会无誉无毁,可以逶迤,可以飞扬,一句话:主宰事物而不被事物所主宰。当然,这个道德不是人伦社会的道德,只是天地道德,方家解为"玄道至德"。[①] 接下来,庄子列举出人间社会的种种龌龊的事情,也就是说,无论你怎么做,都不得如愿,你的愿望总被别人抵消了,所以,只有出游于道德境界,才是好的去处。庄子所说处材与不材之间,之所以"未免于患",也在于无论处在哪一边,甚或处于中间,也都还是有待于物,而"物物而不物于物",主宰物而不被物所主宰,也就是不依待于物。郭象在此注解道:"不可必,故待之不可以一方也,唯与时俱化者,为能涉变而常通耳。"[②] 应当说,这个解释是合理的。这里所说的"浮游",不是别的,正是人在世俗社会当中的生活,也就是经历社会的所有事物,做该做之事,却能超越于这些事物。

---

① 成玄英《庄子疏》:"夫乘玄道至德而浮游于世者,则不如此也。既遣二偏,又忘中一,则能虚通而浮游于代尔。"(引自郭庆藩《庄子集释》,第 668 页)
② 引自郭庆藩:《庄子集释》,中华书局 1961 年版,第 670 页。

三　自由人格

《大宗师》里面的那段"相忘于江湖"的寓言故事脍炙人口,其寓意也是深刻的:

> 泉涸,鱼相与处于陆,相呴以湿,相濡以沫,不如相忘于江湖。与其誉尧而非桀也,不如两忘而化其道。

相濡以沫是一种感人的境界,表达了人在弱小、孤苦、无助,甚至在垂死的情景下,人们彼此的关爱和怜悯。可是,庄子却说"不如相忘于江湖"。"不如"是一个选项,就是说,如果可选择的话,宁愿相忘于江湖。相濡以沫是很感人,但结果并不好,毕竟那是个被动的境地,是一种悲情。相忘于江湖,虽然少了些爱,却很自由、自在,自己处于主动的境地。相比来说,相濡以沫是小天地、小境界,而相忘于江湖是大天地、大境界。也就是说,自由的价值高于爱。在庄子来说,逍遥与自由乃是人的大前提,人生乃是在这个大前提下的个人生活。

在庄子笔下的那些至人、神人、圣人、真人,乃至德人等,都是得了自由的人。前面已述至人无己、神人无功、圣人无名,是否他们与常人的区别就在于此呢?依照庄子的逻辑,修养到那个状态时,就获得了超常的能力。依照立德、立功、立言的阶次,至人境界最高,神人次之,圣人又次之。《知北游》里面说到至人与圣人的区别:

> 至人无为,大圣不作,观于天地之谓也。

"无为"与"无作"并没有分别,却把至人排列在圣人之前。《外

物》里有一段对话,将圣人与神人作了分别:

> 虽然,若是劳者之务也,非佚者之所未尝过而问焉。圣人之所以駴天下,神人未尝过而问焉;贤人所以駴世,圣人未尝过而问焉;君子所以駴国,贤人未尝过而问焉;小人所以合时,君子未尝过而问焉。①

小人"合时",君子"駴国",贤人"駴世",圣人"駴天下",而神人过着闲佚的生活,所以不为"駴天下"的事情,而圣人、君子、贤人、小人都可谓之"劳之务者"。这里的序列有着境界高下之分,神人是高于圣人的。② 在《天下》中,也有对于至人、神人与圣人的界说:

> 不离于宗,谓之天人;不离于精,谓之神人;不离于真,谓之至人。以天为宗,以德为本,以道为门,兆于变化,谓之圣人。

在这里,多了一个"天人",③而且,神人、至人与圣人没有高下的区分,只是各自显露个性而已。下面依据《庄子》原文,对三者的个性特征作一个分析:

(一) 至人

大致说来,至人有以下几个特征:

---

① "駴",即骇,意谓惊动。
② 郭象以为:"神人即圣人也,圣言其外,神言其内。"(见郭庆藩:《庄子集释》,第945页)误也。
③ 《庚桑楚》:"夫复謵不馈而忘人,忘人,因以为天人矣!"

第一,至人有超常的能力,超越于死生、利害关系。

> 至人神矣! 大泽焚而不能热,河汉沍而不能寒,疾雷破山、飘风振海而不能惊。若然者,乘云气,骑日月,而游乎四海之外,死生无变于己,而况利害之端乎!(《齐物论》)
> 至人潜行不窒,蹈火不热,行乎万物之上而不栗。(《达生》)

第二,至人先修养好自己,然后兼顾天下;其德性可以作为万物品性的根据。

> 古之至人,先存诸己而后存诸人。(《人间世》)
> 至人之用心若镜,不将不逆,应而不藏,故能胜物而不伤。(《应帝王》)
> 至人之于德也,不修而物不能离焉。(《田子方》)

第三,至人逍遥自在,"游"得很远。

> 古之至人,假道于仁,讬宿于义,以游逍遥之虚,食于苟简之田,立于不贷之圃。逍遥,无为也;苟简,易养也;不贷,无出也。古者谓是采真之游。(《天运》)①
> 子独不闻夫至人之自行邪? 忘其肝胆,遗其耳目,芒然彷

---

① 《天道》:"夫至人有世,不亦大乎,而不足以为之累;天下奋柄而不与之偕;审乎无假而不与利迁;极物之真,能守其本。故外天地,遗万物,而神未尝有所困也。通乎道,合乎德,退仁义,宾礼乐,至人之心有所定矣!"然而,既已认定《天道》非庄子所作,故以其言不能表达庄子的观点而不取。

> 徨乎尘垢之外,逍遥乎无事之业,是谓为而不恃,长而不宰。(《达生》)
>
> 夫得是至美至乐也。得至美而游乎至乐,谓之至人。……夫至人者,上窥青天,下潜黄泉,挥斥八极,神气不变。(《田子方》)
>
> 彼至人者,归精神乎无始,而甘冥乎无何有之乡。(《列御寇》)

第四,至人"游"不避地,能入世而出世,借世俗经历而达到游世目的。

> 夫至人者,相与交食乎地而交乐乎天,不以人物利害相撄,不相与为怪,不相与为谋,不相与为事,翛然而往,侗然而来。是谓卫生之经已。(《庚桑楚》)

(二) 神人

神人在《庄子》书中谈论的远不如至人和圣人多,其特征主要表现为:

第一,神人超越时间的久暂,且能使万物发生合乎自身目的的变化。

> 藐姑射之山,有神人居焉。肌肤若冰雪,淖约若处子;不食五谷,吸风饮露;乘云气,御飞龙,而游乎四海之外;其神凝,使物不疵疠而年谷熟。(《逍遥游》)

第二,神人超越了常人的利害关系,且神人很清高,他们可以铸造像尧舜这样的人,却不肯以尧舜之事为事。

> 之人也,之德也,将旁礴万物以为一,世蕲乎乱,孰弊弊焉以天下为事!之人也,物莫之伤,大浸稽天而不溺,大旱金石流土山焦而不热。是其尘垢粃糠,将犹陶铸尧舜者也,孰肯以物为事!(《逍遥游》)

第三,神人对事物的判断与常人不同,常人以为的"不祥",他们则以为是"大祥"。

> 故解之以牛之白颡者,与豚之亢鼻者,与人有痔病者,不可以适河。此皆巫祝以知之矣,所以为不祥也。此乃神人之所以为大祥也。(《人间世》)

第四,神人与天地同光,又随顺物情,使万物回复到它们自身的情性。

> "愿闻神人。"曰:"上神乘光,与形灭亡,是谓照旷。致命尽情,天地乐而万事销亡,万物复情,此之谓混冥。"(《天地》)

(三) 圣人

在《庄子》书中,对圣人的描绘可谓最详。大致说来:
第一,圣人超越常人的是是非非。

> 方生方死,方死方生;方可方不可,方不可方可;因是因

非,因非因是。是以圣人不由而照之于天,亦因是也。是亦彼也,彼亦是也。……是以圣人和之以是非而休乎天钧,是之谓两行。(《齐物论》)

故圣人有所游,而知为孽,约为胶,德为接,工为商。圣人不谋,恶用知?(《德充符》)

第二,圣人以天地四方为活动境域,圣人有势位,有出于本能的爱心,功盖天下,却无功利名誉之心。

六合之外,圣人存而不论;六合之内,圣人论而不议;春秋经世先王之志,圣人议而不辩。(《齐物论》)

天下有道,圣人成焉;天下无道,圣人生焉。(《人间世》)

故圣人之用兵也,亡国而不失人心。利泽施乎万世,不为爱人。(《大宗师》)

夫知者不言,言者不知,故圣人行不言之教。(《知北游》)

圣人并包天地,泽及天下,而不知其谁氏。(《徐无鬼》)

圣人之爱人也,人与之名,不告则不知其爱人也。若知之,若不知之,若闻之,若不闻之,其爱人也终无已,人之安之亦无已,性也。(《则阳》)

第三,圣人本性纯一,超越利害,依随物类,达情随命,与物相处而不相伤害。

圣人不从事于务,不就利,不违害,不喜求,不缘道,无谓有谓,有谓无谓,而游乎尘垢之外。……众人役役,圣人愚芚,参万岁而一成纯。(《齐物论》)

> 故圣人将游于物之所不得遁而皆存。善妖善老，善始善终，人犹效之，而况万物之所系而一化之所待乎！（《大宗师》）
>
> 故圣人观于天而不助，成于德而不累，出于道而不谋，会于仁而不恃，薄于义而不积，应于礼而不讳，接于事而不辞，齐于法而不乱，恃于民而不轻，因于物而不去。（《在宥》）
>
> 圣也者，达于情而遂于命也。（《天运》）
>
> 圣人处物不伤物。不伤物者，物亦不能伤也。唯无所伤者，为能与人相将迎。（《知北游》）

第四，圣人先治内，完身养性，端正自己的品行，然后治外，所谓"内圣外王"（《天下》），却不以治外为目的，圣人以逍遥自由为终极价值。

> 夫圣人之治也，治外乎？正而后行，确乎能其事者而已矣。……阳子居蹴然曰："敢问明王之治。"老聃曰："明王之治：功盖天下而似不自己，化贷万物而民弗恃。有莫举名，使物自喜。立乎不测，而游于无有者也。"（《应帝王》）
>
> 夫圣人，鹑居而鷇食，鸟行而无彰。天下有道，则与物皆昌；天下无道，则修德就闲。千岁厌世，去而上仙，乘彼白云，至于帝乡。三患莫至，身常无殃，则何辱之有？（《天地》）
>
> 帝王之功，圣人之余事也，非所以完身养生也。（《让王》）

在《庄子》内、外、杂诸篇中，只有《骈拇》、《马蹄》与《胠箧》对圣人持否定态度，其他诸篇都持肯定态度。上述三篇又以《老子》"绝圣弃智"思想为价值取向，把圣人定位为圣王，故有"圣人以身殉天下"，"毁道德以为仁义，圣人之过也"之议。

至人、神人与圣人有相同的品格,都是以逍遥自由为最高价值,都有超于常人的能力,但所处的地位不同,至人、神人似乎都不当道,没有世俗社会的权势、地位,他们可以随顺进入世俗生活,但他们的生活大多处在远离人间社会的地方,而圣人入世一些,他甚至就是当道的君王,他与世俗的君王的区别在于他有着超越的追求,有着不一样的修养和境界,他做了利于人、利于物的所有事情,却浑然不知是自己做的。

(四)真人

在《认知、相知与真知》章里面,我们从认知角度谈过了真人的诸多面相,这里不再赘述,只对真人与至人、神人、圣人做个比较。庄子的描述,给了我们真人与至人、神人和圣人相类似的印象,只是在程度上有差别,真人与至人做着类似事情,却没有至人、神人及圣人等那么大的神通,影响和作用小些,如至人等能在凝神之间使得万物不生病、五谷熟稔,而真人只能喜怒哀乐同于四时。真人视死如生,却不会像至人等那样不死不生,永远像个没长大的小孩。至人、神人似乎并不生活在凡俗的世界,而圣人、真人却生活在其中,并且他们还要执行人间社会的诸多责任,诸如刑法、礼乐、智慧、德性等等。

《大宗师》说"不以心捐道,不以人助天,是之谓真人",又说"天与人不相胜也,是之谓真人"。为何庄子要以天人关系来定义真人呢?这是最意味深长的了。真人能够把万物看成是齐同无差,却也能够宽容世人的等差,只轻轻地抹去彼此差异而已,因为这是一个世俗与超世俗的区别。世俗看来一切都是差异,超世俗看来一切没有差异。只不过,世俗的人们容易把自己的意见放大了,以为人可以胜天。所以,庄子这才把真人的最大能耐定义为天与人不相胜。

(五) 德人

《天地》中有谆芒与苑风的对话,谈到了"德人":

> "愿闻德人。"曰:"德人者,居无思,行无虑,不藏是非美恶。四海之内共利之之谓悦,共给之之谓安。怊乎若婴儿之失其母也,傥乎若行而失其道也。财用有余而不知其所自来,饮食取足而不知其所从,此谓德人之容。"

德人之所以居无思虑、行无忧虑,是因为他活得自在、宽闲,对待是非、善恶不予计较,总以宽容的态度处置;德人之所以喜悦常生、安心居静,在于他的无私,天下的人和事都得到了惠顾,正是他的愿望;德人之所以惆怅、恍惚,是因为他也是人,他有惆怅、恍惚的时候,只是他很率真,绝无矫饰造作;德人之所以用不完、吃不尽,并非他家藏万金,而在于他生活简单,用度不繁。但是,"德"重点体现在于无私和淳朴上面,而不是在恪守亲亲、尊尊的伦理上面。在《德充符》中,有鲁哀公与孔子的一段对话,谈到了一个称作哀骀它的人:

> "今哀骀它未言而信,无功而亲,使人授己国,唯恐其不受也,是必才全而德不形者也。"……"何谓德不形?"曰:"平者,水停之盛也。其可以为法也,内保之而外不荡也。德者,成和之修也。德不形者,物不能离也。"

在这个对话中，借孔子之口，庄子说出了德人的三个品格：第一，"才全而德不形"，即德养得深厚，就反倒不显形；第二，德是一种公平的品格，因为养得深厚，就不会波荡，如此，它才可以作为万物所不能离的法则；第三，德还是一种和顺的修养，"和"也就是"形莫若就，心莫若和"的意思。(《人间世》)《德充符》说道：

> 德有所长而形有所忘。人不忘其所忘而忘其所不忘，此谓诚忘。

这段话可以看作对兀者王骀、申徒嘉、叔山无趾、恶人（丑者）哀骀它等人品性的一个总结。这几人都是形体有缺陷或丑陋的人，但其品格却很高尚，惟其品格高尚，他们忘记了自己的形体与外貌。而常人不忘德人所忘掉的东西，却忘掉了德人不忘的东西。德人与贤人不大能够分得清楚，在《德充符》中，也把贤人比作为镜子，所谓"鉴明则尘垢不止，止则不明也"。这与把德人比"止水"是一样的，所谓"人莫鉴于流水而鉴于止水。唯止能止众止"(《德充符》)。大概贤人也都可称为德人吧。

德人与真人、至人、神人、圣人当然是有差别的。德人通常生活在世俗的社会环境中，但他们也可以在尘俗中获致快乐、平静、宽闲、自在，尽管德人内心是如此地清澈、纯洁，其外形却能与尘俗处，能随顺而不违逆尘俗。可以说，德人所拥有的品格，真人、至人、神人、圣人都拥有，而后面四种人所拥有的品格，却不是德人都拥有的。

在《庄子》书中，上述诸种理想人格，并没有人能够完全与之相对应。在《人间世》里，楚狂人接舆对着孔子唱道："天下有道，圣人成焉；天下无道，圣人生焉。方今之时，仅免刑焉！"这里没有表明孔子是圣人，却把孔子比作"凤凰"。在《德充符》中借无趾对老聃的话,说道"孔丘之于至人,其未邪?"因为孔子还没有从"名闻"中走出来,而"名闻"恰恰是至人所认为的"桎梏"。《天运》则有老子以孔子为贤者的说法:"子来乎?吾闻子,北方之贤者也!"同在《德充符》中,又借鲁哀公告闵子的话说"吾与孔丘非君臣也,德友而已矣!"在《天运》中孔子又将老子看作"龙":"孔子见老聃归,三日不谈。弟子问曰:'夫子见老聃,亦将何规哉?''吾乃今于是乎见龙。'"《天下》里,则把关尹、老聃看作博大真人:"虽未至于极,关尹、老聃乎,古之博大真人哉!"

四 自然的是否自由的

(一) 自然乎?命乎?

在《老子》书中,"自然"这个词的意思就是自然而然,即自己成为这个样子的,其中包含了两层含义,一是"自在",即自己独立存在,不仰仗他物;二是"自为",自己就是行动,就是目的,自己成就自己。《老子》在前后六章中使用了"自然"一词,如:"功成事遂,百姓皆谓我自然"(第十七章);"希言自然"(二十三章);"人法地,地法天,天法道,道法自然"(二十五章);"道之尊,德之贵,夫莫之命而常自然"(五十一章);"以辅万物之自然而不敢为"(六十四章)。依照老子的意思,万物皆有其自身的自然,这些自然构成了事物自身的合目的性,"道法自然",则是天地万事万物的总自然,也就是道的存在方式。还有,第五十七章里虽然没有出现自然一词,其意思也是事物自身的"自然"之义:"我无为而民自化,我好静而民自正,我无事而民自富,我无欲而民自朴。"在老子所描述的"自然"诸义当中,自然都只是事物自身的存在方式与实现自己的过程,没有将"自然"看作是一个实体,更没有将自然看作是存在于"道"之上的绝对实体,六朝时期的佛教认为"道法自然"是"头上长头"的理解,应当是故意误读。

在《庄子》书里,"自然"与《老子》书的意思不异,也是自然而然的意思:

> 吾所谓无情者,言人之不以好恶内伤其身,常因自然而不益生也。(《德充符》)
>
> 汝游心于淡,合气于漠,顺物自然而无容私焉,而天下治矣。(《应帝王》)
>
> 夫至乐者,先应之以人事,顺之以天理,行之以五德,应之以自然。……吾又奏之以无怠之声,调之以自然之命。(《天运》)
>
> 古之人,在混芒之中,与一世而得淡漠焉。当是时也,阴阳和静,鬼神不扰,四时得节,万物不伤,群生不夭,人虽有知,无所用之,此之谓至一。当是时也,莫之为而常自然。(《缮性》)
>
> 知尧、桀之自然而相非,则趣操睹矣。(《秋水》)
>
> 老聃曰:"不然。夫水之于汋也,无为而才自然矣;至人之于德也,不修而物不能离焉,若天之自高,地之自厚,日月之自明,夫何修焉!"(《田子方》)
>
> 礼者,世俗之所为也;真者,所以受于天也,自然不可易也。(《渔父》)

《德充符》中所说"常因自然而不益生",意谓对待自己的生命,不应当以情绪的好恶伤害它,也不应当奢求永远不死,而应当护持其自然性,享尽自然给予的生命。《应帝王》所说"顺物自然而无私容",意谓治理天下的关键在于先治理好自己,游心于淡漠,然后顺应人的自然性,而不藏有偏私之心。《天运》所说"应之以自然",言天籁之音皆禀之于自然而然,即合人事,顺天理,行五德,应自然。《缮性》所说"莫之为而常自然",言上古之时,人们至纯简易,有智慧而不用,只依本能行事,不仅人与人,且人与动物都相处甚惬。《秋水》所说"知尧、桀之自然而相非",言尧、桀相反,各依其自然本性而相非。① 《田子方》所说"无为而才自然矣",意谓水的本性自然澄明,不假修为。《渔父》所说"自然不可易也",意谓本真出于天地自然,不可改易。

庄子与老子所说的"自然"都包括了万物的自然过程,也包括了社会历史过程,但区别则在于:老子的"自然"更多地涉及社会历史,彰显了社会的自然历史过程;庄子的"自然"则更多地涉及事物的自然性质,以及这种性质的合理性。当注意的是,老子只在两章中讲到过"命":"归根曰静,是谓复命。复命曰常,知常曰明。"(十六章)"道之尊,德之贵,夫莫之命而常自然。"(五十一章)且这两章中所讲的"命"都是命令的意思,不是命运的意思,也没有性命的意思。而庄子那里,"命"是一个重要的概念,上述《天运》所说的"调之以自然之命",其命就不是命令的意思,而指称性命,或者命运的意思。② 在《德充符》里庄子说:

> 自状其过以不当亡者众;不状其过以不当存者寡。知不

---

① 成玄英《庄子疏》:"尧以无为为是,有欲为非;桀以无为为非,有欲为是:故曰知尧桀之自然相非。"(《南华真经注疏》,中华书局1998年版,第337页)
② 郭象《庄子注》:"命之所有者,非为也,皆自然耳。"成玄英《庄子疏》:"凡百苍生,皆以自然为其性命。"(《南华真经注疏》,中华书局1998年版,第293页)

> 可奈何而安之若命,唯有德者能之。游于羿之彀中。中央者,中地也;然而不中者,命也。……死生、存亡、穷达、贫富、贤与不肖、毁誉、饥渴、寒暑,是事之变、命之行也。日夜相代乎前,而知不能规乎其始者也。(《德充符》)
>
> 死生,命也;其有夜旦之常,天也。人之有所不得与,皆物之情也。……天无私覆,地无私载,天地岂私贫我哉?求其为之者而不得也。然而至此极者,命也夫!(《大宗师》)

《德充符》的那段话取自伯昏无人门下两个弟子申徒嘉与子产的对话,为申徒嘉谴责子产的话。一个曾经犯了错而被兀足的人意识到,生命中有些事情不是自己可以把握的,所以对于不幸遭遇采取一种达观的态度,把它看作命运的安排,乃是有德之人才可以做到的。反过来讲,你要是走进了神射手的靶心却没有被射中,那也算是你的幸运了,这个幸运也就是命。如此推类,死生、存亡、穷达、富贵等也都与命运有关系了。《大宗师》不仅将生死看作是命。也同样把遭遇看成是命,一个遭恶劣天气围困的人,饿得快要死了,发出了"天无私覆,地无私载,天地岂私贫我哉"的感喟。既然天地无私,就不会有意将这个人陷于如此的困境,故而,结论只能是命了。《秋水》用孔子的话叙述了类似的遭遇:

> 我讳穷久矣,而不免,命也;求通久矣,而不得,时也。

讳穷而不免,求通而不得,前者在于"命",后者在于"时",这里的时与命意思相同,故而《缮性》将时、命连缀起来,所谓"当时命而大行乎天下","不当时命而大穷乎天下"。孔子重视"天命"人所共知,大概庄子受孔子影响,他在叙述孔子的言行时,有意或无意地都会

讲到命。上述讲到的命,还都是具体境况下描述的命,而在《天运》与《秋水》中,则是直接的命题:

> 性不可易,命不可变,时不可止,道不可壅。(《天运》)
> 无以人灭天,无以故灭命,无以得殉名。(《秋水》)

这里俨然是全称必然判断了。之所以做如此的判断,因为不再是个别现象的肯定,而是不排除任何现象的必然性的逻辑肯定,也就是说,所有的现象都被纳入了这个逻辑必然性当中了。庄子既已做出了如此的判断,那么就难怪许多人把庄子看作宿命论者了。不过,这么看待庄子未免过于笼统了。庄子的"命"还另有玄音,《人间世》借了孔子的话表达了庄子的心里话:

> 天下有大戒二:其一命也,其一义也。子之爱亲,命也,不可解于心;臣之事君,义也,无适而非君也,无所逃于天地之间。是之谓大戒。是以夫事其亲者,不择地而安之,孝之至也;夫事其君者,不择事而安之,忠之盛也;自事其心者,哀乐不易施乎前,知其不可奈何而安之若命,德之至也。

人们爱自己的"亲",是命中注定的,是无法排解的心结,所以才"不择地安之"。这里也用了"知其不可奈何而安之若命",如果人们也认为这是宿命论的话,那么就应当说,这样的宿命论是人人所认同的。对此谁会说不呢?

庄子虽然与孔子都讲求命的关系,却不像孔子那样把命看成超越意志的着意安排,而是把"命"与"时"联系起来,命运似乎是一个依照时间进程不断的轮转过程。如"事之变、命之行","日夜相代乎前";又如"夜旦之常",人所不得与、不能窥。既不是意志的安排,又有必然性,那么这种情形只能用一个观念表达,那就是自然必然性。这就是《达生》所说的:"不知其所以然而然,命也。"可是,当我们把庄子的命的观念分析到这个地步的时候,却突然发现这里的"命"已经与"自然"存在着某种关联,似乎"命"就是"自然"了。① 尽管如此,可不可以在命与自然之间划一个等号呢?从自然必然性上说,"自然"与"命"都是如此的,但是,这两个概念的立足点不同,看出的结果不同。"自然"是从本体论方面看待事物的,强调自在与自为,乃是主动的实现,故而依照道的行迹与事物本身的性质,无论发生何种变化,都不出意外,都是道及事物所必定要经历的。"命"是从决定论的方面看待事物的,只是庄子的决定论是非意志的,乃是被动的,无论发生何种事情,对于被决定者来说,都是不可预知的,所以只能将其视为无法知晓的轮次,无论是幸运的或不幸运的事情,于被决定者来说,都是偶发的。常人会因此而欢喜,或抱怨;对于达观者来说,知道这是造物者以事物的本性所为,而安之若命。

(二)自然、道与自由

自然与道及两者的关系是道家哲学的根本问题之一,但概念及其关系的表述却不是很复杂。自然,它既不是本体,也不是根源,它表达的是活动,即作为本体或根源的道实现自身的活动,它以非目的性的方式实现目的性,即看起来是盲目的,非可控制的,

---

① 郭象其实就是如此理解的,他在《大宗师》中对"命"下注道:"言物皆自然,无为之者也。"(见郭庆藩:《庄子集释》,第 286 页)

却在过程中实现了道的目的性。由于这个缘故,道可以说是自然之道。但是,作为道的存在方式,自然不是道本身。在这个观念上,老子与庄子没有差别。后世的道家将自然视为道本身,那终究是后来的事情,至少在老庄那里不是如此的。

  道与自由之间的关系又如何呢?前此庄子说了个有待与无待的问题。有待表达了自然及社会关系的复杂性,人只要存在,无论他存在于什么地方,都处于相互制约的关系中,都是有待;无待表达了人对于自然与社会关系的彻底的超越,世上没有什么东西可以限制他,他不依赖于任何他者与他物。有待并非无自由可言,只是自由很局限,不充分;无待当然是最充分、无局限的自由,却不是容易得到的。在庄子看来,处在世俗社会中的人们没有谁得到了无待的自由,只有至人、神人、圣人及真人才可以得这样的自由。他开出了这样一个路径:得道者,得自由。至人、神人、圣人及真人之所以得自由,是因为他们得道。《大宗师》里所说:"若然者,登高不栗,入水不濡,入火不热,是知之能登假于道者也若此。"这是超越了利害关系而得自由。又说:"与其誉尧而非桀也,不如两忘而化其道。"这是超越了是非关系,同化于道而得自由。《在宥》所说:"至道之精,窈窈冥冥;至道之极,昏昏默默。无视无听,抱神以静,形将自正。必静必清,无劳女形,无摇女精,乃可以长生。"这是指得道而超越了生死所获得的自由。又说:"得吾道者,上为皇而下为王;失吾道者,上见光而下为土。"这是广成子告诉黄帝得道可以得心应手地治理好天下。又说:"不通于道者,无自而可;不明于道者,悲夫!"这是说若不能与道相通,对任何事都难得做出合理的判断和规摹。《天地》所说:"以道观言而天下之君正;以道观分而君臣之义明;以道观能而天下之官治;以道泛观而万物之应备。"这是说以道来观察国家治理当中的问题,都可以寻求到正确与合理的解决办法。以上这些方面，未必都属于无待的自由，但即便得了有待的自由，也是因了道的缘故。而《大宗师》里面所描绘的"狶韦氏得之"，"伏戏氏得之"，"维斗得之"，"日月得之"，"堪坏得之"，"冯夷得之"，"肩吾得之"，"黄帝得之"，"颛顼得之"，"禺强得之"，"西王母得之"，"彭祖得之"，"傅说得之"等等，皆是说得了道就能得到最彻底的、最充分的、无待的自由。

再看自然与自由的关系。自然与自由，作为词语，它们可以作为某种对象来看待，如果它们不是作为对象，那么便无从谈论它们。但是，并不能由此把它们看成某种实体或物，因为它们表达的都只是实体或物的存在方式或状态，而不是实体或物本身。如自然，它表达的是过程或存在方式；自由，表达的是存在样式或状态。所以，在谈论到这两个词语的时候，虽则把它们作为对象看待，却不应忽略与它们所联系的实体或物。如此来说，就是要清楚庄子所说的自然，不是后来郭象等人理解的作为天地万物总和的自然，后人理解的自然为实体或实物，是大自然，庄子的自然不是那个意思。

当自然表示必然关系的时候，应当说，自然的未必就是自由的。因为有两种自然的东西，一是作为自然的道，它是自在与自为的，故而它是超越的、自由的；二是作为自然的物，它是被决定的，因而不是自由的。自由的道与不自由的物之间的关系，就是"造物者"与"物"之间的关系，"造物者"不受时命的局限，而"物"则总是处于被时命所局限的处境，如同"朝菌不知晦朔，蟪蛄不知春秋"（《逍遥游》），又如"井蛙不可以语于海者，拘于虚也；夏虫不可以语于冰者，笃于时也；曲士不可以语于道者，束于教也"（《秋水》）。任何的物与人，都被抛进了某个特定的处境，而不能自由选择。可是，当你意识到自己的面目及被时命所局限的处境的时候，就有了获得自由的可能性,这也就是"乃知尔丑,尔将可与语大理矣。"(同上)"语大理"即是谈论如何得道的问题,得道就意味着得自由。

依照庄子的意思,人生来其实都是不自由的,但他同时表达了这样的意思:人的天性都要求自由的。在《庄子》书中,"自然"这个词虽然与天性、本性有关,却不是天性、本性的意思。表达本性与天性的,就是"性"(也包括某些时候所用的"生")。既然自由是追求的结果,那么自足其性是否是自由?应当说,自足其性也是自由,但这种自由非但是有条件的,而且,它只有在被意识到的时候,才是自由的;如果它没有被意识到,也不会是自由的。如同小鸟长着翅膀,其本性是会飞的,然而会飞的鸟未必了解到自己拥有飞的自由,只有在它的翅膀被捆住而不能飞的时候,它才会意识到自己曾经有那种自由;当它失而复得的时候,它也会倍感自由的价值。与此相关的问题便是,当意识到自己的自由时,同时也意识到自由的局限,于是才有了追求与超越的自由问题。追求与超越的自由,只存在于得道的过程中。而得道总是以出离自身及生存与社会环境为前提,在这个意义上说,庄子所追求的自由乃是绝待的、逃逸的自由,而不是在现存社会制度下安排的、以限定为前提的自由。

第七章　无言之大美

一　庄子的"美"

　　美学家宗白华先生说:"庄子是具有艺术天才的哲学家,对于艺术境界的阐发最为精妙。"① 依宗先生的理解,庄子的本色是哲学家,而不是艺术家,艺术只是他在阐发哲学思想时所"旁及"到的一个领域,可是,他在这个并不着意的领域里面作出了他人难以超越的贡献。儒学家徐复观也说了类似的话:老庄"本无心于艺术,却不期然而然地会归于今日之所谓艺术精神之上"。② 台湾的颜昆阳先生进而分析道:"庄子不像西方美学家,将'美'或'艺术'视为知识客体,而加以正面、直接、明白的思考及论断。他也不像儒家,以'音乐'作为特定的艺术对象,去探求它的起源、内涵、技巧及功用。甚至,从庄子书中,还可以看出庄子贬斥一切落实于物象而被世俗视为艺术的成品。"③ 所以,庄子是"无所为而艺术"。④

　　问题是先秦时期有职业的艺术家吗?我们知道有"六艺",其中"射"、"御"属于技巧或技术,"数"属于科学,"礼"属于仪则,只有

---

① 宗白华:《美学散步》,上海人民出版社 1981 年版,第 77 页。
② 徐复观:《中国艺术精神》,广西师范大学出版社 2007 年版,第 37 页。
③ 颜昆阳:《庄子艺术精神析论》,华正书局 1984 年版,第 1 页。
④ 同上书,第 186 页。

"乐"、"书"算得上艺术,在庄子那个时代,哪里有专门的艺术家呢?即便哲学家也是现代的人给庄子"册封"的。不过,这并不妨碍我们把他称为艺术家或哲学家,因为他的思想在我们今天看来,甚至比我们专门的艺术家或哲学家的见地还要高远得多。

在先秦诸子的言述中有不少关于艺术与美的观点,不过,大多都是讲如何审美,却难以见到对"美"本身的界定,或许在先秦的圣贤们看来,这是不言自明的,毋需界定。在《论语·学而》中,有子说道:

> 礼之用,和为贵。先王之道,斯为美。

这是说和顺就是先王之道的一种美。孟子说道:

> 充实之谓美,充实而有光辉之谓大。①

这是说充实是一种美,充实而有光辉乃是大美。荀子说道:

> 夫不全不粹之不足以谓之美也。②

荀子是针对德操来说的,意思是不周全、不精粹不能算是美,反过来讲,周全而精粹的德操才是美。有子、孟子、荀子都各自认定了一种审美的标准,却没有对什么是美作出界定。我们说庄子是富有艺术天才的哲学家,他对美的理论表述在先秦诸子中是最

---

① 《孟子·尽心下》。
② 《荀子·劝学》。

多的。可是,他也不讲什么是美本身。《天下》说道:

> 判天地之美,析万物之理,察古人之全。寡能备于天地之美,称神明之容。是故内圣外王之道,暗而不明,郁而不发,天下之人各为其所欲焉以自为方。

这里提出了审美与析理的任务,也没有谈到什么才是美。诸子不言美本身,我们需要从两个方面去理解:

第一,美是不言自明的。难道谁不知道什么才是美吗?人所共美的事情不是经常发生吗?庄子也说黄帝、尧舜治理天下,是古今人们所称美的;毛嫱、丽姬、西施也都是人所共美的事实。中国的先贤们在思维方式上不同于欧洲人,他们不习惯于界定事情的性质。而习惯于认定事情的性质,如同并不说什么是善恶、美丑,却依照既有的分类,把事情归类其中,至于善恶、美丑本身是怎么来,并不去追问;如果一定要追问,那也只是习惯形成的,诚恳待人就是善,欺诈哄骗就是恶;与毛嫱、丽姬、西施相类似的就是美,与之相反的就是丑。也如同中国的哲学多讲事物之间的关系,不大讲事物及概念本身的界定一样,人们只应当从关系当中理解哲学,却不能够从概念的界定与分析当中理解哲学。

第二,美本身也没有上升为独立的知识。在古希腊的柏拉图的学说中,不仅对美的类型作了若干的分类,而且美本身也成为了独立的知识。但是,这样理解的根据并不够充分,这涉及美学的基本理论问题。事实上,通常我们能够说什么是美的,却不能够说清楚什么是美。对于美作出有说服力的论断的是康德,他在《判断力批判》中说:"美就是那在单纯的评判中(因而不是借助于感官感觉按照某种知性概念)令人喜欢的东西。由此自然推出,它必须是没有任何利害而令人喜欢的。"① 可是,当我们说西方人将美作为独立的知识来追求的时候,却不能忽略康德的另一个论断:"没有对于美的科学,而只有对于美的批判,也没有美的科学,而只有美的艺术。"② 尽管康德说出了什么是美,却仍然说美只是某种"意见",并不是科学,因为言人人殊,并没有共同的、科学意义的美。这也就是说,人们容易说出什么是美的,却难以说出什么是美。既然如此,我们也不能苛求庄子时代的人们必须对美作出界定了。

庄子虽然不说什么是美,却在相对性关系中描述了美。《庄子·徐无鬼》:

> 武侯曰:"欲见先生久矣。吾欲爱民而为义偃兵,其可乎?"
>
> 徐无鬼曰:"不可。爱民,害民之始也;为义偃兵,造兵之本也。君自此为之,则殆不成。凡成美,恶器也。君虽为仁义,几且伪哉!形固造形,成固有伐,变固外战。君亦必无盛鹤列于丽谯之间,无徒骥于锱坛之宫,无藏逆于得,无以巧胜人,无以谋胜人,无以战胜人。夫杀人之士民,兼人之土地,以养吾私与吾神者,其战不知孰善?胜之恶乎在?君若勿已矣,修胸中之诚,以应天地之情而勿撄。夫民死已脱矣,君将恶乎用夫偃兵哉!"③

---

① 〔德〕康德著,邓晓芒译:《判断力批判》,人民出版社2002年版,第107页。
② 同上书,第148页。
③ 郭象《庄子注》:"鹤列,陈兵也。丽谯,高楼也。"成玄英《庄子疏》:"鹤列,陈兵也,言陈设兵马,如鹤之行列也。丽谯,高楼也,言其华丽嶕峣也。锱坛,宫名也。君但勿起心偃兵为义,亦无劳盛陈兵卒于高楼之下,(徒)〔走〕骥马宫苑之间。"《小尔雅》:"伐,美也。"

这是武侯与徐无鬼之间的一段对话。武侯说自己打算爱护民众，遵行信义，从而偃息兵革，而徐无鬼认为这并不可行。原因是：当你爱民的时候，就难免偏爱，而偏爱就是害民；当你讲信义而息兵的时候，实际上是在坚固兵革的基础。要不然，你就不会在你的楼观之间陈列军队，也不会在宫苑之间驱赶战马了。所以，你所表现出来的仁爱，其实虚假不实；你所成就的信义，建立在自我赞美的基础之上。如此来说，大凡我们所说的美之成为美，都是由于恶的东西。美本身并不能说明任何问题，它只有在对立的东西身上获得自己的美的性质。这个观点与老子的观点相仿，老子说："天下皆知美之为美，斯恶已；皆知善之为善，斯不善已。"①美与善都是因为丑（恶）与不善而得以显示出来。如果美者、善者试图从自身说明自己是美是善，那是没有效果的，所谓："自见者不明，自是者不彰，自伐者无功，自矜者不长。"②

在《秋水》中，记述了河伯自美的情形：

> 秋水时至，百川灌河。泾流之大，两涘渚崖之间，不辩牛马。于是焉河伯欣然自喜，以天下之美为尽在己。顺流而东行，至于北海，东面而视，不见水端，于是焉河伯始旋其面目，望洋向若而叹曰："野语有之曰：'闻道百，以为莫己若者。'我之谓也。且夫我尝闻少仲尼之闻而轻伯夷之义者，始吾弗信；今我睹子之难穷也，吾非至于子之门则殆矣，吾长见笑于大方之家。"

秋雨时节，百川归流大河，形成满河大潮，来势澎湃，雄浑强劲。作

---

① 《老子》第二章。
② 《老子》第二十四章。

为大河之神的河伯有理由相信"天下之美尽在于己",也有理由顺流东行,以向世人显示自己的壮美。然而,当他到达东海之后,与不见水端的海神比起来,才意识到自己是何其渺小,何其丑陋。要说河伯,美则美矣,可是这种美是要得到印证才是有效的,如果没有得到印证,那么这样的美并不有效,至少是不充足。

《则阳》篇说:

> 生而美者,人与之鉴,不告则不知其美于人也。若知之,若不知之,若闻之,若不闻之,其可喜也终无已,人之好之亦无已,性也。圣人之爱人也,人与之名,不告则不知其爱人也。若知之,若不知之,若闻之,若不闻之,其爱人也终无已,人之安之亦无已,性也。①

天生是美丽的人("生而美者"),被人们拿来做了镜子来衡量美丑,他自己并不知道自己是美的,只是由于别人告诉了他,这才意识到自己是美的。同样,圣人有爱人的品性,他也不知道自己其实是爱人的,他只是依照自己的本性去做事,只是人们说他爱人,这才意识到自己爱人。这里涉及了两个问题:一是美的客观性,二是审美

---

① 郭象《庄子注》:"夫鉴之可喜,由其无情,不问知与不知,闻与不闻,来即鉴之,故终无已。若鉴由闻知,则有时而废也。"成玄英《庄子疏》:"夫镜之照物,义在无情,不问怨亲,照恒平等。若不闻而不知,镜亦不照,既有闻知,镜能照之,斯则事涉间夺,有时休废矣,焉能久照乎!只为凝照无穷,故为人之所喜好也。"(见郭庆藩:《庄子集释》,第882页)郭、成皆以"生而美者"为镜,而镜无喜好、闻知,故有其凝照无穷的客观性。所以为人所喜好。这里存在着对象错置的问题。"生而美者"本身不是镜,因为美可以作为镜来使用;圣人不是爱人,爱人只是其品性,因为他有这样的品性,人们才说他爱人。如此,把"其可喜也终无已"解释为"为人所喜好",与下文"其爱人也终无已"不对称,应当是"生而美者"为自己的美而可喜,而人们喜好这样的美也终究不会改变。如若把"生而美者"理解为镜子,又怎么可以说它"美于人"呢?

的主客关系。说"生而美者",意味着美有着不容置疑的客观性,天生美丽与天生丑陋是不容混为一谈的,是先天赋予的客观事实。然而,生而美者要不是别人告诉他,并拿他作为美与不美的镜子,他自己是不知道比别人都美的。同样的道理,圣人本性是爱人的(否则他就不是圣人),但是,要不是别人告诉他,他也不知道自己是爱人的。美丽的本质与爱人的本性,都不会因为人们如何说他们,从而改变。不过,别人告诉了他们,却使得美丽与爱人的本性得以彰显出来了。这里所说的"性",就是其本性,一个不容改变的事实。美丽的人不会因为别人告诉了他,而他自己也欣赏、喜欢自己的美丽,从而就变得不美丽了;圣人也不会因为别人告诉了他爱人的本性,从此就不爱人了,圣人的本性终究不会改易。①

"东施效颦"的故事也说明了美的客观性问题。《天运》:

> 故西施病心而矉其里,其里之丑人见之而美之,归亦捧心而矉其里。其里之富人见之,坚闭门而不出;贫人见之,挈妻子而去之走。彼知矉美而不知矉之所以美。惜乎,而夫子其穷哉!

美人西施,不管是在她愉悦的时候,还是在她不愉悦的时候,都不改其天生丽质,即便在她因心绞痛而皱起眉头的时候,看起来也仍

---

① 王夫之《庄子解》卷二十五:"圣人体此以为性,无知无为以乐其通,人莫不在其熏陶之中,而命之曰'圣人之爱我已已'。非圣人之期之也,因人之予以名而始觉其爱,如因镜知美,彼虽美初不自知也。率其自然,使天下相保于自然,则无忧无知无行,亘终始而不忧其匮,而圣人亦自逸矣。"(中华书局2009年版,第302页)

然美丽,那种病态的美甚至引来更多的人欣赏与怜悯。东施天生丑陋,她却误以为西施皱了眉头才产生如此效果,于是学了西施的样子,不料人见人躲。她不明白,可以学西施的样子,捧着心,皱起眉头,一副苦楚的样子,却学不来西施的天生丽质,所以引来了相反的效果,比平常的样子更为丑陋。这里所说的"彼知矉美而不知所以美",就是说天生的美是一个客观的、先定的事实,后天是学不来的。

"螳螂挡车"的寓言则说明了审美的主客关系。《人间世》:

> 汝不知夫螳螂乎?怒其臂以当车辙,不知其不胜任也,是其才之美者也。戒之,慎之!积伐而美者以犯之,几矣!

虽然在这里庄子只是用螳螂当车轮的事情,借以说明颜阖试图规劝卫灵公的太子改邪归正是不可行的,却无意当中论及一个美与审美的问题。螳螂不避危险,奋力张开双臂试图阻挡迎面开来的车轮,之所以形成自不量力、如此悲壮的场面,就在于螳螂"是其才之美"。自我欣赏双臂的壮美与力量,放大了自己的才性,以为此臂无所不挡。这既是一个小大之辩的问题,也是一个审美的主客关系问题。壮美不壮美,仅仅自我欣赏不能解决问题,必须依靠客观的、外在的力量才是有效的。即便自觉是壮美的,也须客观、外在的力量的证明,也就是说,你必须是一个被观审的对象,接受他者的审视。西施是一种天生的柔美,可是她的美也是需要从别人对她的反应与态度当中得到确认。"积伐而美"说的是德性问题,经常自我欣赏、夸耀自己的德性修养,从而真的就会以为自己具备美德了。

《山木》篇中讲述了阳子(杨朱)住旅馆的故事:

> 阳子之宋，宿于逆旅。逆旅人有妾二人，其一人美，其一人恶。恶者贵而美者贱。阳子问其故，逆旅小子对曰："其美者自美，吾不知其美也；其恶者自恶，吾不知其恶也。"
>
> 阳子曰："弟子记之！行贤而去自贤之行，安往而不爱哉！"

在阳子下榻的旅馆里面有两个女人，一个看起来美，另一个看起来丑，然而这两个女人在旅馆里面的地位与其美丑恰好相反，长得美的人地位贱，长得丑的人地位尊。阳子对这一现象感到不解，于是追问店里的伙计，不料这伙计以极其朴实的话说出来一个深刻的道理：那看来美的女人只是她把自我看得美，我不知道她美在哪里；那看起来丑的女人只是她把自我看得丑，我不知道她丑在哪里。其实，"美者"与"恶者"是一个路人皆知的事实，不是美者或恶者可能改变的客观性事实；同样，美者贱而恶者尊，也是一个明摆着的客观性事实。然而，店伙计的回答却完全是审美判断，为何店伙计的审美与常人不同呢？首先，他指出了另类的事实：美者自美，恶者自恶。虽然美是一个客观性的事实，但是，对它的观审却必须来自另一个"他者"，只有这个他者，才可能客观地观审在面前的对象，这就是审美的客观性。尼采讲过："没有客观性，没有纯粹超然的静观，就不能想象有哪怕最起码的真正的艺术创作。"[①]其次，他说出了自己的判断：那美者其实并不美，丑者也并不丑。店伙计的回答道出了审美的主观性问题，尽管美、丑都是一个客观性事实，然而观审者却有自己的角度与判断：那把自己看得美的人，在我的眼里就不美，所以得不到尊重；那把自己看得丑的人，在我

---

① 〔德〕尼采：《悲剧的诞生》，生活・读书・新知三联书店 1986 年版，第 17 页。

的眼里就不丑,故而受到尊重。如果进一步追问,店伙计为何有这样的主观性,那就是店伙计没有明说的缘由:美者自美,使得她丑的那一面显露出来了;恶者自恶,使得她美的那一面显露出来了。而店伙计看到的正好是与她们的表象不同的另一面,比如美者的高傲、矜持、不善、虚假,丑者的谦逊、和蔼、友善、诚恳等等。总的来说,美与丑本来是一个单纯判断,而店伙计的回答却是一个综合判断。阳子对这件事情的总结,也是顺着店伙计的思路:做贤良的事情,却不要自我欣赏,那么无论走到哪里都会受到人们的爱戴了!

在《齐物论》中,庄子从认知的角度谈论到了审美的差异性问题:

> 毛嫱丽姬,人之所美也;鱼见之深入,鸟见之高飞,麋鹿见之决骤。四者孰知天下之正色哉?自我观之,仁义之端,是非之涂,樊然殽乱,吾恶能知其辩!

首先,庄子承认了美具有共同性,毛嫱、丽姬是人所共认的美丽;其次,他强调了审美的差异性,尽管这是人所共美的事实,可是在鱼、鸟、麋鹿等的眼里面,她们是美丽的吗?庄子是要讲求万物的平等性的,在他那里,人没有特殊权利。不过,他在这里只是要打一个比方,说明认知的差异性,所以,举出动物的眼光的问题,借以说明人的认知的差异性,如此,人所认为的美就是获得普遍认同的吗?在这里,庄子虽然承认了审美的共同性,但是,差异性远远大于共同性,如此,他这才对天下是不是存在普遍认同的审美提出了疑问,所谓"孰知天下之正色"。现代美学的基本观点也是如此,人们的审美可以找到共同性,以致不会把丑的当成美的;却不存在绝对一致的审美标准,你认为美的,别的人则可能认为不那么美。

审美有共同性与差异性,美本身也有大小之别。《知北游》说道:

> 天地有大美而不言,四时有明法而不议,万物有成理而不说。圣人者,原天地之美而达万物之理。是故至人无为,大圣不作,观于天地之谓也。

美本身通常不以大小而论,这里却用了大美一说,显然,这里的大美指的是美的境界高,也可以说是至美。可是,天地有这样的至美,却不会自己言说;四时具有春夏秋冬依次更替的法则,也不会自己表达什么;万物包含了确定的道理,也不会讲出来。依照"自美不美"的原则,如果天地、四时、万物说出了自己的美,那么这样的美便是无效的了。可是,天地、四时、万物本身也不会言说,所以,它们的美便成其内在的德性。也就是说,庄子是把充实看成为一种美,《天下》中就说庄子"独与天地精神往来","其辞虽参差,而諔诡可观,彼其充实,不可以已"。这倒是与孟子的"充实而有光辉之谓大"的看法有近似之处了,孟子也是说有小美、大美,只是孟子所说的大美的表象与庄子的大美的表象有所不同,庄子的大美是不见形象的油然而生,你可以感受到它的存在,却未必见到它的光辉。

《天道》:

> 夫虚静恬淡寂漠无为者,万物之本也。……静而圣,动而王,无为也而尊,朴素而天下莫能与之争美。

又记述道：

> 昔者舜问于尧曰："天王之用心何如？"尧曰："吾不敖无告，不废穷民，苦死者，嘉孺子而哀妇人。此吾所以用心已。"舜曰："美则美矣，而未大也。"尧曰："然则何如？"舜曰："天德而出宁，日月照而四时行，若昼夜之有经，云行而雨施矣！"尧曰："胶胶扰扰乎！子，天之合也；我，人之合也。"夫天地者，古之所大也，而黄帝、尧、舜之所共美也。故古之王天下者，奚为哉？天地而已矣！

在这个设定的尧与舜的对话中，舜似乎比尧更有智慧。尧说自己谦逊、谨慎、体恤、同情底层民众，把他们的苦难当作自己的苦难。舜则说尧的作为的确是一种美德，但只是小美，而非大美。真正的大美是那"天德"，它使得日月有光辉，春夏秋冬四时有序运行，使天下万物各得其宜。而"与天合"，就是观天地之大美，以天德作为鹄的，无论动，还是静，都能遵循无为素朴，那么这样的美庶乎为无与伦比的大美了！在《渔父》中，有类似的描述：

> 功成之美，无一其迹矣。事亲以适，不论所以矣；饮酒以乐，不选其具矣；处丧以哀，无问其礼矣。

大美是无须说出来的美，也是不可以自我欣赏的美，如果你还停留在自我欣赏，那么就不免留下了"功成"的印迹，而留下了印记的美是称不上大美、至美的了。如同侍奉父母而不问为什么，饮酒不故意选择饮酒的器具，奔丧而由衷地哀伤不在意是否合乎礼则。

与荀子"不全不粹不足以谓之美"的主张不同,庄子至少是认同残缺之美的。而且在庄子的笔下,几乎见不到群体艺术美的形象,反倒多为独绝式的美的形象。

在《逍遥游》里面,那个鲲鹏水击三千里,抟扶摇而上九万里,这样的壮举惊天动地,自然也惊动了在草丛之间的蜩与学鸠之类的小鸟,而小鸟们则调笑鲲鹏"奚以之九万里而南为"?这样的调笑颇有寓意。小鸟当然不了解鲲鹏之大自有大的难处,它的体魄之大已经难以在北冥容身;它如果不飞那么高,"风之积也不厚,则其负大翼也无力"。小鸟们更不了解鲲鹏的精神世界,它们只是以自己的精神活动猜度鲲鹏,这才引来了以小笑大的结果。庄子笔下的这个"小大之辩",给人一种小而群的适意与快乐,大而独的孤独与壮美。尽管庄子之意是要为小鸟们的生存与快乐方式保留合理性,但显然鲲鹏的那种孤独与壮美才是他所欣赏的,正由于此,庄子不经意地加了"之二虫又何知"的评论。《在宥》:

> 世俗之人,皆喜人之同乎己而恶人之异于己也。同于己而欲之,异于己而不欲者,以出乎众为心也。夫以出乎众为心者,曷常出乎众哉?因众以宁所闻,不如众技众矣。……夫有土者,有大物也。有大物者,不可以物。物而不物,故能物物。明乎物者之非物也,岂独治天下百姓而已哉!出入六合,游乎九州,独往独来,是谓独有。独有之人,是之谓至贵。

多数的人喜欢听别人赞同自己的意见,不喜欢听不同的意见,这实际上是以众人的意见为意见,自己反倒没有了主见了。可是每个人又还希望自己能够出落众人,这是如何可能的呢?因为你以众人的意见来支持自己,那么你自己也就不会比众人高明了。如果你想要真正的出落,就得要支配他物,而不被他物所支配。在这个基础上,推出了"独往独来"的"独有"之人。在《庄子》书中,"独有之人"、"德人"、"真人"、"至人"、"神人"、"圣人",都是虚静、孤寂的人,然而,这正是富有艺术精神的人。

在《德充符》里面,有四个人物,一个是王骀,一个是申徒嘉,一个是叔山无趾,还有一个是哀骀它。前三个人是形象不全的兀者,即少了只脚的人,第四个人则丑陋无比,然而,他们却都是"才全而德不形"的智者。鲁国的王骀,"立不教,坐不议",却能在鲁国吸引了与孔子同样多的弟子,令孔子敬佩不已,称其为"圣人",甚至要带着弟子追随其后。申徒嘉与春秋时期著名的郑国国相子产同时侍奉老师伯昏无人。开始的时候,子产羞于与这个跛脚的人同进同出,要求申徒嘉为他让道,不得与他争风头,然而,在申徒嘉"子与我游于形骸之内,而子索我于形骸之外"的一番话之后,子产愧疚得无地自容。叔山无趾曾经因为犯罪而被剁了脚,当他跛着脚来见孔子时候,孔子指责他以前不谨慎,以致遭如此之罪,而叔山无趾以"吾以夫子为天地,安知夫子之犹若是"的回应,也使孔子自感丑陋,立刻对他改变了态度。鲁国的哀骀它,虽然相貌丑,然而男人跟了他就再也不想离开,女人则争相愿意为他的妾,鲁哀公委任他为国宰,而这人听到这个任命表现得极其不愉快,终究一声不响地离开了鲁国。本来形体不全,相貌不雅,然而在庄子的笔下,他们变得不令人厌恶,读了有关他们文字,反而因此而喜欢他们了。这就是艺术的魅力,这些形象具有一种残缺的美。庄子以"才全",表现他们对待生死、存亡、穷达、贫富、贤与不肖、毁誉,乃至饥渴、寒暑变化的随顺与超然态度,以平允、公正、客观、深厚的水德来表达他们的"德不形"。不仅被描写的人物忘了自己的形骸("未尝知吾兀者也"),他人都忘了他们形貌的丑陋。原本丑陋的形貌从人们的视线中隐去了,美丽的东西显露出来了。

依照西方人的美学理论,艺术产生本身就是为了拯救苦难的。尼采说艺术是"救苦救难的仙子"。① 生活在庄子之后的荀子,在谈到音乐、舞蹈的时候也说过类似的话,他说:"夫乐者,乐也,人情之所不免也。故人不能无乐,乐则必发于声音,形于动静;而人之道,声音动静,性术之变尽是矣。故人不能不乐,乐则不能无形,形而不为道,则不能无乱。……夫民有好恶之情而无喜怒之应则乱。先王恶其乱也,故修其行,正其乐,而天下顺焉。"②依荀子的意思,音乐是为了使人心情愉悦的,而愉悦是不能不蹈之以形的;人的喜怒之情,也是因令其高兴的事情、令其伤心的事情而发作的,这喜怒之情的发作应当遵循某种正当的途径,这就是音乐、舞蹈的艺术。所以,音乐、舞蹈既要救苦救难,也要抒发欢乐情怀。只不过在荀子那里,音乐、舞蹈等艺术从一开始就背负了道德与政治的责任,而在西方艺术理论中是不强调这个方面的。

《大宗师》里,庄子也谈到了几个人物。子祀、子舆、子犁、子来四人相约为朋友,在成为朋友之前,他们给自己订下了一个规矩:"孰能以无为首,以生为脊,以死为尻;孰知死生存亡之一体者,吾与之为友矣!"这四人相视而笑,莫逆于心,于是就成为了朋友。而这只是口头上的约定。结果真的发生了这样的事情。一天,子舆生了一场病,变成了一个不人不鬼的丑八怪,当子祀去看他的时候

---

① 在谈到希腊艺术的时候,尼采说:"希腊人深思熟虑,独能感受最细腻、最惨重的痛苦,他们用这歌队安慰自己。他们的大胆目光直视所谓世界史的可怕浩劫,直视大自然的残酷,陷于渴望佛教涅槃的危险之中。艺术拯救他们,生命则通过艺术拯救他们而自救。……艺术作为救苦救难的仙子降临了。唯她能够把生存荒谬可怕的厌世思想转变为使人借以活下去的表象,这些表象就是崇高和滑稽,前者用艺术来制服可怕,后者用艺术来解脱对荒谬的厌恶。"([德]尼采:《悲剧的诞生》,生活·读书·新知三联书店1986年版,第28、29页)

② 《荀子·乐论》。

问他是否讨厌自己这个样子,子舆却豁达地说:"我哪里会厌恶!如果晚上我的左臂变成了鸡,我就用它来啼晓报鸣;如果到了我的右臂变成了弹子,我则用它去打中飞鸟来做烤肉;我的屁股变成了车轮,我就用精神作马,驾驭着这轮子恣意飞奔,还不用去别处求车驾呢!"这个子舆就以如此豁达的态度经受住了他们自己所订立的规矩的考验。不久,子来又生病了,当他快要死的时候,对着前来看他的子犁说:"儿子对待父母,要惟命是从;那阴阳之命远甚于父母,现在它们要我死,而我如果不愿意从命,那么我不是凶悍不顺命了么!"

又有子桑户、孟子反、子琴张三人相交为朋友,也彼此订立了一个规矩:"孰能相与于无相与,相为于无相为?孰能登天游雾,挠挑无极,相忘以生,无所终穷?"三人又是相视而笑,莫逆于心。突然一天子桑户死了。当子贡受孔子之命前去送终的时候,却发现他朋友孟子反、子琴张"临尸而歌,颜色不变",子贡对此感到不解,孔子则告诉子贡说:"这些人都把活着看成是身上长的赘肉或毒疮,把死看成是破除毒疮那么快乐的事。像他们这样的人,哪里会在意于生和死哪个在前,哪个在后呢!"

《至乐》里,记述了支离叔与滑介叔"观化"的事情。他们二人本来是到冥伯之丘、昆仑之虚、黄帝之所休的地方观天地之化的,不料"化"发生在自己的身上了:滑介叔的左肘上突然长出了个大瘤子。看到滑介叔一副惊恐的样子,支离叔问:"你是不是很讨厌那东西?"然而,滑介叔却说:"不,我有什么好讨厌它的!生不过是'道'的假借,而瘤子又假借我的形体而生,只是尘垢而已。死与生如同昼夜的相互替代一样自然。再说,我与你观化,而化轮到我自己了,我又怎么会讨厌它呢!"

这些人都是庄子假设的,通过这类的假设,庄子表达了对痛苦、生死的态度。《大宗师》：

> 夫大块载我以形，劳我以生，佚我以老，息我以死。故善吾生者，乃所以善吾死也。……安时而处顺，哀乐不能入也。此古之所谓县解也，而不能自解者，物有结之。且夫物不胜天久矣，吾又何恶焉！（《大宗师》）

从上述的几个人看来，他们对待苦难、生死都是极其达观的态度，可是达观的态度从何而来？有种生来乐观的人，生来喜笑不喜哭，这可能是生来的性情，但是，这只能是不知忧愁、不知苦难、不知生死，不是我们所说的达观。达观必定建立在某种智慧、超越之上，建立在对苦难、生死恐惧的战胜之上。智慧是对那些事情看懂了，看透了。像庄子的妻子死了，他开始的时候也同常人一样地伤心，后来觉得人的来去，不过是从无生无形，在"杂乎芒芴之间"变而有气、有形、有生，现在死了，只是变回去了而已，如同是"相与为春秋冬夏四时行也"（《至乐》），想到这里，他便不再伤心了。超越是一个过程，但超越本身需要一个向度，向着哪个方向超越？又如何超越？一般意义上，超越与宗教的情怀有关，因为宗教不仅给出了超越的向度，也给出了超越的力量。所以，超越必须对于苦难、生死的问题有一个出转，也就是从其中脱身出来解决问题。对于苦难、生死的战胜，往往与对苦难、生死的意义的认识有关，比如甘愿接受苦难、甘愿赴死，像荆轲的《易水歌》表达的就是如此。如果自己的死可以换来天下的太平，死是值得的；战士志愿从军，是因为可以保家卫国，一人赴死可以换取家国的平安。

我们在庄子那里看到了什么呢？

我们首先看到了智者的达观,当把人间世的所有事情看透了的时候,就没有了那么多界限了。可是达观就一定能够无畏惧吗?有一种情况,某人向来达观,可当生离死别的事情降临到他身上的时候,他是否会畏惧?无论如何,向来的达观与面对生死之间必定有一个心理的距离。在跨过这段心理距离之后,还是会有两种结果:一种人是害怕了,由此可以说他是假达观;另一种是更坚定了,由此可以说他是真达观。庄子肯定属于后者,当他的妻子死的时候,他快乐、坦荡地面对了;当他自己也要死的时候,他从容淡定地面对了,甚至反对学生给他厚葬。但是,更要看到,即便是庄子的达观,也不是生来如此;他所设定的那些达观者,也都经历过苦难生死的考验,是战胜它们之后的一种态度。有没有宗教的因素介入庄子的思想过程呢?答案是肯定的。庄子虽然不是一个宗教家,他随顺自然的态度,甚至有人以为他是反对宗教的,[①]但这不等于他的思想中没有宗教的因素。在庄子的思想世界里,既有超世间的价值,更有超越的道,而道既是真理的全部,也是世间一切苦难得救的根本。人们面对死亡的时候,那份乐观、淡定,如果没有一个"化"的出转,便显得理由不充足了。而"化"是自我的转化,并不会导致主体性的丧失,如庄周与蝴蝶虽然表现如何的不同,但其中的自我意识从未消失。"化"看起来没有目的性,所谓"同则无好,化则无常"(《大宗师》),或者为臭腐,或者为神奇,但都在循着道的轨迹进行,而且最终要回复到道的本原,恰如鲲化鹏飞,既是物之化,又是在追寻道。

前此有学者把庄子与尼采放在一起比较研究,认为庄子与尼采一样具有悲剧意识,只是"尼采有尼采式的悲剧意识,庄子有庄

[①] 见陈鼓应:《老庄新论》,上海古籍出版社1992年版,第225页。

子式的悲剧意识"。① 虽然庄子与尼采的时代与文化都相差甚远，但他们之间确乎有着某种可比性。悲剧的本质是"通过毁灭和否定达到的最高快乐"，②也就是把最美丽的东西当众毁灭、否定，人们却在这毁灭与否定中获得快感。古希腊的悲剧就是循着这个路径表现人们的悲剧精神的。③ 古代中国没有悲剧这种舞台艺术形式，悲剧艺术在庄子之后一千多年的元朝才出现，所以，单就悲剧来说，尼采与庄子不具有可比性。但是，具有悲剧性质的诗歌艺术则早早地出现了，屈原的《离骚》或许称得上这种艺术的代表，至于说汉代的《孔雀东南飞》也是那个时代悲剧性的绝唱。所以，悲剧意识在中国古代并不缺乏。

自然，在《庄子》书中，见不到索福克勒斯的希腊悲剧里那种紧张冲突和惨烈的场面，庄子只是以他特有的寓言故事的方式描述了人间悲剧的深刻本质。庄子生活的战国时代动荡不安，人们的生活处境险恶，庄子对此以一个静观者的眼光，把一切看得明了。在《人间世》里，借颜回与孔子的对话，写了民生的一个侧面：

---

① 陈鼓应：《老庄新论》，上海古籍出版社1992年版，第224页。在第225页，作者还说道："对于苦难的体认以及从苦难世界中所作的精神提升，这是庄子式的悲剧意识。由于从现实的苦难而来，所以庄子的悲剧意识既有着深刻的现实主义根源，同时，在从苦难世界作精神提升的时候，又具有强烈的浪漫主义色彩。在这方面，庄子与希腊的悲剧文化又有共同之处，那就是面对苦难的世界，而以审美心胸来提升人的精神世界。"

② 〔德〕尼采：《悲剧的诞生》，生活•读书•新知三联书店1986年版，第96页。尼采还借观看悲剧者的角度谈到了悲剧本质："他观赏辉煌的舞台效果，却又否定了它。他看到眼前的悲剧英雄具有史诗的明朗和美，却又快意于英雄的毁灭。他对剧情的理解入木三分，却又宁愿逃入不可解的事物中去。他觉得英雄的行为是正当的，却又因为这行为毁了当事人而愈发精神昂扬。他为英雄即将遭受的苦难而颤栗，却又在苦难中预感到一种更高的强烈得多的快乐。"

③ 朱光潜说："悲剧是希腊人'由形象得解脱'的一条路径。人生世相充满着缺陷、灾祸、罪孽；从道德观点看，它是恶的；从艺术观点看，它可以是美的，悲剧是希腊人从艺术观点在缺陷、灾祸、罪孽中所看到的美的形象。"（《朱光潜选集》，天津人民出版社1993年版，第127页）

> 回闻卫君,其年壮,其行独;轻用其国而不见其过;轻用民死,死者以国量乎泽若蕉,民其无如矣。

在如此的处境下,士人阶层究竟有多少的无奈与不得已?《山木》写了庄子把自己比喻成腾猿,当处在楠梓豫章之间时,它可以称心如意地在其中称王("揽蔓其枝而王长其间"),逢蒙、蓬蒙这样的神射手都不能正面看它一眼;可是当它处在柘棘枳枸之间的时候,它就变得小心谨慎,动作僵硬了,这不是因为它的筋骨紧张而不柔软,而是"处势不便",不足以逞其才能而已。到这里话题一转,直斥当政者的无道:

> 今处昏上乱相之间而欲无惫,奚可得邪?此比干之见刳心,征也夫!

庄子总是以他特有的冷静、智慧,用尖锐而风趣甚至浪漫的方式对苦难,乃至生死作了回应,胸中的波涛都化为理性的阳光,愤激的暴风都变成了缕缕清风,令人神智清醒而适意舒畅。

然而,这与悲剧意识有关吗?答案也是肯定的。这只要比较一下尼采的悲剧分析就可以看出来。尼采认为:希腊悲剧的起源和二元性的本质,便是作为理性精神的日神和激情精神的酒神,及这两种精神彼此交织的艺术本能的表现。[①] 所以,在艺术上,平静

---

① 参见《悲剧的诞生》第 49 页。尼采又说:"我们必须把希腊悲剧理解为不断重新向一个日神的形象世界迸发的酒神歌队。"(第 32 页)还说:"悲剧中日神因素和酒神因素的复杂关系可以用两位神灵的兄弟联盟来象征:酒神说着日神的语言,而日神最终说起酒神的语言来。这样一来,悲剧以及一般来说艺术的最高目的就达到了。"(第 95 页)

与冲动正是悲剧形成的本质因素。在庄子那里,这两种精神是另一种表现:虚静和悲壮。只是本来应该出现的悲壮场面,被庄子以一个"化"字化解了。化是冲突的解决,更是一种出转。鲲化为鹏,庄周化蝶,臭腐化为神奇,其中都涵蓄着悲壮,更寄托着某种对当下处境的超脱。梁山伯与祝英台的故事里面,这对情侣与世俗社会的矛盾冲突,以毁灭而终结,又以二人的化蝶而出转,这成为庄子悲剧意识的最好注本。

"歌"在《庄子》书中的反复出现,为庄子悲剧意识的最合适的表达。歌本身是一种艺术,而歌的出现却都是为了解决世俗的冲突。"歌永言",即歌是为了咏唱长言的,也即心里想说的话。但这分离出了种种复杂的情况:在某些情况下,歌表达了高兴的心情;在某些情况下表达了不高兴甚至沮丧的心情;也有一种表达了哀伤的心情,也就是哭唱,如此等等。在《庄子》书中《知北游》写到了"行歌而去之"。啮缺就"道"的问题向被衣求教,正当被衣告诉求道方法的时候,还没有说完,啮缺睡过去了。这一睡使得被衣的心情大悦,于是,他一边吟唱着歌,一边离他而去,这歌词是:

> 形若槁骸,心若死灰,真其实知,不以故自持。媒媒晦晦,无心而不可与谋。彼何人哉!

意思是说:那人啊,形体像是枯槁之骸,心若死灰之土,任其纯真之知,不自我矜持于世。那懵懵懂懂、忘心忘知的样子,不可与他商议事情。那是什么人啦! 在这段充满了对啮缺的赞美之意的歌词中,被衣也有一种我行我素、自我陶醉的流露,表明了他对啮缺这个学生的认可。无论是歌词的意思,还是且行且歌这个行为本身都表达了求道之人对于世故的隔离与抛却,歌把自己与外界隔离了,而行则把世俗的陈见抛在了身后。

《大宗师》里面描述了另一种情形。子桑户死了,他的好朋友孟子反、子琴张为他料理后事。子贡受孔子之命,前去吊唁。然而他见到的情景让他诧异,只见孟子反与子琴张一人在编曲,一人在鼓琴,二人相和而歌:

> 嗟来桑户乎!嗟来桑户乎!而已反其真,而我犹为人猗!

意思是:子桑户啊,子桑户,你已经反归了本真,而我们还得做人啦!子贡为这种非礼的行为感到恼怒、困惑,他回去向孔子报告说:

> 彼何人者邪?修行无有,而外其形骸,临尸而歌,颜色不变,无以命之。彼何人者邪?

孔子听了子贡的话,立刻意识到这是"方之内"与"方之外"的差别,外内不相及,他自己派子贡前去吊唁这件事看来做得丑陋了。反问之,孟子反、子琴张为何"临尸而歌,颜色不变"?原因还在于他们与世俗人的内心世界已然不同,他们把死看作是对生活困苦的解脱,是返回了本真,所以他们没有理由不为子桑户而欢愉。他们唱出来的歌,既把自己与生活世界分了开来,也在快意的表达中坚固了自己的意志。《至乐》篇记述庄子妻死之时,庄子不仅不哭,反而"箕踞鼓盆而歌",这个情形与上述的情形相类似。而《秋水》中则是另一类情形。孔子带着弟子到了匡国,被人误以为是鲁国的阳虎而遭人围困,此时的孔子"弦歌不辍"。子路见此情形,感到不理解,问夫子为何还这么乐,孔子则说:

> 来！吾语女。我讳穷久矣,而不免,命也;求通久矣,而不得,时也。当尧舜而天下无穷人,非知得也;当桀纣而天下无通人,非知失也:时势适然。夫水行不避蛟龙者,渔父之勇也;陆行不避兕虎者,猎夫之勇也;白刃交于前,视死若生者,烈士之勇也;知穷之有命,知通之有时,临大难而不惧者,圣人之勇也。由,处矣!吾命有所制矣!

意思是:穷困与通达,都只是时命与时势,无论你遇到尧舜的时候而通达,还是遇到桀纣的时候而困穷,都不是靠你的智力取得的。世上有渔父之勇,有猎夫之勇,有烈士之勇,却都比不上明白穷通有时、临大难而不畏惧的圣人之勇。孔子自我感觉就是这样的圣人之勇,而这乃是天命所至,所以这才要在困境中自娱自乐。通过弦歌,孔子表达了在险恶的困境中的一份意志坚持,也让人看见悲壮中的美感。只不过,在悲壮中间也存在着一份超越生死的寄托。

尼采曾盛赞席勒对悲剧的见解,他说:"在《麦西拿的新娘》的著名序言中,席勒已经对歌队的意义发表了一种极有价值的见解。他把歌队看作围在悲剧四周的活动墙,悲剧因它把自己同现实世界完全隔绝,替自己保存理想的天地和诗意的自由。"[①]庄子的时代,没有歌剧艺术,也就没有席勒所说的那种歌队及其群唱的作用,但是,歌仍然以一种独绝的方式完成自己的艺术目的,即将歌者从世间出离,从容淡定地解决世间的冲突。在走完世间与超世间这段路程之前,歌者始终都在用自己的歌,做着如同小孩夜间走路唱着歌给自己壮胆的事情。虽然只是艺术的表达,却不能不承

---

① 〔德〕尼采:《悲剧的诞生》,生活·读书·新知三联书店1986年版,第26页。

认它就有这般的力量,如同宗教这么神圣的超越,也往往借助于它的力量一样。

二 庄子的"乐"

《田子方》记述了孔子与老聃之间的一段对话。老聃曰:

> 夫得是至美至乐也,得至美而游乎至乐,谓之至人。

孔子想了解"得至美而游乎至乐"的方法,老聃给他打一个比方,吃草的野兽不担心吃草的地方变了,生长在水里的虫不担心水变了,生活地方的小变化不会使生活的基本条件发生变化,所以喜怒哀乐都不入于胸次。天下乃是万物之所归一的根本,得到这个根本,并与它同化,那么四肢百体都变为尘垢,而死生、终始也将被变为昼夜的更替一般了,而不会扰乱自己的心境,又何况得失、福祸这些事情呢!至美乃是天地之美,也就是不言之天地大美。得到如此至上的美,并将自己同化于它,就得到了至乐,而获致了如此的乐,就是至人了。至美是对象性审美的结果,至乐是观审者自身在观审过程中得到的快乐,这符合审美的一般性理论。康德说:"鉴赏是通过不带任何利害的愉悦或不悦而对一个对象或一个表象方式作评判的能力。一个这样的愉悦的对象就叫做美。"①又说:"凡是那没有概念而普遍令人喜欢的东西就是美的。"②天地之美是其固有的美,而人能够观得其美,必定引起心理上某种反应,那就是

---

① 〔德〕康德著,邓晓芒译:《判断力批判》,人民出版社2002年版,第45页。
② 同上书,第54页。

愉悦情感的发生。① "得至美"本来已经是得至乐了,何以"得至美而游乎至乐"? 这是因为当观赏到对象的美的时候,虽然随即我就得到了乐,可是对象终归对象,我终归我,我只是短暂地得到了因观审对象而生的乐,我如何能够抓住它? 如果我能让自己走进去,就可以分享到无限度的、永久的乐了。这就如同一个高明的设计师在设计某个场景的时候,把观赏者本身也设计进去了,人在观赏美景的时候,自己也成为场景的一部分,乐在其中。

庄子的"乐"是一种什么样的乐呢? 它与人们寻常所说的"快感"是不是一回事? 对此,颜昆阳先生认为庄子的乐不同于西方美学所以为的快感,"因为西方审美活动中所谓的'快感'多指视、听等官能媒介感觉于一审美对象,从而获致心理情绪的快适。它与审美对象恒存著因果关系,当审美对象从视听中消失,快感也随之消失。故它是短暂的,非主体精神自在恒常的操存。这种快感,为庄子所不取。"② 笔者则认为,当颜先生把庄子的"乐"与西方的"快感"作出区别的时候,他是对的;而当他把西方的审美产生的愉悦仅仅理解为短暂的"快感"的时候,他是不对的。庄子的"乐",自然不仅是感官上的乐,主要是心之乐,也即精神上的快乐、愉悦与自由,但是,这样的乐不可能排除同时在感官上的反应,也就是说,是身心一体的乐。庄子正是意识到了出于主客观照下的审美产生的

---

① 朱光潜先生认为尽管由审美而得快乐,这并不是同时发生的事情,必定有一个哪怕短暂的路程。他曾针对"享乐派美学"的观点提出过批评:"审美态度和批评态度不可能同时并存,因为批评总要包括逻辑思维和概念的联想。……因为当我们沉醉于对美的事物的观照时,我们很难停下来想它是给人快乐的。只有当我们从审美的迷醉中醒来时,我们才会对自己说:'它使人快乐',或者'我喜欢它'。像批评的判断一样,审美快感的意识只是一种事后的意识。快乐只是一种结果,若把快乐说成是美的基本性质,就必定是本末倒置了。"(《朱光潜选集》,天津人民出版社1993年版,第44、45页)

② 颜昆阳:《庄子艺术精神析论》,台湾华正书局1984年版,第267页。

乐的短暂性，这才提出了"得至美而游乎至乐"，一个"游"字道出了庄子的隐秘。得小美，可能不能持久地保持愉悦与快乐；得大美而善于游乎至乐之境，则能够持久操存，即便审美的对象不在面前，那美也能从内心油然而生。下面我们来看看庄子所说的"乐"的种种分别。

庄子的乐本是审美之后所生之乐，而不是富贵寿善，及身安、厚味、美服、好色、音声之乐。《至乐》：

> 夫天下之所尊者，富贵寿善也；所乐者，身安厚味美服好色音声也；所下者，贫贱夭恶也；所苦者，身不得安逸，口不得厚味，形不得美服，目不得好色，耳不得音声。若不得者，则大忧以惧，其为形也亦愚哉！

对于世俗的得意之乐，或者失意之忧，庄子以一种"其为形也亦愚哉"的态度耻笑之。对于世俗所谓的"乐"，庄子提出了质疑：

> 今俗之所为与其所乐，吾又未知乐之果乐邪？果不乐邪？吾观夫俗之所乐，举群趣者，誙誙然如将不得已，而皆曰乐者，吾未之乐也，亦未之不乐也。果有乐无有哉？吾以无为诚乐矣，又俗之所大苦也。故曰："至乐无乐，至誉无誉。"（《至乐》）

世俗所以为乐的，却未必就是乐；世俗所以为大苦的，却可能是真正的乐。世人的乐之所以未必就是乐，在于他们的乐中有某种"不得已"的因素，犹如为了追逐并非本性所需要的东西，或者自己并非愿意追逐的东西，在"不得已"的情境之下，人们却因为也达到了哪怕非自己所愿的目的，从而取得了乐，虽然这样的乐很短暂，事情过后便再一次陷于不快乐。在这个意义上，才说"至乐无乐"，也就是说真正的乐不是世俗的乐。《缮性》又说：

> 乐全之谓得志。古之所谓得志者，非轩冕之谓也，谓其无以益其乐而已矣。今之所谓得志者，轩冕之谓也。轩冕在身，非性命也，物之傥来，寄者也。寄之，其来不可圉，其去不可止。故不为轩冕肆志，不为穷约趋俗，其乐彼与此同，故无忧而已矣！今寄去则不乐，由（之）〔是〕观之，虽乐，未尝不荒也。故曰：丧己于物，失性于俗者，谓之倒置之民。

轩冕只是世俗意义上的"得志"，"得志"看起来是一种乐，但这种"得志"又只是物之寄，也就是付托在身外之物上的乐，这在庄子那里是算不上乐的，因为它"来不可圉，去不可止"，你可能因某种机会得到它，同样的道理，也可以因某种原因而失去它（"寄去则不乐"），而且，这样的乐还会使人荒秽，失去自我。真正的乐应当体现自由的意志，不受外物的胁迫，不受他物的牵引，应当是立于心上的乐，这才能在得意的时候不会张狂，穷困的时候也不会媚俗（"不为轩冕肆志，不为穷约趋俗"）。如此的乐，又称为"自乐"。《让王》：

> 颜回对曰："不愿仕。回有郭外之田五十亩，足以给飦粥；郭内之田十亩，足以为丝麻；鼓琴足以自娱；所学夫子之道者足以自乐也。回不愿仕。"

自娱自乐，不是无缘由的乐，而是在一种看似平实、简单的生活中间见到了能够让颜回心乐的东西,那就是高尚、善与美感,以至于他不愿意去做官,甚至于不以常人所以为的乐为乐,而以"学夫子之道"足以自乐。对此,《让王》进一步发挥道:

> 古之得道者,穷亦乐,通亦乐,所乐非穷通也。道德于此,则穷通为寒暑风雨之序矣。故许由娱于颍阳,而共伯得乎丘首。

得道也就是得了"天地大美",从而无论是通达,还是穷困,都会乐,之所以乐,却不在通达与穷困上,而在这之外的东西。通达与穷困不过是得道者借此以实现自乐的方便而已。《庄子》书中所见的这段对话,应当是源自《论语·雍也》:"子曰:'贤哉,回也!一箪食,一瓢饮,在陋巷,人不堪其忧,回也不改其乐。贤哉,回也!'"孔子之所以盛赞颜回,在于颜回得志于夫子之学,把常人以为不堪其忧的生活看成是乐,不管颜回是否得道,追求本身就可以令人常乐了。《天道》进而提出了一个"人乐"与"天乐"的区别:

> 所以均调天下,与人和者也。与人和者,谓之人乐;与天和者,谓之天乐。
>
> 庄子曰:"吾师乎,吾师乎!鳌万物而不为戾;泽及万世而不为仁;长于上古而不为寿;覆载天地、刻雕众形而不为巧。此之谓天乐。故曰:知天乐者,其生也天行,其死也物化。静而与阴同德,动而与阳同波。故知天乐者,无天怨,无人非,无物累,无鬼责。故曰:'其动也天,其静也地,一心定而王天下;其鬼不祟,其魂不疲,一心定而万物服。'言以虚静推于天地,通于万物,此之谓天乐。天乐者,圣人之心以畜天下也。"

"均调天下"是在人的社会关系中讲究公平、正义与和谐,做到这一步就"与人和","与人和"就是"人乐"。"与天和"则是以天地为师,与天地同德,活着的时候追随天之行,死的时候随顺物化,犹如"大块载我以形,劳我以生,逸我以老,息我以死",我则完全依随了它的序次,不特别喜欢生,也不特别厌恶死,人的动静都听任天地的动静,而不会违逆它。既然可以无天怨,无人非,无物累,无鬼责,那么还有什么比这种境况更让人称乐的事么?这样的乐不仅不会在令人快乐的事情从眼前消失之后跟着消失,而且即便遭遇不愉的事情乃至苦难,都会喜乐常生了。"天乐"是最透彻的乐,也就是"至乐",而这恰恰是与领悟了天地之美、把握天地之道相联系的。没有这个美,就难以有这个乐;没有得到天地之大美,就不能获致通透的、持久的乐。

下面是《秋水》中的一段话,在学术史上引来颇多争议:

> 庄子与惠子游于濠梁之上。庄子曰:"鲦鱼出游从容,是鱼之乐也。"惠子曰:"子非鱼,安知鱼之乐?"庄子曰:"子非我,安知我不知鱼之乐?"惠子曰:"我非子,固不知子矣;子固非鱼也,子之不知鱼之乐,全矣!"庄子曰:"请循其本。子曰'汝安知鱼乐'云者,既已知吾知之而问我。我知之濠上也。"

这段话无论从认知上,还是审美上,都引起了广泛的注意。从审美上来说,"鲦鱼从容出游",到底是鱼之乐,还是人之乐,留下了解释的空间。王夫之认为,既是鱼之乐,也是人之乐,他说:"人自立于濠上,鱼自乐于水中,以不相涉而始知之。人自乐于陆,鱼自乐于水,天也。天者,含万化而未有极者也。"[①] 依照他的理解,之所以

---

① 王夫之:《庄子解》,中华书局 2009 年版,第 222 页。

肯定鱼乐人也乐,在于人与鱼不相干,各自都在做着自己所乐意做的事情。庄子看到鱼在水里出游,他于是乐了,这是一个已知的事实;而鱼也在做着它本身适合做的事情——"从容出游",于是可以断定鱼也是乐的。"天"意味着各自的天性,如"人乐于陆,鱼乐于水"。做符合天性的就该是乐了。

明代思想家李元卓则从"物未始有分"的角度看,他说:"盖鱼之所乐在道,而不在水;周之所知在乐,而不在鱼。惟鱼忘于水,故其乐全。惟周忘于鱼,故其知一。至乐无乐,鱼不知乐其乐;真知无知,周不期知而知。……昔人尝言之矣,眼如耳,耳如鼻,鼻如口,无不同也;在我者盖如此。视死如生,视富如贫,视周如鱼,视人如豕,视我如人;在物者盖如也。如,则物物皆至,游无非妙处,奚独濠梁之上也哉!如,则物物皆真,乐无非天和,奚独鯈鱼之乐也哉!吾知夫周与鱼未始有分也。"①李元卓的观点立足于庄子认知论的基础上。他认为既然物我可齐,是非可齐,那么鱼与庄周之间"未始可分",即不存在不可通同的界限,那么庄周与鱼之间就不存在不可知其乐的问题。不过,李元卓要强调的还不在于此,他想说鱼的乐虽然可知,但从"乐全"的角度看来,那未必是鱼的真乐,因为"鱼所乐在道,而不在水";庄周所知的并不在于鱼乐,而是他自己乐,所谓"周之所知在乐,而不在鱼"。从这个意义上来说,庄周是在观鱼过程中,得到了一种美感,这美感未必因为鱼乐,而是他因得了美的东西而乐了。

对于这种情况,颜昆阳认为这是一种"无特定指向"的"审美者自身的趣味的一种判断"。② 朱光潜从审美经验方面来理解庄子,

---

① 《庄子九论》,见焦竑:《庄子翼》,台湾广文书局1979年版。
② 颜昆阳《庄子艺术精神析论》,第267、268页:"庄子所谓'鯈鱼出游从容,是鱼之乐也',此一判断并非由于对象'鱼'所作的特定认知判断,其'乐'也并非由外境对象'鱼'所获致的感觉。它不是特定的认知判断,而类似康德所谓审美的'反身判断'(REFLECTIVE JUDGEMENT),是一种无特定指向,与一切利害、善恶、质量、关系无涉,纯出于审美者自身的趣味的一种判断。"

一方面他认为人与人、人与物之间都有共同之点,都有互相感通之点;另一方面,他又不十分肯定自己的这个判断,认为这类似一种移情作用,庄子其实只是把自己的"乐"的心境外射到鱼身上去了。① 叶维廉对此有着独到的解读:"庄子的意思包括了这些:你不是我,但你能知道我不是鱼。所以我不是鱼,我当然也可以知道鱼之乐。如果你说我既然不是鱼,所以我不能知道鱼;那你不是我,又怎能知道我? 如果你不是我而能知我,我不是鱼而能知鱼又有何不可?"② 应该说,这些都是《庄子》文本里具有的可解释性。

不过,庄子的判断从来不是专为审美者准备的,他的问题确乎是由审美过程中的观审引起的,当他说"鯈鱼出游从容,是鱼之乐"的时候,他是一种审美判断,而当惠子反问他,并把对他判断的诘难进行到底的时候,就不纯出于审美的问题了,而是一个在认知上如何可能的问题。这个方面的驳论与反驳,我们已经放在认知问题当中考察了。

---

① 《朱光潜选集》第27页:"庄子看到鯈鱼'出游从容'便觉得它乐,因为他自己对于'出游从容'的滋味是有经验的。人与人,人与物,都有共同之点,所以他们都有互相感通之点。假如庄子不是鱼就无从知鱼之乐,每个人都要各成孤立世界,和其他人物都隔着一层密不透风的墙壁,人与人以及人与物之中便无心灵交通的可能了。这种'推己及物'、'设身处地'的心理活动不尽是有意的,出于理智,所以它往往发生幻觉。鱼没有反省的意识,是否能够像人一样'乐',这个问题大概在庄子时代的动物心理学也还没有解决,而庄子硬拿'乐'字来形容鱼的心情,其实不过把他自己的'乐'的心境外射到鱼的身上罢了,他的话未必有科学的谨严与精确。"(天津人民出版社1993年版)不过,朱先生的这段话存在着自相紧张的情形:他先是肯定了人与人、人与物之间,如果没有相同之点,那么彼此就无从交通;又说庄子所谓知鱼之乐,只是移情作用,并非真知鱼之乐。或许朱先生在此有点疑虑,所以,他用了"他们都有相互感通之点",又用了"庄子时代的动物心理学还没有解决"这样的表达,在笔者看来,这个问题不必等到动物学发展到今天才得以解决,庄子绝对是一个动物心理学的高手,未必不知动物之乐。

② 《叶维廉文集》第二卷,安徽教育出版社2003年版,第146、147页。

三 美与真、善及艺术精神的问题

在一般意义上讲,真、善、美应该统一,最高的艺术境界总是以这三者的完美结合来实现的。朱光潜先生说:"严格地说,善与美不但不相冲突,而且到最高境界,根本是一回事,它们的必有条件同是和谐与秩序。从伦理学观点看,美是一种善;从美感观点看,善也是一种美。所以在古希腊文与近代德文中,美善只有一个字,在中文和其他近代语文中,'善'与'美'二字虽分开,仍可互相替用。"① 宗白华先生则认为真善美是邻居关系:"哲学求真,道德或宗教求善,介乎二者之间表达我们情绪中的深境和实现人格的谐和的是'美'。"② 尽管真善美在最高的境界上是一回事,但在各自的定性上,还不是一回事,犹如罂粟花很美,却不意味着善。而且在艺术的进路上,还是有个分别。

在庄子那里,美与真、善有其独特的意义。在表现上看来,庄子在讲美的时候,不大讲善。庄子谈到"天乐"的时候说:"鳌万物而不为戾;泽及万世而不为仁;长于上古而不为寿;覆载天地、刻雕众形而不为巧。"看起来庄子非但不谈论美与善的关系,而且还对以"仁"为核心的善持一种批评的态度。在他谈到美的时候,说美

---

① 《朱光潜选集》,天津人民出版社 1993 年版,第 106 页。
② 宗白华:《美学散步》,上海人民出版社 1981 年版,第 24 页。宗先生还说道:"文学艺术是实现'美'的。文艺从它左邻'宗教'获得深厚热情的灌溉,文学艺术和宗教携手了数千年,世界最伟大的建筑雕塑和音乐多是宗教的。第一流的文学作品也基于伟大的宗教热情。《神曲》代表着中古的基督教。《浮士德》代表着近代人生的信仰。文艺从它的右邻'哲学'获得深隽的人生智慧、宇宙观念,使它能执行'人生批评'和'人生启示'的任务。"

有小美、大美、天地之美的分别,然而,在他所说的美里面,没有为善留下地盘。在庄子所称颂的人格中,无论是至人、神人、圣人、真人、德人,都不含有儒家所称谓的善的内容。虽然他也说到"德",如《刻意》:

> 若夫不刻意而高,无仁义而修,无功名而治,无江海而闲,不道引而寿,无不忘也,无不有也。澹然无极而众美从之。此天地之道,圣人之德也。……虚无恬淡,乃合天德。故曰:悲乐者,德之邪也;喜怒者,道之过也;好恶者,德之失也。故心不忧乐,德之至也;一而不变,静之至也;无所于忤,虚之至也;不与物交,惔之至也;无所于逆,粹之至也。

但很显然,"圣人之德"乃是包括着"无仁义而修"这个内容的,所以,"德"不包括"善"的修养,而是一种以"真"为内核的纯美的修养;"天德"及"德之至"只是"虚无恬惔"与"心不忧乐",也即虚寂、平静、安闲而内心无忧纷的自然状态。"澹然无极而众美从之",是说无限量的、纯净的美,乃是天地大美,所有的美都要汇归于它,众美只是从天地大美中分享到一份美才有了自身的美。

这与儒家的艺术观适成对比。《论语·八佾》:"子谓《韶》,尽美矣,又尽善也。谓《武》,尽美矣,未尽善也。"从孔子的这段话可以看出,他认为尽善与尽美不是一回事,那尽美的艺术已经是无以复加的美了,可是它不一定善,像《武》这种艺术就是如此的;虽然尽美与尽善不是一回事,但是可以完美结合起来,而且艺术就应当有这样一种要求,像《韶》这种艺术就是美与善完美结合的。荀子主张好的音乐应当感动人的善心,应当使民心归善,移风易俗,使民和睦,而不是相反。(见《荀子·乐论》)无论孔子,还是荀子,都是要求艺术的美应该承载社会的道德责任,不管是什么样的艺术形式,也不管艺术能否承载这样的道德责任,都必须有这样的要求。所以,在儒家那里,艺术只是一种手段,一种为了实现社会目的的手段。在庄子那里,艺术是不应当有这样的社会责任的,艺术表达的是一种纯真的、率性的、直接的美,如果携带了道德的目的、社会的责任,它至多只是一种小美,而非大美。它可以承载、却并不非要承载社会道德责任。如果要说善的话,在庄子看来,小美或可承载仁义等善的内容,而大美的纯真、率性与直接,却可能表达某种至善,因为纯朴、真实、自然的人性本身就是最高的善。只不过庄子不愿意把他所说的美与人们所说的善扯在一起而已。

有关这个问题,徐复观在比较了西方、儒家及道家的艺术精神之后,说道:"庄子与孔子一样,依然是为人生而艺术。……不过,儒家所开出的艺术精神,常需要在仁义道德根源之地有某种意味的转换,没有此种转换,便可以忽视艺术,不成就艺术。……由道家所开出的艺术精神,则是直上直下的,因此,对儒家而言,或可称庄子所成就的为纯艺术精神。"① 当徐先生说庄子"依然是为了人生而艺术"的时候,不见得能博得人们的赞同;当他说庄子"所成就为纯艺术精神"的时候,比较容易得到人们的赞同,如颜崑阳就表示,他赞同后一句话,不赞同前面那句话。颜崑阳认为庄子是"无所为而艺术"。②

---

① 徐复观:《中国艺术精神》,广西师范大学出版社2007年版,第104页。依徐先生的见解,西方艺术是"为艺术而艺术",而庄子的本意只著眼人生,根本无心于艺术,所以,庄子与儒家一样,都是为人生而艺术,只不过儒家把艺术的根基立在了道德之上了。

② 颜崑阳则在他的《庄子艺术精神析论》中花费了大量的笔墨与徐复观辨正,其中说道:"一般道德主义的所谓'为人生而艺术',及唯美主义所谓'为艺术而艺术',实在都不能范概庄子的艺术精神。我们同意徐氏说庄子成就为'纯艺术精神',但不同意徐氏将庄子归入为'为人生而艺术'的行列。"(华正书局1984年版,第180页)又说:"庄子既不'为艺术而艺术',也不'为人生而艺术',他是'无所为而艺术'。"(同上书,第181页)

其实，关于庄子为了什么而艺术的问题，似乎是后人要给庄子找一个艺术目的，并非庄子本人有这个艺术的目的。他的艺术都是在表达其哲学思想的时候，自然流露出来的，并非他想出了一个艺术的目的。如果一定要说他有其目的的话，倒要说他是为了求真而有了艺术。在他一生都在寻访真理的过程中，他意外地有了发现，他不仅发现了艺术，而且他也发现艺术与真理之间是如此的相近，以至于他发现了"金子"的时候，也发觉它闪着艺术的光。

然而，美与善的关系，已经涉及庄子的艺术性质问题，也就是庄子的艺术精神问题。对此，徐复观说道："庄子只是顺着在大动乱时代人生所受的像桎梏、倒悬一样的痛苦中，要求得到自由解放，而这种自由解放不可能求之于现世，也不能如宗教家的廉价的构想一样，求之于天上、未来，而只能是求之于自己的心——心的作用、状态，庄子即称之为精神——即是在自己的精神中求得自由解放。而此种得到自由解放的精神，在庄子本人说来，是'闻道'，是'体道'，是'与天为徒'，是'入于寥天一'；而用现代的语言表达出来，正是最高的艺术精神的体现，也只能是最高的艺术精神的体现。"①徐先生说庄子是"纯艺术精神"，是"最高的艺术精神的体现"，又说庄子是"自由解放的精神"，那么徐先生几乎是在说庄子的艺术精神就是自由艺术精神了。只不过，他把庄子与孔子都归结为"为人生而艺术"，就难以将二者区分开来。徐先生所用来区分儒家与道家艺术精神的根据在于："对儒家而言"，庄子所成就的为"纯艺术精神"。如果既不从儒家、也不从庄子的立场看来，儒家与庄子就没有区别，都是"为人生而艺术"，那么，所谓"纯艺术精

---

① 徐复观：《中国艺术精神》，广西师范大学出版社2007年版，第46页。

神"就不那么"纯"了,因为它有一个为人生的目的性。实际上,徐先生是在为庄子寻找艺术的人生与社会价值的基础。问题是任何一种学说都可以找到它的人生与社会价值基础,这等于说定义过宽,从而失去意义。而且,这并不一定是发明这个学说的人的主观意愿,至少庄子是想要回避这样的问题的。在他那里,并非想要借助于艺术而使自己或别人过得更好,他只是要追求"真",追求自由,而要追求这些,首先就需要一种自由意志,恰恰是这种自由意志,成了艺术的精神。如此说好像是陷入了语义重复,其实不然,自由,当它作为人的追求的对象的时候,为了获得它,就需要一种意志和精神,这就是自由意志、自由精神。

颜昆阳先生认为庄子的艺术精神有五种特殊性格:"无目的性"、"纯粹主体性"、"内在境界性"、"完全自然性"、"经验绝对性",又认为"自由无限为道与艺术的最根本精神"。对于"无目的性"、"完全自然性"、"经验绝对性",笔者没有异议,但对"纯粹主体性"、"内在境界性"这两条,笔者则有不同意见。先来看看颜先生的观点:"一般艺术的展现,绝无可能排除客体性。甚至走到极端之时,更倾力于客体技法的追求,而忽略了主体精神的融合。"[1]"他(庄子)将对'道'的兴趣转向老子所开示而未详作发挥的'致虚极,守静笃'的心性修养上,将'道'内在化,完全从心灵的无限开展上,去体验什么是道,因此庄子的道,具有浓厚的主观境界性。"[2]

在分析颜先生的上述观点时,需要明白他的观点是建立在"庄子的艺术精神即是道"的基础之上的。颜先生实际上把庄子的认

---

[1] 颜昆阳:《庄子艺术精神析论》,华正书局1984年版,第184页。
[2] 同上书,第194页。

知问题作了艺术的理解,因为道被内在化了,那么艺术的境界也全然在于主观性了。我却要说,道在庄子那里并不是一个主观的问题,它始终都是一个绝对的客观,只是这个绝对的客观并非是与人无关的、悬空的,它也是要落实的,落实于人于物,人所要做的是如何从道的落实性当中找到通向道的途径,也即是从主观通向客观,而不是客观变成了主观。在这个基点上,再来看庄子的艺术境界。境界作为一个艺术概念,它讲究的正是主客观关系问题。如果依照佛教讲的境界就是"自家势力所及的境土",那么与人无关的领域是不能叫作境界的。艺术上的境界应当是艺术创作者在艺术之路上能够走多远的问题。当他把所走到的地方艺术化并变成自己的境地的时候,这就变成了他的境界。的确,中国人决不抛离人的参与而谈论艺术,艺术境界更是如此。在庄子那里,"坐忘"、"心斋"都是谈论如何调养自己主观的心性,然后才能迎受普遍的客观的道;"得至美而游乎至乐",则是讲如何分享到天地的大美,从而内心油然生乐。所以,主体性只是体现在主动地追求天地大美,而不是天地大美由于己;境界不是由内产生,而是由外扑捉,化为自己的艺术精神。在这个过程当中,无论是艺术地观审,还是主动地追求,意志都应当自由而不受胁迫,所以,庄子的艺术精神是一种自由艺术精神。

四 雕琢与复朴——自然之美

《天运》里有一段描绘"咸池之乐"的对话:

> 北门成问于黄帝曰:"帝张咸池之乐于洞庭之野,吾始闻

之惧,复闻之怠,卒闻之而惑,荡荡默默,乃不自得。"

帝曰:"汝殆其然哉!吾奏之以人,徵之以天,行之以礼义,建之以大清。夫至乐者,先应之以人事,顺之以天理,行之以五德,应之以自然。然后调理四时,太和万物。四时迭起,万物循生;一盛一衰,文武伦经;一清一浊,阴阳调和,流光其声;蛰虫始作,吾惊之以雷霆;其卒无尾,其始无首。一死一生,一偾一起,所常无穷,而一不可待。汝故惧也。

吾又奏之以阴阳之和,烛之以日月之明。其声能短能长,能柔能刚,变化齐一,不主故常;在谷满谷,在阬满阬;涂郤守神,以物为量。其声挥绰,其名高明。是故鬼神守其幽,日月星辰行其纪。吾止之于有穷,流之于无止。予欲虑之而不能知也,望之而不能见也,逐之而不能及也;傥然立于四虚之道,倚于槁梧而吟。目知穷乎所欲见,力屈乎所欲逐,吾既不及已夫!形充空虚,乃至委蛇。汝委蛇,故怠。

吾又奏之以无怠之声,调之以自然之命,故若混逐丛生,林乐而无形;布挥而不曳,幽昏而无声。动于无方,居于窈冥,或谓之死,或谓之生;或谓之实,或谓之荣;行流散徙,不主常声。① 世疑之,稽于圣人。圣也者,达于情而遂于命也。天机不张而五官皆备,此之谓天乐,无言而心说。故有焱氏为之颂曰:'听之不闻其声,视之不见其形,充满天地,苞裹六极。'汝欲听之而无接焉,而故惑也。乐也者,始于惧,惧故祟;吾又次

---

① 吴汝纶云:"'故若混'为句,混与命为韵。'逐丛生林'为句,旧读失之。"马氏《庄子故》从吴说,云:"吴先生从混字、林字绝句。《说文》:'木丛生曰林。'盖象五音之繁会也。"(引自王叔岷:《庄子校诠》上,中华书局 2007 年版,第 517 页)如依吴、马先生之断句则是:"吾又奏之以无怠之声,调以自然之命,故若混。逐丛生林,乐而无形,……"

之以怠,怠故遁;卒之于惑,惑故愚;愚故道,道可载而与之俱也。"①

北门成听了黄帝的"咸池之乐"后,产生了三个方面的疑惑:惧、怠、惑。对此,黄帝则根据音乐的三个乐章一一解答了北门成的疑惑。第一乐章是以人、天、礼义、太清相奏和,使盛衰、文武、清浊、阴阳、死生、偾起等两类极端冲突的声音对冲,从而取到调和的效果。音乐虽然是抽象的,但也是有内容的。在这个阶段,人文的、社会的声音是主要内容,只是这声音的调理以太清为基准,即用自然天理规范、调控音声,不会让那些对立的音声走向极端而崩摧,而要利用相反的力量取得反制效果,让高亢与低回、粗犷与柔细合成曲调。但是,听者也可从中领会到盛衰、文武及生死的变化,听者不能以一种平静而无变化的心态来分享("一不可待")。② 所以,此乐章有时候是无来头、无始终的平地惊雷,所以,这才使北门成感

---

① 王先谦《庄子集解》引用徐笠山的观点,认为"建之以太清"后面的三十五字为郭象的注解误入正文,即"夫至乐者,先应之以人事,顺之以天理,行之以五德,应之以自然。然后调理四时,太和万物。"马其昶的《庄子故》引用苏辙的话:"'夫至乐者'三十五字,系《注》语误入正文。"于省吾进而提出了五条理由:"敦煌古钞本无此三十五字,其证一也。'先应之以人事,顺之以天理',与上'奏之以人,徵之以天'词复,此证二也;'条理四时,太和万物'与下'四时迭起,万物循生。'词义俱复,其证三也;上言'行之以礼义,建之以太清',清字与下文生、经为韵,有此三十五字,则清字失韵,其证四也;郭于三十五字之下无注,其证五也。"王叔岷认为正文中的这三十五字非郭象的注文,而是成玄英的疏文:"于氏所称敦煌古钞本,即唐写本。赵谏议本、《道藏》成《疏本》、王元泽《新传本》、林希逸《口义本》,皆无此三十五字。乃《疏》文审入正文者,《道藏》本成《疏》尚存其旧,非郭《注》误入正文也。于氏所谓'词复',及'词义俱复',不知此乃成《疏》解释正文也。上文'吾奏之以人,徵之以天,行之以礼义,建之以太清',与下文'四时迭起,万物循生;一盛一衰,文武伦经'云云,本为韵文,意亦一贯。《书钞》一〇五、《玉海》一〇三引亦并无此三十五字,宜《解本》去之,是也。"(《庄子校诠》,中华书局2007年版,第 512 页)

② 俞樾:"一不可待者,皆不可待也。"(见郭庆藩:《庄子集释》,第 504 页)

到惊惧。第二乐章纯以自然之声,"阴阳之和、日月之明",呈现出风和日丽的景象,虽然音声也有短长、刚柔的变化,主调则是齐变化、和差异了。同时,音乐又表达出在无限时空中物类的无限量,各类的物皆以其本能发出盈满的音声("在谷满谷,在阬满阬")①,这音声调制得如此的"高明",以至于鬼神静默,日月星辰也依着它的节律运行。这音乐使人感到:面对这广袤无边、万千气象的大地,人是何其渺小,生命与智识是何其有限,于是,令人顿生息息之意,故而形充空虚,委蛇、随顺了它。第三乐章则又以"无怠之声"奏之,调以"自然之命",正当听者意志消弭之时,却有天外之音响起,令人欣悦,这音声循天地自然性命(犹如"天地之正色")。然而,这音声"混然无系,随丛而生",②万木成林聚而成乐,却无形无象,"布散挥洒而不曳滞",③幽冥昏暗而似无声,无声而胜有声。这就叫作"天乐"。要问这音声从何而来,却要说它源自无方之方,根于不可洞见的窈冥。可是世间的春生冬死、秋实夏荣,乃至云行雨散、水流风从皆包含其中了。④ 由于这音声不可以耳承接,只能以心听之,甚至不能以心听之,而要以气听之,⑤故而,听者难免陷于迷惑了。然而,迷惑也就接近于自然之道了。迷惑在于"丧我",也即放弃主观性,只有在放弃主观性的情形下,才有可能迎受自然之道。如果排不开主观成见,就做不到自然。

---

① 成玄英《庄子疏》:"至乐之道,无所不遍,乃谷乃阬,悉皆盈满。所谓道无所不在,所在皆无也。"(郭庆藩:《庄子集释》,第505页)
② 郭象《庄子注》。(同上,第508页)
③ 钱穆引宣颖句,见《庄子纂笺》,台湾东大图书有限公司2003年版,第118页。
④ 见成玄英《庄子疏》句。(郭庆藩:《庄子集释》,第509页)
⑤ 《人间世》:"回曰:'敢问心斋。'仲尼曰:'若一志,无听之以耳而听之以心;无听之以心而听之以气。听止于耳,心止于符。气也者,虚而待物者也。唯道集虚。虚者,心斋也。'"

《天运》里的这个三段式表达,巧似《齐物论》里人籁、地籁、天籁:

> 子游曰:"地籁则众窍是已,人籁则比竹是已,敢问天籁。"
> 子綦曰:"夫吹万不同,而使其自己也,咸其自取,怒者其谁邪!"

这也就是三种乐章,不是彼此无干系的别样的音声。发出音声的依然是那些东西,只是表现的内容与依循的原则和旋律不同。天籁——天乐,没有一个主体使之发声("怒者其谁"),也没有一个指挥家使然,而由其自己依循自己的本性发声("使其自己也"),①全然是一个自然的过程,也就是"调之以自然之命"。这里所说的"调"也即自调,并没有一个他者在指使它们。

《山木》中记述了北宫奢为卫灵公建造大钟的事情:

> 北宫奢为卫灵公赋敛以为锤(钟),为坛乎郭门之外。三月而成上下之县。②
> 王子庆忌见而问焉,曰:"子何术之设?"
> 奢曰:"一之间,无敢设也。奢闻之:'既雕既琢,复归于朴。'侗乎其无识,傥乎其怠疑;萃乎芒乎,其送往而迎来;来者

---

① 郭象《庄子注》:"夫天籁者,岂复别有一物哉!即众窍比竹之属,接乎有生之类,会而共成一天耳。"成玄英《庄子疏》表达了同样的观点:"故夫天籁者,岂别有一物邪?即比竹众窍接乎有生之类是尔。……是以郭注云,'自己而然,则谓之天然'。故以天然言之者,所以明其自然也。而言吹万不同。且风唯一体,窍则万殊,虽复大小不同,而各称所受,咸率自知,岂赖他也?此天籁也。"(郭庆藩:《庄子集释》,第50页)

② 王叔岷《庄子校诠》:"案郭氏《集释》正文,成《疏》锺皆改鐘,非其旧也。古多借锺为鐘。"(中华书局2007年版,第732页)

勿禁,往者勿止;从其强梁,随其曲(传)〔傅〕,因其自穷,故朝夕赋敛而毫毛不挫,而况有大涂者乎!"

北宫奢受命依靠百姓的赋敛,建造一个大钟。而为建造这个大钟,先要在郭门外设一个祭坛。仅仅三个月的时间,就建成了上下悬钟的祭坛。① 王子庆问北宫奢,是不是在开始建造之前就有了一个设计。北宫奢引述了一句古话:"既雕既琢,复归于朴。"表示自己只是抱守纯一,其他方面不敢有任何想法,懵懵懂懂、无思无虑、无知无识地,送往而迎来,也不管人们送的是什么样的材料。如果是横直的材料,我迁就了它;如果是弯曲的材料来了,我也依随了它。对它们毫毛不伤,何况有大通之道存乎其间!② 北宫奢是否如他所说的那样,没有任何的想法就成功地建成了祭台,则也未必。"既雕既琢",本身就是艺术用心,只是雕琢的目的在于"复归于朴"。在这里,手段须服从目的,只因为对目的的强调,使得手段的作用被遮蔽了,或者说它被深藏了起来。至于"从其强梁,随其曲傅,因其自穷",更是一种高超的技艺,以至于看似无目的、无手段、无设想、无技艺,其实这些东西都被以自然的态度融入了整个建造过程。也如《养生主》里面"庖丁解牛"的那个过程,看似无规矩、肆意的肢解牛的动作,却演绎出了出神入化的艺术,其动作合乎最神奇的舞蹈——"桑林之舞",发出的声响中乎最美妙的音乐——"经首之会"。

---

① 《经典释文》引司马彪注:"八音备为县而声高下。"成玄英《庄子疏》:"上下调,八音备,故曰县。"(郭庆藩:《庄子集释》,第 677 页)马其昶《庄子故》引述褚伯秀所言:"设架悬钟,上下各六,所谓编钟也。"

② 成玄英《庄子疏》:"涂,道也。"(郭庆藩:《庄子集释》,第 679 页)

"雕琢"这个词的出现,应当与治玉及饮食器的装饰有关。《韩非子·十过》:"食器雕琢,觞酌刻镂(当为镂的别字)。"作为一种艺术手段,也被用于青铜神器、国家权力等象征符号的制作,如商代时期出现的饕餮纹。后来逐渐扩展到建筑艺术领域,如刘向《说苑·反质》所说:"宫墙文画,雕琢刻镂,锦绣被堂,金玉珍玮。"关于"朴"(樸),《说文》:"樸,木素也。从木,菐声。"段玉裁《说文解字注》:"素犹质也。以木为质,未彫饰,如瓦器之坯然。"如此说来,雕琢复朴,就是在经过精细的构思与雕饰,而要还原为似乎没有构思与雕饰的素朴自然,似乎原来就是这样的。在《老子》书里,素、朴都是指朴素之意,所谓"见素抱朴"、"镇之以无名之朴"、"朴散以为器"、"我无欲而民自朴"。在《应帝王》里面,也有一段叙述列子从老师壶子那里回去之后,经过勤苦的修炼,复朴还纯的文字:

> 然后列子自以为未始学而归。三年不出,为其妻爨,食豕如食人,于事无与亲。雕琢复朴,块然独以其形立。纷而封哉,一以是终。

这里的"雕琢复朴"说的不是艺术修饰,而是人格的塑造与完成。列子在壶子那里学道,因为道行不深,立场不稳,被江湖术士的"术"所迷惑。在见识了壶子的真功夫之后,幡然醒悟,这才回家精修,经过雕琢复朴的过程,终于形成了自己的道行与人格。在这里,雕琢与复朴表达的正是两个过程,一是要塑造、修行,二是要人格还原。不过,庄子始终都是讲求还原的,不仅艺术要还原,人格也要还原。所谓"至乐无乐,至誉无誉"(《至乐》),也是这个意思。

五　虚室生白——无言之美

"虚室生白",这句话在中国艺术史上被广泛运用,它出自《人间世》。卫国国君暴戾,不人道,人民处于水深火热之中,颜回依照孔子"乱国就之,治国去之"的道理,准备去那里解救人民。而孔子则说应当"先存诸己而后存诸人",自己都神气不定的,如何谈得上去救治别人。颜回希望孔子给他指出一个办法,孔子说出了一个"心斋"的办法:

　　"气也者,虚而待物者也。唯道集虚。虚者,心斋也。"
　　颜回曰:"回之未始得使,实自回也;得使之也,未始有回也,可谓虚乎?"
　　夫子曰:"尽矣!……瞻彼阕者,虚室生白,吉祥止止。夫且不止,是之谓坐驰。夫徇耳目内通而外于心知,鬼神将来舍,而况人乎!是万物之化也,禹、舜之所纽也,伏戏、几蘧之所行终,而况散焉者乎!"①

颜回说:在没有禀受"心斋"的道理之前,觉得颜回是实有其存在;禀受了这个道理之后,觉得未曾有颜回的存在。孔子立即肯定:精妙尽在于此了!接下来,孔子却把话题一转,说到了"虚室生白"。从这段文字的表达看,孔子是在描述一个景象:看看那空缺的地方

---

① 俞樾认为,"吉祥止止"中的后一个"止"字为"连文之误",《淮南子·俶真篇》作"虚室生白,吉祥止也";"唐卢重玄注《列子·天瑞篇》曰,虚室生白,吉祥止耳"。(见郭庆藩:《庄子集释》,第151页)不过,从庄子行文的风格看,是极可能有"吉祥止止"的表达,止止连用,有如止于所止。

吧,那心室虚静,纯白就产生了;而它一产生,吉祥就会止于那里了!① 这里的"虚",应当就是前面"唯道集虚"的"虚",也就是"虚静"之义;"室"理解为"心室"也应当不误;"白",成玄英理解为"道",也应当不忒,不过,从语境上看,它暗喻"道",却未明说,明说的是纯白、美好的东西。至于"夫徇耳目内通而外于心知",则是说使心室虚静的方法。《天地》也说了类似的话:

> 为圃者忿然作色而笑曰:"吾闻之吾师,有机械者必有机事,有机事者必有机心。机心存于胸中则纯白不备。纯白不备则神生不定,神生不定者,道之所不载也。吾非不知,羞而不为也。"子贡瞒然惭,俯而不对。

这段对话的背景是,子贡从楚国到晋国,见到一个人正在凿一个灌溉蔬菜的井,只见他很笨拙地用罐子从井里舀水,子贡说:"你何不装一个机械,一天可以灌溉一百个这样的菜地?用力很少,做功很多,你难道不愿意吗?"不料这人听了并不高兴,却转而以嘲笑的口吻说了上面这段话,意思是:为了要获得这样的机械,就必定有机械之事,而为做这机械之事,就必定动心机;可是心机动于胸,纯粹素白就不圆成了。由此引来的后果便不纯是灌溉这件事了,会以小害大,影响到修道。所以,他说自己不是不知道用机械灌溉的好处,只是羞于为此而已。上述的两段话大意相同,只存在些微的差别。前者说"白",后者说"纯白"。前者出于内篇,为庄子之

---

① 司马彪、成玄英皆释"阕"为"空",司马彪云:"室比喻心,心能空虚,则纯白独生也。"(郭庆藩:《庄子集释》,第151页)锺泰《庄子发微》:"'阕',缺也,即老子所云'凿户牖以为室,当其无有室之用'者。"(上海古籍出版社2002年版,第87页)

作,人所不疑;后者为外篇,人们疑为庄子之作。前者说心室虚静,美好、纯白的东西就产生了;后者说纯粹素白的不圆成,就会心神无定,道也就不来了。共同点都是要心室虚静,不受外在的尘染,就能迎候道的到来。

庄子本意是要借一个具体的情景、场域的描述,表达形上之道的显现,然而,如此的情景、场域,却产生了美学的效果。他的描述对美的空间观念、虚实关系,对于艺术境界的产生做了最精妙的表达,以致所有中国的艺术都借用了它。《文心雕龙·神思》:"故思理为妙,神与物游。……是以陶钧文思,贵在虚静……"宗白华《中国艺术意境之诞生》一文说道:"庄子说:'虚室生白。'又说:'唯道集虚。'中国诗词文章里都着重这空中点染,抟虚成实的表现方法,使诗境、词境里面有空间,有荡漾,和中国画面具有同样的意境结构。"①徐复观《中国艺术精神》:"在中国艺术活动中,人与自然的融合,常有意无意地实以庄子的思想作其媒介。而形成中国艺术骨干的山水画,只要达到某一境界时,便于不知不觉之中,常与庄子的精神相凑泊,甚至可以说,中国的山水画是庄子精神不期然而然的产品。"②中国的绘画艺术中一种普遍讲求的方法,就是在画面中留出虚白的空间。这些虚白之处不是没有意义的,而往往是表达画外之义的,或者说是境界的显现之处,它在画中与实物、实景相互补益,甚至实物、实景只是为了表现它而存在。实物、实景只是"虚室生白"当中的那个"室",虚白才是那个"白"。画面中的虚白也不是绝对的无,通常运用飘渺的云烟,表示这之中蕴含了无穷尽的意蕴和高蹈的境界。也如同老子所说的"三十辐共一毂,当

---

① 见《美学散步》,上海人民出版社 1981 年版,第 82、83 页。
② 徐复观:《中国艺术精神》,广西师范大学出版社 2007 年版,第 102 页。

其无,有车之用。埏埴以为器,当其无,有器之用。凿户牖以为室,当其无,有室之用。"虽然老子谈的是哲学,不是艺术审美,但二者道理是相通的。

这一观念在文学艺术里面的变相运用,就是无言之美。《秋水》:

> 可以言论者,物之粗也;可以意致者,物之精也;言之所不能论,意之所不能察致者,不期精粗焉。

这是说言论所能表达的是物质的粗浅的东西,精微的东西则要依靠意念的领会,而言论与意会都达不到的东西,则不是精微与粗浅所能表达的了。

《知北游》:

> 弇堈吊闻之,曰:"夫体道者,天下之君子所系焉。今于道,秋豪之端万分未得处一焉,而犹知藏其狂言而死,又况夫体道者乎!视之无形,听之无声,于人之论者,谓之冥冥,所以论道而非道也。"

这里的无形、无声,与无言是一种并用关系,在艺术的画面上看是无形,在音乐上是无听,在文学艺术里就是无言。所谓"论道而非道",是说用语言来谈论的道,不是真正的道,真正的道是不可以谈论的,有如老子说的"道可道,非常道;名可名,非常名"。文学艺术本来是要表现某些东西的,可是有些东西不是语言能够表现的。在此种情形下,语言的表现似乎只是为了使得真象与境界能够出现,而为了真象与境界的出现,话说到一定的时候,就要立即禁断,也就是主动地放弃语言,等待那个景象的出现。这就是《外物》里说的:"筌者所以在鱼,得鱼而忘筌。……言者所以在意,得意而忘言。"

美学家叶维廉把这种情形称为"理性的退却":"我们必须把表层的自我消灭,让理性的力量退却,然后我们才可以与灵魂接触。理性的退却带来一种遗忘的状态,在这状态里,所有表层自我所建立的阻碍都可以排除,其时,'灵感'才发生,像从灵魂最深之处发出的一点火花。"①

如果说无形、无声、无言,乃是"虚空"在形象艺术、音乐艺术和文学艺术各自殊异的境况下的特殊表达,那么虚空可以说是意境、真意、真象产生的特殊场域,艺术家则可以说都只是守候者,守候言象声之外的东西的出现。② 可是当艺术家把自己的生命融进了去,而不只是个旁观者的时候,那么他就可以与意境、真意与真象一同起舞了,那个虚空也成了自己的舞台了。这恰如"庖丁解牛"的故事,"合于桑林之舞,乃中经首之会",解牛者已经超乎技艺,与道同在,如是,他的肢解牛的动作,乃至他的人生都是在蹈虚,从而"游刃有余"。③ 这也有如《达生》里所说的"操舟若神"以及蹈水者"从水之道而不为私焉"的故事一样。

六 观的艺术

"观",其实也就是"看",而这个"看"在《庄子》书里有着不同的

---

① 《叶维廉文集》第二卷,安徽教育出版社2003年版,第135、136页。
② 凡·高称为"守猎者":"我认为画画就是一种对模特和美的狩猎。"(《凡·高论艺术》,四川美术出版社2003年版,第2页。
③ 宗白华称之为"'道'的生命进乎技,'技'的表现启示着'道'。……'道'的生命和'艺'的生命,游刃于虚,莫不中音,合于桑林之舞,乃中经首之会。音乐的节奏是它们的本体。"(《美学散步》,上海人民出版社1981年版,第77、78页)

意义,都是一个"看",看的对象、内容与结果却不同。尽管"观"在大多数情形下都服从于相对主义认知论的需要,但有些时候更像是艺术的观审。诸如"以道观之"、"以差观之",属于认知的观;而观"儵鱼出游","观于浊水、迷于清渊","孔子观于吕梁"等,属于艺术的观。当然,艺术的观也都可以归于认知的观,只是其中包含了艺术的审美而已。

《天运》写到了"老子犹龙"一事:

> 孔子见老聃归,三日不谈。弟子问曰:"夫子见老聃,亦将何规哉?"
> 孔子曰:"吾乃今于是乎见龙。龙,合而成体,散而成章,乘乎云气而养乎阴阳。予口张而不能嗋。予又何规老聃哉?"
> 子贡曰:"然则人固有尸居而龙见,雷声而渊默,发动如天地者乎?赐亦可得而观乎?"遂以孔子声见老聃。

孔子原本打算去规劝老聃,然而见了老聃之后,他却惊疑不已,回去之后三天都不谈见了老聃之事。在弟子的追问下,孔子才说自己见到了龙,即老聃的龙象,这龙象合起来为龙体,舞动起来则呈现绚丽的文彩,它吸收阴阳,腾云驾雾。孔子说自己看到这般气象,张大了嘴,一句话也说不出来了。听了孔子的话,子贡作了这样的评论:寂然不动却像龙,沉静不言却似雷霆,其凝神一动似天地之机。① 如此的描述有如《德充符》里叔山无趾将孔子描绘成

---

① 《在宥》:"故君子苟能无解其五藏,无擢其聪明,尸居而龙见,渊默而雷声,神动而天随,从容无为而万物炊累焉。吾又何暇治天下哉!"这与《天运》里这段话大意相同,只是对象是"君子",不过,这里的君子不是一般富有修养的君子,而是《逍遥游》里所说的"至人"、"神人"与"圣人"。

"天地"一样("夫天无不覆,地无不载,吾以夫子为天地,安知夫子之犹若是也!"),乃是对于德者的颂扬。如果不是艺术的观审,老聃只是老聃,只是借助了艺术的眼光,才看出了老子犹龙的气象与意象。而孔子事后的描述,本身就是艺术的复制。

《至乐》也有一段写到艺术的观审:

> 咸池九韶之乐,张之洞庭之野,鸟闻之而飞,兽闻之而走,鱼闻之而下入,人卒闻之,相与还而观之。鱼处水而生,人处水而死。彼必相与异,其好恶故异也。故先圣不一其能,不同其事。名止于实,义设于适,是之谓条达而福持。

咸池九韶,这种尧时美妙的乐舞,在洞庭之野演奏的时候,不仅没有令鸟、兽、鱼等动物注意欣赏它,反而吓跑了它们,只有人听到了之后,在鸟兽散尽之时彼此赶来欣赏。这里虽然说的是人与动物的差异性,不能认为人所喜欢的东西鸟、兽、鱼也喜欢,但是,这里的"观"("相与还而观之")就是观赏艺术,而不是看道理的认知活动。再说庄子观鲦鱼出游之事,当庄子说"鲦鱼从容出游,是鱼之乐"时,他是一种艺术的观赏,而当惠子把其中包含的认知问题追问到底的时候,就转换成了认知问题。然而,如何在观的过程中排除主观性,做到纯粹的客观呢?庄子用的是"坐忘",即"离形去知",用尼采的话,叫"自弃境界",就是在观赏的过程中,把自己的主观性出离干净,只剩下纯粹的观审,到了那个境界,对象就会向我们诉说了。在此情景下,还存在主观与客观的区别吗?在庄子那里不存在了,在尼采那里也不存在了。《齐物论》所描写的庄周化为蝴蝶的审美经验,是具有普遍意义的。在梦里面庄周觉得自己就是那个"栩栩然"的蝴蝶,自我感觉到很自在适意。当梦醒了之后,他却分不清是庄周在做梦,还是自己只是蝴蝶梦里面的庄周,他用了一个词"物化"。"物化"其实就是对象化,在艺术上就是客观化。用"梦"来实现客观化,乃是别有意味的。梦本身所带有的那种迷离的感觉,容易把主体消解在对象里面了。而梦的境界又能实现在清醒状态下所不能实现的艺术的想象力。

庄子的这种艺术观审,在老子那里有思想的源头,老子说:"以身观身,以家观家,以乡观乡,以邦观邦,以天下观天下。"(第五十四章)就是说,观者如同那个被观的对象,以此达到对于对象的理解。老庄这样的一种观审手段,就是一种"以物观物",这在邵雍的《观物内篇》里面发挥为"反观"之术:"圣人之所以能一万物之情者,谓其圣人之能反观也。所以谓之反观者,不以我观物也。不以我观物者,以物观物之谓也。既能以物观物,又安有我于其间哉!"应当说,这个理解是深切老庄之意的。

第八章　庄学诸派之一——道家

一　郭象的《庄子注》

郭象关于"性分"的问题，已经在《逍遥与自由》章中论及了，这里着重分析他的有无、独化等方面的问题，至于他解注庄子时的背景与主意，汤用彤先生一言蔽之："郭象注《庄子》是讲政治学说，至于其讲形上学（Metaphysics）乃欲完成其政治学说也。"① 兹不赘述。虽然如此，郭象在注《庄子》时还是多有发明之义。

（一）有无

有无本是老庄所注重的基本哲学问题，但在玄学家那里它还是时兴的政治哲学问题，从而有了"贵无论"与"崇有论"的区别。何晏、王弼等属贵无，以无为本体；向秀、郭象等归崇有，以有为本体。前者解释老子，后者解释庄子。彼此虽在哲学本体论上相反对待，却在体用问题上一致，都主体用一如、自然与名教同归。

王弼据《老子》，主"有生于无"、"体用如一"、"本末不二"与"崇本息末"之说。无、本、体皆道的别称，可谓同一个抽象的东西，有不同的说法。有、用、末皆现象，诸多的现象不仅根源于同一个本

---

① 《汤用彤全集》第四卷，河北人民出版社2000年版，第359、360页。

体,也体现这个抽象的本质。

郭象据《庄子》,针对王弼的学说,提出"有自有"的学说,即"无不能生有,而有自有"。与此相关,在何为体、何为用、何为本末上都迥异于王弼。郭象当然是有着政治意图了,但又都是根据对《庄子》的解释阐发出来的。在《庄子注》的序言里,郭象开宗明义地讲:"上知造物无物,下知有物之自造也。"这也是从《庄子》文中引发出来的。他在解释《知北游》"物物者非物"那段话时说道:

> 谁得先物者乎哉?吾以阴阳为先物,而阴阳者即所谓物耳,谁又先阴阳者乎?吾以自然为先之,而自然即物之自尔耳;吾以至道为先之矣,而至道者乃至无也。既以无矣,又奚为先?然则先物者谁乎哉?而犹有物,无已,明物之自然,非有使然也。①

庄子的本意是说在有物之前应该存在着无物,使物成为物的必定是被称为"物物者"的东西,庄子所说的"无已"中的"无",意指"非物",而不是一个绝对的虚无。郭象似乎在顺着庄子的思路推演,既然"物出不得先物",那么说使物成为物的是阴阳吧,阴阳也是物;说使物成为物的是自然吧,自然也只是物之自然而然;以至道为物物者吧,可是道只是一个"至无",也即绝对的无。所以,在物之前,没有物物者的存在,只有"物之自造"。所以,"物物者无物,而物自物耳"(同上"物物者与物无际"句注)。如此,但凡《庄子》书中论及"造物者"的地方,郭象多不予置评,或者注解为变化之道、自然与自为之道,皆没有将道看作为一个绝对的实体,如对《大宗师》中的"造物者",他注解道:

---

① 郭象《庄子注》,见郭庆藩:《庄子集释》。

> 夫任自然之变者,无嗟也,与物嗟耳。("嗟乎!夫造物者又将以予为此拘拘也"注)
>
> 夫变化之道,靡所不遇,今一遇人形,岂故为哉!生非故为,时自生耳。("夫造物者必以为不祥之人"注)

对《应帝王》,他注解道:

> 任人之自为。("予方将与造物者为人"注)

"造物者"在《庄子》书中皆为道的别称,当它被看作自然变化的过程而不是使变化发生的本体时,那个"者"其实也就不存在了。如此,使物成为物的"造物者"不存在了,剩下的就只有"物"了。这在《大宗师》有关"道"的注解中更是如此:

> 无也,岂能生神哉?不神鬼帝而鬼帝自神,斯乃不神之神也;不生天地,而天地自生,斯乃不生之生也。故夫神之果不足以神,而不神则神也矣。功何足有,事何足恃哉!……言道之无所不在也,故在高为无高,在深为无深,在久为无久,在老为无老,无所不在,而所在皆无也。且上下无不格者,不得以高卑称也;外内无不至者,不得以表里名也;与化俱移者,不得言久也;终始常无者,不可谓老也。("夫道有情有信"段注)

在《知北游》的注解中,郭象又说道:

> 若游〈乎〉有,则不能周遍咸也。故同合而论之,然后知道之无不在。知道之无不在,然后能旷然无怀,而游彼无穷也。("尝相与游乎无何有之宫"句注)

郭象否定了"造物者",但没有否定道,他也认为道是"无所不在",亦称"冥然无不在"(《齐物论》"道未始有封"注),但道既非实体、本质,也非规律,它就是一个"无",即"无所不在而所在皆无"。它既不能神鬼神帝,也"不生天地"。鬼帝之为神(神妙),在于它们自身,即"不神则神";天地之所以生,也在其自身,即"天地自生"。如此,庄子所说的道"在太极之先而不为高,在六极之下而不为深,先天地生而不为久,长于上古而不为老",本意为不足以表达道的高、深、久、老,经郭象的解释,变成了无高、无深、无久、无老。在郭象的这段解释语句中多次使用了"无",此"无"究竟意义何在?当郭象说到是"无所不在"时,意谓道是普遍适用的,道在一切现象中;当他说"所在皆无"时,意谓它并不以任何形式表明其存在,甚至不能以某种对象化的东西来说它,"无"既不是抽象,也不是具体,万物的存在就表明它的存在。如此,万物只以适合它们自身的方式与形式存在,都只是以"适性"、"足性"的原则存在,如此,在高也无所谓高,在深也无所谓深,在久无所谓久,在老无所谓老,事物以其自身合适的方式为次序,完全不存在某种由别的东西可以统摄的次序(比如像王弼所推崇的"以无统有"),只存在"有自有"。在《齐物论》注中,郭象说道:

  无既无矣,则不能生有。有之未生,又不能为生。然则生生者谁哉?块然而自生耳。自生耳,非我生也。我既不能生物,物亦不能生我,则我自然矣。自己而然,则谓之天然。天然耳,非为也,故以天言之。〈以天言之,〉所以明其自然也,岂苍苍之谓哉!而或者谓天籁役物使从己也。夫天且不能自有,况能有物哉!故天者,万物之总名也。莫适为天,谁主役物乎?故物各自生而无所出焉,此天道也。("夫吹万不同,而使其自己也"注)

在《在宥》注中,郭象又说:

> 夫老庄之所以屡称无者,何哉？明生物者无物,而物自生耳。自生耳,非为生也,又何有为于已生乎！("至道之精,窈窈冥冥"句注)

郭象既认为道无所不在,又认为道什么也不是,那么这"什么也不是"就不可能产生别的物。他的思路其实是:有只能从有产生,不能从无产生,亦即现象产生现象；没有抽象的本质,没有可以产生现象的抽象本质。上述中,郭象用思精微,值得玩味。在有生有的前提下,有还没有产生("有之未生"),就不能设想有某种东西可以产生有("又不能为生"),故而,只能是有"块然自生"；既是自生,那也就同龙生龙,凤生凤,各自相生,没有主客、物我,也不能设想存在天地的意志主宰其物物自生,"我"也只是一"物"而已。天地也只是"万物之总名",没有自己的主体性("且不能自有")。郭象反对"天籁役物使从己"的观念,天地连"己"都没有,"谁主役物"？所以,物物自生,没有一个统一产生的出口("故物各自生而无所出焉")。

至此,郭象已将老子、庄子的"道"消解掉了,"道"变成了无体无质的"无",而"无"则什么也不是,剩下的只有自生的"有"。郭象颠覆了老庄乃至秦汉以来的世界统一性的思想。他不承认世界上存在产生万物的一致根源,也不承认有统摄万象的本质,只承认现象的实在与多元。① 或可这么说,郭象不仅是多元论者,也是反本质论者。

---

① 汤用彤先生说过:"郭象只承认现象世界之实在,现象之外再没有东西,一切事物的产生都是无用的,是偶然的,是突然而生的,每个事物都是独立的,所以郭象的学说为多元论。王弼的学说为抽象一元论(abstract monism),而向郭之'崇有'为现象多元论(phenomenal pluralism)。"(《汤用彤全集》第四卷,河北人民出版社2000年版,第364页)此说甚是。

（二）独化自然与玄冥之境

独化自然

郭象既已否定了现象的统一与本质，那么他如何解释世界及现象的有序与和谐，并且，他如何完成其名教政治学呢？这就要从他的"独化"与"自然"学说说起了。

自生、自有，皆为变化，而"化"讲的也是变化。"化"在《庄子》书中是反复申述的概念，如"物化"、"万物之化"、"命物之化"、"一化之所待"等。但经郭象的注解，此"化"有了新义，他在"化"之前加了一个"独"字，成为"独化"。郭象在《大宗师》的注里说道：

> 卓者，独化之谓也。夫相因之功，莫若独化之至也。故人之所因者，天也；天之所生者，独化也。（"而况其卓乎"注）
>
> 然则凡得之者，外不资于道，内不由于己，掘然自得而独化也。（"乘东维，骑箕尾而比于列星"句注）

在《知北游》的注中说道：

> 夫死者独化而死耳，非夫生者生此死也。生者亦独化而生耳。独化而足。（"不以生生死，不以死死生。死生有待邪？"句注）

郭象、成玄英皆以"独化"解"卓"，为独绝之义，但二者所唱玄音不同。郭象所说"独化"有三种含义：①

---

① 汤用彤先生也曾指出"独化"三义：甲，"自生"；乙，"多元（而变化）"；丙，"不为而相因"。（见《汤用彤全集》第四卷，河北人民出版社2000年版，第371页）

第一,意谓事物的变化,除了"自生",还是"自尔"、"自因"、"自为"、"自得"与"自化"。也就是说,事物及其变化的原因只存在于它们自身,它们自在而自为,没有原因与结果,没有过去与现在,没有外界的给予,没有他者的推动。

> 任之而自尔,则非伪也。(《齐物论》"其有真君存焉"注)
> 皆在自尔中来,故不知也。(《知北游》"故行不知所往"句注)
> 至理尽于自得也。(《齐物论》"适得而几矣"句注)
> 不知所以因而自因,故谓之道也。(《齐物论》"已而不知其然而谓道也"注)
> 夫唯无其知而任天下之自为,故驰万物而不穷也。(《齐物论》"而游乎四海之外"注)
> 理与物皆不以存怀,而暗付自然,则无为而自化矣。(《在宥》"堕尔形体,吐尔聪明,伦与物忘"注)

第二,意谓事物的变化是无待、孤立、不相因的。郭象虽然如此说:"天地万物,凡所有者不可一日而相无也。一物不具,则生者无由得生;一理不至,则天年无缘得终。"(《大宗师》"终其天年而不中道夭者,是知之盛也"注)这似乎是说万物都是相因相待的,其实不然。他的真正意思是,天地万物,如果没有彼此的存在,也就不成其为天地万物,并非说存在的这些事物之间必定存在着相互依赖的关系,进而需要弄清楚这些关系。人们只须任万物所处之宜,所得之性分,就可以了,所谓"若乃任天而生者,则遇物而当也"(同上"夫知有所待而后当"注)。故而,"推而极之,则今之(所谓)有待者,(率)〈卒〉至于无待,而独化之理彰矣"(《寓言》"而况乎以〈无〉

有待者乎"注)。他在《秋水》注中说道：

> 天下莫不相与为彼我,而彼我皆欲自为,斯东西之相反也。然彼我相与为唇齿,唇齿者未尝相为,而唇亡则齿寒。故彼之自为,济我之功弘矣,斯相反而不可以相无者也。("知东西之相反而不可以相无"注)

唇亡齿寒,本是表达唇齿相依的关系,但郭象从中看出了另外的道理。唇与齿各自干的属于自己的活("自为"),彼此并不相干("未尝相为"),却产生了意想不到的相济之功。但人们不应该从这种唇亡齿寒的相济之功中联想到彼此之间存在着相依相存的关系。美丑、是非之间也如此。他在《德充符》的注中说：

> 虽所美不同,而同有所美。各美其所美,则万物一美也;各是其所是,则天下一是也。("自其同者视之,万物皆一也"注)

美与丑、是与非,本来相反,但有"同有所美"、"天下一是"的效果。在郭象看来,并不是人们彼此之间达成了一致的意见,恰恰是彼此都"美其所美","是其所是",才产生了一致的效果。至于何以有这种效果,郭象归之于"乘变任化,连物而不慴"(同上段注),或者说是"玄同"。在《知北游》注中,郭象还说：

> 物有际,故每相与不能冥然,真所谓际者也。不际者,虽有物物之名,直明物之自物耳。物物者,竟无物也,际其安在乎?("而物有际者"段注)

"际"谓界际。从有界际来说,物与物之间各各不同,好像真有其事;从无界际来说,物是由物物者造出来的,可是,物物者其实都无其物,那么物与物之间又谈何界际?前者是表象,后者才是实情。这就是郭象釜底抽薪的逻辑。

第三,事物的变化是无主宰的,偶然的。郭象说:

> 言物皆自然,无为之者也。(《大宗师》"然而至此极者,命也夫"注)
>
> 此皆不得不然而自然耳,非道能使其然也。(《知北游》"此其道与"注)
>
> 既明物物者无物,又明物之不能自物,则为之者谁乎哉?皆忽然而自尔也。(《知北游》"彼为积散非积散也"注)

张湛的《列子注》曾引夏侯玄的话,明确地将道界定为自然,"自然者,道也。"郭象说过:"道在自然,非可言致者也。"(《知北游》"道不可致"注)"自然者,不为而自然者也。"(《逍遥游》"彼且恶乎待哉"注)也说过:"天者,自然之谓也。"(《大宗师》"知天之所为者"注)但他并没有将道界定为自然。既然道已经被消解掉了,自然也不再作为对象来看待了,它只是万物独化的那个自尔、自为、自化的过程。所以,这里讲的自然,也只能是物物各自实现自己变化的过程。在这个过程中,没有幕后的推手,没有主宰它们的东西,没有道可以规定它们变化的行迹;而变化在何时发生,发生怎样的变化,都是"忽然而自尔",一切都具有偶然性。

玄冥之境

郭象既已消解了道,否定了世界的抽象本质与统一性,且否定了事物的相互及前后关系,以及事物的必然性,那么剩下的就是无序而混沌的世界了。他如何在被他所粉碎的世界基础上建立起秩序与和谐？如何完成他的政治哲学建构呢？他提出了一个"玄冥之境"。在《齐物论》注中，他说道：

> 世或谓罔两待景，景待形，形待造物者，请问夫造物者有邪无邪？无也，则胡能造物哉！有也，则不足以物众形。故明众形之自物，而后始可与言造物耳。是以涉有物之域，虽复罔两，未有不独化于玄冥者也。（"罔两问景"段注）

这段话本意是说有限的"有"不能造无限的"物"，所以众物都是自造的结果。却表达了玄冥的意思，意谓凡是物，包括罔两在内，都要独化在玄冥之境中。在郭象看来，罔两、景、形、造物者，看起来似乎相待，其实乃是"俱生"的关系，它们之间之所以发生表面上相因的关系，根据在于"玄合"而"非待"。罔两、景与形等，只要任其自性而不助，那么"本末内外，畅然俱得，泯然无迹"（同上）。这里所表达的是事物之间的协调与默契。

汤用彤先生曾认为："'独化于玄冥之境'，此语颇难解，懂得此语即懂得向郭之学说。"①这是中肯的。"玄冥之境"，此语出现在郭象《庄子注》的序里，也出现在《大宗师》及《徐无鬼》的注中：

> 是以神器独化于玄冥之境而源深流长也。（庄子论·序）
> 况乎卓尔独化，至于玄冥之境，又安得而不任之哉！既任之，则死生变化，惟命之从也。（《大宗师》"而况其卓乎"注）
> 意尽形教，岂知我之独化于玄冥之境哉！（《徐无鬼》"而

---

① 《汤用彤全集》第四卷，河北人民出版社2000年版，第360页。

未知未始有物也"注）

在《逍遥游》注里，郭象也用了"绝冥之境"：

> 天下虽宗尧，而尧未尝有天下也，故窅然丧之。而尝游心于绝冥之境，虽寄坐万物之上，而未始不逍遥也。（"窅然丧其天下焉"注）

"玄冥之境"与"绝冥之境"应当没有区别。我们需要弄清郭象所言的"玄冥"、"绝冥"及"境"的意思，否则，他的"独化"、"无待"，乃至"自尔"、"自化"、"自生"等思想都无解。在《庄子》书中，"玄冥"只出现过两次，即《大宗师》与《秋水》中。其中《大宗师》中的"玄冥"表示人的名字，在"子独恶乎闻之"的问对中，说出了闻道者的谱系："闻诸副墨之子，副墨之子闻诸洛诵之孙，洛诵之孙闻诸瞻明，瞻明闻之聂许，聂许闻之需役，需役闻之于讴，于讴闻之玄冥，玄冥闻之参寥，参寥闻之始疑。"这些名字自然是虚构的，庄子借此表达道的玄远深妙。郭象和成玄英在解注"玄冥"的时候，也都是从闻道的过程来理解其名字所代表的意义。其字面意思，成玄英解释为"玄者，深远之名也。冥者，幽寂之称。"这是大家都认同的字义解释，然而，这并不等于就完全解释了"玄冥"这个概念的意义。郭象作了这样的注解：

> 玄冥者，所以名无而非无也。夫阶名以至无者，必得无于名表。故虽玄冥，犹未极，而又推寄于参寥，亦是玄之又玄也。（《大宗师》"闻诸副墨之子"段注）

郭象说道是无，这里却没说玄冥是无，只说它是"名无而非无"。

"玄之又玄"乃是老子语,意谓道有其境界,"玄之又玄,众妙之门"。在老子、庄子那里,道是一个无以言及的实体,又有其存在的境域、境界;但在郭象这里,道既是存在的,却是无,也就是作为境域或境界的存在。依郭象的理解,玄冥也只是境域、境界的存在,但顺着庄子的推演逻辑,他又说玄冥"犹未极",只有到达"玄之又玄",才可称"极"。但这并不排除"玄冥"作为道境的一种,尤其面对俗世的万事万物,它是一个使万事万物彼此处于和谐有序的境界。

在上述意义上,我们来分解郭象《庄子注》有关"玄冥"诸义。在《齐物论》的注里,郭象在"彼是莫得其偶"注中说道:

> 彼是相对,而圣人两顺之,故无心者与物冥,而未尝有对于天下也。

这段话中出现的"与物冥"与"玄同"所表达的意思相近。当面对"彼是相对"的情景,郭象不是像庄子那样换个角度,或者从更宽广的视野看出"彼是莫得其偶"。他主张的是,就其"相对"而"两顺之"。事物既然有此相对,那么依随了它,不在意("无心")这些相对,甚或在内心里面与相对的它们玄合、冥同。即便如此,在圣人治理的天下里面,这般的相对便"而未尝有对"。为何相对"而未尝有对"了呢?原因只在于那个"玄冥之境"。事物的相对乃是其性分,或者说本来面貌,而相互对立的事物在"玄冥之境"中,可以找到自己的位置,且彼此不相冲突。如此来看世间的变化与生死亦复如是:

> 夫神全形具而体与物冥者,虽涉至变而未始非我,故荡然无(蘦)[蔕]介于胸中也。(《齐物论》"飘风振海而不能惊"注)
> 言能蜕然无系而玄同死生者至希也。(《齐物论》"是旦暮遇之也"注)

面对"飘风振海"的变化,"体与物冥",那么无论如何变化,都不会失去我,或曰都只是我的变化("未始非我")。同样,死生的变化,无非是"蜕然"而已,死死生生,我在其中。在《德充符》注中,郭象进一步发挥了这个思想:

> 体夫极数之妙心,故能无物而不同。无物而不同,则死生变化无往而非我矣。故生为我时,死为我顺。时为我聚,顺为我散。聚散虽异,而我皆我之。则生,故我耳,未始有得;死,亦我也,未始有丧。夫死生之变犹以为一。既睹其一,则蜕然无系,玄同彼我,以死生为寤寐,以形骸为逆旅,去生如脱屣,断足如遗土,吾未见足以缨茀其心也。("物视其所一而不见其所丧"注)

这段超生越死的话,看来与庄子的达生、至乐观差不多了。不过,郭象究竟不是庄子,他也谈不上具有宗教信仰,他只是想要为他的玄冥之境张目而已。似乎在人人物物都具足其性分,满足于自己所处的境遇下,都可以自在而永生。与此相关,郭象说到了多种情景下的玄冥之义,如"内外玄合"(《德充符》题注),"冥然无不体"(同上"而况官天地,府万物"注),"欲以真理冥之"(同上"解其桎梏,其可乎"注),"游外以冥内,无心以顺有"(《大宗师》"而丘游方之内者也"注)。

郭象既以"名教合于自然"为志趣,他注《庄子》所发明的"独化于玄冥之境",于他有关政治合法性的论证有何帮助?或可从三个方面说。

第一,郭象以"物各有性,性各有极"为根据,把人们限定在性分之内,而各人之性分有别,从而,有"有待"之人,有"无待"之人,

神人、至人、圣人就属于无待之人,芸芸众生皆属有待之人。在《逍遥游》注里,郭象说:

> 然后统以无待之人,遗彼忘我,冥此群异,异方同得而我无功名。是故统小大者,无小无大者也。("小知不如大知"注)

从性分的角度看,小与大并无二致,鹏翔以九万高空,蜩飞以蓬蒿之间,彭祖以千年为春秋,蟪蛄则不知春秋,皆以适性为足。然而,有待与无待则是有别的。无待的圣人超越了所有的局限,所以,他能够知"彼我"与"群异",且能忘彼我,冥群异。

第二,玄冥之境以某种神秘而超越的观念将现存社会秩序合理化、合法化。在《逍遥游》"子治天下,天下既已治也"注中,他说道:

> 夫能令天下治,不治天下者也。故尧以不治治之,非治之而治者也。

不治也即不有意治天下,而天下依自然之理而得以治理。在《应帝王》"何问之不豫也"注中说:

> 问为天下,则非起于太初,止于玄冥也。

在《在宥》"逆物之情,玄天弗成"段落的注中说:

> 若夫顺性物而不治,则情不逆而经不乱,玄默成而自然得也。……理与物皆不以存怀,而暗付自然,则无为而自化矣。

玄冥之境作为超越境界,不是常人可以窥视的,常人只要知道这个道理就够了。人们依照自己的性分,随顺地看待世上的现有秩序,玄默于彼此的差异,就符合玄冥之境了。

第三,郭象将《庄子》书中所说的至人、神人与圣人,都看成了社会政治生活中的圣王,孔子是圣人,帝王也是圣人。诸如:

> 故圣人一也,而有尧舜汤武之异。明斯异也,时世之名耳,未足以名圣人之实也。(《在宥》"夫施及三王而天下大骇矣"注)
>
> 圣人之道,即用百姓之心耳。……此乃圣王之道,非夫人道也。(《天地》"圣人之道"段句注)
>
> 是以圣人未尝独异于世,必与时消息,在皇为皇,在王为王,岂有背俗而用我哉!(《天地》"然则俗故严于亲而尊于君邪"注)

郭象既以调和自然与名教为己任,并主名教不出自然,那么把《庄子》所说的圣人与孔子乃至当朝的圣王画等号,自然也在情理之中。他在这方面所用的心思,其实在《庄子注》的序中也讲明了:

> 至(人)[仁]极乎无亲,孝慈终于兼忘,礼乐复乎已能,忠信发乎天光。

郭象注解《庄子》本身,是为其政治哲学建立一个形上学的基础。虽则他与阮籍同主"崇有论",但与阮籍"越名教而任自然"也相差远了。

二 成玄英的《庄子疏》

生活于初唐时代的成玄英,是一个道教学者,他对《庄子》的解疏，既表现了唐朝学者的开放性，又体现了他的宗教立场。这里从三个方面论述他的《庄子疏》。①

（一）适性自由

"自由"一词出现在唐代文献，已不是个别现象，应当说在那个时代自由已经是一个普遍性要求。② 不过，如此的一种普遍性要求也从未变成社会的行为，自由始终都是个人范围的事，故而唐代人所说的"自由人"，就不是法权意义上的自由人。人在社会生活中从来就不是自由的，所以，才需要追求自由。这个观念从庄子那里开始，就逐渐形成了一个思想的传统。成玄英解疏《庄子》，自是承传郭象，又别开一面。

郭象将《庄子》"逍遥"解释为"自得"与"适性"，在这个方面，成玄英也是认同郭象的。其《庄子疏》：

> 逍遥，自得之称。（《逍遥游》"逍遥乎寝其下"疏）
> 彷徨逍遥，皆自得逸豫之名也。（《大宗师》"逍遥乎无为之业"疏）

二人的理解大致相同，都主张物各异其性，性各异其情，不应按照一个统一的要求来衡量是否逍遥自由。大鹏抟风九万，小鸟决起榆枋，虽然远近相差很大，在适性方面来说是一样的，各自都能尽己之能，取得自由。故而，"虽复升沈性殊，逍遥一也。亦犹死

---

① 成玄英的著作除了《庄子疏》，还有《老子注》。
② 请参见"自由与逍遥"章。

生聚散,所遇斯适,千变万化,未始非吾"(《逍遥游》"南冥者,天池也"疏)。这样的解释虽未尽庄子之意,却是从《庄子》引申出来的。郭、成二人在逍遥自由问题上的一致,建立在对"物性有分"基本问题上的观点一致。郭象说:"物各有性,性各有极。"①成玄英则说:

> 物性不同,各有素分,循而直往,因而任之。(《逍遥游》"汤之问棘也是已"疏)

什么是性?按成玄英的理解,就是生来如此,所谓"性者,禀生之理"(《在宥》"恐天下之迁其德"疏)。既然是生来如此,又称为"真性"。与此相对应,有"积习以成性者"(《达生》"请问,委蛇之状何如"疏)。无论生来如此,或积习成性,只要是发自内心本能,就是"真性"。讲物性的目的是为了表明彼此的差别,即讲有分,物性有极,物性素分。这既是说各自有着不同的本性,又是说各自的本性都有限度,即有分内与分外的区别:

> 所以知者,分内也,所不知者,分外也。舍内求外,非惑如何也?(《胠箧》"故天下皆知求其所不知,而莫知求其所已知者"疏)

分内之事,可欲而求;分外之事,存而不论。性分的观念是自由观念的基础。在这个基础上来理解自由,表现出如此的特点:第一,这样的自由发自人本性自然,渴望获得自由是人的天性。第

---

① 《逍遥游》"小知不及大知"注,见郭庆藩:《庄子集释》,第11页。

二,这样的自由是有限量的,越过本分,就失去合理性。对于前者来说,自由不是一个外在的要求,不管人们处在什么样的条件下,都会自动地反映出这样的要求。在此意义上,这样的自由不是理性的要求。因为理性要求的有可能是适性的,有时则要求限制适性,理性的自由主要地表现在"要求"本身的自由性质,我要求因任自性,或我要求克制自性。① 对于后者来说,自由也许是无限度的,而物性各自殊异,分享的是有限量的,能够分享到自己的那份自由,就该知足了,如同小鸟不企大鹏之志。因此,这种自由实际上乃是一种独立个人的"天赋的自由",或者说"天性的自由"。因为"逍遥"终归只是个人的事情,而不需要协作,不需要通过与社会的所有他人商谈来取得协调,或者达成某种约定,从而得到共享的自由。如此来理解遁世和顺世,会看到遁世是一种追求自由,顺世也是一种取得自由的途径,②只要虚己而化,无心顺物,就能游刃有余,自由自在。庄子的这个顺世观念,被成玄英用一个"随顺"的观念表达了。他说:

> 夫域情滞著,执一家之偏见者,谓之成心。夫随顺对执之心,师之以为准约,世皆如此,故谁无师乎!(《齐物论》"夫随其成心而师之,谁独无师乎?"疏)

因为"言教随物,亦无常定"(同上"言未始有常"疏)所以,游心于物,随顺人世,并非有什么不对,而是不应"滞著"与"师之",更不应

---

① 如同康德的道德的意志自由,或斯宾诺莎所说的"按照理性的指导而生活"的那种自由。

② 参见崔大华:《庄学研究》,人民出版社 1992 年版,第 191 页。

执著于物情与是非,应该做到同行而无塞,"至理无塞,恣物往来,同行万物,故曰道也"(《天地》"行于万物者,道也"疏)。他把这又叫作"因循物性":"故无所措意于往来,因循物性而已矣。"(《齐物论》"无适焉,因是已"疏)能否因顺物情而不局限于物情,关键在于是否有个超越的心智,所谓"智照灵通,无心顺物"(《逍遥游》"乘云气,御飞龙,而游乎四海之外"疏)。"随顺"的概念应源自佛教经典《大乘起信论》,成玄英的解释根源庄子、郭象,又采获佛教。

在上述意义上,郭象与成玄英的观点相差不大,但再往前走,就同途而殊归了。郭象的自由观念基本上停留在庄子"定乎内外之分"上。他主张内我而外物,自得与自是,不越分以相倾,也即是说,向内自我肯定,自我满足,以尽己之天分为极致,所谓"各以得性为至,自尽为极也"。① 尽管郭象也推崇超于性分的"无待之人",但对于每个个体来说,那是力所不及的。成玄英则不局限于此,他既主张人人自得,把原本属于自己的自由拿到手,又主张自由不限于性分之极,而认定自由的空间无限大,人人都应当争取最大限度的自由。性分之极的自由之所以有限量,那是因为这种自由立足于某种"给予",是自然天赋的本分。超越性分,才是成玄英所欲表明的,"观自然妙理,不助其性分"(《在宥》"故圣人观于天而不助"疏)。故他在谈到《逍遥游》中鱼化为鲲、展翼南图时,就不认为这是尽其性分,而是"欲表向明背暗,舍滞求进,故举南北鸟鱼以示为道之迳耳"。如此来看,当他说"逍遥适性,乐在其中"时,就另有玄音。如果留意于已得之乐,就是自陷于有限,未尽"逍遥之妙致"。如何才能超越有限,趋向无限?答案是"为道"。在这个意义

---

① 《逍遥游》"此小大之辩也"注,见郭庆藩:《庄子集释》,第16页。

上说,自由不是一次性得到的,充分的自由不是那种自足的东西,而是一个追求的过程。

"奔向自由"这个观念,可能比较适合于成玄英。既把自由看成一个过程,那么任何一种争取自由的努力,都是一种"奔向"。与此相关,任何一种限制、定性与范围,包括外在的和内在的,都是一种奔向自由之途的障碍。从而"奔向"就是不断地越过这些障碍。正是在上述意义上,成玄英提出了一个奔向自由的方法,即"双遣"法。他在谈到《逍遥游》中"尧治天下之民,平海内之政,往见四子藐姑射之山"句时说:

> 而四子者,四德也:一本,二迹,三非本非迹,四非非本非迹也。言尧反照心源,洞见道境,超兹四句,故言往见四子也。

本来庄子所说的四子,乃是指藐姑射之山的四个神人,成玄英有意误读,借以说明他的双遣方法。"本"是本体,也指实体,"迹"是现象,也指形象。在这里,"本"又指主体,"迹"则指行为。当本体作为主体,而主体也意识到自己的现实存在时,那是著于"本";当现象作为行为,而行为者也确实留意于自己所作为的对象时,那是著于"迹"。"著于"即是滞于、限于,即滞留在、局限于自己所认定的那个范围和圈子。既不在意"本",也不留心"迹",这就是"双遣",也就是超越主客。仅此还不够,当意识到自己正在遣除、超越主客时,那还是"有意",即停滞在"非本非迹";只有连"有意"也没有,才是遣除得干净,超越得彻底。可是整个的过程都是有意识的,那么这中间的"我"本身还是存在的,只是我不去留心和在意这个"我"。无任何局限的"我",方是充分自由的,用成玄英的话来说就是"绝待",所谓"境智两忘,物我双绝"(《齐物论》"今者吾丧我"疏),"绝待独化,道之本始,为学之要,故谓之枢"(同上"枢始得其环中,以应无穷"疏)。绝待,就是超越条件的限制,而不是"无条件"。这个奔向自由的过程,类似于出离自身的过程。出离自身在此表现为必要的条件,在多大程度上出离,就能在多大范围内享受到自由。因为整个的"奔向"都是自己本身的个体的事情,所以是在"心源"上做工夫。不过,把这种在心源上的工夫理解为只是"向内",则有偏狭之嫌。这不只是对自我的超越,也是对外在对象的超越,从而不是不要去做事,而是不要执著自己所做的事。在这个意义上来说,这种自由不完全是内向的自我陶醉的精神自由,而是不断奔向的充分的自由,恰如"神超六合之表","游乎四海之外"。

当我们说自由是适性逍遥时,这种自由是没有选择的自由。当我们说自由是奔向的自由时,这种自由是有选择的自由。之所以说前者是没有选择的自由,是因为这种自由以满足人的天然本性为目的,它没有特别的意向性。当然不是说这与动物性无差别。"自由"这个概念只能适用于人的情形,无主体性,或无自我做决定的能力,就不能说有自由。而只有人才能有此主体性和能力。在这个意义上,不能说这样的自由中没有精神的自由,只能说这样的自由有限量。之所以说后者是有选择的自由,是因为这个自由中具有理性,具有明确的意向性。知道自己所奔向的为何,对行为的后果具有预期性,不管是否最终能够达到这个目的,却甘愿为这个目的而付出。成玄英的自由观就由这样两个方面合构而成。"适性"表明自由毕竟是个人的事,每个人的天然自由的满足不必要与他人协调,没有一种全社会的共同的自由。"奔向"则表明为了获得最大的自由,而要走出性分的限定,朝着一个预定的方向努力。这种二元结构,达到了中和的效果,取两端之长而用之,即始终把自由看成个体的事,又不至于像六朝名士那样"放狂自得",以为只要放纵就能得到自由，成玄英主张的是把自由看成一个终身所不懈追求的目标。或许成玄英自己并没有清楚意识到这样的意图和效果，他只是按自己的本能去做。然而，庄子和郭象留下来的精神资源和他自己的宗教立场，决定了这样做就是一种意图。对于成玄英选择的自由来说，其立论的根据在于宗教真理观念。得真理即得自由。而真理并不是明摆在那里随意可得，需要宗教的实践和修养，才可能有机会识见，所谓"夜半暗冥，以譬真理玄邃也"（《大宗师》"昧者不知也"疏）。真理即是理，即是道。他说的"玄理"、"妙理"，与他说的"道"，没有实质的区别，所谓"理无分别，而物有是非"（《齐物论》"辩也者，有不辩也"疏），"道离名言，理绝情虑"（《在宥》"无问其名，无窥其情，物固自生"疏）。

为什么得真理就得自由？依成玄英的说法："道理虚通，既无限域，故言教随物，亦无常定也。"（《齐物论》"夫道未始有封，言未始有常"疏）道、理虚通，故能遍在，即存在于一切的现象和任何的场合中，没有任何东西可以局限和限定它，任何的事物在它面前都会显得渺小，甚至连语言在它的面前也会变得局促而苍白无力，它超出人们的定义之域，所以，道不仅是普遍的，超越的，也是绝对自由的。人若能得道，就意味着能与道同在，即获得完全充分的自由。可是真理不是零零碎碎的，而是绝对而完整的，这在《庄子》中就早已确认了的。把真理与自由联系起来看待，有其哲学认识论的基础，即认识了必然性，就等于获得了自由。很显然，这是一种反映在自由观上的宗教理性。

（二）道理自然

"自然"，这是郭象和成玄英都着力解释的概念，不过他们远不是从字面上去解释,实际上他们是在"述说",借这个词述说自己的观点。所以,在两个人的述说中,除了这个概念本身的歧义性质,还会看到两人相去甚远,其中隐藏着哲学观念上的分歧。这种分歧首先表现在本体论上,其次,也表现在对自由的合理性论证方面。

在老庄那里,"自然"表达的是一个自主性的自我完成的过程,即自己成为这个样子的。自然既不是对象,也不表现为本体,它是本体实现自己合目的性运动的形式。道之所以要"法自然",是因为道就是按照自然而然的形式来运转这个世界的,这是道最合理的体现。在郭象那里,自然表达的同样是这样一种形式,他说:"夫趣之所以异,岂知异而异哉?皆不知所以然而自然耳。自然者,不为也。"(《逍遥游》"之二虫又何如"注)又如:"天地以万物为体,而万物必以自然为正。"(同上"若夫乘天地之正,而御六气之辩,以游无穷者,彼且恶乎待哉"注)但郭象在哲学上的贡献,恰恰在于他从老庄一脉贯之的理解中开出了一个新的境地。自然既然表明自我实现,那么它就是自己肯定自己,自己成就自己,也就是"自是"、"自能"、"自尔"、"自正"与"自为",从而任何一种现象之所以成为这个现象的原因,也即"所以然",不在现象之外,而在它本身。现象作为存在者,其意义——存在——不在现象之外,它需要一个作为担当的存在者,如同实质不能单独而存一样。对个别现象来说是如此,对一切现象的总和来说也是如此,如果把天地当作一切现象的总汇,把"道"看成天地的实质和依凭,那么"道"不是一个抽象的原则,独立自存在天地之外,而是自始至终都在其过程中。天地之为天地,在于它有自己存在的依据,且这个依据就在自身;道之为道,在于它不是在它所依傍的对象之外凭空树立规则与道路,而在于它在天地的过程当中,使天地由此达彼,也就是"是其所是"。在这个意义上来说,郭象否定王弼的"无",认为无不能生有,而"有自有",这也是有意误读。他并非不懂王弼所说的"无"不是空无,而是反对王弼在"有"之外寻求抽象本质的支持。"有自有"不只是"有"自己产生的问题,而且是"有"的实质、根据就在自身。所以,郭象是非本质主义的,他的"有自有"论,既没有个别的本质存在于现象之外,也没有普遍的抽象本质存在。

成玄英则顺着王弼的思路来解释"自然"。王弼认定有一个"物之极"、"万物之宗"的存在,即所有现象的背后一定有一个本质的东西存在。这个本质的东西与具体的现象既有生成的关系,又有体现的关系,但它从不落为具体,因为它的存在形式总是抽象的,王弼以一个"无"字来描述它,因为任何的"有"都会落入有限的窠臼,而作为普遍本质的"无"是绝对无限的。同样,王弼既把"自然"理解为自然而然的过程,也把它解释为对象化的普遍抽象本质,所谓"自然者,无称之言,穷极之词也"。[①] 成玄英也是把"自然"解释为自然过程,但他更倾向于把"自然"理解为"造物之主":

> 大块者,造物之名,亦自然之称也。言自然之理通生万物,不知所以然而然。(《齐物论》"夫大块噫气,其名为风"疏)

如此看来,"自然"就不单纯是造物者,而且也以"不知所以然而然"的方式体现了造物的过程。作为普遍本质,它不再表现为静态、抽象与无生命,而是生动活泼的。在上述意义上,"自然"理所当然地就是"道"、"理"。在道教的几乎所有的经典文献中,"道"、"理"都被作为最高的本质和最后的根源作了论证,也就是在抽象性方面作了穷尽性的论述,它就是一切现象之所以产生和发生的本体,离开了这个本体,现象不仅不能表现出应有的秩序与和谐,也没有目

[①] 王弼:《老子注》,中华书局 2011 年版。

的，从而没有存在意义。可是，只要现象存在，它们一定具有这样的秩序、和谐、目的和意义。在道教描绘的所有宇宙结构图中，都清楚地表明这一点，而且现象的运动也无例外地进入似规定的合目的性。① 如果没有一个超现象的本体的临在，决不可能做到这一点。进一步说，没有这个本体的预先存在，现象便不可能发生。理所当然，道教理论家将本体论证与认知论联系起来，相信理智是一个通往本体认知的方便之门，虽然理智不能真正地完成对本体的把握。在上述意义上，成玄英所代表的道教对本体问题的理解，乃是一种本质主义的理解。

可是，道教虽有本质主义和理性主义的一面，却从来就没有"纯粹"过。首先，我们知道，理性的纯粹在于本体被完全地与现象对置起来，并绝对地抽象化，现象不过是其体现而已。而在这里看到的是，作为本质与理性的道与理，它不仅"体现"，也"生成"。"生成"意味着本体与现象之间有着割不开的联系，顺着现象之"藤"，就能追寻出本原也即本体来，所谓"能达至道之原，通自然之本"（《达生》"以通乎物之所造"疏）。其次，当"自然"与"道"、"理"等同起来时，就潜入了本体与现象、造物者与被造物之间的绝对合同关系，在运动中两者滚动成一体般地实现了自我。自我肯定与自我实现（"自是"、"自得"）不是现象或本体的任一单方面，而是本体和现象的共同实现。郭象正是从这个方面发展了存有的学说。其三，以上两个倾向引发了以主体性为基本特征的生命问题的追问，从而自然、道与理无不与主体性有关，如成玄英所说：

> 以自然之正理，正苍生之性命，故言正也。物各自得，故

---

① 蒙培元先生在《心灵超越与境界》中认为："自然是个非目的性概念。'自然'者，自然而然，没有任何意志和目的之意，这是它的本来意义。"（人民出版社 1998 年版，第 219 页。）

> 言不失也。言自然者，即我之自然，所言性命者亦我之性命，岂远哉！（《骈拇》"彼正正者，不失性命之情"疏）

道、理不仅普遍存在于外，又内在于己，对这个本体的所有证明都最后落实到对自己生命实质的证悟。在这个意义上来说，成玄英并没有沿着王弼的路向走到底，而是巧妙地将郭象的那种存有的观念融进去了，既是本质主义的，又是非本质主义的。在道教生命哲学的形成过程中，成玄英的思想是一个重要的环节。

如前所述，得真理亦即得道就意味着得到自由，这是成玄英一个坚定的信念，从而当他把"自然"看作"道"时，那么也就意味着得自然就能得到自由。可是，道、理与自然作为外在的客观必然性时，其本身表示的不是自由，而是对自由的限制和约束。[①] 道教的理性之不"纯粹"，却为其解决宗教实践方面的问题提供除理性之外的另一个途径，这就是带有神秘主义色彩的体悟、了悟、神鉴、玄览、顿超等方式。这些方式有相当的理性认知的基础，但仅靠理性决不能把握自由之体。如此，道教从不怀疑人有把握自由之体的能力，而且坚信这是解脱自己、获得完全的自由的最有效途径。正是由于这个原因，道教才反复申述"得道"的重要性，也就是不把自由与必然对立起来，认为必然是得到自由的必要前提。这是否表明道教追求的是有限制的自由呢？这也未然。庄子追求"无待"，成玄英追求"绝待"，都是绝对的无限制的自由，只是他们把最高

[①] 康德将自由与自然对置起来，不仅由于他看到二者的不可调和性质，还在于他对人理智的能力抱怀疑态度，他只相信人有意志的自由，即我们愿意按照理性的要求做什么的自由，如追求道德的至尚性，但人不能把握超越的自由之体（"物自体"），或者说认识现象世界的本质的能力。由于康德采用了理性的方法来考察认识能力，对理性是否具有最终解决认识问题能力表示了怀疑，应当说，这具有相当的合理性。

的必然与个体无限量的自由结合起来了,相信最高的必然能够给个人带来彻底的自由。如成玄英所说:"夫得造化之深根,自然之妙本,而穷理尽性者,世间万物,何得止而控驭焉! 故当独往独来,出没自在,乘正御辩,于何待焉!"(《达生》"夫得是而穷之者,物焉得而止焉"疏)正是在这个意义上,成玄英才强调了庄子的"顺自然":

> 圣人形同枯木,心若死灰,本迹一时,动寂俱妙,凝照潜通,虚怀利物。(《逍遥游》"其神凝,使物不疵疠而年谷熟"疏)

"顺万物之自然"实际是"顺自然之妙理"(《刻意》"去知与故,循天之理"疏)。因为"至理无塞",所以要"顺",而顺就是"无累",无累于物。无累于物,才能"同顺玄理"。

在自由与自然关系上,还有一个更为重要的关系,即自由合乎天地之理和人的本性,这就是自由的自然合理性。说自由逍遥是适性,等于说渴望充分自由是人的本性,所谓:

> 自然者,性也。(《山木》"人之不能有天,性也"疏)

而说自由与自然必然性是一致的,即自在与自为的一致,就等于自然必然性认同了人的自由要求。这个问题最后归结到人天关系上了,人的本性体现了天的本性,说"自然即我之自然"正是喻明这个道理,成玄英还进一步解释道:

> 夫人伦物理,莫不自然;爱及自然也,是以人天不二,万物混同。(同上"有人,天也;有天,亦天也"疏)

这样的一种观念除了有自然主义的认知论基础外,还有一个"合理性"的问题。任何一种观念,只要它是成立的,并且能够得到人们的共同认可,合理性是不能不考虑的。① 在中国,合理性有合道理的意思,但有人理与天理的区别,两者之间,天理胜于人理。当人们说某某事合乎人理时,意味合乎人的情理,而人的情理的合理性与合法性来自哪里,回答是天理。所以,一种学说或观念,若要成立,必须设法在自然必然性上找寻合理性,合乎自然性的就一定合乎人性。这一点,任何一种本土文化传统概莫能外。可以说,这里存在着价值预设。再追问下去,则显露出某种心理联系,存在着心理依赖感,即把属人的东西归宗于属天的东西,只有在自然性上找到了依据,才能心安理得。

再来看郭象和成玄英都讲求的"独化"。郭象的"独化"说建立在其"性分"观念基础上,从万物自性俱足,引出万物无待自化。自化是自己造就、变现自己,本质、实质皆在自身,没有外在的东西可以加于其上,所谓"百化自化而神明不夺",②"明物物者,无物而物自物耳。物自物耳,故冥也"。③ 由此,郭象的自由是来源自性的,是自己给予自己的,只要将自性发挥到极致,就能得到自由。而成玄英则不然,尽管他也讲"绝待独化",但他所讲的"独化"要求对最高的本质的依持,故而,他所说的"绝待"是绝于物,而不是绝于"道",即除了"道",什么都可以抛弃。如此意义上的"独化",就是依道而独化。所以,"未体独化,不能忘物也"。(《山木》"我无食,

---

① 在西方,合理性表明的是合情理、合常识、公正、应当等。那么,这种合理性其实是一个人文的概念,含有大家共同认可的意思。
② 《知北游》"今彼神明至精,与彼百化"注,见郭庆藩:《庄子集释》,第735页。
③ 同上"物物者与物无际"注,第753页。

安得而至焉"疏)这样的独化,也叫"神化":

> 直致任物,已无挫损,况资大道,神化无为,三月而成,何怪之有!(《山木》"而况有大涂者乎"疏)

能够神化亦即独化的,必定属于那掌握了宇宙本质的人物,"能物于物者,圣人也。圣人冥同万境,故与物无彼我之际畔"(《知北游》"物物者与物无际"疏)。

(三) 境界

如果说自由是一个价值取向、一个追求,而自然是表明它的合理性的话,那么境界就是其预期达到的目的。它为自由提供了空间的大小、程度、层面、方式,规定着自由的性质。关于境界,各家有不同的说法。为了避免主观上的臆断,我们还是将问题还原到历史陈述本身,从这中间找出回答。

境界,在其基本的意义上来看,就是某种际界、境地,佛道二教对此没有多大的分歧,而且它所反映的基本事实是理智所面对的那个客观现象世界。成玄英说:

> 夫知必对境,非境不当。境既生灭不定,知亦待夺无常。唯当境知两忘,能所双绝者,方能无可无不可,然后无患也已。(《大宗师》"其所待者特未定也"疏)

"知"指有认知能力的理智,"能"指理智的能力;"境"指理智认知的对象,"所"指理智的能力欲施展的场所。这是说,认知对象的不确定性,招致了认知活动及其结果的不可靠性,解决这个问题的办法只能是超越这两者本身,既不有赖于现象,也不满足这相对的、将有变的理智与知识。在这个意义上,境界不是个主观的问题,而是存在于主观之外的对象。只是常人看不出这种对象与主体的不确定与不真实性,只有"玄悟之人"能够知万境虚幻,能够"心境两空,物我双幻"(《齐物论》"恶乎不然?不然于不然"疏)。然而,主观与客观的对应性决定了两者之间的不可分割的关系,离了主观,客观便没有了它自身,因为它得不到肯定,没有进入对象范围的存在只能是无意义的。同样,超越这两者的生命冲动,又预演了重构两者新型关系的可能性。

这新型关系,就是所要追求的境界。世俗的对象界无须追索就能得到,如同睁开眼睛就看到,伸出手就能触到,周围的现象界对于人来说,似乎是有使用价值而无价值一样,它现成地摆在人的面前,人会使用它,却不会满足于它。改变世界是一回事,不改变它,而另外构造一个世界,则是另一回事。成玄英所追求的正是这"另一回事"。他所说的"六合之内"为现象界:

> 六合之内,谓苍生所禀之性分。夫云云取舍,皆起妄情,寻责根源,并同虚有。(《齐物论》"六合之内,圣人论而不议"疏)

"六合之外"则是超现象界:

> 六合之外,谓众生性分之表,重玄至道之乡也。夫玄宗罔象,出四句之端;妙理希夷,超六合之外。既非神口所辩,所以存而不论也。(同上"六合之外,圣人存而不论"疏)

六合为上下四方的空间,"超六合之外"虽在六合空间之外,它表示的仍然是空间观念,只是这个空间不是现实可感的,它是超越的结果,是超越者所寄寓的世界。你可以说这个空间是想象的,是非现实的,但在成玄英看来,它比现实更真实,反倒是现实的现象界不真实。这里存在一个现实与真实的差异。按照习惯思维,只有现实的才是真实的。之所以是真实的,在于它是感觉和理智所能够把握的。这实际上是以现实性来界定真实性,但问题是真实性的论域远远大于现实性。人们能够接触到的现实性非常有限,而存在的真实性则是无限的,我们只能说现实性是已经证实了的真实性,因为我们总是依据经验和实践来证实,对于未被证实的真实,至多我们只能说"存而不论",不可以说它不真实。当然,成玄英所追求的"重玄至道之乡",其本身不是可以证实的。但是,我们可以通过他的描述来了解这个世界,因为描述寄寓了描述者的想象与意图,能够表现出某些特征,尽管描述者总是把描述对象说得极其隐晦不明。对于这个超越的境界,成玄英还有多种说法,如"重玄之域":

> 三绝之外,道之根本,所谓重玄之域,众妙之门,意亦难得而差言之矣。(《大宗师》"参寥闻之疑始"疏)

"重妙之境":

> 既残三王,又毁五帝,遽庐咸尽,刍狗不陈,忘筌忘蹄,物我冥极,然后始可与论重妙之境,议道德之远也。(《胠箧》"殚残天下之圣法,而民始可与论议"疏)

再如"自然之境":

> 天均者,自然均平之理也。夫达道圣人,虚怀不执,故能和是于无是,同非于无非,所以息智乎均平之乡,休心乎自然之境也。(《齐物论》"是以圣人和之以是非而休乎天均"疏)

这些说法表达的是同一个境界,即超于现实世界的另一个世界,这个世界乃是"无限域"。无限,在于对有限的超越,突破任何的限制和界定,从而没有是非困惑,没有贵贱等分,人人按照自己所愿意的方式生活。这即是毕其终生所追求的对象,是获得解脱的人的自由之乡。作为对象化了的境界,它就不纯粹是一个意义或精神性的,它是超越的精神所对应的那个客观世界,是其安顿之处,所以它不是现实的空间,但它具有空间性。但是,境界虽有客观性,它却是主观参与的结果,是主观世界和客观世界共同构成了它,离开了主观精神活动,便无法了解境界为何。在这个意义上说境界是主客、天人合一,有一定的道理。但是,合一本身不是境界,而是主客、天人合一产生出境界来,它不是合一的活动,而是结果。一旦它作为一个结果呈现出来,它就是一个世界,一个境地。正是由于境界有这样的性质,故而成玄英说"反照心源,洞见道境"(《逍遥游》"尧治天下之民,平海内之政"疏),即境界从内心浮现。

以上是根据构造境界的过程来说的,但是境界不是唯一的,不仅有层次高低的区别,甚至也人人相异。人人相异,是因为人人都能构造境界,造境界者言人人殊,如艺术境界,道德境界等。境界之有层次的高低,是因为人们的精神生活所要求的程度与范围有不同,"蓬心"所见的境界与"游乎四海"之心所见境界迥异,所谓"境有大小,智有明暗"(《齐物论》"故知止其所不知,至矣"疏)。

对于宗教来说,境界虽然是从内心浮现,它却是真实存在的,境界就是人们的生活世界,人们生活在什么样的世界里,就处在什么样的境界里,如同有俗界与仙界的区别一样。对于成玄英来说,超世俗的境界就是道的境界,所谓"道者,可通之境"(《天地》"故形非道不生,生非德不明"疏)。从而,得道入道就是进入道的境界,道构成了具无限空间性质的生活世界,"夫道无不在,所在皆无,荡然无际,有何封域也"(《齐物论》"夫道未始有封"疏)。如何进入这个生活世界?成玄英给出的路径是反复出离自身,他说:"故知彼我彰而至道隐,是非息而妙理全矣。"(同上"是非之彰也,道之所以亏也"疏)他所说的忘筌忘蹄、物我冥极、双遣三绝、空有双照,都是出离自身的方法。越是能够将自己的意识出离得干净,就越可能进入这个超世俗的世界,因为出离的过程即是脱离世俗生活世界的过程。在这个意义上讲,这个境界也是一个超出自我意识的客观境界。从成玄英所描绘的来看,进入这个境界即得妙理之全,能够"通鉴"、"玄鉴",即能够澄明、照亮,所谓"悬镜高堂,物来斯照"(同上"此之谓葆光"疏)。同时,这个境界又是玄远而幽深的,所谓"重玄",即是"玄玄",它如同清潭碧水,透亮而不见底;又如同浩空天穹,极目而不见际。虽然成玄英将世俗的和超世俗的境界作了严格的区分,但并不意味着两者之间无关系,相反,他认为得道进入无限域,不是遗弃有限域,而是进出自如,不以世俗的眼光来看待事物,即事物而能超事物,他说:

> 悟于至理,故均彼我,涉于世事,无亲疏也。(《应帝王》"于事无与亲"疏)

超越,在这里意味着人自身起了变化,看问题的眼光和态度不同了,从而彼我、是非、亲疏等固定的界限也起了变化。

郭象提出了"玄冥之境",又称"绝冥之境",与他的性分说相关,他主张从个体与自性来看待自己与外部世界的关系。以物观物,等差无限;以内观物,物无差别。所以,他主张"内我而外物",即从我自身看待,而不应"与物同波",从等差的物看待。只要将性分发挥到极至,就能"体玄极妙,会通万物之性",也即玄同彼我,冥灭内外,达到天地万物为一体。郭象不承认普遍本质,而本质就在自身存在中。从而他的境界乃是自性定分所见的那个世界,乃是一个具有天地关怀的非宗教境界。成玄英也把道的境界称作"玄冥之境",但异其趣。① 他所说的境界有一个普遍本质作基础,而且它是超世俗的宗教境界。在成玄英那里,只是因为得到了真理,才得以进入那玄冥之境,亦即自由之境。自由之境与真理就是同一存在的两面,真理是作为本体的现身与显现,自由之境则是这个本体的现身与显现的场域。

---

① 海德格尔的"澄明之境"的说法,对我们理解郭象和成玄英的境界说提供了一个相关性说明。在澄明之境里,我们在追问现象之际也从现象中学习,让现象(事情本身)对我们有所道说。也就是使现象以某种自明性向我们显示,成为无遮蔽的东西,所以澄明就意味着无蔽。它是一切在场者与不在场者的敞开之境,允许给予、接纳和自明性保持其自身并且在其中运动,故而,又叫作"自由之境"。但是,海德格尔说:"追问无蔽本身,并不是追问真理。"(《海德格尔选集》下,上海三联书店 1996 年版,第 1257 页)因为真理只是在正确性和可靠性上使用的,而没有涉及无蔽。而无蔽表明的是在场性之澄明,即澄明允许了真理的可能性,真理本身却不是澄明。真理只是表明"被揭示","从晦蔽状态中取出来而让人在无蔽状态(揭示状态)中来看"([德]海德格尔:《存在与时间》,生活·读书·新知三联书店 1987 年版,第 264 页)。只不过,与海德格尔主张真理只可能在主体中不同的是,成玄英主张真理既在本心上显现,但并不随主体一道浮沉,它的普遍有效性既在主体自身,又在主体之外。

第九章 庄学诸派之二——儒家

一 林希逸的《南华真经口义》

作为南宋时期的理学家,林希逸对《庄子》(《南华真经》)的解释有其特殊的意义。① 一方面,他对《庄子》这部道家书的重视表明了理学家对待诸子学的态度,如其在"庄子口义发题"中所说的"此书不可不读亦最难读","东坡一生文字,只从此悟入,《大藏经》五百四十一函皆自此中紬绎出";另一方面,他对《庄子》的解释贯彻了一个将庄子纳入理学的企图,说庄子的"大纲领、大宗旨,未尝与圣人异也"。他在解释庄子时,引用旁解的广博,用语的平实与解释的明晰,都有其独到之处。

(一) 庄与孔孟

在林希逸的《南华真经口义》当中,始终洋溢着他对庄子学说的景仰之情,尤其在谈到庄子的笔势文风时更是如此,如他在释《齐物论》时所说:"天地间无形无影之风,可闻而不可见之声,却就笔头上画得出,非南华老仙,安得这般手段。每读之,真使人手舞

---

① 林希逸解道家著作还有《道德真经口义》、《冲虚至德真经口义》,加上《南华真经口义》,合称为《三子口义》。

足蹈而不知自已也。"("汝闻人籁而未闻地籁"释义)同时,他也难掩其理学家的身份与立场,如何处理道家与儒家、庄子与孔子及孟子的关系,是他须小心谨慎地处理的一个问题,这也因此成为了他解释庄子学说的一个特点。

自在与逍遥的问题是庄子所着力的问题,也是林希逸所不可回避的问题,他在这个方面的思考值得玩味。在《逍遥游》释题中,他说道:

> "逍遥",言优游自在也。《论语》之门人,形容夫子只一乐字。《三百篇》之形容人物,如《南有樛木》,如《南山有台》曰"乐只君子",亦止一乐字。此之所谓"逍遥游",即《诗》与《论语》所谓乐也。

《论语·雍也》中孔子曾称赞颜回:"一箪食,一瓢饮,在陋巷,人不堪其忧,回也不改其乐,贤哉,回也!"《庄子·让王》在评论孔子时也说道:"穷亦乐,通亦乐,所乐非穷通也。"曾有论者用一个"乐"字概括孔子的精神,用"游"字来概括庄子的精神。林希逸则认为,孔子的"乐"就是庄子的"逍遥游"。林希逸的逻辑很简单,"逍遥"是"优游自在","乐"也是"优游自在",那么"逍遥游"就等于"乐"了。这话乍看起来没有问题,细想起来就有问题。作为中间项的"优游自在",当然包含了"自在"之义,也包含了"优游"之义,而"乐"却不一定包含"优游"之义。"优游"——"逍遥",这个词意味着游离于经教政治及伦理规范之外,这绝非用力编织经教政治与伦理规范的孔子及儒家所愿意接受的。孔子及儒家要追求一个"自在",却不要那个"逍遥"。如果说庄子的逍遥游意味着人来到世间都是一场"游"的话,那么庄子不仅把出世间,也把入世间看成游,但归根结底是要出世间的,求道超越在于获致无待的自由。孔子及儒家则不然,人来到世间就是要在世间有所担当的。如果说儒家也有类似的求道超越的话,那么超凡入圣也是为了在世间有更大的担当。那么"乐"的意义就在于我自己愿意的、在追求社会责任中获致的快乐,而无论在这过程中会遭遇何种困厄,像孔子被人围困七日"不火食",却依然"弦歌不辍"。或可这么说,庄子追求意志的自由,孔子追求自由的意志,且彼此向度不同。

在这个问题上,林希逸或看不透"逍遥游"与"乐"之间的同异,或他不愿意看到这种同异,或者他两者情形兼有。他这样的状况其实是可以理解的,一方面,他极其欣赏庄子的智慧,这是难以抵挡的诱惑,他称赞庄子的话几乎无以复加,所谓"前乎庄子,未有此言也;后乎庄子,亦未有此言也"(《齐物论》"天下莫大于秋豪之末"段释义);另一方面他要固守理学家的立场。他的解庄正是在如此情形下进行的。在解释《逍遥游》"惠子谓庄子曰"的那段话时,他说道:

> "无何有之乡,广漠之野",言造化自然,至道之中,自有可乐之地也。役役人世,有福则有祸。若高飞远举,以道自乐,虽无所用于世,而祸害亦不及之。

这里依旧是用"乐"字解释庄子的"逍遥",而且,"以道自乐",又似乎是在诠释《论语》里"回也不改其乐"了。在解释《田子方》"孔子曰:请问游是"时,他说道:

> 若知道之可贵,实在于我,则外物之变岂能失我之至美至乐者!

庄子是求道以得自由，自由是目的；孔子也说"朝闻道，夕死可矣"，但孔子并不以自由为目的。在儒家那里，得道不是为了快乐，而是得道可以超凡入圣，由神圣产生的崇敬，可以使人在求道的过程中产生快乐的感受。林希逸也是认为，道因其可贵，在追求道的路途上，无论何种的外物（包含那些令人不快的外物），也不能改变我快乐的感受。显然，他所说的"道"，不是庄子的自然主义的道，而是理学家的那个"天道"，即伦理的道。

对于出世与入世的问题，林希逸有他自己的理解。他在解释《养生主》时，认为庄子"可以保身，可以全生，可以养亲，可以尽年"，如同孟子所说的"夭寿不贰，修身以俟之"。他说：

> 孟子自心性上说来，便如此端庄；此书却就自然上说，便如此快活。其言虽异，其所以教人之意则同也。（"为善无近名"释义）

全了自己的生，才可以尽家庭与社会义务，这是林希逸赞赏的。这也是"存诸己"与"存诸人"的问题，所谓"古之人，必先存其在我者，而后可以谏告他人"（《人间世》"回尝闻夫子曰"释义）。在《人间世》的解题义中，他说道：

> 前言养生，此言人间世，盖谓既有此身，而处此世，岂能尽绝人事，但要人处得好耳。看这般意思，庄子何尝迂阔，何尝不理会事？便是外篇所谓物莫足为也，而不可以不为一段意思。

在他看来，庄子虽然无意参与社会事务，但庄子"看世事最精"（《大宗师》"知天之所为"释义），知道那又是"不可不为"的，所以，庄子非但不尽绝人事,且有一套高超的处世理论。他在论及所谓"天下有大戒二"时,认定庄子是"十分正当说话。其论人间世至有此语,岂得谓庄子为迂阔大言者!"庄子未尝迂阔,这里的迂阔不迂阔,只是关涉是否有社会人事的关怀与安排而已,林希逸说庄子不迂阔,就是说庄子是很懂得社会人事的。在同篇,林希逸又评价道:

> 此篇名以《人间世》者,正言处世之难也。看这一段曲尽世情,非庄子性地通融,何以尽此?曲折说者,以庄老只见得道心惟微一截,无人心惟危一截,此等议论,果为如何?但读其书未子细尔。("故法言曰"段释义)

应当说,林希逸如此的理解,是不违庄子之意的。林希逸在这里也是想批评那种只看到庄子离世俗的一面,而没有看到他即世俗的另一面。在释《在宥》"贱而不可不任者"中,他又说:

> 观此一段,庄子依旧是理会事底人,非止谈说虚无而已。伊川言释氏有上达而无下学,此语极好。但如此数语中,又有近于下学处,又有精粗不相离之意。以道为贵,则物为贱矣。人岂能遗物哉?故曰"贱而不可不任者,物也"。

"上达而无下学",意谓只有向上的超越而无向下的接引;"精粗不离",意谓既有道的追求,又有现世的参与。在他看来,庄子以道为贵,以物为贱,却没有放弃贱与物的任用。然而,要在庄子与孔孟之间找出共同的东西容易,要在彼此之间找出差异则更容易,对于这些差异,林希逸也不能一味地装糊涂。在释《马蹄》时,林希逸认

为庄子、孟子对待礼乐的态度有类似之处,但庄子将仁义都看作为外物,则不如孟子了,他说:

> 庄子以仁义为外,故曰"道德不废安取仁义!""性情",固有也。庄子以礼乐为强世,故曰"性情不离,安用礼乐"。若孟子曰"节文斯二者","乐斯二者",圣贤之言也。此书礼乐仁义字义不同,并以为外物矣。("及至圣人"段释义)

在强调性情为内在固有方面,他赞同庄子;在将仁义斥为外物方面,他不赞同庄子。在他看来,仁义就是性情固有的东西。不过,在多数情形下,当他意识到庄子与孔孟的不同时,他采取了一种"说法",如在《德充符》"虽天地覆坠,亦将不与之遗"句的释义中,他说道:

> 读庄子之书,与《语》《孟》异,其语常有过当处,是其笔法如此,非真曰天地能覆坠也。

在同篇"何为德不形"释义中说:

> 哀公安得南面而君天下,此皆庄子下笔过当不照管处。"非君臣也,德友而已矣",与《孟子》友之云乎意同。皆是寓言,不可以实求之。

《庄子》书中,自然有许多夸张的表述,更有通篇不可实求之的寓言故事,但林希逸对这种笔法与笔势的表述,并不能遮蔽庄孟之间的观念与立场的差别,因为庄子并非只有夸张与虚诞的故事,而在故事之中,也有重言、真言的表达,这种假中有真的情形,并不能靠上述的"说法"敷衍过去。

(二) 天理的观念

林希逸将庄子思想纳入理学体系的另一个努力,就是试图用理学的"天理"来解释《庄子》。"理"的概念在《庄子》书中已经有了,但不是一个主要的概念,而在理学家那里它是最基本的概念。《逍遥游》中有"若夫乘天地之正"句,林希逸解为"天地之正理":

> 若夫乘天地之正理,御阴阳风雨晦明之六气,以游于无物之始而无所穷止,若此,则无所待矣。此乃有迹无迹之分也。至于无迹,则谓之至人矣,谓之神人矣,谓之圣人矣。

虽则成玄英也曾解释为"乘两仪之正理",但那是一个自然之理;林希逸的"正理",则是一个理学之"理",从而成为至人、神人、圣人,都是道德上的至上与完成。只不过,在有待与无待的问题上,他不是从有限与无限、有条件与无条件方面去理解,而是从有迹与无迹方面去理解。就是说,至人、神人与圣人,都是深入世事的,他们与常人的区别在于,常人立功立德留下了行迹,他们立功立德却不留行迹。传统儒家式的超越,是道德的至上至圣,可以成为万世师表与楷模,却没有要求不留行迹。林希逸的这个解释,确乎是在儒家传统的超越观里嵌进了一种道家的超越精神,这也是林希逸解释庄子的一个新鲜之处。他既然解注庄子,也就不能不受到庄子的影响。

在《齐物论》的解释中,林希逸更直接地提出了理学家的"天理"概念:

> "成心"者,人人皆有此心,天理浑然,而无不备者也。言汝之生,皆有见成一个天理,若能以此为师,则谁独无之?非惟贤者有此,愚者亦有之。……若此心未能见此浑然之理,而强立是非之论,是者自是,而不知其理之本然,譬如今日方始适越,而谓昔日已至之矣。("夫随其成心而师之"段释义)

本来庄子在"随其成心而师之"的那段话里并没有提出道与理的问题,但林希逸忘不了道与理,故而,他借庄子批驳"师其成心"的话,推出了"天理"。既然不该以"成心"为师,那就当以"大宗"为师,而"大宗"为"道"的代名词,如此,庄子的"道"就与理学家的"理"对接上了。进而,《齐物论》中的"莫若以明"的"明",林希逸也解释为"天理":

> "明"者,天理也,故曰"莫若以明"。

同样地,《齐物论》中"道枢"也被他解为"自然之天理":

> 如环之中,则无终无始而无穷矣。"是亦无穷,非亦无穷"者,言听其自然也。如此,则为自然之天理,故曰:"莫若以明"。

天理既然已经推出来了,那么理学家的"道心"与"人心"的概念也要推出来。在《秋水》的解释中,林希逸说道:

> 而必曰"知天人之行",这个"知"字,便从人心上起来。本乎自然而安于其所得,故曰"本乎天,位乎得"。此句又属道心。"位",居之安也。"踟蹰",进退也。屈伸进退,各循其理。此句又属人心。发明至此,道之至要也,理之至极也,故曰"反要而语极"。犹孟子曰将以反说约也。("河伯曰:然则何贵于道邪"段释义)

在同篇接下来的"何谓人,何谓天"一段话的解释中,林希逸进一步说明了庄子哲学中的人心与道心:

> 这数句发得人心,道心愈分晓。……既知人,又知天,于此谨守而勿失,则天理全矣。故曰"是谓反其真"。"命",天理也。"故",人事也。"得",得失之得也。

在林希逸看来,道心与人心,天理与人欲,这些被理学家看成是最具有问题性的概念不应当是理学产生才会随之产生的,而是在先秦诸子当中就出现了,只是它们在那个时期还没显现出来而已,如此一来,拿这些概念来解释庄子及其哲学就不难理解了。

林希逸解庄,有其理学家的立场,却没有影响到他对《庄子》段、句、字的讲求磨辩,而且他不仅善于运用儒家的经典,也大量采取佛家的经典及其他文献,力图从多个角度来看庄子。这使得他的《南华真经口义》具有了广博的知识背景,这也显示了理学家的学术视野。不过,他对庄子所提问题的敏感及其辨识能力并不如郭象和成玄英,他的解释平实稳健,却不出奇,这也如同他叹服庄子的精绝,自己却入不了庄子的那个境界一样。

二 王夫之的《庄子通》与《庄子解》

在儒家解注《庄子》的诸家当中,王夫之为另一个典型性人物,他对于庄子的理解与研究,保持了一如既往的客观性,却不失其基本的立场。在他的《庄子通》与《庄子解》当中,几乎难以分辨出他是一个儒者在解庄,在深刻的历史同情与观点的体认方面,似乎他就是一个道者在解庄,没有任何"隔"的感觉,只在一些关键的事件及其评价上,才看得出他的底子仍然是儒家。难怪乎康熙年间王天泰在其所作的序中如此说道:"先生之读庄而解之者,为庄也,非为后之读庄也。何也?解庄所以慕庄也,故曰非为后世之读庄也……今忽读于读先生之解庄,不啻庄之自为之解,是又不知庄生知为先生,先生之为庄生矣。"[1]

(一)自然之道

道为何物,自然又为何物,这是所有解庄者所要对待的问题。在庄子那里,道是造物者("物物者"),是未分的浑沌,是彻底的意志的存在,相对于万物来说,它是一个对象性的存在。而在王夫之这里,道并不具有庄子规定的那些性质,它甚至不是一个对象性的存在,只是为了说它,才把它当作对象看待。与王弼一样,王夫之也称道为"无",但其用意迥然不同:

> 精神生于道。道,无也;精神,有也。然则精神之所自生,

---

[1] 见王夫之:《庄子解》,中华书局2009年版,第71、72页。

无所以然之根,而一因乎自然之动。自然者即谓之道,非果有道也。道生神,神生精,精乃生形,形乃相禅而生物。则生物之原,四累之下也。超四累而寻其上,无迹也。……为君子者,乃欲于四累之下求本求根,而测其所以然,则困于道之中,必越于道之外矣。(《知北游》"精神生于道"解)

依照庄子所说的生成序次,"昭昭生于冥冥",应当依从精神生于道,形生于精神,万物生于形。王夫之似乎并没有违逆庄子的生成序次,却提出了如此的观点:第一,的确是"昭昭生于冥冥",但是,"昭昭"是"有","冥冥"是"无",如此说来,道就是一个"无"了。这个"无"决不同于王弼所说的道是"无"。王弼所说的"无"乃是一个抽象实体的名称,王夫之所说的"无"是一个非实体的无,也就是没有一个实体性的存在("非果有道")。王夫之所以提出道是"无",就是力图将无论是作为精神实体还是物质实体的存在打掉,存在的只是作为自然过程的道,它甚至不能作为对象存在,它只是事物自身变化的过程,将它叫作道,只是对这一变化过程的抽象。第二,道既是无,那么有生于无,不过是一个说法而已,从"形"到"物"的产生乃是"相禅而生物",也就是形气的此消彼长的相互嬗替,即是说,世界的多样性,根源在于阴阳二气的变化,故曰"生物之原,四累之下也"。如若顺着庄子所说的生成序次去追寻本根本原,必然"困于道",故曰"必越于道之外矣"。

在《知北游》开篇题解中,王夫之说:

言道者,必有本根以为持守;而观浑天之体,浑沦一气,即天即物,即物即道,则物自为根而非有根,物自为道而非有道。

非有根者，道之所自运；非有道者，根之所自立。无根则无可为，无道则无可知。……则物无非道，物无非根，因天因物，而己不为。

王夫之认为，人们的习惯思维是，道一定是作为万物的本根而存在，可是观天地之间，只是浑沦一气，在这个浑沦一气中间，决非别有天、别有道，物就是天，物就是道；物也并非别有一个根、一个道，物自身就是其根，自身就是其道。产生物的根源，以及物的所有运动变化的原因，都只在于物自身。在解《知北游》"天地有大美而不言"句中，王夫之继续说道：

然而自古以固存之大常，人固见为美，见为法，见为理，而得序；则存者存于其无待存也，神者神于其无有形也。意者其有本根乎？而固无根也。孰运行是？孰主张是？孰纲维是？沉浮以游，日新而不用其故，何根之有哉？名之曰本根，而实无本无根，不得已而谓之本根耳。

这是王夫之对本根问题的进一步阐述，他思考问题的方式颇有趣，他是对人们于宇宙根源问题追问的追问。以为存在现象的背后，一定有一个先于存在现象的存在（本根），这是庄子的思维方式。王夫之认为，这个思考问题的方法有问题，其实那只是想象的结果，并无这个东西的存在。"存者存于其无待存也，神者神于其无有形也"，意谓存在着的东西存在于自身，无待于他者（"无待存"）；神妙之所以神妙，在于它是无形无象的（"无有形"）。也就是说，人们不应当在存在的现象背后去追寻本根，也不应当在事物的神妙背后追寻发生神妙的本体，一切存在的根据及神妙作用发生的原因,都只在事物本身。

基于以上认知,王夫之将"物物者"理解为"天":

> 天者,物物者也。物物者,无适而不和,无适而非中,所谓缘督之经也。(《山木》"庄子行于山中"段解)

他以天来解"物物者",目的在于把庄子的"造物者"理解为自然,而不是超越的、先验的存在。所以,对"先天地生者物耶"句,他下注道:"非先有之物出乃生之。虽非先有,自可生而不已。"

"自然"这个概念,道教学家多解为"道",而"道"则是超越的、先验的、意志的"造物者"。在王夫之这里,"自然"都被理解为自然而然的过程,不是对象性的存在。他甚至把"自然"理解为"固然","率其自然,缘其固然,而物有能离之者乎?"(《山木》"不求文以待形"解)在《天运》篇中,王夫之说:

> 自然者,无必然也。以其必然,强其不然,则违其自然者多矣。……各因人、因天、因物,而皆其自然。……故自然者,无不可以因也。因其自然,乃以应时物而不穷。("孔子西游于卫"段解)

他之所以说自然"无必然",是想表明自然是事物自身的本然与固然,而非听命于外于事物的他者。"必然"就意味着强命,"强其不然",从而有违自然。"因"意味着从事物本身延引出来,延引出来的结果都是合乎事物本身的自然的。在这个意义上,他甚至把自然视为万事万物应当回归的"正":

> 因其自然,各得其正,则无不正矣。无不正者,无一待我而正也。(《天运》"孔子行年五十有一而不闻道"段解)

"正"也就是事物之固然、本然,事物之情实。而"无一待我而正",意谓事物之自然发展变化毋需人的意志的干预,毋需"物物者"使然。由此,王夫之引申出了"自然之乐"、"自然之序"、"自然之明"、"自然之精"等等。

可以看出,王夫之对"自然"概念的解释,是庄子"自然"概念的回归。但是,他所理解的"道",就不再是庄子所说的"道"了。这种分歧是通过《庄子》解释出来的吗?其实不是。在《庄子》书中谈到的"道"与"物物者"的地方,他要么对《庄子》原文的说法表示了质疑或批评,要么避而不谈,不下注解。他消解了庄子的道的本根义、本体义,却不否定道的存在,但道只是作为具有自然而然作用的、规律意义的道而存在。这是符合他唯物论的一贯立场的,如他在谈到理气关系时所说:"气者,理之依也。气盛则理达。"(《思问录内篇》)在谈到道器问题时所说:"尽器则道在其中矣。"(同上)理气、道器所表达是与庄子道与万物之间同类的问题。

(二)游——有待与无待

"游"是庄子的一个基本观念,在这个观念之下,涵括了庄子对于逍遥自由、社会人生等方面的理解。王夫之解《庄子》,"游"也是其着力之处。他在《逍遥游》题解中说道:

> 寓形于两间,游而已矣。无小无大,无不自得而止。其行也无所图,其反也无所息,无待也。无待者,不待物以立己,不待事以立功,不待实以立名。小大一致,休于天均,则无不逍

遥矣。逍者,响于消也,过而忘也。遥者,引而远也,不局于心知之灵也。故物论可齐,生主可养,形可忘而德充,世可入而害远,帝王可应而天下治,皆吻合于大宗以忘生死;无不可游也,无非游也。

王夫之是以游的精神来贯穿《庄子》内七篇的,即内七篇虽然各有所述,其基本精神无非一个"游"字。而游当可游于小大,不执着于游大,不执着于游小。"寓形于两间",也即并没有一定的游于大或游于小的选择,如果有游于大或游于小的选择,那么就是有待了。庄子所说的"至人无己,神人无功,圣人无名",王夫之都从无待方面理解了,因为无待于物,故可以无己、无功、无名,可以逍遥。大鹏抟扶摇九万里,然后可以南图,这不等于它无所待了,而是"大之所待者大也";小鸟游于榆枋之间,虽则适性,然而,"此游于小者也,逍也,而未能遥也"。在王夫之看来,"小者笑大,大者悲小,皆未适于逍遥者也"(《逍遥游》"且夫水之积也不厚"句解)。

对于庄子所所说的"小大之辩",王夫之有他自己的理解。他认为,有了辩,就不得逍遥:

> 有所辨则有所择,有所择则有所取,有所舍。取舍之情,随知以立辨,辨复生辨,其去逍遥也甚矣。(同上"小大之辩"解)

辩(辨)的实质在于分别、差异、等级,而正是由于辩的原因,"功于所辨而立,名于所辨而成","鹏与斥鷃相笑而不知为神人之所笑"。所以,《齐物论》正是要泯灭此等的分别、差异、等级及是非,达于"齐同"。他说:

> 不立一我之量,以生相对之耦,而恶有不齐之物论乎?(《齐物论》题解)

在他看来,所有的差别、对立都源自"相对之耦",而"相对之耦"又在于彼我之对待:

> 夫论生于有偶:见彼之与我异,而若仇敌之在前,不相下而必应之。而有偶生于有我,我之知见立于此,而此以外皆彼也,彼可与我为偶矣。……故我丧而偶丧,偶丧而我丧,无则俱无,不齐者皆齐也。(《齐物论》"南郭子綦隐几而卧"句解)

庄子本来论的是自然关系及是与非的认知问题,王夫之则多从社会认识方面作了理解,他所说的差异、对待都是社会等级、贵贱等矛盾关系方面的问题,故而消除对立的方法,也是"丧"或者"忘",亦即我不执著自我之见,我在主观上消除了彼此的对待,就可以齐同"物论"了。对于《齐物论》,王夫之主要从齐"物论"方面作了阐发。他认为,事物本然的状态如此,无所谓齐不齐,也不必计较其长短、高下、贵贱、等差,只需因任自然,"合于未始有之本然,以通万不齐之物论于一"(同上"天下莫大于秋毫之末"句解)。他还说:

> 物论之不齐,依于仁义;仁义之辩,生乎是非;是非之争,因乎利害;利害之别,极于生死。生死者,知之生死,而非天之有生死也。(《齐物论》"啮缺曰"句解)

也就是说,仁义、是非、利害、生死等,并非自然界本身的问题,而是人们的"物论"引来的问题。既然如此,"丧我之至,而物论无不可齐之极致也"(同上)。庄子本身讲求相对论,相对论注重看事物、看问题的角度的局限性,由此推出人们得出的认知的相对性。相对论包含了价值论的观点,但并不能归结为价值论。王夫之正是从价值论方面看待了庄子的相对论,如此,事物的差异、齐同便成了我愿意如何看的问题了。如:我在主观上丧失了主体性,我忘了我自己的存在,一切都可以归为无差别的齐同了。庄子要丧的是"成心",要忘的是自以为是的我,要超越的是所有局限的"观"(如"以物观之","以差观之"等),要追求的是无局限的整体的"观"(如"以道观之")。在这个方面,王夫之没有超越庄子。当然,王夫之对于等差、齐同的认识,与其逍遥自在论相联系,齐同、等差是为了表达其"辨不得逍遥"的看法。

王夫之是一个有着深切人生关怀的学者,他在解注《庄子》时,很容易地将这种关怀带进去。他对庄子逍遥精神的理解,就明显地强调了主观超越性。他在解《逍遥游》"知能效一官"一段的时候说道:

> 寒而游于寒,暑而游于暑,大火大浸,无不可御而游焉;污隆治乱之无穷,与之为无穷;则大亦一无穷,小亦一无穷;乡国可游也,内外荣辱可游也,泠然之风可游也,疾雷迅飚、烈日冻雨可游也。己不立则物无不可用,功不居则道无不可安,名不显则实固无所丧。……是乃无游而不逍遥也。

在庄子看来,人生无非是一场游,而游就要逍遥自在。王夫之大概也是如此认为的,他既是解庄,也是在借以发挥自己的人生见地。寒暑、水火"无不可御而游",此为无条件的、全天候的游;小大皆可作无穷之游,此为不选择处境的、无限量的游;内外荣辱皆可游，为社会治乱、人事升降的游；"己不立"、"功不居"、"名不显"则为无待的超越。在游于外与游于内的问题上，王夫之更倾向于内，也就是借入世而游世，这就是他所说的"游于六合之外，乃可游于六合之内"（《徐无鬼》"庄子曰：射者非前期而中"段解义）。"游六合之外"看起来是"游六合之内"的前提，但"游六合之内"则是游的落实处，也即是说，既是"游"，那么心当超六合之外，而做到了这一步，就可以"游六合之内"了。这是身处乱世当中哲人的现世关怀，也是其不解的情缘，而这是与同样身处乱世的庄子所不同之处。

既要关怀现世，又要不滞于所从事，实现无功名的精神超越，这是王夫之解庄的思想格局。其中在"御"与"任"的关系上，就表现了出来。"御"既是"无不可御"，那么就是要驾驭任何可能条件的事物，以实现像尧舜那样的治天下的大业。"任"，则是任万物之自性，"任自然以逍遥"（《逍遥游》"肩吾问于连叔曰"段解义）。王夫之进一步描述道：

> 神人之神，凝而已尔。凝则游乎至小而大存焉，游乎至大而小不遗焉。物之小大，各如其分，则己固无事，而人我两无所伤。（同上）
>
> 唯丧天下者可有天下，任物各得，安往而不适其游哉！（《逍遥游》"宋人资章甫而适诸越"段解义）

在这里，神人不是《庄子》书里那种不关心世俗生活的神人，而是治天下、又忘天下的神人，他可游于小大，于物无伤，任物自得。治理天下只是其实现游心的手段而已，故可说"唯无生而后可以无我，故乘莽眇之鸟而天下治"（《应帝王》"天根游于殷阳"段解义）。治理天下与自我逍遥的关系，又如同"自全"与"全人"、"存诸人"与

"存诸己"的关系。在《人间世》的解义中,王夫之说:

> 此篇为涉乱世以自全而全人之妙术,君子深有取焉。……
> 存诸人者一存诸己者也。……忘生忘死,养其存诸己者,则何至溢言、迁令、劝成以愤事?然则所以报君之命者,至于忘生死而已极,又何必有功有名以为报邪?故以无事无心事其心者,可以忠报君,可以孝报父,而不尸其名,不居其功。非无己、无功、无名之人,孰能与于此?故曰"此其难者",未常不存诸人、而以存诸己者存之也。

道家主张先存诸己,而后存诸人。王夫之对《人间世》这一篇特别称道,因为此篇把个人自由与社会关怀很好地结合起来了。他赞赏庄子那种智慧,只有先存诸己,而后才能够存诸人("以存诸己者存之也")。如若自己都心神未定,内心充斥了功、名的欲望,如何可以入世以救治别人?他主张积极入世,以忠报君,以孝报父,但是,应该超越功名,事成而不尸位,功成而不居功。他甚至说"道者归于道而已矣,德者归于德而已矣,功者归于功而已矣,名者归于名而已矣,利者归于利而已矣,奢欲者归于奢欲而已矣"(《庄子通》释《应帝王》)。这是对追求功名利禄者的公开嘲笑。然而,这已经远超儒家的立场了。

(三)庄学与儒学

在《庄子通·序》中,王夫之就表达了庄学与儒学之间关系的看法:"凡庄生之说,皆可因以通君子之道,类如此。"这并不意味着他想借此弥合道家与儒家在诸多方面的差异与分歧,而是试图在庄学中发现儒学所欠缺的思想与文化价值。同时，也表明他并不抱守儒学中某些固定的观念，他只是一个开放的求知与求真的学者。

对待《庄子》书中论及的儒墨之辩，王夫之并没有特意护持儒家，而是借庄子之论以发挥自己的看法。如在解《齐物论》时，他说道：

> 限于其知，以为成心，而凭气之所鼓，不知其两可两不可，而独有所是，偏有所非，小成之知见，成百家之师说，而儒墨其大者也。儒墨争而饰其荣华，而道隐矣，两可之言亦隐矣。夫其所以的然争辨于是非者，自谓明也。斤斤然持而以之，而岂真明也哉？明与知相似，故昧者以知为明。明犹日也，知犹灯也。日无所不照，而无待于炀。灯则或炀之，或息之，照止一室，而烛远则昏，然而亦未尝不自谓明也。故儒墨皆曰吾以明也。持其一曲之明，以是其所已知，而非其所未知，道恶乎而不隐耶？（"道恶乎隐而有真伪"解义）

儒墨两家相互争善，可不可，然不然，各执一端，自以为是，不知自己的"是"不过是"成心"与"偏见"，这是庄子的看法。在这个问题上，王夫之是赞成庄子的分析的，他甚至在庄子的基础上，批评儒墨两家以"小成之知见"，为"百世之师说"。所谓"不知其两可两不可"，意谓两家各以为对的（"可"），其实都不对（"不可"）。如此，"两可之言"就显得重要了。"两可之言"，应当是：非此非彼，亦此亦彼。"两可之言"是否就是道之言？王夫之没有在这之间画等号，只是说"道隐矣，两可之言亦隐矣"，但可以肯定的是，他也欲借庄子之言破除认知上的偏见。在"明"与"知"的分辨上，王夫之的见解无疑是深刻的。他意识到"明与知相似"，因其如此，人们常误以"知"为"明"。"知"意谓知识、知见;"明"意谓真知、智慧。他以一个"日"与"灯"的形象比喻,对"明"与"知"作了了断。如此,儒墨自以为"明",其实不过都只是"灯"。

在解释"瞿鹊子问于长梧子"段时,王夫之说道:

> 为物论者:皆求治也,而孰知天下之本淆! 皆求明也,而孰知天下之本瞀! 求治,求明,而为之名曰仁义,为之辩曰是非,以要言之,利害而已矣。此之所谓利,彼之所谓害,利害无有常者也。……尧舜之名,篡贼之恶也;周孔之文,俗儒之陋也。然则古之所贱,今之所贵;今之所是,后之所非;厉风变其南北,而籁亦异响。若夫参万岁而成一纯者,大常而不可执,岂言论之所能及哉? 忘言、忘知,以天为府,则真知之所彻,蕴之而已,无可以示人者。圣人之愚芚,恰与万岁之滑湣相为吻合,而物论奚足以存!

在《天地》的解义中,王夫之说:

> 世之言治者,皆非独见而信诸己也。前之人为之而偶效,因而有治迹之可传,天下后世相与传之以为必然之善,流俗因而善之然之,而曰仁也义也,尊之逾于君,亲之逾于父。乃不知所谓仁义者,非但离德背道,抑非果能端正而相爱者也。("孝子不谀其亲"句解义)

以上所述,似乎是在认知的意义上批评儒家传统中的一些历史现象,如盲目信奉前人,缺乏独见之明,以至于陷于流俗之弊。进而,他也直指仁义等核心价值存在的问题,用了一个"利害"来简括,即人们口头上讲的仁义、是非，其实只是借以实现功利目的的利害关系而已。这已经隐含了对于历史的反思与理性自觉。而对于庄子那种参万岁成一纯的观念的赞同，已确然一个道家学者，看不出儒学者的身影。

庄子对于儒家的建立在孝亲基础上的仁，提出过诘难，认为儒家的"仁"，与虎狼爱其子一样，难免偏私，推而不广。王夫之对此表示了完全的赞同：

> 然则勉于爱敬而役之以为德，其为仁也，亦虎狼之仁而已。与天下相忘者，不私其亲，其亲亦不私焉。老者自安，少者自育，胥相各得，天下莫知其为谁之赐。仁孝之名不立，奚勉勉于敬爱以扰天下哉？至贵不可以品秩序，至富不可以积聚计，至德不可以仁知名，至仁不可以爱敬言。亲者自亲，长者自长，此无所益，彼无所损，通之天下而无所渝，乃以与天地日月风云之自然者合其德。（《天运》"商太宰问仁于庄子"解）

王夫之也认为，儒家以爱敬为基础的仁，与虎狼之仁无异，这种仁还是偏私之仁，你自己偏私，别人也会如此，如此便不能有普遍的仁。反之，人人不私其亲，那么就会有合乎自然之德的普遍的仁。"与天下相忘"的超越精神，在这里再次获得了特殊的意义，它是实现普遍仁爱的一个路径。

然而，王夫之也并非没有自己的立场。他的立场与其说是儒家的话，还不如说是求真求实、实现社会关怀的立场。他之赞孔子为"真人"（"夫子曰'丘则陋矣'，唯不以为得，此其所以为真人。"——《大宗师》解义），是对孔子不囿己见的求真态度的敬仰；他之批评那些"俗儒"，无非指他们只知守立场，而不知求真理。故而,他对《庄子》某些篇章也并非没有批评,不过,他认为这些篇章并非庄子所作。如此,他力图将《庄子》与《周易》、《论语》等儒家经典加以会通,在《达生》篇中,他说:

> 此其为说,较之先儒所云死则散而全无者,为得生化之理,而以劝勉斯人使依于道者为有实。读《庄子》书者,略其漫衍,寻其归趣,以证合乎《大易》"精气为物,游魂为变",与《论语》"知生"之旨,实有取焉。孔子许狂者以不忘其初,其在斯乎!("达生之情者"句解义)

对庄子"对儒者之道"的"讥诮",言论的狂放,以及"卮言日出之论",王夫之认为那也是一种特殊的表达。"救道于裂","则其非毁尧舜、抑扬仲尼者,亦后世浮屠诃佛骂祖之意"(《天下》"不离于宗,谓之天人"解义)。"诃佛骂祖",看似恶逆,实则醇正景仰。

第十章 庄学诸派之三——佛家

一 支遁与僧肇的庄子学

（一）支遁的《逍遥游论》及其他

支遁,字道林,为东晋时期著名僧人,六家七宗中"即色宗"的代表人物。他与当时的许多名士过往甚密,以至于他也被看作是名士,长史王濛称其精辩玄思不逊王弼,而孙绰《道贤论》又把他与向秀相提并论。① 后辈学者更称他为庄学权威,此皆不为过。他的著作盛行于当世的有十卷之多,可惜大多遗失。他的《逍遥游论》现存的也只有《世说新语·文学篇》、《高僧传》、《经典释文》引

---

① 见梁慧皎《高僧传》卷四。该《传》记述道:"王洽、刘恢、殷浩、许询、郗超、孙绰、桓彦表、王敬仁、何次道、王文度、谢长遐、袁彦伯等,并一代名流,皆著尘外之狎。""王羲之时在会稽,素闻遁名,未之信,谓人曰:'一往之气,何足可言?'后遁既还剡,经由于郡,王故往诣遁,观其风力。既至,王谓遁曰:'《逍遥篇》可得闻乎?'遁乃作数千言,标揭新理,才藻惊绝,王遂披襟解带,留连不能已,仍请住灵嘉寺,意存相近。"《世说新语》也记述了王羲之与支遁相见的事情:"王逸少（羲之）作会稽,初至,支道林在焉。孙兴公谓王曰:'支道林拔新领异,胸怀所及乃自佳,卿欲见不?'王本自有一往隽气,殊自轻之。后孙与支共载往王许,王都领域,不与交言。须臾,支退。后正值王当行,车已在门,支语王曰:'君未可去,贫道与君小语。'因论《庄子逍遥游》。支作数千言,才藻新奇,花烂映发。王遂披襟解带,留连不能已。"(这里采用的为徐震堮:《世说新语校笺》,中华书局 1984 年版)《世说新语》作于刘宋时期,《高僧传》作于梁朝,故《高僧传》当是改编了《世说新语》的故事。

述的部分内容。我们今天只能通过这些不齐全的段句窥见他的庄学思想。

《世说新语·文学篇》中记述的支遁注庄及其《逍遥游论》的文字,可谓最主要的内容,其曰:

> 《庄子·逍遥篇》,旧是难处;诸名贤所可钻味,而不能拔理于郭、向之外。支道林在白马寺中,将冯太常共语,因及《逍遥》。支卓然标新理于二家之表,立异义于众贤之外,皆是诸名贤寻味之所不得,后遂用支理。

向秀、郭象的《庄子注》被当时的名士普遍接受,很难有人可以超越他们。唯独支道林对庄子的理解既不同于向秀、郭象,又出于众时贤之所想象,可谓标新立异而能服众。现存刘孝标注的《世说新语》中共有四处论及支遁谈论庄子事,三次是刘义庆《世说新语》正文,一次是刘孝标的注文。除了上文提及的支遁与冯太常、王羲之(见注文)的言行,在《文学篇》中,还记述了支遁与许询、谢安、王濛的会谈:

> 支道林、许、谢盛德,共集王家。谢顾谓诸人:"今日可谓彦会,时既不可留,此集固亦难常,当共言咏,以写其怀。"许便问主人,有《庄子》不? 正得《渔父》一篇。谢看题,便各使四坐通。支道林先通,作七百许语,叙致精丽,才藻奇拔,众咸称善。于是四坐各言怀毕,谢问曰:"卿等尽不?"皆曰:"今日之言,少不自竭。"谢后粗难,因各叙其意,作万余语,才峰秀逸,既自难干,加意气拟托,萧然自得。四坐莫不厌心。支谓谢

曰:"君一往奔诣,故复自佳耳。"

这里提及支遁解《渔父》篇,由此来说,支遁解庄当不限于《逍遥游论》。虽则《世说》对于支遁解庄语焉未详,但刘孝标的"注"素来学者给予很高评价,因为他既纠正了刘义庆的纰缪,同时又提供了可贵的史料。① 其中他对支遁言行所下的注解,就是弥足珍贵的。他在"支道林在白马寺中"一段的注语说道:

> 向子期、郭子玄逍遥游义曰:"夫大鹏之上九万,尺鷃之起榆枋,大小虽差,各任其性,苟当其分,逍遥一也。然物之芸芸,同资有待,得其所待,然后逍遥耳。唯圣人与物冥而循大变,为能无待而常通,岂独自通而已。又从有待者不失其所待。不失,则同于大道矣。"支道林《逍遥论》曰:"夫逍遥者,明至人之心也。庄生建言大道,而寄指鹏鷃。鹏以营生之路旷,故失适于体外;鷃之在近而笑远,有矜伐于心内。至人乘天正而高兴,游无穷于放浪,物物而不物于物,则遥然不我得;玄感不为,不疾而速,则逍然靡不适,此所以为逍遥也。若夫有欲当其所足,足于所足,快然有似天真,犹饥者一饱,渴者一盈,岂忘蒸尝于糗粮,绝觞爵于醪醴哉?苟非至足,岂所以逍遥乎?"此向、郭之注所未尽。

在刘孝标所注引的向、郭的话中,从开头至"逍遥一也",诸家并同;

---

① 见《四库全书总目提要》:"孝标所注,特为典赡,高似孙《纬略》亟推之。其纠正义庆之纰缪,尤为精核。所引诸书,今已佚其十之九,惟赖是以传。"

从"然物之芸芸"至末句,为诸家所未有。这可能是郭象的《庄子注》中所遗漏的句子。从这段话看来,郭象强调了物皆有所待,得到了所待,就可以逍遥;在满足所待的条件下获致了逍遥,是符合道的;圣人自身无待,却又顺从物的有待,使万物不失其有待,这更是合乎道的。这个表达并没有超出他的"性分论"的思想。郭象"性分论"的关键在于:他承认并主张有待之人与无待之人(至人、神人与圣人)的差别,但他以"性分"为由将人与物限定在各自所处的境遇里。

支遁要突破的也正是这个方面。他认为,"性分"不是庄子要表达的,庄子只是借助大鹏与斥鷃之间的区别来阐明"至人之心",也即庄子想借斥鷃不理解大鹏之事,来表明道的存在及其追求。大鹏营生之路旷,失适于体外,这是大鹏的真实处境,而斥鷃以自适裁量大鹏之适,殊为可笑。然而,无论大鹏,抑或斥鷃,他们"足于所足"的"有待"与"自适",都还谈不上"逍遥",只有"至足"的"无待"才是逍遥,故逍遥乃是至人之事。"足于所足"的"自适",其实只是"饥者一饱,渴者一饮",你不能因为吃到了干粮,喝到了醪酒,就忘记了世上还有精致的祭品与美酒的存在。所以,他提出了反问:"苟非至足,岂所以逍遥乎?"有关这个问题,《高僧传·支遁传》有一则记述:

> 遁常在白马寺,与刘系之等谈《庄子·逍遥游》,云各适性以为逍遥。遁曰:"不然,夫桀跖以残害为性,若适性为得者,彼亦逍遥矣。"于是退而注《逍遥篇》,群儒旧学莫不叹伏。

既然桀跖以残生为适性,而如果适性为逍遥,那么残生也就是逍遥了。即便这是最坏的一种适性,也不能排除这样一个结论。这样的逍遥是谁也不愿意看到的。正是出于这个理由,他不认为适性就是逍遥。这里面隐含着支遁的宗教立场及其对社会关系的理解。从宗教立场看,任何的学说都应当有助于劝善,庄子立逍遥论,决非鼓励人们追求残生的适意与快乐,故而,逍遥不是适性。从社会关系理解,人的逍遥与自由不当以他人的痛苦为代价,既然个别人的适性可以引出他人的痛苦,那么适性也就不是逍遥与自由。尽管他认为只有至人才可以享受无待的逍遥,但他也决不认同郭象的那种自足其性的逍遥,毕竟他认为大鹏的处境与斥鷃的处境不相同,亦如同糗粮与烝尝、醪醴与觞爵有别一样。支遁所说的至人与圣人、神人无别,他也把佛比为庄子所说的至人。在《大小品对比要钞序》中,支遁说道:

夫至人也,览通群妙,凝神玄冥,灵虚响应,感通无方。建同德以接化,设玄教以悟神,述往迹以搜滞,演成规以启源。或因变以求通,事济而化息,适任以全分,分足以教废。故理非乎变,变非乎理,教非乎体,体非乎教。故千变万化,莫非理外,神何动哉?……夫体道尽神者,不可诘之以言教;游无蹈虚者,不可求之于形器。是以至人于物,遂通而已。

大小品为《般若经》的两种写本(大品曰《放光经》,小品曰《道行经》)。支遁主要阐扬《般若经》与《维摩诘经》的大乘理论,他对庄子的理解,以及对佛经的理解,已经难以分清彼此,不过,史家还是认为他是以庄解佛的。在上述对至人的描述中,至人可以既是庄子所说的至人,又是佛。在超越形态上,他所理解的更像庄子笔下的至人,而在设教以化人上,他所主张的又是佛。其至人不仅表现为感而遂通,也表现为应万物之变。不过,支遁理解的至人,比较倾向于本体与现象的体用关系,而非庄老擅长的根源义的派生关系。

支遁"色不自色"的理论被认为是六家七宗中的"即色宗"。《世说新语·文学篇》引支遁《妙观章》：

> 夫色之性也，不自有色。色不自色，虽色而空。故曰色即为空，色复异空。

《即色游玄论》：

> 支道林著《即色游玄论》云："夫色之性，色不自色，不自，虽色而空。知不自知，虽知而寂也。"①

即色论后来遭僧肇的破斥，认为这是以色（物质现象）需待被色而后才为色（"待色色而后为色"），而不知色本身是空（"未领色之非色"）。② 这涉及对支遁上述话的理解问题，如果说支遁是以色乃是因缘而有，所以是空的话，那么当与僧肇的观点不二了。③ 不过，这些观点似乎与庄子没有多大关系。但下面的观点就与庄子有关了：

> 若存无以求寂，希智以忘心，智不足以尽无，寂不足以冥神。何则？故有存于所存，有无于所无。存乎存者，非其存也；希乎无者，非其无也。何则？徒知无之为无，莫知所以无；

---

① 见《大藏经》卷六五安澄《中论疏记》。
② 见僧肇：《肇论·不真空论》，本书所用《肇论》文本，为《续藏经》第九十六册。
③ 方立天《魏晋南北朝佛教》第 39 页有这样的观点："万物因缘而有、而空，也是僧肇的观点，似乎是不至于引起他的批评的。"（中国人民大学出版社 2006 年版）

知存之为存,莫知所以存。希无以忘无,故非无之所无;寄存以忘存,故非存之所存。莫若无其所以无,忘其所以存。忘其所以存,则无存于所存;遗其所以无,则忘无于所无。忘无故妙存,妙存故尽无,尽无则忘玄,忘玄故无心。然后二迹无寄,无有冥尽。(《大小品对比要钞序》)

般若学既是看空现实世界的,那么如何看空,就是解释《般若经》的支遁所要做的事情。这里试图分析一下他的理解。人们试图以"存无"的方式来达到空寂,或以"希智"的方式来达于忘心,其结果是智识没有能力达于无的境地,空寂不足以至于冥神。原因在于:当你"有存乎存者"(其实就是存乎无)的时候,你就停滞在"有存",而不是你所要存的那个存(无)了;你"希乎"无的时候,你也就停滞在"希乎"上,而不是那个无了。进一步推论:人们只知道无,却不知道为何是无;只知道存(存无),不知道如何是存(存无)。所以,倒不如从究竟与根源义上解决"无"与"存"的问题,即"无其所以无,忘其所以存",即看到无之为无的究竟是空无,忘掉存之为存的存本身,才可以有"妙存"与"尽无"的境界。"妙存"、"尽无",以至"忘玄"、"无心",表达的是超越与境界的步步提升。无论是"所无"或"所以无","所存"或"所以存",都还是一种"迹",反复地忘掉这两边之"迹",才可以超越得干净彻底。我们知道,"存"与"忘"是庄子的一种思想超越方法,《齐物论》说:"道恶乎往而不存?言恶乎存而不可?"《田子方》说:"夫凡之亡不足以丧吾存,则楚之存不足以存存。"《德充符》说:"故德有所长而形有所忘。人不忘其所忘而忘其所不忘,此谓诚忘。"《大宗师》说:"与其誉尧而非桀也,不如两忘而化其道。"固然,支遁不是借以发挥庄子的思想,他是借庄子的方法发挥大小品《般若经》的思想,但佛教自传入中土,总与老庄,尤其是与庄子有着分不清的联系。支遁不愧为庄学高识,除了以上所述之外,许多庄式术语也被他精巧地运用了,如"非指喻指,绝而莫离",又如"以鸟养鸟,所荷为优"(俱见《高僧传·支遁传》)。

(二) 僧肇的庄子学

汤用彤先生曾说:"夫般若理趣,同符老庄。"① 又说:"僧肇之说,虽有取于老庄之学,但亦实得之于鸠摩罗什。因什公注《维摩》,已发挥此义。"② 这可以说是僧肇与老庄关系的基本情形。僧肇所重佛经与支遁略同,如《放光经》、《道行经》与《维摩经》。然而,僧肇早年熟读老庄,并无解注老庄著作,他只是在解读佛经的过程中释出了他对老庄的理解,并创造地阐发了佛经与老庄之义。

在《物不迁论》中,僧肇主要阐发《放光经》(《大品般若经》)的"法无去来,无动转者"以及《摩诃衍论》"诸法无动,无去无来"的思想,其曰:

> 求向物于向,于向未尝无;责向物于今,于今未尝有。于今未尝有,以明物不来;于向未尝无,故知物不去。覆而求今,今亦不往。是谓昔物自在昔,不从今以至昔;今物自在今,不从昔以至今。……今若至古,古应有今;古若至今,今应有古。今而无古,以知不来;古而无今,以知不去。

---

① 《汤用彤全集》卷一,河北人民出版社 2000 年版,第 115 页。
② 同上书,第 251 页。

这是说过去的事物只存在于过去,今天的事物只存在于今天。既然从今天存在的事物找不到它的过去,从过去的事物也找不到它的今天,那也就表明,古今之间并不往来,这证明,事物是寂然不动的。在僧肇的论证中,他引述说:孔子临川,"感往者之难留",庄子藏山,"有力者负之而趋,昧者不觉"。僧肇的目的自然是要证明变化的现象其实只是假象,而不动的本体才是真相、实相。而他的论证方式与过程则是别具一格,即"岂释动以求静,必求静于诸动",即就动的现象本身来说明其本质是不动的。这就是他的即体即用。庄子提出了"化"的观念,以为一切都处于化的链条当中,事物的化是绝对的,静止是相对的,所以,任何事物都随时随地化为某个他者,即所谓"物化"。在《相对主义问题》一章中,我们已经论及庄子有关时间与事物的变化问题,他把时间看作变化的主体,事物的变化只是现象,所谓"时有终始,世有变化"(《则阳》),如此,事物的存在及性质都要依随时间变化,且一定会变为他者的存在,这样就为变化不是自身的变化留下了空间。如果事物的变化为自身的变化,那么就可以现存的事物追寻到它的过去,从现在推测到它的未来。如果变化不是事物自身的变化,那么过去的事物就只存在于过去,现在的事物也只存在于现在,而这正是僧肇的思维方式。僧肇还强调说:"苟万动而非化,岂寻化以阶道?"他所强调的这个观点也很符合庄子的理路。庄子正是主张万物皆化,不化的只有道,万物的化(化为他者),正好体现了它们追随了道。所以,僧肇反问道:要是万物动而不化,如何体现它们在追随道呢?但是,在庄子那里,虽然事物自身会变为他者,其中的主体性还是存在的,如庄周化为蝴蝶,其中的那个"我"并没有随之消失。而在僧肇那里,那个主体性随变化一起消失了,所以,"我"既在过去,就不会又出现于现在。这就是僧肇从万物皆化的观点衍生出万物皆不化的一个根据。

僧肇的《不真空论》主要阐发《中观论》和《摩诃衍论》的思想，提出"即万物之自虚"的论证：

> 则万象虽殊，而不能自异。不能自异，故知象非真象；象非真象故，则虽象而非象。……夫以物物于物，则所物而可物；以物物非物，则虽物而非物。是以物不即名而就实，名不即物而履真。

万象看起来彼此殊异，但各无自性，无自性，故不能彼此相区别，所以万象不真，不真，所以是空。① 从"物物"的角度看，人们总是相信物物者必定为物，故而将"所物"看成是物，如若明了物物者不是物，那么"所物"也就不会被看成是物了。再从名实关系看，人们习惯把物的名实关系看成必定如此，有名有实，所以有物，岂不知名与实并无对应性，名实关系只是约定俗成而已，完全可以把某物叫别的名字，既然物不即名，名不即物，所以，物是空。我们知道，庄子提出过"物物者非物"的观点，意谓在有物之初，能够产生物的必定是某种非物的东西。庄子运用的是宇宙论的推原方式，认为可以成为万物根源的应当不是物。僧肇运用的则是本体论的方式，就物的体用关系看出物的不真，所以，他是借助了庄子的话题来阐发佛经的内容，如在《答刘遗民书》中，他说道："可物于物，则名相异陈；不物于物，则物而即真。是以圣人不物于物，不非物

---

① 僧肇在《维摩经注·入不二法门品》中说道："色即是空，不待色灭然后为空，是以见色异于空者，则二于法相也。"这亦为他对《不真空论》中斥支遁即色宗观点的强调。

于物。物物于物，物非有也；不非物于物，物非无也。"僧肇也用了玄学家所习用的有无关系来表达真俗二谛，真谛以明非有，俗谛明非无（假有），所谓"有其所以不有，故虽有而非有；有其所以不无，故虽无而非无"（《不真空论》）。不有不无，非有非无，两边不落，如此的"中观"方法，以求看空现象的目的。

僧肇的《般若无知论》也是阐发《放光经》与《道行经》的思想，其曰：

> 《放光》云：般若无所有相，无生灭相。《道行》云：般若无所知，无所见。此辨智照之用，而曰无相无知者，何耶？果有无相之知，不知之照，明矣。何者？夫有所知，则有所不知。以圣心无知，故无所不知。不知之知，乃曰一切知。故经云：圣心无所知，无所不知。信矣！

知与不知、小知与大知，是《庄子》书中经常议论的话题，如《齐物论》："知止其所不知，至矣。"《外物》："去小知而大知明。"《知北游》："知者不言，言者不知。"在这个方面，老子、庄子与般若学说很吻合，难分彼此，以致僧肇言佛未必不是言庄老，言庄老也未必不是言佛。对此，憨山德清有过评论："盖肇尤善老庄焉。……故藏经凡出什之手者，文皆雅致，以有四哲左右焉（生、肇、融、叡四人，著者注）。故《法华》理深辞密，曲尽其妙不在言，而《维摩》文势宛庄语，其理自昭著。至于肇四论则浑然无隙，非具正法眼者，断断难明。故惑者非之以空宗庄老孟浪之谈，宜矣。"[①]

---

① 德清：《观老庄影响论·论去就》，北京图书馆藏明万历刻本。

二　憨山德清的庄子学

（一）孔、老、庄与佛

　　憨山德清为明末四大名僧之一，处儒释道合流的时代，他对于儒家和道家的态度，自有其学术潮流的影响，但他并不只是表明态度，他有自己独立的理解和分析，而其论述的精微与确当，让人有一种三家关系"本当如此"之感。

　　德清解庄之作，主要为《观老庄影响论》①和《庄子内篇注》②。前者作于前，后者作于后。关于《观老庄影响论》，德清在"跋"语中说道："创意于十年之前，而克成于十年之后，作之于东海之东，而行之于南海之南，岂机缘偶会而然耶？"说明作者为此书之牵系及运思之久。

　　在《观老庄影响论·叙意》中，德清说道：

　　　　西域诸祖，造论以破外道之执，须善自他宗。此方从古经论诸师，未有不善自他宗者。且吾宗末学，安于孤陋，昧于同体，视为异物，不能融通教观，难于利俗。……余居海上枯坐之余，因阅楞严、法华次，有请益老庄之旨者。遂蔓衍及此以自决，非敢求知于真人，以为必当之论也。

这段话表明了德清对于儒家和道家的基本态度，只不过，他不是从

---

　①　本书所用为北京图书馆藏明万历刻本。
　②　本书所用为华东师范大学出版社 2009 年版，黄曙辉点校，该本以光绪十四年金陵刻经处刻本为原本。此外，德清还有《道德经解》一书。

世俗的方面说,而是从佛法本身的起兴与转借来说,皆须"善自他宗"。既然西域诸祖皆如此,佛法传到中土何尝不该如此呢?从用语之谦,已见他对老庄的敬仰。德清称孔子为"人乘之圣"、"奉天以治人";称老子为"天乘之圣"、"清净无欲离人而入天";称佛则是"超圣凡之圣"、"能圣能凡,在天而天,在人而人,乃至异类分形,无往而不入"(《观老庄影响论·论教乘》)。作为僧人,德清之所以对孔子与老子有如此的赞同,在于他从世间法和出世间法的观点看待三教,并试图把儒家和道家都并入佛教的体系内,孔子是世间的,老子是出世间的,佛则是能世间、能出世间的。孔子教人脱离夷狄禽兽,老子教人大患莫若有身,佛教人出脱生死窠窟,所以他说:"不知春秋,不能涉世;不知老庄,不能忘世;不参禅,不能出世。"(《观老庄影响论·论学问》)在德清看来,人道与佛法从来就是一而不二的,"舍人道无以立佛法,非佛法无以尽一心,是以佛法以人道为镃基,人道以佛法为究竟"(《观老庄影响论·论行本》)。如此,佛法也是不舍孝道的,为佛弟子当处人间世,而知人伦之事。他的结论是:

> 孔助于戒以其严于治身,老助于定以其精于忘我,二圣之学,与佛相须为用,岂徒然哉?(《观老庄影响论·论宗趣》)

"相须",意谓两者不相同,却也不相离。然而,《观老庄影响论》的重点还是在谈论老庄,尤其是庄子的影响。对此,他有一个判断,认为庄子是老子学说最合理的继承者,说老子之有庄子,犹孔子之有孟子。他甚或以孔子称老子犹龙一事类推,如孟子要是见了庄子,"岂不北面耶!"故而,他对庄子推崇备至,说:

> 间尝私谓,中国去圣人即上下千古,负超世之见者,去老唯

> 庄一人而已,载道之言广大自在,除佛经,即诸子百氏,而究天人之学者,唯庄一书而已。藉令中国无此人,万世之下不知有真人;中国无此书,万世之下不知有妙论。(《观老庄影响论·论去取》)

在此,德清把庄学视为除佛经之外最值得景仰的学说,这甚或已经度越孔老了。我则要说,他的这番评议,与其说是他对庄子"道"的景仰,毋宁说是他对庄子的哲学智慧的景仰。因为在宗教的"道"的立场上,他只能把庄子装进佛学的那个体量无限的体系中去;而在学说及智慧的意义上,他可以不受限制地评价庄子,这就是智慧的魅力。既然如此称赞庄子,那么德清也要为庄子孟浪之言、诽薄之言进行辩护。他认为,庄子只是因为世俗的"固执之深,故言之也切"。至于诋毁先圣,他说:

> 至于诽尧舜、薄汤武,非大言也,绝圣弃智之谓也。……诋訾孔子,非诋孔子,诋学孔子之迹者也。且非实言,乃破执之言也。故曰寓言十九,重言十七,诃教劝离,堕形泯智,意使离人入天,去贪欲之累故耳。(《观老庄影响论·论教乘》)

这样的辩护与喜爱庄子的儒学者不同,后者多没有从庄子的言语及其表达方式去理解与维护庄子,而是设法从那些诋訾孔子的那些篇章中找出纰漏,然后说这不是庄子作品。德清则恰恰从庄子的表达去理解和辩护,显然,这样的辩护更有力。在《观老庄影响论·论工夫》中,德清再次肯定说:

> 庄语纯究天人之际,非孟浪之谈也。

德清对于庄子有如此的理解,有其特殊的缘由。禅学宗流也是以"诃佛骂祖"著称的,既然佛徒可以容许诃骂佛祖,何不容许庄子诋訾尧舜汤武与孔子呢?如此,德清甚至拿出世尊诃斥二乘的事情来,"若闻世尊诃斥二乘以为焦牙败种,悲重菩萨以为佛法阐提,又将何如耶?然而,佛诃二乘,非诃二乘,诃执二乘之迹者,欲其舍小趣大也"(《观老庄影响论·论宗趣》)。在《观老庄影响论》一书的最后,德清提出了一个耐人寻味的结论:

> 吾意老庄之大言,非佛法不足以证响之。信乎游戏之谈,虽老师宿学不能自解免耳。今以唯心识观,皆不出乎影响矣。(同上)

这段话隐括了三重内涵。第一,德清把老庄看成了预言家,意谓老庄的微言大义不是人们可以理解的,只有佛教才可以证明、彰显这些话的意义。在书中,德清举出两例,一是老子"西涉流沙"的历史传说,他认为,这个传说并非无谓之谈,"大叚此识深隐难测"。对于佛道教交往史上《老子化胡经》所引致的麻烦,德清没有采取过去佛教把老子西去流沙作为谎言的做法,而是认为这个传说有其深意。只不过,他以为老子或许只是一个"神通者",谒见佛而"不一言而悟",也即老子可能因佛得了开悟。二是《齐物论》中有言"万世之后而一遇大圣知其解者,是旦暮遇之也"。庄子所说的这个万世一遇的"大圣"正是佛,所谓"然彼所求之大圣非佛而又其谁耶?"(《观老庄影响论·论教乘》)[1]第二,庄子的特殊表述方式,

---

[1] 在《庄子内篇注·齐物论》中,德清强调:"言必待万世之后,遇一大觉之圣人,知我此说,即此说,即我与之为旦暮之遇也。意此老胸中早知有佛,后来必定应证其言。不然,而言大觉者,其谁也耶?"

使人有庄子皆"游戏之谈"的感觉,其实这正是不懂庄子。德清也认为,了解庄子也确乎难。在《庄子内篇注》的开篇,德清如此说:"以其人宏才博辩,其言洸洋自恣,故观者如捕风捉影耳。直是见彻他立言主意,便不被他瞒矣。"第三,"今以唯心识观,皆不出乎影响矣",这句话最有深义。它点出了禅宗与老庄关系。禅学进入中土,有印度禅与中国禅的讲求。就六祖慧能所传曹溪禅来说,经历菏泽、洪州、石头诸宗的分头并弘与相互浸润,又融汇牛头禅"道本虚空"和"无心合道"的修习理念,"将'即心'与'无心',更明确地统一起来",①成为完全意义上的中国禅。如果说"即心"是禅学的宗风,那么"无心"则是庄学的特操。

(二)庄佛之深契

《庄子》三十三篇,德清只解注了内七篇,他没说外、杂篇不可靠,只是说"只内七篇,已尽其意,其外篇皆蔓衍之说耳"。这里将他所解注的内容分为三个方面加以分析。

逍遥与玄冥

对于庄子的"逍遥"之义,德清理解为"广大自在之意":

> 逍遥者,广大自在之意,即如佛经无碍解脱。佛以断尽烦恼为解脱,庄子以超脱形骸、泯绝知巧、不以生人一身功名为

---

① 见印顺:《中国禅宗史》,江西人民出版社1990年版,第347页。该书还说:"代表南方传统的,以江东为中心的牛头禅,从八世纪初以来,对曹溪南宗就发生重大的影响。"(第345页)"洪州宗在'即心是佛'的原则上,会通了'无心'说,没有失却自家的立场。"(第347页)"在石头与弟子的问答中,表现出道化的特色,如《传灯录》卷一四(大正51·309下)说:'问:如何是禅?师曰:碌砖。又问:如何是道?师曰:木头。'"(第348页)而这已与《庄子·知北游》东郭子与庄子"道恶乎在"的问答庶几无别了。

累为解脱。盖指虚无自然为大道之乡,为逍遥之境,如下云"无何有之乡""广漠之野"等语是也。意谓唯有真人,能游于此广大自在之场者,即下所谓"大宗师",即其人也。(《逍遥游》篇题大义)

"广大自在",也就是无限量的自由,这有别于郭象的适性的自由。由于德清并非在一个道家的立场解庄,他可以佛教境界的无限量来看待庄子的逍遥与自由,佛学与庄学的界限已经被他打掉了。如此,佛可以证庄子,庄子也可以证佛。如此,庄子所说的至人、神人与圣人,不仅被看作是同一类型,而且未尝不是指佛。他说:

> 至人、神人、圣人,只是一个圣人,不必作三样看。此说能逍遥之圣人也。以圣人忘形绝待,超然生死,而出于万化之上,广大自在,以道自乐,故独得逍遥,非世之小知之人可知也。(卷之一,逍遥游第一)

既然逍遥是"广大自在",那么什么样的人可以享有这样的逍遥呢?在德清看来,只有圣人才可以享此逍遥。如此,他把《逍遥游》所说的北冥,看作是"玄冥处",为"旷远非世人所见之地,以喻玄冥大道",或谓"大道之乡"、"逍遥之境"、"广大自在之场",或谓"非人之境"、"无为之境"、"不测之境"等,也就是道的境域。虽则德清把《逍遥游》里所说的"北海"称为"玄冥之境",把它看做道的境地,但是,他并不把这个地方看作实有之地,在他看来,庄子不过是借此隐喻玄冥之境,因为天国不能够建立在现世基础上,所谓"以旷远非世人所见之地,以喻玄冥大道"。

鲲鹏则被看作"大圣之胚胎"。在大道的境域里养成圣胎,又何以要海运而南徙呢？他认为，"圣人虽具全体，向沈于渊深静密之处，难发其用"，故而要奋全体道力，舍静而趣动。当鲲鹏奋力出北冥，行九万高空，象征着"圣人乘大气运以出世间，非等闲也"。如此，静表达了圣人之涵养，动表达了圣人之应运。不过，他在此并不想强调静的涵养，而是要强调动的应运，圣人应运出世，为圣帝明王，南面以莅天下。故而，他理解的"应帝王"，其实就是"徙南冥"。于此可见他与庄子之间的分别：庄子借鲲鹏之喻，表达逍遥与自由；德清则藉以表达大圣的出世而救世。从这里已可见佛教入俗应世的一面。

然而，离世的这一面也不可不说。庄子既已说出"相待"（"化声之相待"——《齐物论》），又说出了"彼且恶乎待哉"（《逍遥游》），"绝待"一词呼之欲出，但终究没有说出来，却被佛教说了出来。在超越相待、趋于绝待上，庄子与佛教是完全相同的，但是，在庄子那里还有形体的逍遥与自由的一面，而在佛教那里，则只有精神的逍遥与自由了。这从德清对庄子逍遥的理解可以看得出：

> 圣人之大虽大，亦落有形，尚有体段。而虚无大道无形，不可以名状，又何有于此哉？此即以圣人之所以逍遥者以道，不以形也。（《逍遥游》"其视下也，亦若是则已矣"注）
>
> 庄子立言本意，谓古今世人无一人得逍遥者，但被一个血肉之躯，为我所累，故汲汲求功求名，苦了一生，曾无一息之快活，且只执著形骸，此外更无别事，何曾知有大道哉？唯大而化之之圣人，忘我、忘功、忘名，超脱生死，而游大道之乡，故得广大逍遥自在，快乐无穷。此岂世之拘拘小知可能知哉？（《逍遥游》"至人无己，神人无功，圣人无名"注）

圣人也有形体，但圣人放得下形体；圣人的逍遥是精神的逍遥，而不是形体的逍遥。世人所以不得快活逍遥,因为放不下形体,形体是"窠窟",限制了人们的精神自由。形体之所以不得追随精神而自由逍遥,又因为道是无形的,故逍遥自由也只能是无形的精神,而不是有形的形体,即所谓"乘大道而游者也"。在庄子那里,世人不得自由,主要因是非、自我,乃至功名利等社会关系的束缚;在德清那里,则纯是形体的"窠窟"。于此亦可见其佛教的立场。在这里,德清对庄子"至人无己,神人无功,圣人无名"当中的"无"字作了一个新的解释:"忘"。虽然庄子有"忘"的表述,如忘年、忘义、忘己等,但此前少有人把"至人无己"的"无"解释成"忘"。而德清所谓的忘,也都是忘形体,忘生死,"以圣人忘形绝待,超然生死,而出于万化之上"(同上)。

方内方外

"内圣外王"这句话虽出自《庄子·天下》,然而,庄子却饱受批评,如言庄子只顾个人自在,而不顾社会责任云云。《人间世》篇言及社会,却又有人质疑是否为庄子所作。对此,德清在解注《庄子》时,却从佛教的视角彰显了庄子的社会关怀。在《人间世》注中,德清说道:

> 此篇盖言圣人处世之道也。然养生主乃不以世务伤生者,而其所以养生之功夫,又从经涉世故以体验之。(篇题义)
> 《庄子》全书,皆以忠孝为要名誉、丧失天真之不可尚者,独《人间世》一篇则极尽其忠孝之实,一字不可易者,谁言其人不达世故,而恣肆其志耶?且借重孔子之言者,曷尝侮圣人哉?盖学有方内、方外之分。在方外,必以放旷为高,特要归大道也;若方内,则于君臣、父子之分,一毫不敢假借者,以世之大经、大法不可犯也。此所谓世出世间之道,无不包罗,无

不尽理,岂可以一概目之哉?("仲尼曰:天下有大戒二"段注)

圣人处世之道,本来有方内与方外两面,方外要追求超越,追求大道,方内则要尽君臣父子之分,如一以君臣父子之分要求圣人,那不仅偏枯,也不尽理。德清非但不怀疑《人间世》为庄子所作,且认为这正好体现了庄子方内与方外的两面。与其他各篇不同,此篇采取了正面的表达,既无侮圣之嫌,亦无一毫的假借,故"一字不可易者"。即便《养生主》这一篇讲的是"不以世务伤生",也饱含经涉世故的体验。只不过,德清也认为,庄子把处世也视为"游世",带着些许游戏的心态来处世,但游世不等于不审慎。在《人间世》注的结语中,他强调,庄子以孔子为善于涉世之圣,却也藉楚狂讥孔子虽圣而不知止("凤兮凤兮,何如德之衰也"句),"乃此老(谓庄子——笔者注)披肝露胆,真情发现,真见处世之难如此"。于此足见他对庄子处世之道的认可。

在《德充符》的注里,德清提出"德充于内,必能游于形骸之外"的观点。他说的"德"也非以儒家仁义礼智为内容的德,而是"忘形全性"之德,他说:

> 此章形容圣人之德,必须忘形全性,体用不二,内外一如,平等湛一,方为全功。故才全德不形,为圣人之极致。盖才全,则内外不二;德不形,则物我一如。此圣人之成功,所以德充之符也。("鲁哀公问于仲尼曰"段注)

他所理解的"才全",就是"性德流行",也就是性之全;他所理解的"德",就是"性之德用";他所理解的才全而德不形,就是守宗保始,做到"性静虚明",就可以"鉴物为用"。可见他与庄子所说的"德"

的含义大体相同。只是对于"游于形骸之外",他都是从超脱生死的意义方面去理解,而这与庄子的意思不尽相同。

在《大宗师》注解里,德清再次强调了方内与方外的一致性,而且,在方内与方外的衡量上,他倾向于庄子的看法。他说:

> 其篇分内外者,以其所学乃内圣外王之道,谓得此大道于心,则内为圣人;迫不得已而应世,则外为帝为王,乃有体有用之学,非空言也。(题篇大义)

"内圣"乃是其追求,"外王"乃是不得已而为之。既然可以为内圣,外王亦不在话下。所以,他认为,真人处世如寄世,以形骸为大患。然后,德清比较了《大宗师》所出现的两种情形:第一,庄子借重孔子之言"彼游方之外者也,而丘游方之内者也","乃明方内夫子亦未尝不知有方外之学也","孔子方内之圣人,亦能引进于方外之学"。第二,庄子借孟孙才哭母,"哭泣无涕,中心不戚,居丧不哀",却"以善丧盖鲁国"之事,表明"方外之学,方内亦有能之者,第在世俗之中,常情所不识,必有真人,乃能知之"。做完上述比较,他的结论是:"故借重颜回与圣人开觉之。此段最是惺悟(醒悟)世人真切处!"他的意思是,不必把方内、方外分得清澈,方内之圣人也懂方外的道理,方外之圣人、真人也理会方内之事。

在《应帝王》的题篇大义中,德清说:

> 庄子之学,以内圣外王为体用。

这是说,庄子之学,其实就是以外王内圣为表里,内圣是"体"是"里",外王是"用"是"表"。他同意庄子"道之真以治身,其绪余土苴以为天下国家"的观念,认为治天下者不可以有心,如果有心,就会恃知为好,以自居其功,若任无为,而百姓自化。这也就是像"明王之治"那样,"立乎不测,以无为而化"。最后,他认为,浑沌的寓言,不独为《应帝王》,也是内七篇之总结,他说:

> 即古今宇宙两间之人,自尧、舜以来,未有一人而不是凿破浑沌之人也。此特寓言,大地皆凡夫愚迷之人,概若此耳。以俗眼观之,似乎不经,其实所言,无一字不是救世愍迷之心也,岂可以文字视之哉?读者当见其心可也。(《应帝王》篇末注)

这段对于总结的总结,可谓警世恒言了。

真知与真人

在真知与真人的问题上,庄子的看法是有真人而后有真知,因为只有真人才能排除自私与偏颇,才能实现客观与公正,从而才能超越小知、成心,实现对于道的领悟,即达于真知。德清虽然很敬重庄子,但他还是提出了有别于庄子的观点。在《大宗师》的注解中,他说道:

> 古人所云:"知之一字,众妙之门;知之一字,众祸之门。"盖妙悟后,方是真知;有真知者,乃称真人,即可宗而师之也。("知天之所为,知人之所为"段注)

> 此篇首乃立知天知人,有真知方为真人,……("藏舟于壑"段注)

> 此一节,言真人所得,殊非妇人小子之所知,故子犁叱避,以形容其必有真知,然后为真人。("俄而子来有疾"段注)

有真知而后有真人,这个观点被德清反复申述,必定有他的理由。从佛教的立场来说,行者需要开悟,开悟了才算获得了真知("妙悟后,方是真知"),获得了真知,才会发生由凡入真的身份转变,不能设想先有了身份,而后才有了开悟与真知。即便有利根之人,也要经由修习,开悟而成真。如果依循庄子的思路,就会颠覆佛教的基础,这就是德清反复申述这个观点的缘由。

再来看德清所理解的真人和真知。在《大宗师》注中,他说:

> 真人游世,不但忘利害,而且忘死生。故虽身寄人世,心超物表。意非真知妙悟,未易至此,欲人知其所养也。("古之真人,不知说生,不知恶死"段注)

> 此一节,形容真人虚心游世之状貌,如此之妙。言虽超世,而未尝越世;虽同人,而不群于人。此真知之实也。("古之真人,其状义而不朋"段注)

> 若超然绝俗,则是以天胜人;若逐物亡性,则是以人胜天。今天人合德,两不相伤,故不相胜,必如此方是真人。("天与人不相胜,是之谓真人"句注)

忘利害,忘死生,身寄人世而心超物表,超世而不越世,同人而不群于人,天人合德而两不相伤,凡此诸种,皆为真人的品操,然而,之所以有如此之品操,却还来自"真知妙悟"。于此可得德清的逻辑:真人之为真人,因为他具有诸多的品操,而如此的品操,则源自真知妙悟。

"真知"又为何种之知?德清在《齐物论》注中说:

> 若悟此真宰,则外离人我,言本无言,又何是非坚执之有

哉？此齐物论之下手工夫，直捷示人处，只在"自取，怒者其谁"一语，此便是禅门参究之功夫，必如此看破，方得此老之真实学问处，殆不可以文字解之，则全不得其指归矣。（"地籁则众窍是已"段注）

盖未悟本有之真知，而执妄知为是，此等之人，虽圣人亦无奈之何哉。可惜现成真心，昧之而不悟，惜之甚矣。由不悟真心，故执己见为是，则以人为非，此是非之病根也。（"随其成心而师之"段注）

"真宰"、"自取"、"真知"、"真心"，皆同一个东西，指的正是真知。真知不是别的东西，就是自我本有的东西。既是本有的东西，如何觉悟它，则是禅宗着力解决的问题。所谓觉悟它，也就是"看破"它。看破，也为"照破"，德清在解注庄子"莫若以明"时，就认为"明"就是"照破"，"此为齐物之工夫，谓照破即无对待"。所以，德清所理解的真知，其实就是"自悟"，"欲人自悟，而忘其己是也"（"今且有言于此，不知其与是类乎"注——《齐物论》）。在《大宗师》的注中，德清说：

言真人妙悟自性，是为真知者，故所养迥与世不同。（"何谓真人"段注）

至此，应该说，德清不仅要求人们"照破"，他也"说破"了。这个要妙，其实在《观老庄影响论·论教源》中就说破了，所谓"吾人不悟自心，不知圣人之心，不知圣人之心，而拟圣人之言者"。也即真知就是自心，自心就是圣心，悟了自心，便通了圣心。这的确是符合禅学的宗趣的，却与庄子殊异了。至于德清强调"圣人之言"的作用,当与他跟真可禅师的密切交往有关,两人在这个问题上都认同"文字"与"圣人之言"的作用,①而这又与曹溪"不立文字"的传统有别了。

---

① 真可在《法语》里说道:"释迦文佛以文设教,故文殊师利以文字三昧辅释迦文。……凡佛弟子,不通文字般若,即不得观照般若;不通观照般若,必不能契会实相般若。……且文字,佛语也;观照,佛心也。"(金陵刻经版《紫柏老人集》卷一)

参 考 书 目

以下所列出的参考书目,为本著直接引用或采用过的书目,并非参考过的所有书目。

中文著作类

公孙龙:《公孙龙子》,上海古籍出版社,1990年。
韩非:《韩非子》,上海古籍出版社,1989年。
司马迁:《史记》,岳麓书社,1988年。
班固:《汉书艺文志》,中华书局,1962年。
陆德明:《经典释文》,上海古籍出版社,1985年。
郭象:《庄子注》,《南华真经注疏》,中华书局,1998年。
僧肇:《肇论》,《续藏经》第九十六册。
成玄英:《庄子疏》,《南华真经注疏》,中华书局,1998年。
王玄览:《玄珠录》,《道藏》第23册,文物出版社、上海书店、天津古籍出版社,
　　1988年。
林希逸:《南华真经口义》,云南人民出版社,2002年。
李贽:《续焚书》,《李贽文集》,北京燕山出版社,1998年。
释德清:《观老庄影响论》,北京图书馆藏明万历刻本。
释德清:《庄子内篇注》,华东师范大学出版社,2009年。
方以智:《药地炮庄》,华夏出版社,2011年。
焦竑:《庄子翼》,台湾广文书局,1979年。
陆西星:《南华真经副墨》,中华书局,2010年。
王夫之:《老子衍 庄子通 庄子解》,中华书局,2009年。
宣颖:《南华经解》,广东人民出版社,2008年。
王先谦:《庄子集解》,中华书局,1987年。

王先谦:《荀子集解》,《诸子集成》,中华书局,2006年。
郭庆藩:《庄子集释》,中华书局,1961年。
马其昶:《庄子故》,清光绪三十一年集虚草堂刊本。
严复:《庄子评点》,岷云堂丛刊第一种,见严灵峰编:《老列庄三子集成补编》,成文出版有限公司。
严复:《严复集》,中华书局,1986年。
谭戒甫:《庄子天下篇校释》,台湾商务印书馆,1985年。
章太炎:《庄子解故》,浙江图书馆校刊。
杨树达:《积微居读书记》,中华书局,1962年。
马叙伦:《庄子义证》,民国丛书第五编,上海书店据商务印书馆1930年版影印。
郎擎霄:《庄子学案》,《民国丛书》第四编,上海书店。
蒋锡昌:《庄子哲学》,《民国丛书》第四编,上海书店。
罗根泽:《诸子考索》,人民出版社,1958年。
冯友兰:《中国哲学史》,中华书局,1961年。
顾颉刚编:《古史辨》,上海古籍出版社,1981年。
宗白华:《美学散步》,上海人民出版社,1981年。
张岱年:《中国哲学大纲》,中国社会科学出版社,1982年。
叶国庆:《庄子研究》,《庄子研究论集》,台湾木铎出版社,1982年。
曹受坤:《庄子哲学》,《庄子研究论集》,台湾木铎出版社,1982年。
张恒寿:《庄子新探》,湖北人民出版社,1983年。
冯友兰:《中国哲学史新编》,人民出版社,1984年。
冯友兰:《三松堂文集》,北京大学出版社,1984年。
颜昆阳:《庄子艺术精神析论》,台湾华正书局,1984年。
徐震堮:《世说新语校笺》,中华书局,1984年。
石峻、楼宇烈等编:《中国佛教思想资料选编》,中华书局,1987年。
刘笑敢:《庄子哲学及其演变》,中国社会科学出版社,1988年。
张岱年:《中华的智慧:中国古代哲学思想精粹》,上海人民出版社,1989年。
楼宇烈:《王弼集校释》,中华书局,1989年。
饶宗颐:《老子想尔注校证》,上海古籍出版社,1991年。
崔大华:《庄学研究》,人民出版社,1992年。
陈鼓应:《老庄新论》,上海古籍出版社,1992年。
朱光潜:《朱光潜选集》,天津人民出版社,1993年。

孙以楷、甄长松:《庄子通论》,东方出版社,1995年。
冯友兰:《贞元六书》,华东师范大学出版社,1996年。
卢国龙:《郭象评传》,广西教育出版社,1996年。
张祥龙:《海德格尔思想与中国天道》,生活·读书·新知三联书店,1996年。
牟宗三:《才性与玄理》,台湾学生书局,1997年。
蒙培元:《心灵超越与境界》,人民出版社,1998年。
何宁:《淮南子集释》,中华书局,1998年。
黄克武:《自由的所以然:严复对约翰·弥尔自由主义思想的认识与批判》,台湾允晨文化实业股份有限公司,1998年。
刘文典:《庄子补正》,安徽大学出版社,1999年。
颜世安:《庄子评传》,南京大学出版社,1999年。
汤用彤:《汤用彤全集》,河北人民出版社,2000年。
汤一介:《郭象与魏晋玄学》,北京大学出版社,2000年。
徐复观:《中国人性论史》,上海三联书店,2001年。
冯达文:《中国哲学的本源——本体论》,广东人民出版社,2001年。
钱穆:《庄老通辨》,生活·读书·新知三联书店,2002年。
锺泰:《庄子发微》,上海古籍出版社,2002年。
王煜:《老庄思想论集》,台湾联经出版事业股份有限公司,2003年。
余敦康:《魏晋玄学史》,北京大学出版社,2004年。
陈少明:《〈齐物论〉及其影响》,北京大学出版社,2004年。
王博:《庄子哲学》,北京大学出版社,2004年。
王焕镳:《墨子集诂》,上海古籍出版社,2005年。
钱穆:《庄子纂笺》,台湾东大图书有限公司,2006年。
杨柳桥:《庄子译注》,上海古籍出版社,2006年。
傅斯年:《中国古代思想与学术十论》,广西师范大学出版社,2006年。
刘笑敢:《老子古今》,中国社会科学出版社,2006年。
王树人、李明珠:《感悟庄子》,江苏人民出版社,2006年。
韩林合:《虚己以游世》,北京大学出版社,2006年。
王叔岷:《庄子校诠》,中华书局,2007年。
王叔岷:《庄子管窥》,中华书局,2007年。
徐复观:《中国艺术精神》,广西师范大学出版社,2007年。
曹础基:《庄子浅注》,中华书局,2007年。
许维遹:《吕氏春秋集释》,中华书局,2009年。

杨国荣:《庄子的思想世界》,华东师范大学出版社,2009年。
张丰乾编:《庄子天下篇注疏四种》,华夏出版社,2009年。
李泽厚:《哲学纲要》,北京大学出版社,2011年。

国外译著类:

〔德〕尼采著,周国平译:《悲剧的诞生》,生活·读书·新知三联书社,1986年。
〔德〕海德格尔著,陈嘉映、王庆节译:《存在与时间》,生活·读书·新知三联书店,1987年。
〔德〕海德格尔著,孙周兴译:《海德格尔选集》,上海三联书店,1996年。
〔希〕亚里士多德著,苗力田、徐开来编译:《亚里士多德选集》,中国人民大学出版社,1999年。
〔德〕康德著,邓晓芒译:《判断力批判》,人民出版社,2002年。
〔英〕葛瑞汉著,张海晏译:《论道者》,中国社会科学出版社,2003年。
〔法〕文森特·凡·高著,李华编译:《凡·高论艺术》,四川美术出版社,2003年。
〔美〕叶维廉:《叶维廉文集》,安徽教育出版社,2003年。
〔日〕池田知久著,王启发、曹峰译:《道家思想的新研究》,中州古籍出版社,2009年。
〔瑞〕毕来德著,宋刚译:《庄子四讲》,中华书局,2009年。